KB197982

부(富)를 지키는 상속 · 증여의 핵심

세금의 끝 절세의 시작

세무사 성낙현 지음

SAMIL | 삼일인포마인

세금의 끝 절세의 시작

2025년 2월 3일 초판 인쇄
2025년 2월 10일 초판 발행

지 은 이 | 성낙현
발 행 인 | 이희태
발 행 처 | **삼일피더블유씨솔루션**
등록번호 | 1995. 6. 26 제3－633호
주　　소 | 서울특별시 용산구 한강대로 273 용산빌딩 4층
전　　화 | 02)3489－3100
팩　　스 | 02)3489－3141
가　　격 | 23,000원

ISBN 979－11－6784－334－0 03320

※ '삼일인포마인'은 '삼일피더블유씨솔루션'의 단행본 브랜드입니다.
※ 파본은 교환하여 드립니다.

부는 차별화, 선택, 증식이라는 진화의 공식에서 나온 산물이다.

우리는 부를 가리켜 **적합한 정보, 달리 말하면 지식**이라고 표현할 수 있다. 정보란 그 자체로 효용이 없다. 반면, 지식은 우리가 활용할 수 있는, 그리고 특정한 목적에 부합될 수 있는 유용한 정보이다.

부는 지식이며, 부의 기원은 바로 진화다.

<부는 어디에서 오는가> – 에릭 바인하커

추천사

우리는 상속증여세법이 재산형성과 관련하여 가장 중요한 지식이라는 것을 알고 있다. 하지만 일반인들이 세법관련 서적을 읽고 이해한다는 것은 매우 어려운 일이다. 세법 자체가 복잡하고 어려운 논리체계인데 그것을 많이 활용할 수 있을 정도로 깊게 다루면서도 빠짐없이 쉽게 쓰기가 매우 힘들기 때문이다. 많은 세법 전문가들이 부딪치는 이 한계점을 이 책은 상당 부분 해결하였다. 이것이 바로 내가 이 책을 강력히 추천해야겠다고 생각한 동기이다.

국세청이 발표한 자료에 따르면 2023년 상속세 신고인원이 3년만에 2배로 증가하여 2만명에 육박한다. 신고인원이 가장 많은 구간은 10억~20억 원으로, 전체의 43%를 차지한다. 우리나라는 지난 25년간 상속세법이 개정되지 않았기 때문에 서울의 웬만한 아파트 한 채만 있어도 상속세를 내야 되는 실정이 되었다. 과거에는 상속세가 부자들의 세금이었고 국민 대다수는 아직도 그렇게 생각하는 경향이 있다. 마상 상속의 상황에 접해보면 중산층 대다수가 적지 않은 세금을 내야 한다는 사실에 당황하게 된다. 이 같은 저항이 문제가 되어 세법 개정 논의가 늘 있어왔지만 본인의 문제가 아니라는 인식과 착각이 강한 것도 사실이라 당장 큰 폭의 상속세법 개정은 쉽지 않아 보인다. 기본적으로 우리나라 상속세율은 OECD국가들 평균보다 훨씬 높다. 이러한 현실에서 어느 정도 재산이 있는 사람들은 자신의 부를 후대에 물려주는 방법을 고민하지 않을 수 없게 된다. 절세하지 않으면 물려줄 것이 얼마 없기 때문이다. 이 책은 그런 사람들에게 실제적으로 매우 유익하며 유용하다.

이 책을 추천하는 구체적인 이유는 이 책만이 갖는 특징에 있다.

첫째 이 책은 세법만 이야기하지 않고 민법과 보험을 아울러 종합적 시각에서 절세 방안을 찾는다는 점이다. 이는 저자의 다년간의 실무적 지식과 다방면의 이론적 지식이 이 책에 녹아들어 있음을 알 수 있기 때문이다. 둘째로 책의 구성을 보면 1부에서 상속·증여와 관련해 일반인이 꼭 알아야 할 기본 내용을 다루는데, 국세청의 안내에 대한 해설을 근간으로 다룬다. 유독 상속세와 증여세만이 정부 부과방식의 세목인 점에서 국세청의 입장에 대한 해설을 필수적으로 담은 것은 아주 적절해 보인다. 2부에서 저자의 오랜 실무경험과 탄탄한 이론을 바탕으로 다양한 절세 사례를 제시하여 독자들이 직접 활용할 수 있도록 구성한 점이 돋보인다. 셋째로 8장은 시중의 어떤 책에서도 보기 힘든 독특한 방식으로 접근하였는데 나의 마음을 강하게 끌었다. 특히, 취득세를 다룬 부분과 절세 방안을 찾는 과정을 종합사례 형식으로 보여준 부분은 다른 상속 관련 책과 매우 차별화된다. 실용서로의 가치를 높이면서 빛나게 해주고 있다.

이 책에는 매우 독특하면서도 깊이 있는 내용이 많다. 일반인은 물론 상속 · 증여와 관련된 업계에서 일하는 전문가를 비롯한 거의 모든 종사자나 기업의 CEO 등이 읽기에도 부족함이 없어 보인다.

꼭 읽어 보기를 권하는 마음에서 추천사를 쓰게 되었다.

2025년 1월

연세대학교 법학전문대학원 교수 박정우

추천사

이 책은 재산의 상속과 증여 과정에서 발생하는 세금 문제를 우리 주위에서 실제 발생하고 있는 사례들을 가지고 그림과 도표로 설명하고, 주의 사항도 꼼꼼하게 짚어주고 있다. 그래서 이 책은 조세전문가가 아닌, 조세를 전혀 모르는 일반인들이 재산을 상속하거나 증여받는 경우에 발생하는 다양한 세금 문제를 이해하고 법률이 허용하는 합법적인 절세 방안을 찾는 데에 많은 도움을 줄 것이다.

저자는 삼십 년간의 실무 경력을 갖고 있는 세무사로서 세법 전공으로 대학원 과정 중인, 소위 실무와 이론을 겸비한 조세전문가일 뿐만 아니라 보험 관련 전문자격사이기도 하여 보험과 관련한 조세 문제에 대해서도 전문지식과 경험을 갖추고 있다. 이 책이 다른 조세 관련 책과 달리 보험 관련한 조세 문제를 자세하게 설명해 주고 있는 것도 바로 이러한 데에 그 이유가 있다.

특히 이번에 개정되는 책에는 상속, 증여와 관련한 지방세, 지방세 중에서도 가장 큰 부분을 차지하고 있는 취득세 관련 내용을 추가하였다. 부동산을 상속받거나 증여받는 경우가 종종 있는데, 그때 발생하는 세금으로 국세인 상속세나 증여세 외에 다른 책에서는 다루지 않는 부동산과 관련한 취득세 문제의 해결 방안도 제시해 주고 있어서 이 책이 매우 유익하다.

유철형
[법무법인(유) 태평양 변호사, 기재부 고문변호사, 한국지방세학회 회장]

추천사

우리나라 통계에 의하면 매년 30만 명 이상이 사망하고 이중 상속세를 신고한 인원이 만오천 명이 넘는다고 한다. 5년 전만 해도 상속세 신고 인원이 2% 미만이었는데 두 배 반이나 늘어난 것이다. 증여세 신고 인원도 이십오만 명이 넘는다고 한다.

특별한 부자들에게나 부과되었던 상속세와 증여세가 대중세가 되었다. 시의적절한 시기에 '세금의 끝 절세의 시작'이라는 상속과 증여에 관한 책을 출간한다고 하여 내용을 꼼꼼하게 살펴보았다.

일반인을 대상으로 집필한 서적에서는 깊이 다루지 않던 상속과 관련한 민법 규정을 자세히 다룬 점이 눈에 띄었다. 상속세를 세금 문제로만 다루지 않고 민법 · 세법 · 보험 · 신탁을 망라하여 절세방안을 찾는 필자의 안목을 높이 평가하며, 상속과 죽음을 대하는 필자의 철학을 엿볼 수 있었다.

상속세 및 증여세법은 여타의 대중세에 비해 사례가 부족하다는 점을 고려한 필자가 사례 중심으로 설명하고 다양한 표와 숫자를 구체적으로 제시하여 일반인의 이해를 돕고 있는 점도 보기 좋았다. 특히 기본지식을 충분히 갖추고 30년간 세무업계에서 체득한 경험을 녹여 쓴 책이라 각 주제마다 기본개념과 함께 절세 노하우를 정리해 준 점이 기존 출판된 책과 차별화되었다.

일반인들은 물론 세무사들이 업무에 활용하기에도 부족함이 없도록 업무 전반에 걸쳐 기술된 점도 이 책만의 장점이라고 할 수 있겠다.

필자가 독자에게 도움을 꼭 주겠다는 진정성이 담겨진 책으로 읽혀졌기에 망설임 없이 추천사를 쓰게 되었다.

2024. 1.

세무법인다솔 대표이사 세무사 안수남

들어가며

2024년 유류분 위헌판결로 2025년 말까지 민법이 개정될 예정이고, 25년만에 상속세 및 증여세법 개정(안)이 상정되었다. 여당과 야당이 타협점을 찾아 상증법(약칭)이 개정될 거라 예상하고 개정판 준비를 하였다. 생각지 못한 비상계엄 사태로 상증법이 부결되어 개정판을 내는 게 맞는지 고민하였으나, 초판의 부족한 부분을 채우고 이슈가 되거나 향후 개정될 가능성이 큰 부분을 미리 고민해 보는 것도 나름의 의미가 있다고 보아 개정판을 내기로 하였다.

이 책은 돈 버는 방법에 관한 책이 아니라 번 돈을 지키는 방법에 관한 책이다. 따라서 상속이나 증여를 고민하는 사람이 알아두면 좋은 내용 위주로 썼다.
(법인을 활용한 증여는 내용이 복잡하고 포괄주의 과세 때문에 상황별로 다를 수 있어 제외 – 법인과 거래하는 세무 대리인에게 자문받을 수 있은 것 – 하였다)
상속과 증여의 특성상 법조문 자체를 언급하지 않을 수 없는 한계가 있다.
세법이 다른 법률과 다른 점은 세금 부과를 전제로 하므로 숫자로 설명이 된다는 점이다. 이게 역으로 보면 숫자로 나타나는 걸 문자(법문)로 표현하려고 하니까 어렵게 느껴진다. 필자는 어렵게 생각되는 부분을 **[표 · 숫자 · 그림]**으로 설명하여 독자들의 이해를 돕도록 하였다. 또한, 예규나 판례를 많이 실은 것은 실제 사례보다 더 좋은 공부가 없다고 믿기 때문이다.

개정판은 초판에 대한 독자들의 피드백을 수용하여 법조문이나 판례는 요약하거나 최소화 – 근거는 제시 – 하였다. 대신 다양한 사례를 통해 어떻게 정보가 지식이 되고 그 지식을 어떻게 활용하는지 보여줌으로써 책을 읽는 독자들이 **절세 아이디어를 얻고 실제 활용할 수 있게** 하는 데 중점을 두었다.

개정판은 1부와 2부로 나눈다.

1부(1장~4장)에서는 상속과 증여에 대해 기본적으로 알아야 할 내용(상식)을 실었다. 2부(5장~8장)에서는 **상속 · 증여세 알짬과 시사성 있는 주제를 다뤄 독자들의 안목을 넓힐 수 있게** 하였다.

제대로 된 상속설계는 민법을 먼저 알고 난 뒤 세법을 적용해야 가능하다.

1장에서 민법의 상속 편을 자세히 설명한다. 먼저 법을 알아야 하는 이유와 함께 사망 후 상속세 신고까지의 절차를 개괄한다. 상속재산이 없거나 부채가 많은 경우 놓치면 안 되는 **상속포기와 한정승인** 절차와 방법을 설명하고, 상속재산 분할(법정상속분과 구체적 상속분)에 대해 다룬다. 특히, **구체적 상속분은 실제 상속재산 분배에서 중요**한 내용인데 시중의 책에서 잘 다루지 않아 사례를 들어 자세히 설명했다. 유언의 중요성(유언을 대신하는 유언대용신탁도 함께 실었다)과 함께, 유류분과 기여분에 대해 다양한 사례를 통해 설명한다. 세무사의 경계를 넘어 보고 싶은 욕심에 시중의 상속 · 증여세 관련 책들보다 민법을 심도 있게 다뤄보았다.

2장에서는 상속과 증여에 대해 개괄적인 설명을 한다.

상속세는 폐지하기 힘들다고 보는 필자의 생각과 함께 상속은 선택이 아니고 증여는 선택이라는 데 초점을 맞추어 상속세와 증여세의 차이점을 설명하고 상속이나 증여를 선택하는 기준을 제시한다. '절세권'과 **절세의 원리는 분산**임을 강조한다.

3장에서는 국세청이 안내하는 상속 관련 내용을 자세히 실었다.

국세청은 일반인이 가장 궁금해하거나 놓치기 쉬운 부분을 간추려 안내하고 있다. 따라서 꼭 알아야 할 기본 상식인 국세청의 안내를 싣고 다시 필자가 세부 내용을 자세히 설명하고 절세방안을 제시한다. 특히, **동거주택상속공제**는 다양한 사례를 실어 해당 상속인이 활용하도록 하였다.

4장에서는 2024년에 국세청이 새로 정리한 증여 관련 내용을 실었다. 증여 기본 상식과 2024년부터 시행되는 혼인 · 출산 증여재산 공제에 대해 자세히 다룬다. 필자는 해설과 함께 주요 쟁점(생활비 · 교육비 · 금전 무상대출 · 저가양수 · 창업자금)에 대해 **사례나 Q&A 형식**으로 설명한다.

5장에서는 3장에서 언급되지 않은 상속세를 자세히 설명한다.

이중 연대납부의무는 상속세를 납부하는 경우 꼭 알아야 할 내용이다.

앞으로 감정평가가 대세가 될 것(상증법 개정까지 고려하면)으로 예상되어 개정판에서는 감정평가에 대해 심도 있게 다루었다(현업에 종사하는 감정평가사에게도 도움이 되리라 생각한다). 상속세는 공제를 얼마나 받느냐가 관건이다. 따라서 상속공제와 관련한 모든 내용(배우자 상속공제 · 금융재산 상속공제 · 영농상속공제 · 상속공제 한도)을 실었다. 특히, **유증에 대해서는 재산이 많은 상속인의 경우 꼭 읽어보길 권한다.**

기업을 운영하는 대표들은 가업상속공제 혜택이 워낙 크므로 대부분 상속세는 걱정이 없다고 생각할 수 있는데 가업상속공제에서 놓치는 부분에 대해 언급한다.

6장에서는 4장에서 언급되지 않은 증여세를 설명한다.

가족법인을 활용하는 방안과 '유한회사가 참 좋은 제도'라고 소개하고 있다.

CEO들이 궁금해하는 가업승계 증여특례와 일반인이 한 번쯤 들어 보는 부담부증여, 교차 증여와 채무 변제에 대해 설명한다. 또한, 앞으로 '취득자금출처 조사' 강화가 예상되므로 주의가 필요하다고 강조한다.

7장은 초판 4장에 별첨한 보험 관련 내용을 따로 떼어 내 심도 있게 다루어 보았다. CFP자격을 보유한 필자가 보험에 대해 깊이 있게 다루는 부분은 다른 상속 · 증여세 관련 책과 차별화되는 점이다. 특히, 최근 보험업계의 핫이슈 상품인 경영인(CEO) 정기보험에 대해 세밀하게 분석하여 법인 CEO, 세무업계 종사자, 보험업계 종사자들이 읽으면 도움이 되리라 믿는다. 보험의 본질에 대해 생각해 보는 계기가 되리라 생각한다.

8장은 초판과 가장 다른 부분으로, 시중의 책에서 잘 다루지 않는 **취득세(1가구 1주택에 대해 사례 중심으로)와** 현재 사회적 이슈인 부분(유류분 위헌판결이 가업승계에 미치는 영향, 정부나 업계에서 꾸준히 제기하고 있는 유산취득세 도입 전망, 자본이득세 – 가업상속공제나 납부유예제도가 자본이득세와 맥락이 같다 – 해설, 법인의 자기주식 취득 매커니즘 및 활용방안)을 다룬다.

저출산으로 인한 사회현상 중 하나인 **유치원의 요양원 전환**을 사례로 1장에서 6장까지 배운 지식이 어떻게 활용되는지 **종합사례**로 풀어 보았다. 절세 아이디어를 얻는데 큰 도움이 되리라 믿는다. 끝으로 상증법 개정이 부결되었지만, 세법이 개정되더라도 가족법인은 여전히 유용한 절세방안이 될 수 있다고 강조한다.

인쇄술이 있기 전 글을 읽지 못하는 사람들을 위해 그림을 통해 의미를 전달한 반면, 상류층은 책을 통해 지식을 후세에 전달하였다. 인쇄술로 책이 보편화되자 지식의 보편화가 이루어지고 르네상스, 산업혁명, 민주주의가 달성되었다.

오늘날 다시 책을 읽는 사람은 소수가 되고 유튜브(옛날의 그림)가 세상을 이끌고 있다. 정보가 넘쳐난다고 하지만 그걸 지식으로 활용하는 사람은 소수다.

왜 그런가? 결론만 알면 된다고 생각하기 때문이다. 결론에 도달하는 사고 과정이 생략되니 지식이 되지 못한다. **책을 통해 지식을 쌓고 그걸 엮어 활용할 수 있는 소수에게 다시 부가 집중되는 시대가 도래할 것이다.**

이 책이 단순한 정보가 아니라 지식으로 활용되고 부를 지키는 데 조금이나마 도움이 되길 바란다.

2025년 1월

세무사 성낙현

차례

[1부 - 기본편]

차 례

제 1 부

기본편

민법을 알아야 상속설계 가능하다

01. 법과 친구가 돼라
02. 상속 절차
03. 누가 얼마나 상속받나
04. 상속받을 게 없어도 신경 써야 한다
05. 상속재산 분할은 어떻게 하나?
06. 누구나 죽는다. 유언을 남겨라
07. 자기 몫을 챙겨라
08. 민법이 먼저고 세법은 그 다음이다

01 법과 친구가 돼라

Q 법은 용어도 생소하고 내용도 복잡하고 어려워 전문가에게 물어보면 되는데 일반인이 왜 법을 알아야 되나요?

법 공부는 부자가 되는 지름길

무슨 일을 하든 법이 요구하는 바를 알아야

"무슨 일을 하든지 간에 관련된 모든 법, 시행령, 시행규칙, 훈령 등을 찾아내어 공부하는 습관이 그래서 생겨났고 이 습관은 내가 사업을 하거나 부자가 되는 데 절대적인 도움을 줬다. 법이 요구하는 것들이 무엇인지 알고 법의 친구가 되어라. 그것이 당신의 가치를 올려준다."[1)]

어려워 보여도 법조문에 익숙해져야

필자도 세법 조문을 일일이 확인하지 않고 책이나 국세청 예규의 결론만 알고 지나친 경우가 많다. 지금은 관련 규정을 찾아보려고 노력하고 있다. 이 책을 쓰면서 법조문을 언급하면 일반인들이 어려워한다는 걸 알면서도 되도록 관련 규정을 실으려 노력했다. 처음에는 익숙하지 않은 용어라 어색하겠지만 관심을 가지고 읽으면 나도 모르게 법 해석 능력이 키워지는 보람을 느낄 수 있을 것이다.

대법원판결이 세법 개정으로

대법원(법 해석의 최종 기관)

대법원판결은 법률해석의 최종 판단인 점에서 중요하다. 특히 상증법에서 포괄주의가 도입된 이후 법에 언급된 내용들이 어디까지 증여세 대상인지에 대해 대법원의 판단은 더욱 중요해지고 있다. 대법원판결을 알면 절세에 도움이 되는 아이디어를 얻거나 억울한 세금을 내지 않게 된다. 따라서 본인이 처한 상황과 유사한 사례가 있는지 대법원판결을 찾아보는 습관이 필요하다.[2)]

---

1) 세이노의 가르침, 2022, 638P
2) 국가법령정보센터, 대한민국법원 사이트에서 검색할 수 있다.

1 납부능력 없는 수증자의 증여세 면제사유 보완(상증법 §4의2 ⑤)

종 전	개 정
□ 채무면제, 부동산무상사용 등 소극적 증여에 대한 면제사유 ○ 수증자가 증여세 납부능력이 없다고 인정될 때 * (대법원 2014두43516)에서 증여세 납부능력은 증여 직전 기준으로 판단해야 한다고 판시	□ 면제 사유 보완 ○ 수증자가 증여세 납부능력이 없다고 인정되고, - 체납처분을 하여도 증여세에 대한 조세채권을 확보하기 곤란한 경우

대법원 2014두43516, 2016.7.14.

이 사건 법률조항에서 정한 '수증자가 증여세를 납부할 능력이 없다고 인정될 때'에 해당하는지 여부는 문제되는 증여세 납세의무의 성립 시점, 즉 그와 같은 증여가 이루어지기 직전을 기준으로 판단하여야 하고, 그 시점에 이미 수증자가 채무초과 상태에 있었다면 채무초과액의 한도에서 증여세를 납부할 능력이 없는 때에 해당한다고 할 것이다.

2 차명계좌 증여추정의 명확화(상증법 §45 ④)

종 전	개 정
□ 자력으로 재산을 취득하거나 채무를 상환했다고 인정하기 어려운 경우 증여추정 과세	〈신 설〉 * 대법원 판례 적용 (대법 96누3272, 1997.2.11. 선고)	○ 차명계좌 증여추정 - 금융계좌에 자산이 입금되는 시점에 계좌의 명의자가 재산을 취득한 것으로 추정 - 명의자가 차명재산임을 입증하는 경우에는 과세제외

대법원 96누3272, 1997.2.11.

과세관청에 의하여 증여자로 인정된 자 명의의 예금이 인출되어 납세자 명의의 정기예금으로 예치되거나 기명식수익증권의 매입에 사용된 사실이 밝혀진 이상 그 예금은 납세자에게 증여된 것으로 추정되므로, 그와 같은 예금의 인출과 납세자 명의로의 예금 등이 증여가 아닌 다른 목적으로 행하여진 것이라는 등 특별한 사정이 있다면 이에 대한 입증의 필요는 납세자에게 있음.

사례 연구

아래 판결은 법 해석이 어렵다는 점과 상속인들이 법을 알았다면 내지 않아도 될 세금을 낸 사례로 좋은 교훈을 주는 판결로 생각한다.

사실관계

- 상속개시 : 2013.3.22.
- 상속인 : 자녀 6명 중 1명 사망(2008.11.21.)하여 그 상속인이 대습상속
- 증여 일자 및 증여 가액

수증자 (원고)	관계	증여일자	증여물건	증여가액	과세표준	납부 증여세
1	자부(대습)	2007.8.10.	현금	500,000,000	495,000,000	89,000,000
2	손(대습)	2007.8.10.등	현금(부동산)	777,514,100	747,514,100	164,254,230
3	손(대습)	2007.8.10.	현금	300,000,000	270,000,000	44,000,000
4	자	2009.2.6.등	현금	222,500,000	192,500,000	28,500,000
5	자	2009.2.3.등	현금	227,500,000	197,500,000	29,500,000
6	자	2009.2.3.등	현금	227,500,000	197,500,000	29,500,000
7	자	2009.2.3.등	현금	227,500,000	197,500,000	29,500,000
8	자	2007.8.9.	현금	30,000,000	-	-
합계				2,512,514,100	2,297,514,100	414,254,230

▶ 상속세 신고 : 상속개시 당시 남긴 재산이 없다는 이유로 무신고

세무조사(용인세무서)

- 조사기간 : 2014.8.11.~2014.10.8.
- 조사결과 : 사망 당시 상속재산 없으나 위 증여가 10년 이내 증여재산에 해당하므로 위 증여 가액을 상속세 과세대상으로 상속세 457,864,340원 고지

원고1	원고2	원고3
	~~자(사망)~~	
배우자	손	손
(대습상속)		

원고4	원고5	원고6	원고7	원고8
자	자	자	자	자

*대습상속 : 피상속인보다 먼저 죽은 자식의 직계비속(손자)이 상속받는 것

원고 주장

1심	① 원고 1, 2, 3은 증여 당시 상속인이 아니므로 상속인에게 증여한 재산에 해당하지 않고,(▶상속인 외의 자에 증여한 재산은 5년이 경과하였으므로 합산대상 아니다) 원고 1, 2, 3은 대습상속하게 된 것에 불과하므로 증여재산을 합산하는 것은 위법하다. ② 원고들은 생전 증여재산이 상속재산에 가산되는 것을 알지 못하여 상속세 신고를 하지 못한 것으로 정당한 사유가 있으므로 가산세 부과는 위법하다.
2심	③ 원고 2와 3은 세대생략가산액(30%)을 납부하였으므로 사전증여재산에 대한 증여세액을 상속세산출세액에서 공제함에 있어 세대생략가산액도 포함하여 공제하여야 한다.[3)]

법원의 판단

청구 주장	수원지방법원 2015구합66579	서울고등법원 2016누36835	대법원 2016두54275(2018.12.13.)
①	상속세의 발생여부나 그 범위는 상속이 개시된 당시를 기준으로 판단하여야 하고 대습상속인도 10년 이전에 증여받은 재산은 모두 상속재산가액에 합산되어야 한다.	1심 판결 정당하다.	상속세를 납부할 의무 역시 상속이 개시되는 때 성립하고, 상속인에는 대습상속인도 포함된다. 따라서 상속이 개시된 때 대습상속의 요건을 갖추어 상속인이 되었다면, 상속개시일 전 10년 이내에 증여받은 재산가액은 상속인에 대한 증여로 보아 상속세 과세가액에 포함되어야 한다.
②	정당한 사유라 할 수 없다.	1심 판결 정당하다.	-
③		구 상증법 제28조 제1항 본문에서 상속세산출세액에서 공제될 증여세액은 가산한 증여재산에 대한 '증여세 산출세액'임을 분명히 하고 있다. 따라서 세대생략가산액은 포함되지 않는다고 해석하는 것이 문언에 부합한다. 또한, 세대생략가산액을	세대를 건너뛴 증여로 할증과세가 되었더라도, 수증자가 대습상속의 요건을 갖춤으로써 세대를 건너뛴 상속에 대하여 할증과세를 할 수 없게 되어 세대생략을 통한 상속세 회피의 문제가 생길 여지가 없다면, 세대생략 증여에 대한 할증과세의 효과만을 그대로 유지하여 수증자 겸 상속인에게 별도의 불이익을 줄 필요가 없다. 이러한 법리에 비추어 원고들이 받은 증여재산에 대한 **증여세 산출세액과 아**

3) 손자인 원고 2와 3의 경우 증여 당시에는 세대생략할증과세 대상이다. 이 30% 할증과세된 세대생략가산액(원고 2는 49,276,269원 & 원고 3은 13,200,000원)을 공제해 달라는 것이다.

청구 주장	수원지방법원 2015구합66579	서울고등법원 2016누36835	대법원 2016두54275(2018.12.13.)
		공제하지 않는다고 하여 이를 이중과세의 문제로 볼 수 없다.	**울러** 세대생략가산액까지 포함하여 상속세 산출세액에서 공제함이 타당하다.
결정	기각	기각	원고 일부 승소 원심 파기 환송

판결 요약

- 상속세 납부 의무 판단 : 상속개시 당시를 기준으로 판단

⇨ 원고 **2, 3**은 상속개시일 기준으로 대습상속인

∴ **상속인**이 **10년** 이내 사전증여 받은 재산은 상속세 과세가액에 가산

- 대습상속인이 납부한 사전증여재산에 대한 세대생략 가산액 공제여부

대습상속인	내용
사전증여 받은 재산	증여 당시 세대생략 할증과세로 납부
⇩	⇩
상속세 과세가액 가산	세대생략가산액 공제 (∵이중과세)[4]

평가

피상속인의 대응	피상속인이 생전에 재산을 다 처분하여 사망시점에 재산을 하나도 없게 하면 상속세가 안 나온다고 생각했는지 의문이다. 증여를 고민하고 증여세 신고까지 했다면 세무사에게 문의할 수 있었을 텐데 이해가 되지 않는 대목이다.
상속인의 대응	상속인이 6명(대습상속인 포함 8명)이나 되는데 아무도 상속세 신고를 해야 하는지 챙겨 보지 않았다는 사실이 믿기지 않는다. 세무사에게 문의 전화만 해도 알 수 있는 사실이었는데 너무 안이한 대응이다. 그런 법이 있는 줄 몰랐다는 건 전혀 이유가 될 수 없다.
세대생략 가산액	원고 2와 3은 증여세 신고 당시 세대생략가산액까지 납부하여 종결된 사안으로 생각했을 수 있다. 대습상속으로 상속인 신분이 되어 상속세에 합산된다는 건 일반인이 납득하기 어려운 측면도 있어 보인다.

4) 고등법원 판사도 법문을 충실히 해석해 공제할 수 없다고 한 부분인데 일반인이 이걸 해석할 수 있다고 기대하기는 어려울 것이다. 솔직히 이 부분은 필자도 확신할 수 없을 것 같다.

교훈

1 법을 알아야 한다.

상속인들이 조금만 신경 썼더라면 1억원 이상의 가산세는 내지 않아도 될 돈이었다. 그런 법이 있는 줄 몰랐다는 말은 통하지 않는다. 세무사에게 상담만 했어도 막을 수 있는 일이다. 알아보기 귀찮거나 무슨 말인지 모르겠으면 전문가와 상담하라.

2 요행을 바라지 마라.

과세 관청이 모르고 넘어갈 거라고 기대하지 마라. 국세청에는 거의 모든 재산상의 기록이 취합된다. 사례의 경우 상속인들은 이미 증여세 신고를 했기 때문에 그 신고한 내용대로 세법만 적용하여 과세한 것이다.

3 억울하면 불복(소송)하라.

법조문도 중요하지만, 사회통념도 중요하다. 대다수가 "그건 아니지! 너무 억울해"라고 생각한다면 한번 다투어 볼 만한 것이다. 대습상속인이라 상속세를 합산과세한다면, 증여세도 상속인으로 보아 할증 과세하면 안 된다고 생각하는 게 상식이다. 불복 과정을 통해 할증 과세된 세액(6천여만원)이라도 공제를 받은 건 그나마 다행이다.

4 사전 예방이 최선이다.

피상속인이나 상속인이 놓친 게 더 있는데 상속인에게 사전증여한 재산이 상속세과세가액에 합산될 때 상속공제한도가 적용된다는 것이다. 상속 임박한 사전증여는 불리한 경우가 있으므로 잘 따져보아야 한다. 사례의 경우 배우자가 없으므로 일괄공제 5억원을 적용받을 수 있으나 사전증여재산 과세표준 2억 15백만원만 공제하게 된다. 즉, 사전증여하는 바람에 2억 85백만원을 공제받지 못하는 결과를 초래한 것이다.

[상속세 무신고와 상속세 신고 비교]

구 분	상속세결정(세무조사)	증여 없이 상속세 신고
상속세과세가액	2,512,514,100	2,512,514,100[5)]
상속공제	215,000,000	500,000,000
과세표준	2,297,514,100	2,012,514,100
산출세액	759,005,640	645,005,640
증여세액공제	414,254,230	
납부세액	344,751,410	645,005,640
신고불성실가산세	68,950,282	
납부불성실가산세	44,162,655	
신고세액공제[6)]		64,500,564
고지(납부) 세액	457,864,340	580,505,076

▶ 납세자의 선택이 약 3억원[7)]의 세금 납부 차이를 발생시킨 것이다.

» 법을 왜 알아야 되느냐?
법은 룰(Rule)이기 때문이다.
룰을 모르고 게임에 임할 수 없지 않겠는가!

개정판에서는 세법에 익숙하지 않은 독자를 고려하여 조문이나 법령해석을 되도록 요약하여 실었고, 근거 규정은 별도 표시하여 찾아볼 수 있도록 하였다.

법은 룰(Rule)이다. 룰을 모르고 게임하면 필패다!

5) 대부분 현금증여이므로 가치상승분은 고려하지 않음.
6) 당시 상증법은 10% 세액공제
7) [414,254,230(이미 납부한 증여세)+457,864,340(고지세액)]－580,505,076＝291,613,494

02 상속 절차

Q 부모님이 사망하시면 상속 절차를 밟아야 된다고 하는데 처음 겪는 일이라 어떻게 할지 모르겠어요?

A 민법 제5편에 상속과 관련된 규정들이 상세히 규정되어 있다.
상속세 또한 상속인과 상속재산이 확정되어야 신고할 수 있으므로 먼저 민법을 살펴봐야 한다.

용어정리

- **상속(相續)** : 일정한 친족 사이에서 한쪽이 죽었을 때 다른 한쪽이 재산에 관한 권리, 의무 일체를 이어받음. (사전적 정의)
- **피상속인** : 돌아가신 분
- **상속인** : 재산(채무 포함)을 물려받는 사람
- **공유** : 1개의 물건이 지분에 의하여 수인의 소유로 되어 있는 공동 소유 형태

상속

상속개시

상속은 피상속인의 주소지에서 사망이라는 사실만으로 개시된다. (민법 §997, §998)

상속비용

- 상속비용은 상속재산의 관리 및 청산에 필요한 비용을 말한다. 상속비용은 상속재산 중에서 지급한다. (민법 §998의2)
  상속재산의 관리 비용, 한정승인에 따른 공고, 최고, 변제비용, 상속재산의 경매비용, 유언집행 비용, 상속재산에 대한 공과금 등이 포함될 수 있다.
- 상속재산의 관리보존을 위한 소송비용도 상속에 관한 비용에 포함된다고 보고 장례비용(묘지 포함)도 합리적인 범위 내라면 이를 상속비용으로 본다.[8)]

8) 대법원 1997.4.25. 선고 97다3996 판결 참조

상속의 일반 효력

상속은 사람의 사망에 의한 재산 및 신분상의 지위를 포괄적으로 승계하고, (민법 §1005) 공동 상속재산은 공유[9]로 하며 (민법 §1006) 각자의 상속분에 응하여 권리의무를 승계한다. (민법 §1007)

상속인

[민법상 상속인]

상속 가능한 사람	상속 불가능한 사람
1. 자녀(양자, 친양자, 태아 포함) 2. 인지된 혼외자 3. 이성동복(부가 다르고 모가 같은)형제 4. 배우자(이혼 소송 중인 배우자 포함) 5. 직계존속(양부모, 친양부모 포함) 6. 양자를 보낸 친생부모 7. 외국 국적(북한 포함) 보유자	1. 적모서자 2. 계모자 3. 사실혼의 배우자 4. 이혼한 배우자 5. 상속결격 사유가 있는 사람 6. 친양자를 보낸 친생부모

상속 절차

상속이 개시되면 사망신고부터 상속세 신고까지 일정 기간 이내 일련의 과정을 거쳐야 한다.

사망신고

사망신고 기한	사망 사실을 안 날로부터 1개월 이내[10]
사망신고 장소	• 사망자의 등록기준지 또는 신고인의 주소지의 시(구) · 읍 · 면의 사무소, 사망지 · 매장지 또는 화장지 • 사망자의 주민등록지를 관할하는 동 사무소(신고장소가 사망자의 주민등록지와 같은 경우)
첨부서류	• 사망진단서 또는 사체검안서 • 사망 사실을 증명할 만한 서면(진단서나 검안서가 없는 경우)

9) 공유물 자체를 공유자의 동의 없이 처분할 순 없고 자신의 지분을 처분할 수는 있다.
공유물 관리는 공유자 지분의 과반수로 결정한다.

10) 신고기한이 지난 후의 신고도 적법한 신고로 효력이 있으나 5만원의 과태료가 부과된다.

상속재산 확인

안심상속 원스톱서비스(사망자 등 재산조회 통합처리 신청)

행정안전부에서는 상속인이 피상속인의 금융거래, 토지, 자동차, 세금 등의 재산 확인을 위해 개별기관을 일일이 방문하지 않고, 한 번의 통합신청으로 문자 · 온라인 · 우편 등으로 결과를 확인하는 서비스인 안심상속 원스톱서비스(사망자 등 재산조회 통합처리 신청)를 시행하고 있다.

- 신청자격 : 상속인과 상속인의 대리인
- 신청기한 : 사망신고와 동시에 또는 사망일(상속개시일)이 속한 달의 말일부터 1년 이내
- 조회방법 : 신청인이 신청시 선택한 방식(우편, 문자, 방문 수령 등)

상속금융거래조회

금융감독원에서 조회신청을 받아 각 금융회사에 대한 피상속인의 금융거래 여부를 확인가능

신청방법

방문 신청

- 금융감독원 본원 1층 금융민원센터 및 각 지원
- 전 은행(수출입은행, 외은지점 제외), 농 · 수협 단위조합, 우체국, 삼성생명 · KB생명 · 교보생명
- 삼성화재 고객플라자, 한화생명 고객센터, 유안타증권
- 전국 지방자치단체
- 조회 대상자의 주민등록 주소지의 시청이나 구청(사망신고 접수 담당)
- 가까운 시 · 구, 읍 · 면 · 동 주민센터 민원실(가족관계 등록 담당)

※ 구비서류 별도 확인 요망

온라인 신청

- 상속인 금융거래조회 서비스와 별도로 '안심상속 원스톱서비스'를 통해 온라인 신청
- 정부24(www.gov.kr) 접속

※ 사망신고 동시에 또는 사망일이 속한 달의 말일부터 1년 이내 신청 가능

조회범위

- 접수일 기준으로 금융회사에 남아있는 피상속인 명의의 금융채권, 금융채무 및 보관금품의 존재유무 등

- 조회 대상 금융회사
  - 국내은행(지역 농축협, 수협 포함), 외국계은행(중국은행, HSBC은행)
- 조회되는 정보에 대한 상세 내역이나 정확한 금액 등은 반드시 해당 기관에 확인하여야 한다. (은행연합회에서는 상세한 내역 확인이 불가하다)

결과확인

- 조회신청일로부터 영업일로 10~15일 경과 후 결과를 확인할 수 있으며 조회완료시 각 금융협회에서 문자메시지 등을 이용하여 신청인에게 통보하고 각 금융협회 홈페이지에 조회 결과를 게시한다. 신청일로부터 3개월이 지나면 조회 결과 내용은 삭제되므로 필요한 경우 재신청해야 한다.
- 유선으로 조회 결과를 확인할 수 없으며 서면으로 통보되지 않는다.
- **금융감독원 홈페이지**에서는 휴대전화 본인인증 없이 각 협회의 결과를 통합으로 조회할 수 있다.

상속인금융거래조회 절차

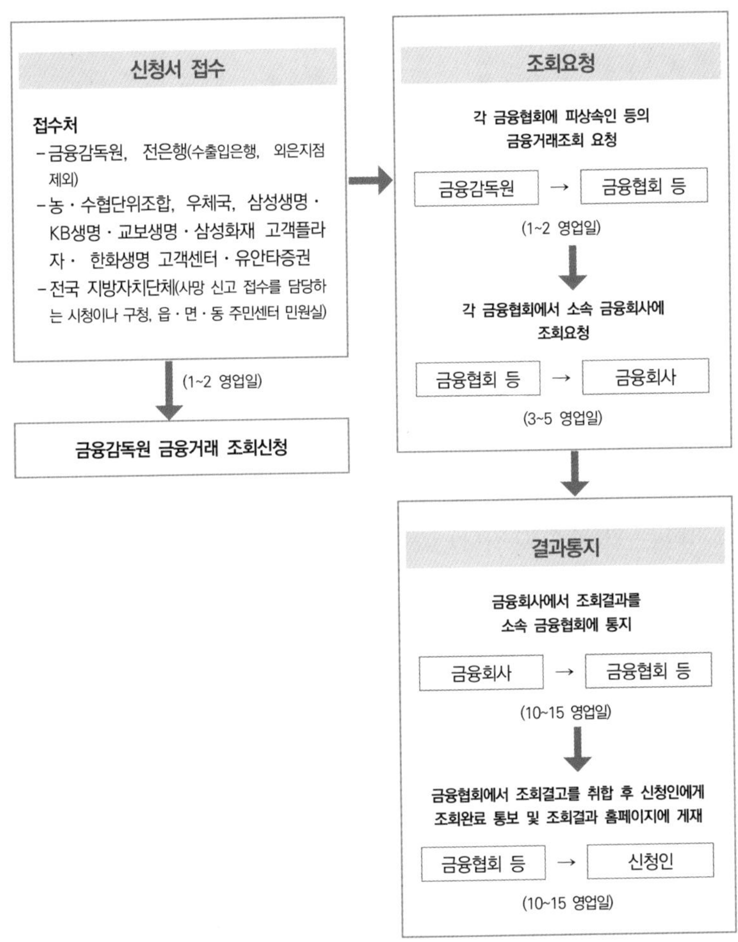

상속포기 · 한정승인

상속포기

상속포기는 상속인이 되는 지위를 포기하겠다고 법원에 신고하는 제도를 말한다. 상속개시일(사망일)로부터 3개월 이내에 법원에 서면으로 신고하고 법원이 이를 수리한다는 심판을 받아야 민법에 규정된 상속포기의 효과(처음부터 상속인이 아닌 것으로 된다)가 생긴다.

한정승인

상속인이 조건부(상속으로 인하여 취득할 상속재산의 한도에서 피상속인의 채무와 유증을 변제)로 상속하는 제도로 보통 상속개시일로부터 3개월 이내 법원에 한정승인 신고를 하고 법원이 이를 수리한다는 심판을 받아야 한다.

상속재산 협의분할 및 상속등기

상속인이 결정되면 상속인 간 상속재산 협의분할 후 상속등기 등을 하게 된다

▶ 민법상 협의분할은 언제든지 가능하니, 일반적으로 상속세 및 취득세 신고기한이 상속개시일의 말일부터 6개월 이내이므로 그 이전에 마무리하게 된다.

상속세 신고 및 납부

상속개시일의 말일부터 6개월 말일까지 피상속인의 주소지 관할 세무서에 상속세를 신고하고 납부하게 된다. (예를 들어 피상속인 사망일이 2023.10.1.인 경우 상속세 신고기한은 2024.4.30.이다)

상속세 결정(세무조사)

상속세 신고기한으로부터 9개월 이내(사망일로부터 15개월 말일) 관할 세무서에 결정하게 된다.

[상속 절차]

내 용	기 간(사망일 이후)
사망신고	1개월 이내
상속재산 조회	3개월(~1년) 이내
상속 승인 · 포기 · 한정승인	3개월 이내
상속세 신고	6개월 말일
상속세 결정(종결)	15개월 말일

상속은 사망이라는 사실로 인해 피상속인의 모든 권리의무를 포괄적으로 승계하고 재산은 공유로 한다.

상속 금융재산 인출 개선[11)]

[주요 개선내용]

제출서류 명확화	• 금융회사별 상속인 제출서류를 표준화 • 상속인 제출서류 등을 금융소비자가 알기 쉽게 안내
재산인출 간편화	• 소액 인출 절차 간소화 한도를 100만원에서 300만원으로 상향 • 모든 상호금융업권에서 가까운 단위조합(동일업권)을 통한 인출 허용

[상속인 표준 제출서류]

※ 금융회사별로 「상속인 표준 제출서류」에 대한 세부 운영기준은 일부 다를 수 있음.

구분	유형	제출서류	제출사유	비고
필수 서류	공통	내점한 상속인의 **실명확인증표**	상속인 본인 여부 확인	-
	공통	피상속인의 **가족관계증명서(상세)**	상속인 범위[주1)] 확인	-
	공통	피상속인의 **기본증명서**	피상속인의 사망사실 · 시기 확인	-
	미내점 상속인	**위임장**[주2)] **및 인감증명서 등**[주3)]	미내점 상속인의 의사 확인	내점 상속인의 경우 본인의사 확인이 가능하므로 인감증명서 등 제출 생략

11) 금융감독원 보도자료(2024.7.19.)

구분	유형	제출서류	제출사유	비고
필요시 제출서류	공통	피상속인의 제적등본	추가상속인 존부 및 2008년 이전 사망자의 상속인 범위 확인	① 청구인이 3·4순위 상속인인 경우 ② 대습상속 등으로 가족관계증명서에 상속인 전원이 나타나지 않는 경우 ③ 사망자가 2008년 이전 사망하여 가족관계증명서 발급이 불가능한 경우 등
	공통	피상속인의 사망확인(진단)서	피상속인의 사망사실·시기 확인	사망사실이 기재된 기본증명서 발급이 불가능한 경우에 제출
	유언상속·유증	수유자의 인감증명서, 유언에 관한 증서	유언에 의한 상속분 등 확인	(유언방식) 자필증서, 공정증서, 비밀증서, 구수증서 또는 녹음 중 한 가지
		법원의 유언서 검인조서 등본	유언서의 유효성 확인	유언방식이 공정증서인 경우 제출 생략
	미성년자 상속인	미성년자의 기본증명서 및 가족관계증명서	제한능력자 상속인의 법정대리인 범위 확인	상속인 중에 미성년자, 피성년후견인, 피한정후견인이 있는 경우 ※ 법정대리인의 실명확인증표 및 위임관계서류(미내점시) 제출 필요
	피성년후견인 등 상속인	후견등기사항전부증명서 등		
	해외거주자 상속인	실명확인증표, 위임장(영사확인 등)[주4]	대리관계 및 미내점 해외거주자 상속인의 의사 확인	해외거주자 상속인 동일여부 확인을 위해 동일인증명서 등 제출이 필요할 수 있음
		납세관리인 신고확인서	상속내역 확인	상속인 또는 수유자가 비거주자인 경우 (「국세기본법」 §82 ⑥)
	협의분할	재산분할협의서 또는 법원의 재산분할결정서	재산분할 내용 확인	협의분할 등의 사실이 있는 경우
	상속포기	법원의 상속포기결정문	판결내용 확인	상속포기 판결을 받은 상속인이 있는 경우

1) 피상속인 기준 부모, 배우자, 자녀(상속 1, 2순위)까지 확인 가능
2) 위임장에는 인감증명서와 일치하는 인감 날인 또는 본인서명사실확인서와 일치하는 서명 기재
3) 인감증명서(3개월 이내 발급분) 또는 본인서명사실확인서(3개월 이내 발급분) 등
4) 외국어로 표기된 문서의 경우 상속인이 번역본을 공증인 또는 한국공관의 번역인증을 받아 제출

03 누가 얼마나 상속받나

Q 아버지가 돌아가셨는데 형제간에 공평하게 상속받으면 되는 건가요?

법정상속주의

우리 민법은 법정상속주의(상속인은 법이 정하고 수증자는 피상속인이 정한다)를 택하고 있다. 따라서 1순위 상속인이 한 명이라도 있으면 2순위 이하는 상속인이 될 수 없다.

용어정리

※ 수증자 : 생전이나 사후에 재산을 증여받은 사람

대습상속(민법 §1001)

피상속인이 사망하기 전 아들이 먼저 사망하고 그 아들의 직계비속(손자)이 있는 경우 손자가 아들의 상속인 지위에 갈음하여 상속인이 되는 것이다. 우리 민법은 대습상속에 온정적인 태도를 가지고 있어, 아들이 패륜으로 상속결격이 된 경우에도 배우자와 그 자녀에게 대습상속을 인정한다.

상속인 결격(민법 §1004)

상속인이 될 사람에게 일정한 사유가 생기면 법률상 그 사람의 상속권을 박탈하는 것을 말한다.
민법 제1004조에서 규정하는 결격사유가 지나치게 한정적이어서 이를 악용해 상속받으려는 사례가 나오고 있다. 자식이나 부모를 학대하거나 부양의무를 다하지 않은 자도 상속인이 될 수 있는 문제가 있어 민법이 개정되기에 이른다.

민법 개정

제1004조의2(상속권 상실 선고) [본조신설 2024.9.20.]

① 피상속인은 상속인이 될 사람이 피상속인의 직계존속으로서 다음 각 호의 어느 하나에 해당하는 경우에는 제1068조에 따른 공정증서에 의한 유언으로 상속권 상실의 의사를 표시할 수 있다. 이 경우 유언집행자는 가정법원에 그 사람의 상속권 상실을 청구하여야 한다.

1. 피상속인에 대한 부양의무(미성년자에 대한 부양의무로 한정한다)를 중대하게 위반한 경우
2. 피상속인 또는 그 배우자나 피상속인의 직계비속에게 중대한 범죄행위(제1004조의 경

우는 제외한다)를 하거나 그 밖에 심히 부당한 대우를 한 경우

② 제1항의 유언에 따라 상속권 상실의 대상이 될 사람은 유언집행자가 되지 못한다.

③ 제1항에 따른 유언이 없었던 경우 공동상속인은 피상속인의 직계존속으로서 다음 각 호의 사유가 있는 사람이 상속인이 되었음을 안 날부터 6개월 이내에 가정법원에 그 사람의 상속권 상실을 청구할 수 있다.

1. 피상속인에 대한 부양의무(미성년자에 대한 부양의무로 한정한다)를 중대하게 위반한 경우
2. 피상속인에게 중대한 범죄행위(제1004조의 경우는 제외한다)를 하거나 그 밖에 심히 부당한 대우를 한 경우

④ 제3항의 청구를 할 수 있는 공동상속인이 없거나 모든 공동상속인에게 제3항 각 호의 사유가 있는 경우에는 상속권 상실 선고의 확정에 의하여 상속인이 될 사람이 이를 청구할 수 있다.

⑤ 가정법원은 상속권 상실을 청구하는 원인이 된 사유의 경위와 정도, 상속인과 피상속인의 관계, 상속재산의 규모와 형성 과정 및 그 밖의 사정을 종합적으로 고려하여 제1항, 제3항 또는 제4항에 따른 청구를 인용하거나 기각할 수 있다.

⑥ 상속개시 후에 상속권 상실의 선고가 확정된 경우 그 선고를 받은 사람은 상속이 개시된 때에 소급하여 상속권을 상실한다. 다만, 이로써 해당 선고가 확정되기 전에 취득한 제3자의 권리를 해치지 못한다.

⑦ 가정법원은 제1항, 제3항 또는 제4항에 따른 상속권 상실의 청구를 받은 경우 이해관계인 또는 검사의 청구에 따라 상속재산관리인을 선임하거나 그 밖에 상속재산의 보존 및 관리에 필요한 처분을 명할 수 있다.

⑧ 가정법원이 제7항에 따라 상속재산관리인을 선임한 경우 상속재산관리인의 직무, 권한, 담보제공 및 보수 등에 관하여는 제24조부터 제26조까지를 준용한다.

[시행일 : 2026.1.1.]

상속의 순위(민법 §1000)

구 분	상속인	비 고
1순위	배우자와 직계비속	직계비속과 직계존속이 없는 경우 배우자 단독상속[12)]
2순위	배우자와 직계존속	
3순위	형제자매	
4순위	4촌 이내 방계혈족	

▶ 4순위까지의 상속인이 없고 특별연고자도 없으면 국고로 귀속된다.

12) 민법 제1003조

법정상속분(민법 §1009)

동 순위 상속인은 균분으로 하고, 배우자는 5할을 가산한다.

[사례별 법정상속분]

구 분	상속인	상속분	비율
직계비속과 배우자	배우자, 자(태아)	자 1	2/5
		배우자 1.5	3/5
	배우자, 자(1), 자(2), 녀	자(1) 1	2/9
		자(2) 1	2/9
		녀 1	2/9
		배우자 1.5	3/9
직계존속과 배우자	배우자, 부, 모	부 1	2/7
		모 1	2/7
		배우자 1.5	3/7

Q1. 사고로 남편이 죽고 배우자와 미성년 자녀가 상속인인 경우

A 친권자가 실제로 자녀의 이익을 해할 의도가 없다고 하더라도, 상속재산분할협의와 같은 행위는 이해상반행위라고 판단한다. 따라서 친권자(모)가 특별대리인 선임 청구를 가정법원에 해야 하고 법원은 통상적으로 사망한 자의 혈족을 기준으로 선임한다. 즉, 사망한 아버지의 혈족인 할아버지, 숙부, 고모 등이 특별대리인으로 선임된다. 친권자가 미성년 자녀의 상속분을 모두 가져가는 상황을 방지하기 위함이다. (민법 §921)

Q2. 상속인 간 불화가 있는 경우

부친이 사망하고 공동상속인 자녀가 4명인데 장남이 상속재산의 1/2을 상속받고자 고집하고 나머지 상속인들은 1/4씩 공평하게 분배하자고 할 경우

A 상속인 간 협의 분할이 원칙이나 협의가 되지 않는 경우 가정법원에 상속재산분할 심판청구를 하여야 한다. 장남의 기여분이 없다면 법정상속분으로 분배될 가능성이 크다.

▶ 이러한 사태를 대비하기 위해 피상속인은 유언장을 작성해 두는 지혜가 필요하다.

Q3. 사실혼 관계에 있는 배우자는 상속인이 될 수 있나

A 사실혼 상태의 부부는 동거의무, 부양의무, 협조의무 및 정조의무를 부담하여 일상가사대리권이 인정된다. 그러나 우리 민법은 법률혼주의를 채택하고 있어 상속인으로 인정되지 않는다.[13)]

Q4. 재혼한 경우의 상속재산 분배

남편(갑)은 전처와의 사이에 아들 한 명을 둔 상태에서 재혼해 아내(을)와의 사이에 딸 한 명을 두었다. 남편과 아내의 상속재산이 각각 28억원이라고 가정

---

13) 국민연금, 사립학교 교직원 연금, 군인연금, 산업재해보상금 등의 유족 자격은 인정된다.

구 분	사례 1 (남편이 먼저 사망한 경우)	사례 2 (아내가 먼저 사망한 경우)	비 고
배우자	12억원(3/7) : 을	16.8억원(3/5) : 갑	
아들	8억원(2/7)		계모와는 상속인 관계 ×
딸	8억원(2/7)	11.2억원(2/5)	

해설

❑ 사례 1 : 배우자(을)와 아들과 딸 모두 법정상속인이다.

사례 2 : 계모와 아들과는 상속인 관계가 아니다. 따라서 을의 상속인은 배우자(갑)와 딸이다. 이후 갑이 사망한 경우 을로부터 상속받은 재산 16.8억원과 갑의 원래 소유재산 28억원을 합친 금액인 44.8억원이 상속재산이 된다. 이때 상속인인 아들과 딸이 1/2씩(22.4억원) 나누게 된다.

결국 을의 재산 중 8.4억원이 아들에게 상속되는 결과가 된다 .

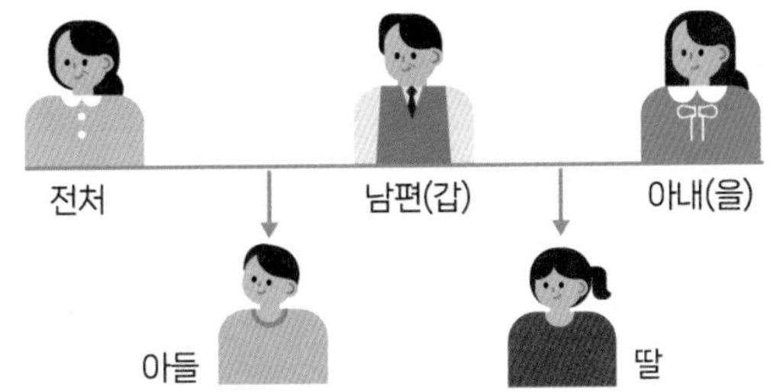

❑ [사례 2]의 경우 을이 이런 상황을 원치 않는다면 해결책은?

• 을(아내)이 유언으로 딸에게 상속

구분	유언 X		유언 O		비 고
	을 사망	갑 사망	을 사망	갑 사망	
남편(갑)	16.8억원	44.8억원	0	28억원	16.8억원 + 28억원 = 44.8억원
아들		22.4억원		14억원	
딸	11.2억원	22.4억원	28억원	14억원	
딸상속분	33.6억원		42억원		42억원 – 33.6억원 = 8.4억원

▶ 을 사망 후 갑이 상속을 포기하거나 갑이 유언을 남겨 해결할 수도 있으나 이는 갑의 결정에 따르는 데 반해, 을이 유언을 남기면 간단히 해결할 수 있다. 이때 남편(갑)의 유류분은 8.4억원(28×3/5×1/2)이나 남편이 딸에게 유류분 반환청구를 하는 경우는 드물 것이다.

Q5. 손자도 직계비속이므로 상속인이 될 수 있다?

A 민법 제1000조 제2항에 동순위 상속인이 수인인 때에는 최근친을 선순위로 하고 있으므로 아들과 손자의 경우 아들이 상속인이 되는 것이다. 따라서 대습상속이 아니면 손자가 상속인이 될 수 없다. 만약, 아들이 상속을 포기한다면 공동상속의 경우 그 상속분은 다른 상속인에게 귀속되므로 손자가 상속인이 될 수 없으나, 아들 **단독상속의 경우 손자가 상속인이 될 수 있다.** 그러나 세법은 이때 손자를 상속인 외의 자로 보아[14] 증여세 및 세대생략할증과세[15]하므로 주의하여야 한다.

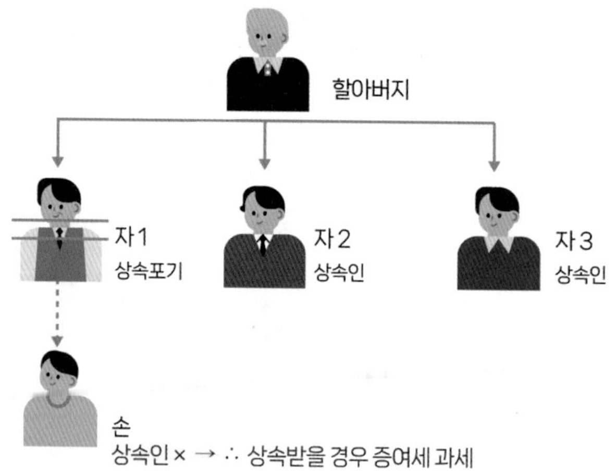

사연(불화, 재혼, 대습상속)이 있는 집은 상속순위를 잘 따져봐야 한다.

14) 민법상 적법한 유언절차 등에 의하지 않고 상속인 외의 자가 상속재산을 취득하는 경우에는 상속인이 상속받은 재산을 상속인 외의 자에게 증여한 것에 해당되어 상속인들에게는 상속세를, 상속인 외의 자에게는 증여세가 과세됨. (재산상속 46014-1329, 2000.11.4.)

15) 대습상속이 아닌 세대를 건너뛴 상속은 할증과세 대상이다. (서면4팀-2524, 2006.7.27.)

04 상속받을 게 없어도 신경 써야 한다

Q 아버지가 사업 실패로 빚만 남기고 돌아가셨는데, 상속받을 재산이 없으니 신경 쓸 필요가 없는 것 아닌가요?

A 나는 상속받을 재산이 없어 상속은 알 필요 없다고 생각하는 경우가 있다. 때를 놓쳤다가 평생 고생할 수 있으니, 본인이 여기에 해당하는지 살펴보기 바란다.

법정단순승인(민법 §1026)

- 상속인이 상속재산에 대한 처분행위를 한 때
- 상속인이 한정승인 또는 상속포기를 기간 내 하지 아니한 때
- 상속인이 한정승인 또는 포기를 한 후에 상속재산을 은닉하거나 부정소비하거나 고의로 재산목록에 기입하지 아니한 때

이 경우 상속인이 단순승인 – 제한없이 피상속인의 권리의무 승계 – 한 것으로 보므로 주의하여야 한다.

처분행위

법에서 처분행위는 써버리거나 없애버리는 행위만 뜻하는 것이 아니라 아버지의 채권을 받아내는 것도 처분행위에 해당할 수 있다. 돌아가신 분의 통장에서 현금을 찾거나 신용카드, 현금카드를 사용하는 것은 물론 채무를 변제받는 것도 모두 처분행위에 해당할 수 있다.

▶ 상속인의 예금에서 일부를 인출하여 장례비로 사용하였고, 그 금액이 합리적인 범위 내라면 법정단순승인 사유에 해당하지 않으므로 상속포기나 한정승인이 가능하다.

상속포기

상속포기는 상속인이 되는 지위를 포기하겠다고 법원에 신고하는 제도를 말한다. 상속포기 기간 내에 법원에 서면으로 신고하고 법원이 이를 수리한다는 심판을 받아야 민법에 규정된 상속포기의 효과(상속개시된 때 소급하여 효력 발생하여 처음부터 상속인이 아닌 것으로 된다)가 생긴다.

● 민법 개정(2022.12.13.)

미성년자가 부모의 부채를 떠안게 되어 제대로 된 사회생활을 할 수 없게 된 문제를 해결하기 위해 미성년자인 상속인이 성년이 된 후 그 상속채무 초과 사실을 안 날로부터 3개월 안에 한정승인을 할 수 있도록 민법(§1019)이 개정되었다. 이 개정법 시행일 이전에 이미 피상속인이 사망한 경우라고 하더라도, ① 상속개시 당시 미성년자이고 현재도 미성년자라면 나중에 성년이 된 이후에 한정승인을 할 수 있고, ② 상속개시 당시 미성년자였고 지금은 성년이라면 채무초과 사실을 안 날로부터 3개월 안에 한정승인을 할 수 있다.[16)]

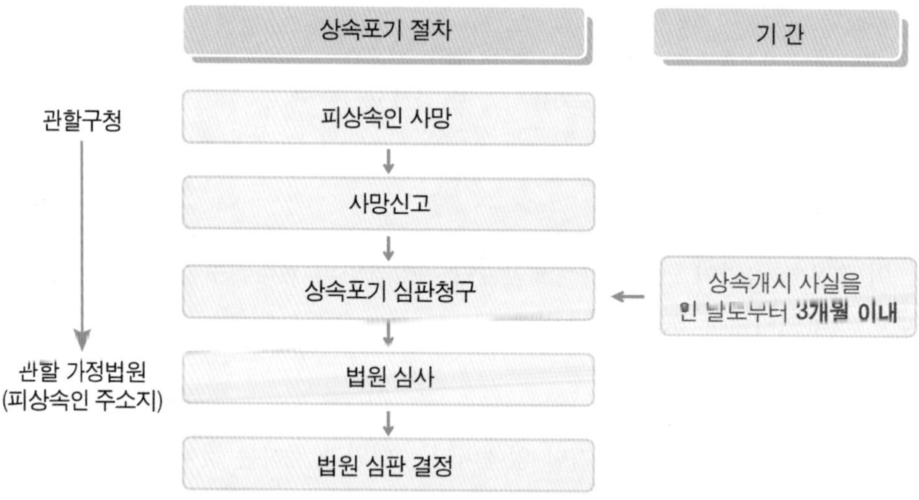

▶ 1순위부터 4순위 상속인까지 모두 상속포기를 해야 한다.

● 대법원판결 변경

상속인은 직계비속이 1순위에 해당한다. 직계비속이 1순위이므로 자녀가 상속을 포기하게 되면 손자녀들이 상속인이 되므로 손자녀들도 상속포기 신고를 해야 한다는 사실에 유의해야 한다. 일반인이 이해하기 힘들어 불의의 피해를 보는 경우가 있어 최근 대법원판결 변경이 있었다. 배우자와 자녀들이 공동상속인인 경우 자녀들이 모두 상속을 포기하면 손자녀와 직계존속이 공동상속인이 된다는 종래의 판결을 변경한 것이다.

---

16) 부칙 제2조(미성년자인 상속인의 한정승인에 관한 적용례 및 특례) ②

이 판례는 피상속인의 배우자가 상속포기를 하지 않을 때만 적용된다. 배우자가 상속포기를 하거나, 배우자가 없는 상속에서 자녀들 모두 상속포기 신고를 하면 손자녀들이 상속인이 된다는 결론은 변하지 않는다. 따라서 공동상속인 중 한 명은 한정승인(배우자도 가능)을 하고 나머지 상속인들은 상속포기 신고를 하는 일반적인 방식은 여전히 유효하다.

대법원 2023.3.23. 2020그42, 전원합의체 결정

이상에서 살펴본 바와 같이 상속에 관한 입법례와 민법의 입법 연혁, 민법 조문의 문언 및 체계적·논리적 해석, 채무상속에서 상속포기자의 의사, 실무상 문제 등을 종합하여 보면, 피상속인의 배우자와 자녀 중 자녀 전부가 상속을 포기한 경우에는 배우자가 단독상속인이 된다고 봄이 타당하다. 이와 달리 피상속인의 배우자와 자녀 중 자녀 전부가 상속을 포기한 경우 배우자와 피상속인의 손자녀 또는 직계존속이 공동상속인이 된다는 취지의 종래 판례는 이 판결의 견해에 배치되는 범위 내에서 변경하기로 한다.

한정승인

한정승인은 상속인이 조건부(상속으로 인하여 취득할 상속재산의 한도에서 피상속인의 채무와 유증을 변제)로 상속하는 제도로 법원에 한정승인 신고를 하고 법원이 이를 수리한다는 심판을 받아야 한다. (민법 §1028~§1031)

한정승인은 한정승인 신고가 접수된 때가 아니라 수리 심판이 당사자에게 고지된 때부터 효력이 발생한다.[17]

특별한정승인(민법 §1019 ③)

상속채무가 상속재산을 초과한다는 사실을 중대한 과실 없이 상속개시 있음을 안 날로부터 3개월 내에 알지 못하고 단순승인(법정단순승인 포함)을 한 경우 그 사실을 안 날부터 3개월 내에 한정승인할 수 있다.

상속인의 재산상 권리 의무

한정승인을 하더라도 피상속인에 대한 상속인의 재산상 권리 의무는 소멸하지 않는다. 예를 들어, 아들이 아버지에게 1억원을 빌린 상태에서 아버지가 돌아가신 경우 부채(의무) 1억원은 소멸하지 않으므로 아버지의 재산목록에 1억원도

17) 대법원 2016.12.29. 선고 2013다73520.

포함하여 작성해야 하며 아들은 1억원을 갚아 채권자들에게 배당해야 한다.

한정승인의 장 · 단점

장점	물려받은 재산의 범위에서만 빚을 갚고 후순위 상속인에게 빚이 승계되지 않는다.
단점	• 재산목록을 작성하고 신문 공고를 해야 하는 등 신고 절차가 상속포기보다 복잡하다. • 한정승인을 신고한 후에도 상속재산의 한도 내에서 공평하게 상속채무를 갚는 청산 절차를 이행해야 한다.

보통의 경우 편의를 위해 1순위자가 한 명이면 그가 한정승인을 하고 1순위자가 여러 명이면 그중 한 명만 한정승인을 하고 나머지 공동상속인은 상속포기를 한다.

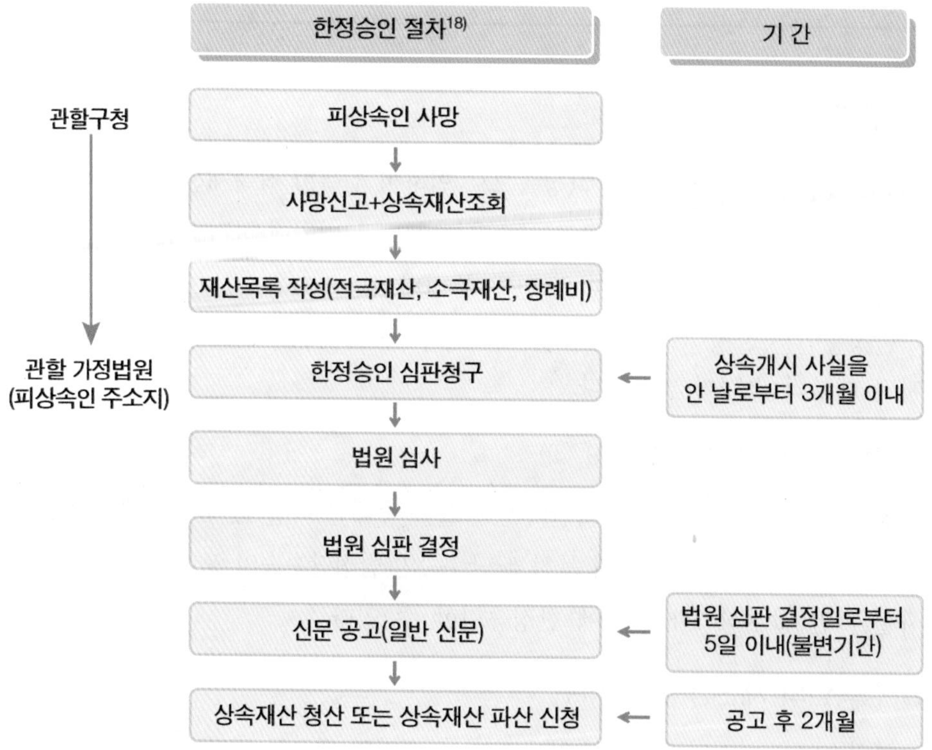

18) 고윤기 · 김대호, 상속－한정승인과 상속포기의 모든 것, ㈜교유당, 2022, 138P

세금 부담

상속포기의 경우

상속포기자는 상속세 및 증여세법에 따르면 상속인으로 취급(상증법 §2 4호)되고 민법에 따르면 상속인으로 취급되지 않게 된다.

상속포기자가 피상속인으로부터 생전에 증여받은 재산이 상속재산에 합산하여 상속세를 계산하게 되는 경우, 상속인에 상속포기자를 포함하지 않으면 상속포기자는 증여세 부담만을 지고 추가로 누진세율 적용을 받는 상속세의 부담을 지지 않게 된다. 이에 반해 다른 공동상속인은 상속포기자가 생전 증여받은 것으로 인해 상속세 부담을 더 지게 된다. 이처럼 사전증여를 받은 자가 상속을 포기함으로써 상속세 납세의무를 면하는 것을 방지하기 위해 상속인에 포함하는 것이다.

한정승인

한정승인은 납세의무의 승계에 아무런 영향을 미치지 못한다는 것이 대법원과 과세관청의 입장으로 상속인의 고유재산에 대해서도 압류할 수 있다.[19)]

양도소득세 납부의무

양도소득인 매각 대금은 부동산의 소유자에게 귀속되며, 그 소유자가 한정승인을 한 상속인이라도 그 역시 상속이 개시된 때로부터 피상속인의 재산에 관한 권리의무를 포괄적으로 승계하여 해당 부동산의 소유자가 된다는 점에서는 단순승인을 한 상속인과 다르지 않으므로 위 양도소득의 귀속자로 보아야 함은 마찬가지이다.[20)]

취득세 납부의무

상속인이 한정승인을 할 경우 책임이 제한된 상태로 피상속인의 재산에 관한 권리·의무를 포괄적으로 승계하는 것으로 한정승인에 의하여 부동산을 상속받은 자에게 취득세 납부의무가 있다.[21)]

---

19) 대법원 81누162, 1982.8.24.
20) 대법원 2010두13630, 2012.9.13.
21) 대법원 2005두9491, 2007.4.12.

⁘ 의사결정

상속포기가 유리한 경우

① 4순위까지 상속포기를 할 사람이 몇 명 안 될 때

▶ 선순위 상속인이 상속을 포기하면 후순위 상속인이 상속인이 되므로 4순위 상속인까지 모두 상속포기를 해야 한다. 이런 번거로움을 피하고자 한정승인을 활용하는 것이다.

② 한정승인을 하면 상속인이 내야 할 세금(양도소득세, 취득세)이 너무 많을 때

▶ 부동산 양도대금으로 부채를 상환하더라도 양도소득세(지방세 포함)는 상속인의 재산으로 납부해야 하는 경우가 발생할 수 있다.

공동상속인 중 상속포기자와 한정승인자 결정하기

① 1순위 직계비속인 자녀만 여러 명일 때

▶ 한 명 한정승인, 나머지 상속포기

② 1순위 직계비속(자녀 및 손자녀)과 배우자가 있을 때

▶ 배우자나 자녀 중 한 명 한정승인, 나머지 상속포기
(판례 변경으로 배우자가 한정승인하는 경우 배우자가 단독상속인이 된다.)
※ 손자녀가 대습상속인이면 상속포기를 해야 한다.

상속 승인과 포기의 결정

상속재산의 조사 결과	상속의 승인 여부 결정
재산 〉 채무	단순승인
재산과 채무 어떤 것이 더 많은지 모를 경우	한정승인
재산 〈 채무	상속포기(한정승인*)

* 피상속인의 빚을 알리기 싫은 경우

Q1. 상속개시 전 상속을 포기할 수 있나?

박모씨는 장손으로 슬하에 딸만 셋을 두었다. 사망에 임박하여 딸들에게 상속포기 각서에 도장을 찍게 하고 자신의 재산을 자신과 집안의 제사를 지내는 조건으로 조카에게 상속(유증)하였다. 딸들의 상속포기 각서가 효력이 있을까?

A 상속포기는 상속개시 이후에 하는 것이므로 상속개시 전에 포기할 수 없다. 포기의 방법 또한 민법 제1041조에 따라 법원에 신고하여야 하므로 각서는 효력이 없다. 따라서 딸들은 법정상속인으로서 유류분을 청구할 수 있다. 또한, 조카는 상속인 외의 자에 해당하므로 상속공제가 적용되지 않아 상속세를 납부하여야 한다.

Q2. 손자녀까지 상속포기해야 되는 경우

상속인으로 아들과 딸만 있고(배우자 사망) 피상속인의 채무가 재산보다 많은 상태에서 아들과 딸, 3순위 형제자매, 4순위 사촌형제까지 상속포기를 하였다면 문제가 없을까?

A 민법상 1순위 상속인은 직계비속이다. 손자녀도 직계비속이므로 아들과 딸이 상속포기를 하게 되면 손자녀가 상속인이 된다. 따라서 손자녀도 상속포기를 해야 2순위 상속인에게 상속권이 넘어가는 것이다.

Q3. 국민연금의 유족연금은 상속포기해도 받을 수 있다?

A 국민연금법상 유족연금은 국민연금 가입자가 사망했을 때 유족의 생계를 유지하기 위해 지급하는 당연한 권리다. 즉, 유족의 고유재산에 해당하므로 상속포기를 하더라도 유족연금을 받을 수 있다.

상속재산 보다 부채가 많은 경우 상속포기나 한정승인을 하라.

05 상속재산 분할은 어떻게 하나?

Q 상속재산을 분할할 때 사전에 증여받은 재산이 있는 상속인의 몫은 어떻게 반영되나요?

A 상속인이 확정되고 나면 상속재산을 분배하는 절차를 거쳐 각 상속인의 상속분을 확정시켜야 한다. 민법과 상속세법의 차이 나는 부분과 어렵게 느껴지는 구체적 상속분에 대해 살펴본다.

용어정리

- **고유재산**
  본디 자기가 가지고 있던 재산. 상속으로 생긴 재산과 구별하기 위하여 쓰이는 말
- **구체적 상속분**
  사망 당시의 상속재산 중 상속인별 몫
- **특별수익**
  상속인이 피상속인으로부터 생전에 받은 증여 또는 유증
- **기여분**
  특별한 재산적, 부양적 기여를 한 상속인의 몫

상속재산

상속재산이란 상속인이 상속으로 승계하게 될 **피상속인**의 권리와 의무 전체를 말한다.

적극재산과 소극재산

구 분	상속재산
적극재산	동산 · 부동산 등의 물건
	물건에 대한 소유권, 점유권, 지상권, 지역권, 전세권, 유치권, 저당권 등의 물권
	특정인이 다른 특정인에 대하여 일정한 행위를 요구하는 권리인 채권 • 생명침해에 대한 손해배상청구권 • 위자료청구권 • 이혼에 의한 재산분할청구권 • 회사의 주주(사원)권
	특허권 · 실용신안권 · 의장권 · 상표권 · 저작물에 대한 권리 등의 무체재산권
소극재산	조세, 일반채무(민법에서는 채무도 재산으로 취급한다)

고유재산

고유재산

생명보험금은 상속재산이 아니라 상속인들의 고유재산이다.

보험금지급청구권은 상속이 원인이 아니라 보험계약의 효력으로 발생하기 때문이다. 유족연금이나 사망퇴직금(단체협약에 명시)도 상속인들의 고유재산이다.

상속재산과 고유재산을 구분해야 하는 이유[22]

① 고유재산은 분배 절차 없이 상속인 각자의 법정상속분대로 수령할 수 있다.

② 상속재산을 분배할 때 기여분이나 공동상속인들의 특별수익을 고려한 구체적 상속분으로 나누는 것이 원칙이나, 고유재산은 법정상속분대로 분배된다.

③ 상속재산을 분배받으면 단순승인으로 간주되어 한정승인을 할 수 없으나 고유재산은 한정승인과는 상관없다.

퇴직급여

대법원 2017스516, 517, 2019.5.17.

피상속인은 사망 전에 자신의 배우자인 상대방을 수급권자로 지정하였고, 이에 따라 상대방은 피상속인의 사망 후 한국교직원공제회로부터 피상속인이 생전에 예치한 퇴직생활급여를 받았다. 이러한 퇴직생활급여의 발생 근거와 성격 등을 종합하면, 퇴직생활급여는 상대방이 독자적으로 수령할 권한이 있는 고유재산이므로 상속재산의 범위에 포함된다고 볼 수 없다.

대법원 2018다283049, 2023.11.16.

단체협약에서 근로자의 사망으로 지급되는 퇴직금(이하 '사망퇴직금'이라 한다)을 근로기준법이 정한 유족보상의 범위와 순위에 따라 유족에게 지급하기로 정하였다면, 개별 근로자가 사용자에게 이와 다른 내용의 의사를 표시하지 않는 한 수령권자인 유족은 상속인으로서가 아니라 위 규정에 따라 직접 사망퇴직금을 취득하는 것이므로, 이러한 경우의 사망퇴직금은 상속재산이 아니라 수령권자인 유족의 고유재산이라고 보아야 한다.

22) 오경수 · 현승진, 상속재산 분할심판청구, 2023. 102P

보험금

대법원 2001다65755, 2001.12.24.

보험계약자가 피보험자의 상속인을 보험수익자로 하여 맺은 생명보험계약에 있어서 피보험자의 상속인은 피보험자의 사망이라는 보험사고가 발생한 때에는 보험수익자의 지위에서 보험자에 대하여 보험금 지급을 청구할 수 있고, 이 권리는 보험계약의 효력으로 당연히 생기는 것으로 상속재산이 아니다.

▶ 보험금은 상속인의 고유재산이다.

상속재산 분할

상속재산 분할은 ① 유언 분할(민법 §1012) → ② 협의분할(민법 §1013) → ③ 법원의 조정분할 → ④ 법원의 심판분할의 순서로 한다.

상속재산의 분할은 상속개시된 때에 소급하여 그 효력이 있다. (민법 §1015)

상속채권과 상속채무

상속채권	원칙 : 예금채권과 같은 가분채권은 법정상속분대로 분할되어 상속재산분할의 대상이 되지 않는다.[23]
	예외 : 특별한 사정(공동상속인 중 초과특별수익자)이 있는 때에는 재산분할의 대상이 될 수 있다.[24]
상속채무	상속재산분할의 대상이 될 수 없다. (∵채권자에게 예측하지 못한 손해를 끼칠 수 있기 때문)

구체적 상속분

구체적 상속분이란 공동상속인 중 특별수익(피상속인으로부터 생전에 증여받은 재산 또는 유증받은 재산 중에서 상속분을 미리 받은 것과 같은 의미가 있는 재산[25])과 기여분을 참작해 법정상속분을 수정한 것으로서 **분할 대상 상속재산에 대한 상속인별 몫**을 뜻하고, 상속개시 당시 가액을 기준으로 정해진다.[26] 상

23) 실무상 대부분의 은행이 상속인 전원의 인감도장이 찍혀 있는 상속 예금인출신청을 요구하고 있다.

24) 대법원 2014스122, 2016.5.4.

25) 공동상속인 중에 피상속인으로부터 재산의 증여 또는 유증을 받은 특별수익자가 있는 경우에 공동상속인들 사이의 공평을 기하기 위하여 그 수증 재산을 상속분의 선급으로 다루어 구체적인 상속분을 산정함에 있어 이를 참작하도록 하려는 것 (대법원 2009두64653, 2011.7.28.)

26) 대법원 2022.7.20. 자 2022스597, 598 결정

속재산분할은 이 구체적 상속분을 기준으로 이루어진다.

구체적 상속분 산정 방법

대법원 2017스98, 99, 100, 101, 2022.6.30.

구체적 상속분을 산정함에 있어서는, 상속개시 당시를 기준으로 상속재산과 특별수익재산을 평가하여 이를 기초로 하여야 하고, 공동상속인 중 특별수익자가 있는 경우 구체적 상속분 가액의 산정을 위해서는, 피상속인이 상속개시 당시 가지고 있던 재산 가액에 생전 증여의 가액을 가산한 후, 이 가액에 각 공동상속인별로 법정상속분율을 곱하여 산출된 상속분의 가액으로부터 특별수익자의 수증재산인 증여 또는 유증의 가액을 공제하는 계산방법에 의한다. 이렇게 계산한 상속인별 구체적 상속분 가액을 전체 공동상속인들 구체적 상속분 가액 합계액으로 나누면 상속인별 구체적 상속분 비율, 즉 상속재산분할의 기준이 되는 구체적 상속분을 얻을 수 있다.

한편 위와 같이 구체적 상속분 가액을 계산한 결과 공동상속인 중 특별수익이 법정상속분 가액을 초과하는 초과특별수익자가 있는 경우, 그러한 초과특별수익자는 특별수익을 제외하고는 더 이상 상속받지 못하는 것으로 처리하되(구체적 상속분 가액 0원), 초과특별수익은 다른 공동상속인들이 그 법정상속분율에 따라 안분하여 자신들의 구체적 상속분 가액에서 공제하는 방법으로 구체적 상속분 가액을 조정하여 위 구체적 상속분 비율을 산출함이 바람직하다. 결국 초과특별수익자가 있는 경우 그 초과된 부분은 나머지 상속인들의 부담으로 돌아가게 된다.

[사례1] A(피상속인)의 상속인으로 처 B, 자녀 X, Y가 공동상속인이고 상속재산은 9억원이다. X에게 결혼자금으로 3억원을, Y에게는 결혼자금으로 2억원을 준 경우 상속재산 분배는?

상속인	상속분잔액	구체적 상속분	상속재산분배	상속이익
처B	(9+3+2) × 3/7 − 0 = 6	6/9	6	0+6=6(3/7)
자X	(9+3+2) × 2/7 − 3 = 1	1/9	1	1+3=4(2/7)
자Y	(9+3+2) × 2/7 − 2 = 2	2/9	2	2+2=4(2/7)

▶ 남은 상속재산(분할대상 상속재산) 9억원을 법정상속분(3/7, 2/7, 2/7)으로 분배하는 게 아니라 특별수익(증여)을 반영하여 상속재산을 분배하여 결과적으로 법정상속분으로 분배하게 된다.

초과특별수익자[27]가 있는 경우

[사례2] A(피상속인)의 자녀 B, C, D, E가 공동상속인이고 사망 당시 상속재산은 15억원이다. B에게 사업자금으로 25억원을 준 경우 상속재산 분배는?

27) 법정상속분보다 재산을 많이 받아 간 사람을 '초과특별수익자'라고 하고, 법정상속분을 초과한 특별수익액을 '초과특별수익액'이라고 한다.

상속인	상속분잔액	초과특별수익안분	구체적 상속분	상속이익
자녀B	(25+15) × 1/4 − 25= − 15	(15)	0	25
자녀C	(25+15) × 1/4 − 0=10	− 15 × 1/3= − 5	5	5
자녀D	(25+15) × 1/4 − 0=10	− 15 × 1/3= − 5	5	5
자녀E	(25+15) × 1/4 − 0=10	− 15 × 1/3= − 5	5	5

▶ 법정상속분은 1/4(10억원)이나 자녀 A가 더 받아 간 '초과특별수익' 15억원을 나머지 상속인들에게 안분하여 남은 상속재산을 분배한다. 따라서 초과수익분은 나머지 상속인들의 부담으로 돌아가게 된다.

- 특별수익을 산정한 결과 증여받은 재산이 수증자의 상속분에 미달하는 경우에는 부족한 부분의 한도에서 상속분을 더 받을 수 있다. [사례 1의 자X, 자Y]
- 증여받은 재산이 수증자의 상속분을 초과하는 경우 유류분을 침해하지 않는 한 반환할 필요가 없다. [사례 2의 B]

상속재산분할 협의서

상속재산분할 협의서

2024년 9월 9일 창원시 *** ○○○의 사망으로 인하여 개시된 상속에 있어 공동상속인 김△△, 김□□, 김○○는 다음과 같이 상속재산을 분할하기로 협의한다.

1. 상속재산 중 는 김△△의 소유로 한다.
2. 상속재산 중 는 김□□의 소유로 한다.
3. 상속재산 중 는 김○○의 소유로 한다.

위 협의를 증명하기 위하여 이 협의서 3통을 작성하고 아래와 같이 서명날인하여 그 1통씩을 각자 보유한다.

2024년 월 일

상속인 (인)

상속인 (인)

상속인 (인)

Q1. 상속인으로 본인과 남동생, 여동생 있습니다. 상속재산으로는 본인이 운영하고 있는 공장(시가 10억원)과 토지(시가 5억원)가 있습니다. 10년 전에 남동생은 사업자금으로 5억원을, 여동생은 아파트(5억원)를 증여받았습니다. 동생들이 지금 남은 재산을 1/3씩 공평하게 나누자고 하니 답답합니다.

구체적 상속분 = 사망 당시 상속재산 + 상속인 특별수익(상속 당시 시가)

① 상속인	② 상속재산
	(시가 10억원) (시가 5억원) ⇨ 1/3 (?)
③ 특별수익(사전증여)	④ 구체적 상속분
(5억원) (5억원→시가 10억원)	

형	$[(10+5)+(5+10)] \times \frac{1}{3} - 0=10$	공장
남동생	$[(10+5)+(5+10)] \times \frac{1}{3} - 5=5$	농지
여동생	$[(10+5)+(5+10)] \times \frac{1}{3} - 10=0$	×

* 상속재산은 공유이므로 협의분할은 필요

Q2. 상속인 간 협의분할이 안 될 경우 어떤 절차를 거쳐야 하나?

A 우리나라 상속 관련 분쟁은 반드시 민사조정을 거치도록 하는 조정전치주의 제도를 채택하고 있다. 즉, 가정법원 심판신청 전에 판사가 참여하는 조정을 통해 판결까지 가지 않고 당사자가 적절한 방법을 찾도록 하고 있다. (→ 조정분할) 조정이 되지 않을 경우 상대방 주소지 가정법원에 상속재산 협의분할 신청을 해야 한다. 분할청구는 공동상속인 1인 또는 수인이 나머지 공동상속인 전원을 상대로 상속재산에 대하여 분할을 청구하는 것이다. 피상속인의 유언이나 기여분이 없다면 법정상속분으로 분할하게 될 것이다. (→ 심판분할)

Q3. 공동상속인 4명 중 1명이 과다한 상속분을 요구하여 그를 제외하고 나머지 3명이 합의하여 재산을 분할할 수 있나?

A 상속재산 분할은 공동상속인 전원의 참가와 합의가 필요하다. 따라서 일부 상속인을 제외하거나 의사를 무시한 합의는 무효다.

Q4. 협의분할 시 특정 상속인의 지분을 0으로 할 수 있나?

A 상속인 전원의 동의가 있으면 가능하다.
예를 들어 배우자와 자녀가 공동상속인인 경우, 배우자의 재산이 많아 굳이 상속받을 필요가 없다면 배우자 상속분을 0으로 하고 자녀들이 전부 가져가는 협의도 가능하다.

☞ 민법상 상속포기 방법(법원 신고)이 아니므로 상속포기가 아니다. 따라서 부채가 많은 상속인이 지분이 없는 것으로 협의분할 해도 채권자가 상속재산(해당 상속인의 법정상속분)에서 채권을 회수할 수 있다.

Q5. 특별수익은 어떻게 산정하나?

A 상속개시 당시의 시가로 평가하는 게 원칙이다. 구체적으로 살펴보면[28)]

① 상속인을 수익자로 하는 보험금
보험금은 고유재산으로 상속재산에 포함되지 않지만, 특별수익으로 볼 수 있다. 다만, 어느 정도를 특별수익으로 인정할 것인지에 대해서는 논란이 있다.

② 수증자에 의한 증여물의 변화
수증자의 행위로 증여물이 멸실되거나 변형되었을 때는 원상태로 존재한다고 의제하여 상속개시 당시의 시세로 평가해야 한다.

③ 금전
화폐가치의 변동을 고려하고 상속개시 시의 화폐가치로 환산한 금액을 특별수익으로 인정한다. 화폐가치의 환산기준은 GDP 디플레이터[29)]를 사용한다.

④ 채무
특별수익자가 있는 경우에도 공동상속인 간의 상속채무는 법정상속분에 따라 승계되고 특별수익자가 더 부담해야 하는 것은 없다. (∵채무는 상속재산 분할 대상 아님)

---

28) 김선웅 · 양재영, 상속설계, 2022. 76~77P
29) GDP 디플레이터 = (명목 GDP/실질 GDP) × 100

» **사전 증여가 있는 상속인의 경우 유의해야 한다.**
예를 들어 서울의 아파트를 10년 전에 10억원에 증여를 받았는데
상속 당시 30억원이 되었다면 특별수익은 30억원이다.

Q6. 손자에게 증여한 것도 특별수익으로 보나?

A 공동상속인 중 피상속인으로부터 재산의 증여나 유증을 받은 자를 특별수익자로 본다. 손자는 공동상속인에 해당되지 않으므로 손자에게 사전 증여한 재산은 상속재산 분배시 따로 고려하지 않는다.
그런데 이를 역이용하여 손자나 며느리에게 사전 증여하는 경우 생길 수 있다. 대법원은 이에 대해 실질적으로 상속인에게 직접 증여한 것과 다르지 않다면, 상속인의 특별수익으로 볼 수 있다고 판결했다.

대법원 2006스3, 2007.8.28.

민법 제1008조는 '공동상속인 중에 피상속인으로부터 재산의 증여 또는 유증을 받은 자가 있는 경우에 그 수증재산이 자기의 상속분에 달하지 못한 때에는 그 부족한 부분의 한도에서 상속분이 있다.'고 규정하고 있는바, 이와 같이 상속분의 산정에서 증여 또는 유증을 참작하게 되는 것은 원칙적으로 상속인이 유증 또는 증여를 받은 경우에만 발생하고, 그 상속인의 직계비속, 배우자, 직계존속이 유증 또는 증여를 받은 경우에는 그 상속인이 반환의무를 지지 않는다고 할 것이나, 증여 또는 유증의 경위, 증여나 유증된 물건의 가치, 성질, 수증자와 관계된 상속인이 실제 받은 이익 등을 고려하여 실질적으로 피상속인으로부터 상속인에게 직접 증여된 것과 다르지 않다고 인정되는 경우에는 상속인의 직계비속, 배우자, 직계존속 등에게 이루어진 증여나 유증도 특별수익으로서 이를 고려할 수 있다고 함이 상당하다.

▶ 상속재산분할 분쟁은 전문 변호사를 통해 해결해야 할 것이다.

Q7. 재산분할은 돈 많은 사람들의 이야기?

[사연]

홍길동은 일찍 부친을 여의고 평생 가난하게 사신 모친을 위하여 10년 전 시골의 조그마한 집(당시 시세 3천만원, 현재 시세 5천만원)을 사드렸다.
모친의 슬하에 2남 2녀의 자녀가 있었는데 차녀가 지병으로 5년 전 젊은 나이에 사망하였다. 사망한 차녀의 슬하에 남매(미성년)를 두었고 오랜 투병 생활로 남편(허균)과의 관계가 좋지 않아 차녀 사망 후 홍길동의 가족들과 교류도 단절되었다.
최근 모친이 사망하자 난감한 일이 벌어졌다. 얼마 되지 않는 시골 주택 재산분할이 문제가 될 줄은 생각도 하지 못한 것이다.

A 모친이 유언장을 남기지 않았으므로 상속인 간 협의분할하여야 한다.
협의분할은 공동상속인 전원이 참여하여야 하며 일부 상속인만의 협의분할은 무효다. 차녀가 사망하였으므로 차녀의 법정상속인은 배우자와 그 자녀들(대습상속)이다. 그 자녀들이 미성년자라 **허균의 청구로 특별대리인**을 선임하여야 하므로 허균의 협조 없이는 협의분할이 불가능한 상황이 된 것이다.

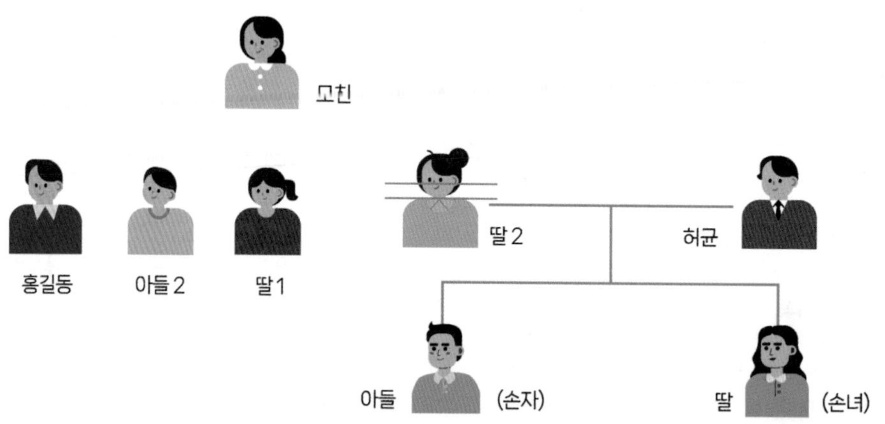

홍길동은 재산이 소액이라 걱정하지 않았는데 허균의 몽니로 이러지도 저러지도 못하게 되자 모친의 유언장을 작성해 두거나 자신이 생전에 증여받지 않은 것에 대해 땅을 치고 후회하게 되었다.

공동상속인 전체의 합의가 아니면 협의분할이 성립되지 않는다.

06 누구나 죽는다. 유언을 남겨라

Q 유언장 작성은 어떻게 하나요

A 유언은 유언자의 사망과 동시에 일정한 법률효과를 발생시키는 것을 목적으로 하는 상대방 단독행위[30]로, 유언자의 의사를 존중하고 사후에 유언 된 사항이 확실하게 실행되도록 보장하기 위해 민법에서는 엄격한 방식을 요구하고 있다. 민법에서 정한 방식에 따르지 않는 유언은 무효가 되므로 주의해야 한다.

우리나라는 아직 유언장 작성이 보편화되지 않았지만, 유언상속 우선주의에 따라 법정상속분보다 유언에 의한 상속이 우선 적용되므로 갈수록 유언장이 중요해지고 있다.

유언의 요건

요식성	유언은 민법에 정한 방식이 아니면 효력이 생기지 않는다. (민법 §1060)
효력	유언은 유언자가 사망한 때 효력이 생긴다. (민법 §1073)
유언 가능한 법률 행위	① 재단법인의 설립 ② 친생부인(혼인 중 태어난 자녀가 명백한 사유에 의하여 친생자가 아니라고 여겨져 친생자임을 부인) ③ 유증(유언을 통해 재산을 증여하는 것으로 유언자의 의사표시만으로 효력이 발생하는 단독행위) ④ 인지(혼인 외의 출생자를 그의 생부 또는 생모가 자기의 자녀라고 인정하는 것) ⑤ 후견인 지정 ⑥ 상속재산 분할 방법의 지정 또는 위탁 ⑦ 상속재산 분할 금지(유언으로 상속재산을 최대 5년까지 분할할 수 없도록 지정할 수 있다) ⑧ 유언집행자의 지정 또는 위탁 ⑨ 신탁

30) 일방(피상속인)의 의사표시만으로도 성립하는 법률행위

유언방식

[유언의 종류[31)]]

방식	내 용	증인	검인	장점	단점
자필증서	유언서 전문·연월일·주소·성명을 자필하고 날인	×	○	내용과 존재가 비밀	위조, 변조, 분실 위험
녹음	유언내용 녹음→증인 확인	1인 이상	○	글을 쓰기 힘들 때 사용	비밀 유지 안 됨
비밀증서	유언서 봉인→봉인을 증인이 확인→5일 이내 확정일자 받아야	2인 이상	○	내용만 비밀	절차 복잡
공증증서	유언내용 구술→공증인 기재·낭독→증인 확인	2인 이상	×	검인 불필요	공증비용 발생 비밀유지 안 됨
구수증서	급박한 사유 발생 유언자가 유언취지 말로써 전달	2인 이상	○	질병, 기타 급박한 사유	-

유언철회

유언의 철회는 언제든지 가능하고 유언을 철회할 권리를 또한 포기하지 못한다 만일 유언자가 유언을 철회하지 않는다는 계약을 체결하더라도 그 계약은 무효다.

유언장 보관

유언장의 보관은 훼손, 변조, 분실이 없도록 금고 등에 보관하는 것이 좋다. 공증을 받으면 유언장이 공증사무소에 보관하기 때문에 가장 안전한 방법이다. 또한 적절한 시점에 유언장의 위치를 상속인 등에게 미리 알려주는 게 필요하다.

유언장 검인

유언증서에 대한 법원의 검인은 유언의 방식에 관한 사실을 조사함으로써 위조·변조를 방지하고 그 보존을 확실히 하기 위한 절차에 불과할 뿐, 유언증서의 효력 여부를 심판하는 절차가 아니고 봉인된 유언증서를 검인하는 경우 그 개봉 절차를 규정한 데 불과하다.[32)]

---

31) 민법 제1065조~제1070조

판례

구 분	내 용
주소	자필증서에 의한 유언은 전문과 연월일, 주소, 성명을 모두 자서하고 날인하여야만 효력이 있고, 유언자가 주소를 자서하지 않았다면 이는 법정된 요건과 방식에 어긋난 유언으로서 효력을 부정하지 않을 수 없으며, 유언자의 특정에 지장이 없다고 하여 달리 볼 수 없다. 여기서 자서가 필요한 주소는 반드시 주민등록법에 의하여 등록된 곳일 필요는 없으나, 적어도 민법 제18조에서 정한 생활의 근거되는 곳으로서 다른 장소와 구별되는 정도의 표시를 갖추어야 한다. (대법원 2012다71688, 2014.9.26.)
날인	민법 제1066조 제1항은 "자필증서에 의한 유언은 유언자가 그 전문과 연월일, 주소, 성명을 자서하고 날인하여야 한다."고 규정하고 있으므로, 유언자의 날인[33)]이 없는 유언장은 자필증서에 의한 유언으로서의 효력이 없다고 할 것이다. (대법원 2006다25103, 2006.9.8.)
연월일	자필 유언증서의 연월일은 유언능력의 유무를 판단하거나 다른 유언증서와 사이에 유언 성립의 선후를 결정하는 기준일이 되므로 그 작성일을 특정할 수 있게 기재하여야 한다. 따라서 연・월만 기재하고 일의 기재가 없는 자필 유언증서는 그 작성일을 특정할 수 없으므로 효력이 없다. (대법원 2009다9768, 2009.5.14.)

▶ 유언장은 법에 정한 요건 중 하나라도 충족되지 않으면 무효다.

유언장 작성 사례

유 언 장

나 ○○○이 죽으면 다음과 같이 처리해 주기 바란다.
1. 부동산 A는 장남 ○○에게 상속한다.
2. 은행에 예금된 약 2억원은 장녀 ○○에게 상속한다.
3. 경남 창원시에 있는 땅(○○동 ○○번지)은 처 ○○에게 준다.
4. 유언집행자는 김○○으로 한다.
사후에 자녀 간의 불화를 없애기 위해 유언을 남긴다.

날짜 : 20**. **. **.
주소 : ×××도 ***시 ○○○로 0-00
유언자 : ○○○ (날인)

▶ 상속인 간의 재산분쟁-특히 기여분이나 유류분 분쟁-을 막기 위해 유언이 필요하고, 절세를 위해 유증을 활용할 수 있으므로 유언장 작성은 중요하다.

32) 대법원 1998.5.29. 선고 97다38503 판결
33) 날인은 인감도장이 아니어도 되고 무인(엄지손가락 지문 찍는 인)도 가능

유언대용신탁

필자가 상담하다 보면 부모 입장에서 재산을 미리 다 줘버리면 자식들이 무시하거나 나 몰라라 할까 봐 걱정된다는 이야기를 종종 듣는다. 한편으로는 본인 사망 후 자식들 간에 다툼이 있을까 걱정이라는 말과 함께.

이때 유용하게 활용할 수 있는 제도가 유언대용신탁이다.

용어정리

- 신탁 : 신탁을 설정하는 자(위탁자)와 신탁을 인수하는 자(수탁자) 간의 신임 관계에 기하여 위탁자가 수탁자에게 특정의 재산(영업이나 저작재산권의 일부를 포함한다)을 이전하거나 담보권의 설정 또는 그 밖의 처분을 하고 수탁자로 하여금 일정한 자(수익자)의 이익 또는 특정의 목적을 위하여 그 재산의 관리, 처분, 운용, 개발, 그 밖에 신탁 목적의 달성을 위하여 필요한 행위를 하게 하는 법률관계(신탁법 §2)
- 상사신탁 : 수탁자인 신탁업자가 계속적 · 반복적인 상행위를 영위하는 신탁
- 민사신탁 : 개인과 개인, 단체 간의 비반복적 · 비계속적 민사 거래에 따른 신탁
  예 부자지간, 부부지간의 재산 신탁계약

민사신탁과 상사신탁

[민사신탁과 상사신탁 비교] 34)

구 분	민사신탁	상사신탁
성립 근거법	신탁법	자본시장법
수탁자 적격	개인, 단체(영리법인 제외)	금융위원회 신탁업 인가 법인
신탁의 인수	반복적 · 계속적이지 않은 신탁의 인수	계속적 · 반복적인 상행위로서 신탁의 인수
신탁가능재산	특정의 재산(포괄 규정) (신탁법 §2)	신탁가능 재산 특정 (자본시장법 §103)
수탁자 보수	무보수 원칙(신탁행위로 정하면 가능)	영리 행위로 당연히 보수적용

34) 김종원, 민사신탁의 활용과 세무, 2019, 68P.

유언대용신탁[35)]

개념	▪ 위탁자 사망으로 수익권을 취득하는 신탁과 위탁자 사망 후에 수익채권이 발생하는 신탁(신탁법 §59) ① 상속대체신탁으로 위탁자의 수익자변경권과 신탁종료·변경권을 통하여 부모 부양을 촉진하고 유산분쟁을 방지 ② 위탁자에게 신탁재산에 대한 처분권이 남아 있어 일반적인 자산관리신탁과는 수익자의 권리와 역할이 다름[36)]
법적 성질	① 생전신탁(위탁자 생전의 계약이므로 생전에 효력이 발행) ② 사인증여(위탁자의 사망으로 수익자가 확정되거나 수익채권이 발생)→상속세 과세[37)] ③ 유언형식을 요하지 않는다. ④ 유언대용신탁 설정 후 그와 저촉되는 유언은 무효
필요성	민법상 재산승계 수단인 유증이나 사인증여는 법정 방식에 의하지 아니하면 무효가 되는 등 경직되고 단편적이어서 피상속인의 상속재산에 대한 다양한 관리·처분 의사나 상속인의 행위능력 등 개별적인 사정을 반영할 여지가 없다. 그러나 유언대용신탁은 위탁자 생전에 효력이 발생하며 그 내용을 탄력적으로 정할 수 있는 제도로서 위탁자(피상속인)의 의사와 상속인의 구체적인 사정을 반영하여 갈등과 분쟁 없는 재산승계를 설계할 수 있다. 예를 들어 위탁자가 생존 중에는 자신을 수익자로 하고 자신이 사망한 후에는 자신의 자녀, 배우자 또는 제3자를 수익자로 하는 유언대용신탁을 설정하면, 신탁을 통하여 위탁자 사망 후의 재산분배를 처리할 수 있으므로 유증과 유사한 기능을 수행하게 된다. 유증은 사망 이후에 효과가 발생하므로 미리 등기부에 표시할 방법이 없지만, 유언대용신탁은 계약성립시에 장래 상속 또는 유증 계획을 정하여 부동산 등기부 등에 표시할 수 있다는 점이 여러모로 유용하다.[38)]

[민법상 유언 공증과 생전 신탁 계약 비교][39)]

구 분	유언 공증	생전 신탁 계약
성립	보증인 2인이 필요해 심리적 부담	사적자치로 신탁계약 용이
수증자 지정	한 세대의 수증자 지정	여러 세대에 걸친 수증자(수익자)지정
변경	성립과 마찬가지로 보증인 필요	신탁상 정한 절차에 따라 변경 가능
철회	유언 철회 자유, 새로운 유언은 종전 유언의 철회에 해당	신탁행위로 정한 바에 따라 신탁해지, 신탁 변경 가능

35) 정순섭, 신탁법, 2021. 653P.
36) 문자 그대로 유언을 대신할 수 있는 내용과 목적을 기준으로 한 신탁이다.
신탁계약으로 위탁자(피상속인)는 언제든지 수익자(상속인) 변경권을 가질 수 있다.
37) 「신탁법」 제59조에 따른 유언대용신탁(2020.12.22. 신설) – 상증법 제2조 1호 라목
38) 김종원, 민사신탁의 활용과 세무, 2019, 33P.
39) 김종원, 민사신탁의 활용과 세무, 2019, 302P.

구 분	유언 공증	생전 신탁 계약
유언 집행	지정된 유언집행자	수탁자가 유언집행자로 유사 지위 가짐
유언자의 사망	유언 공증의 효력 발생 시점	신탁종료 사유로 특정하지 않는 한 신탁은 유지 존속하고 지정된 수익자에게 상속 또는 유증 효과 발생
생전 재산관리 의사 반영	유언을 대외적으로 공시한다는 것이 제한되고, 유언자의 생전에 효력이 발생하는 실효성 있는 재산관리 문제를 포함할 수 없다.	생전의 재산관리 등 의사 외에 사후의 재산관리 등 의사를 반영하여 공시하면 대항력이 발생한다.

[유언과 신탁의 비교]

구 분	유언 공증	상속 신탁계약
상속재산 분배의 확실성 · 신속성	낮음	높음
상속분쟁 예방기능	낮음	높음
2차 상속	불가	가능(연속수익자 활용)
상속설계의 유연성	낮음	높음
생전 및 사후의 재산보호 및 관리	없음	가능
재산의 이전 시기	경직(위탁자의 사망)	유연
요식성	높음(법정요건 준수)	낮음(계약 방식)

» 필자도 상속인 간 재산분쟁 방지를 위해 유언대용신탁을 활용한 바 있으며 당사자의 만족도가 높은 것으로 판단된다. 유언장 작성이 부담스럽거나 유언으로 풀기 어려운 문제가 있다면, 유언대용신탁을 고려해 보라.

피상속인의 의사를 남기고 상속인 간 분쟁을 방지하기 위해 유언을 남겨라.

07 자기 몫을 챙겨라

Q **치매에 걸린 엄마와 같이 살며 10년간 극진히 모셨는데 남겨진 집을 형제들이 똑같이 나누자고 하니 억울합니다.**

A 상속재산 분할 과정에서 상속인 간의 분쟁이 빈번하게 발생한다. 피상속인의 유지를 받들고 가족의 화목을 우선시하던 과거와 달리 상속인들이 자기 권리를 찾으려는 목소리가 점점 커지고 있다. 기여분과 유류분에 대한 대법원 판례를 중점적으로 살펴본다.

기여분

기여분

민법 제1008조의2가 정한 기여분제도는 공동상속인 중에 피상속인을 특별히 부양하였거나 피상속인의 재산 유지 또는 증가에 특별히 기여하였을 경우 이를 상속분 산정에 고려함으로써 공동상속인 간의 실질적 공평을 도모하려는 것인바, 기여분을 인정하기 위해서는 공동상속인 간의 공평을 위하여 상속분을 조정하여야 할 필요가 있을 만큼 피상속인을 특별히 부양하였다거나 피상속인의 상속재산 유지 또는 증가에 특별히 기여하였다는 사실이 인정되어야 한다.[40)]

상속재산은 한정돼 있어 누군가에게 기여분을 인정해 주면 결국 나머지 상속인들이 받을 수 있는 상속분이 줄어들게 되므로 공동상속인 간의 협의가 필요하게 된다. 협의가 원만히 해결되지 않으면 기여분을 주장하는 자가 **가정법원에 심판을 청구**할 수 있다.

부양적 기여
통상적 부양의무 이행은 기여분 인정 안됨. (특별한 부양만 인정)[41)]

재산적 기여
상대적으로 인정받기 쉬울 수 있다.

40) 丁이 처로서 부양의무를 이행한 정도에 불과하여 **甲을 특별히 부양하였다거나 甲의 재산 유지·증가에 특별히 기여하였다고 인정하기에 부족**하다. (대법원 2012스156,157, 2014.11.25.)

41) 대법원 2014스44, 45, 2019.11.21. 전원합의체 결정

특별수익(기여분)

대법원, 2021다230083, 230090, 2022.3.17.

어떠한 생전 증여가 특별수익에 해당하는지는 피상속인의 생전의 자산, 수입, 생활수준, 가정상황 등을 참작하고 공동상속인들 사이의 형평을 고려하여 당해 생전 증여가 장차 상속인으로 될 자에게 돌아갈 상속재산 중 그의 몫의 일부를 미리 주는 것이라고 볼 수 있는지에 의하여 결정하여야 한다.

따라서 피상속인으로부터 생전 증여를 받은 상속인이 피상속인을 특별히 부양하였거나 피상속인의 재산의 유지 또는 증가에 특별히 기여하였고, 피상속인의 생전 증여에 상속인의 위와 같은 특별한 부양 내지 기여에 대한 대가의 의미가 포함되어 있는 경우와 같이 상속인이 증여받은 재산을 상속분의 선급으로 취급한다면 오히려 공동상속인들 사이의 실질적인 형평을 해치는 결과가 초래되는 경우에는 그러한 한도 내에서 생전 증여를 특별수익에서 제외할 수 있다. 다만 피상속인의 생전 증여를 만연히 특별수익에서 제외하여 유류분제도를 형해화시키지 않도록 신중하게 판단하여야 한다.

▶ 기여분은 종합 판단 사항(당사자 의사, 구체적 기여 내용과 정도, 상속재산 비율 등)으로 유류분반환 청구대상이 되지 않는다.

- 기여분은 상속이 개시된 때 피상속인의 재산가액에서 유증의 가액을 공제한 가액을 넘지 못한다. (∵기여분보다 유증이 우선-피상속인 의사 우선시)
- 기여자의 상속분은 상속개시 당시 피상속인의 재산가액에서 기여자의 기여분을 공제한 것을 상속재산으로 보고 산정한 법정상속분에 기여분을 가산하여 계산한다. (민법 §1008의2)

유류분

2024.4.25. 헌법재판소에서 유류분 위헌판결이 내려졌다. 위헌판결에 대해서는 8장에서 다루기로 하고 유류분에 대한 기본 내용을 살펴본다.

유류분

의의	피상속인의 재산 처분행위로부터 유족의 생존권을 보호하고 법정상속분의 일정 비율에 해당하는 부분을 유류분으로 산정하여 상속인의 상속재산 형성에 대한 기여와 상속재산에 대한 기대를 보장하는 데 그 목적이 있다. 이러한 유류분제도가 피상속인의 재산 처분 자유와 수증자의 재산권이 과도하게 침해된다고 보지 않는다.[42)]
산정	유류분 산정 기초재산 = 상속개시 시의 상속재산 + 증여재산 - 채무액 ▶ 증여받은 재산의 시가는 상속개시 당시를 기준으로 산정한다.

42) 대법원 2020다250783, 2022.2.10.

비율	상속인	유류분 비율
	배우자와 직계비속	법정상속분의 2분의 1
	직계존속	법정상속분의 3분의 1
	▶ 종전 형제자매에 대한 유류분은 위헌판결로 즉시 없어졌다.	

용어정리

- 특별수익(자)
  공동상속인으로서 상속 전에 상속대상 재산에서 특별수익(증여 또는 유증)을 받은 (자)
- 유류분반환청구권
  유류분을 침해하는 증여 또는 유증을 받은 자에 대하여 유류분에 해당하는 재산의 반환을 청구할 수 있는 구체적인 권리

특별수익자에 대한 증여의 특칙

공동상속인 중 특별수익자가 있는 경우에는 특별수익자에게 증여가 상속개시 1년 이전의 것인지 여부, 당사자 쌍방이 손해를 가할 것을 알고서 하였는지 여부에 관계없이 유류분 산정을 위한 기초재산에 산입된다. 단, 배우자의 경우 재산형성 기여도에 따라 유류분 기초재산에서 제외될 수 있다.[43]

» **상속인이 사전증여 받은 재산이 10년이 지나면 상속세 합산대상이 되지 않는** 상증법과 달리 민법은 상속인이 증여받은 시점에 제한 없이 **유류분 산정 기초재산으로 산입한다.**

43) 생전 증여를 받은 상속인이 배우자로서 일생동안 피상속인의 반려가 되어 그와 함께 가정공동체를 형성하고 이를 토대로 서로 헌신하며 가족의 경제적 기반인 재산을 획득·유지하고 자녀들에게 양육과 지원을 계속해 온 경우, 생전 증여에는 위와 같은 배우자의 기여나 노력에 대한 보상 내지 평가, 실질적 공동재산의 청산, 배우자 여생에 대한 부양의무 이행 등의 의미도 함께 담겨 있다고 봄이 타당하므로 그러한 한도 내에서는 생전 증여를 특별수익에서 제외하더라도 자녀인 공동상속인들과의 관계에서 공평을 해친다고 말할 수 없다. (대법원 2010다66644, 2011.12.8.)

유류분 반환청구

구분	내 용
행사 기한	'유류분권리자가 상속의 개시와 반환하여야 할 증여 또는 유증을 한 사실을 안 때'로부터 1년 내 행사해야 한다. 단 상속이 개시된 지 10년이 경과하면 유류분 반환을 청구할 수 없다.[44]
행사 방법	재판상 또는 재판 외 상대방에 대한 의사표시의 방법으로 할 수 있다. 이때 침해를 받은 유증 또는 증여행위를 지정하여 이에 대한 반환청구의 의사를 표시하면 되며, 그 목적물을 구체적으로 특정하여야 하는 것은 아니다.
반환 방법	→ 원물(증여 또는 유증 대상 재산 자체) 반환 원칙[45] → 원물반환이 불가능한 경우 : 그 가액 상당액을 반환
반환 순서	증여와 유증이 같이 있는 경우 먼저 유증을 받은 자를 상대로 유류분 침해액의 반환을 구하여야 하고, 그래도 부족할 경우 증여를 받은 자에 대하여 그 부족분을 청구할 수 있다.
반환 범위	• 증여받은 재산의 유류분 산정[46] (상속개시 당시 시가로 평가) – 성상을 변경(예 : 건물 증축, 리모델링)한 경우 → 변경 있기 전 상태를 기준으로 유류분 산정 → 반환 지분 산정할 때는 상속개시 당시 시가로 산정 예 5년 전 시가 10억원 건물 증여받은 후 리모델링하여 현재 시가 20억원 ➤ 리모델링 전 기준 상태에서 현재 시세가 12억원이라고 가정할 경우 → 유류분 산정시 평가액 : 12억원 → 유류분 반환지분 산정시 평가액 : 20억원

사례

[사례 1] 상속재산 15억원, 상속인–(자녀 3명) A · B · C,
A–기여분 3억원, B–사전증여(특별수익) 6억원

상속인	상속분잔액	구체적 상속분	상속재산분배	상속이익
A	(15–3+6) × 1/3+0=6	6/12	6	6+3=9(3/7)
B	(15–3+6) × 1/3–6=0	0	0	0+6=6(2/7)
C	(15–3+6) × 1/3–0=6	6/12	6	6+0=6(2/7)

44) 상속개시로부터 1년 이내 행사하는 것이 안전하며, 의사표시 기록을 남겨두어야 한다.

45) 유류분 권리자가 스스로 위험이나 불이익을 감수하면서 원물반환을 구하는 것까지 허용되지 않는다고 볼 것은 아니므로, 그 경우에도 법원은 유류분권리자가 청구하는 방법에 따라 원물반환을 명하여야 한다. (대법원 2020다250783, 2022.2.10.)

46) 대법원 2020다250783, 2022.2.10.

[사례 2] 상속당시 상속재산 7억원 피상속인 A(암으로 사망),
상속인 배우자 B, 자식 C · D, 내연녀 E
상속개시 2년 전 내연녀(E)에게 14억원 증여 → 유류분 산정 대상[47)]

상속인	법정상속분	유류분 산정	유류분 부족액
B	7 × 3/7=3	(7+14) × 3/7 × 1/2=4.5	1.5억원(4.5억원 - 3억원)
C	7 × 2/7=2	(7+14) × 2/7 × 1/2=3	1억원(3억원 - 2억원)
D	7 × 2/7=2	(7+14) × 2/7 × 1/2=3	1억원(3억원 - 2억원)

▶ 내연녀 E에게 유류분 반환 청구할 수 있다.

[사례 3[48)]] 상속재산 8억원 상속채무 4억원
상속인 자녀 A · B · C · D
생전증여 : A 2억원, B 2억원, C 5억원, D 19억원

상속인	상속분잔액	초과특별수익안분	상속재산 분배	채무	상속이익
A	(8+2+2+5+19) × 1/4 - 2=7	- 10 × 1/3= - 3.33	3.67	1	2.67+2=4.67
B	(8+2+2+5+19) × 1/4 - 2=7	- 10 × 1/3= - 3.33	3.67	1	2.67+2=4.67
C	(8+2+2+5+19) × 1/4 - 5=4	- 10 × 1/3= - 3.34	0.66	1	-0.34+5=4.66
D	(8+2+2+5+19) × 1/4 - 19= - 10	(10)	0	1	- 1+19=18

유류분 산정 상속재산 = 28억원(사전증여재산) + 8억원(상속재산) - 4억원(상속채무)
= 32억원

▶ 유류분은 4억원(= 32 × 1/4 × 1/2)이므로 유류분 침해받은 상속인은 없다.[49)]

47) 상속개시 1년 전 상속인 외의 자에게 증여한 재산이지만 유류분 침해를 알고 증여한 것으로 봄.

48) 공동상속인 중 특별수익을 받은 유류분권리자의 유류분 부족액을 산정할 때에는 유류분액에서 특별수익액과 순상속분액을 공제하여야 하고, 이때 공제할 순상속분액은 당해 유류분권리자의 특별수익을 고려한 구체적인 상속분에 기초하여 산정하여야 한다. (대법원 2017다235791, 2021. 8.19.) - 고등법원 판결 파기 환송

49) 고등 법원 판사도 틀린 것이니 나만 어려운 건가 생각하지 마시길~

Q1. 유류분 반환 대상이 주식인 경우

예 피상속인 (갑) : 상속 당시 상속재산 10억원, 상속인 아들, 딸

- 아들은 15년 전 (갑) 소유 비상장 주식 5억원(= 주당 10만원 × 5,000주)을 증여받음. 이 주식의 상속개시 당시 평가액은 30억원(주당 60만원)임.
- 상속재산 분배를 아들과 딸 각각 5억원으로 할 경우

유류분 산정 = (10억원 + 30억원) × 1/2 × 1/2 = 10억원

A 공동상속인의 경우 증여 시점에 상관없이 유류분 산정 기초재산에 산입된다.
따라서 딸은 유류분 부족액 5억원(10억원 - 5억원)에 대해 반환 청구할 수 있다. 원칙적으로 증여 또는 유증 대상 재산 그 자체(주식)를 반환하여야 하고, 원물 반환이 불가능한 경우에는 그 가액 상당액을 반환하여야 한다.[50)]
대법원 판례에 따르면 주식으로 반환 청구하면 주식으로 반환해야 할 것으로 판단된다.

Q2. 상속개시 5년 전에 손자에게 5억원을 증여한 경우

A 상속인 외의 자에게 상속개시 1년 전에 증여한 재산은 유류분 산정에 포함되지 않는다. 5년 전에 증여했으므로 유류분 산정에 포함되지 않는다. 단, 당사자 쌍방이 유류분권리자에 손해를 가할 것을 알고 증여를 한 때에는 1년 전에 한 것도 유류분 산정에 포함된다.

Q3. 영리법인이나 공익법인에게 증여한 재산이 있는 경우

A 위 손자의 경우와 마찬가지로 상속인 외의 자에 해당하므로 동일하게 적용된다.

---

50) 대법원 2004다51887, 2005.6.23.

Q4. 상속개시 후 1년이 지나 유류분 청구를 할 수 있나

A 유류분반환청구는 '유류분 권리자가 상속의 개시와 반환하여야 할 증여 또는 유증을 한 사실을 안 때[51]'로부터 1년 내 행사해야 한다. 따라서 상속재산 분할 당시 알고 있던 내용이라면 청구 기한이 지난 것으로 볼 가능성이 크다.

그러나 유류분 권리자가 상속 당시 몰랐던 증여 사실을 알게 되고 그 증여재산으로 인해 본인의 유류분이 침해되었다면 상속개시 후 10년 이내까지는 가능하다.

상속재산 분할과정에서 유류분이 침해된 사실을 알았지만, 피상속인의 유지를 받들고 가족 간의 분쟁을 염려해 상속재산 분할에 동의한 경우, 나중을 대비해 상속개시 1년 이내에 유류분 침해의 의사표시(내용증명 등)를 해두는 것도 하나의 방법이 될 수 있다. 상황에 따라 다를 수 있으므로 전문 변호사의 상담이 필요하다.

특별한 기여가 있거나 본인의 몫을 제대로 못 받은 경우, 자신의 몫을 따져보라.

51) 유류분 권리자가 상속이 개시되었다는 사실과 증여 또는 유증이 있었다는 사실 및 그것이 반환하여야 할 것임을 안 때이다. (대법원 2023다203894, 2023.6.15.)

08 민법이 먼저고 세법은 그 다음이다

지금까지 **민법의 상속편**을 살펴보았다. 전문가에게 맡기면 되지, 내가 왜 어려운 법조문을 알아야 되나 싶은 생각도 들 것이다. 질문이 없는데 답을 해 줄 수 없듯이 그 질문은 본인이 해야 한다. 질문의 수준의 높아지면(환자로 치면 어디가 아픈지 알면) 제대로 된 답을 찾을 가능성도 높아진다. 이게 왜 안 되지? 또는 이게 혜택을 볼 수 있을까? 라는 의문은 본인이 가져야 한다. (본인 재산이 아닌가!) 다음은 민법이 어떻게 세법에 반영되는지 보여준다.

기간계산

상증세법에서는 사전증여합산기간, 감정평가기간, 추정상속재산 등에 중요한 기간 규정들이 많다.

가장 기본적인 기간계산은 어떻게 할까? 이런걸 세법에 일일이 규정하기 힘들 것이다. 따라서 특별한 경우를 제외하고 민법의 규정을 따른다.

민법

제157조(기간의 기산점)

기간을 일, 주, 월 또는 연으로 정한 때에는 기간의 초일은 산입하지 아니한다. 그러나 그 기간이 오전 영시로부터 시작하는 때에는 그러하지 아니하다.

제159조(기간의 만료점)

기간을 일, 주, 월 또는 연으로 정한 때에는 기간 말일의 종료로 기간이 만료한다.

제160조(역에 의한 계산)

① 기간을 주, 월 또는 연으로 정한 때에는 역에 의하여 계산한다.
② 주, 월 또는 연의 처음으로부터 기간을 기산하지 아니하는 때에는 최후의 주, 월 또는 연에서 **그 기산일에 해당한 날의 전일**로 기간이 만료한다.
③ 월 또는 연으로 정한 경우에 최종의 월에 해당일이 없는 때에는 그 월의 말일로 기간이 만료한다.

제161조(공휴일 등과 기간의 만료점)

기간의 말일이 토요일 또는 공휴일에 해당한 때에는 기간은 그 익일로 만료한다.

국세기본법

> **제4조(기간의 계산)**
> 이 법 또는 세법에서 규정하는 기간의 계산은 이 법 또는 그 세법에 특별한 규정이 있는 것을 제외하고는 「민법」에 따른다.

사례[52)]

사례	기산일	만료일	비고
① 1월 5일부터 10일	1월 6일	1월 15일	일로 계산
② 1월 31일로부터 1월	2월 1일	2월 말일	**기간의 처음부터 기산**
③ 1월 5일부터 2월	1월 6일	3월 5일	기산일에 해당하는 날의 **전일**
④ 8월 30일부터 6월	8월 31일	다음해 2월 말일	기산일에 해당하는 날의 전일이 없는 경우
⑤ 1월 1일부터 2월	1월 2일	3월 2일	기간 말일이 공휴일인 경우

Q1. 상속개시일 전 10년 이내 사전증여 합산기간 계산

예 상속개시일 2023.7.2.인 경우
2013.7.2. 이후 증여한 재산은 상속개시 전 10년 이내에 해당된다.[53)]

Q2. 상속개시일 전 2년 이내라고 할 경우 소명 기간은?

예 상속개시일 2024.6.30.인 경우
상속개시일 전 2년은 2024.6.30.은 산입하지 않으므로 소명기간은 2022.6.30.~2024.6.30.까지가 된다.

52) 국세기본법 집행기준 4-0-3 사례
53) 기간을 일, 주, 월 또는 연으로 정한 때에는 초일은 산입하지 아니하는 것이고 기간을 과거로 소급하여 계산하는 경우에도 같음. (**재삼** 46014-1691, 1996.7.13., 재삼 46014-2600, 1995.10.2.)

◉ 하루 차이로 비과세 여부가 달라진다.

서면법령해석재산 2017-785(2017.9.19)

질의

(사실관계)

○ 2015.4.30. A주택을 취득한 후 2016.4.30. B주택을 취득하였으며, B주택 취득일로부터 3년 이내 A주택을 양도할 예정임.

(질의내용)

○ 종전 주택을 취득한 날부터 1년 이상이 지난 후 대체주택을 취득한 경우에 해당하는지 여부

회신

종전의 주택을 2015년 4월 30일에 취득하고 다른 주택을 2016년 4월 29일에 취득한 경우에는 「소득세법 시행령」 제155조 제1항을 적용할 때 종전의 주택을 취득한 날부터 1년 이상이 지난 후 다른 주택을 취득한 경우에 해당하지 않는 것임.

국세청 해석사례집

○ 1세대가 1개의 주택을 취득하고 주택을 취득한 날부터 1년 이상이 지난 후 다른 주택을 취득하고, 다른 주택 취득일로부터 3년 이내에 종전 주택을 양도하는 경우

- 종전 주택의 양도에 대해서는 1세대 1주택으로 보아 양도세를 과세하지 아니함. (소득령 §155 ①)

○ 세법에서 규정하는 기간의 계산은 그 세법에 특별한 규정이 있는 것을 제외하고는 민법에 따르는 것으로(국세기본법 §4)

- 장기보유특별공제, 세율과 같이 그 기간 산정을 '취득일부터 양도일까지'로 특정하여 규정한 경우에는 초일을 산입하여 기간을 계산하는 것이나, (대법 91누8548, 1992.3.10.)
- '취득일로부터 1년 이내의 부동산'과 같이 특정 시점부터 기간을 계산하는 규정 형식에 대해서는 민법의 기간계산 원칙(민법 §155~§161)과 같이 초일을 불산입하여 기간을 계산하는 것임. (대법 2012두20199, 2013.1.24.)

○ 소득령 §155 ①의 일시적 2주택 비과세 규정은 그 적용 요건을 '종전 주택을 취득한 날부터 1년 이상이 지난 후' 대체주택을 취득하는 경우로 규정하고 있어 **기간계산 형식**을 취하고 있으므로

- 종전 주택 취득일로부터 1년 이상의 기간이 지났는지 여부는 민법의 기간계산 방법에 따라 초일을 불산입하는 것이며,
- 초일 불산입 시 1년이 되는 날은 2016.4.30.이므로 이 날이 지난 2016.5.1. 이후 신규주택을 취득한 경우에만 소득령 §155 ①에 따른 일시적 2주택 특례를 적용할 수 있는 것임.

상속세 신고와 협의분할의 관계

[사연] 부친 사망(2024.6.25.)으로 상속세 신고를 해야 하는 상황

상속인으로 모친과 형제자매 3남매로 협의분할이 안 되고 있는 상태임.
상속세 신고기한이 다가옴에 따라 가산세 문제 때문에 우선 법정상속분대로 신고를 할 예정임.

Q. 상속세 신고행위가 본인 스스로 법정지분에 대해서만 인정하여 법정지분만 본인이 상속받게 된다고 하는데?

세법에 의한 상속세의 신고와 민법의 규정에 의한 공동상속인 간의 상속재산의 협의분할은 **별개의 사항**인 것이며, 상속세를 신고한 사실만으로 공동상속인 간의 상속지분이 법정상속지분으로 확정되지는 아니하는 것임. (재산상속 46014-1880, 1999.10.25.)

[사실관계]

- 2006.5.7. A 사망, 공동상속인 : 배우자 B, 자 C · D · E · F
  상속재산 가액 : 7,407,436,721원, 상속세 1,273,624,880원 신고
- 2010.3.24.~2010.6.6. (서울지방국세청 조사)
  654,745,234원 과소신고(B · C · D에 대한 사전증여재산 287,090,000원 포함)
  사전증여재산을 제외한 귀속이 불분명한 금액은 법정상속비율에 따라
  공동상속인에게 귀속되었다고 보아 공동상속인에게 상속세 382,913,050원 고지

Q. F(원고)가 귀속이 불분명한 금액은 원고에게 전혀 귀속되지 않았는데 원고에게 상속세를 부과한 것은 부당하다?

상속세 및 증여세법, **민법 제1006조, 제1009조 등을 종합**하여 보면, 공동상속인은 사전증여나 분할협의 등의 **다른 사정이 없는 한 민법상의 상속분 비율에 따라 상속세 납세의무를 분담**하게 되고, 공통상속인은 상속재산 중 받았거나 받을 재산을 기준으로 납세의무를 부담하므로 현실적으로 상속재산을 취득하여 지배관리하고 있느냐는 납세의무와 상관이 없다. 쟁점 누락재산 중 사전증여재산을 제외한 나머지 재산에 대하여 **민법상의 상속분 비율과 달리 분할협의가 되었다는 아무런 주장 · 입증이 없는** 한 이 사건 처분이 위법하다고 할 수 없다. (서울행법 2011구합25715, 2011.11.11.)

세법 개정 사례

상속세 인적공제대상에 태아 포함 (상증법 §20)

가. 개정취지

○ 상속세 인적공제 제도의 취지 반영

나. 개정내용

종 전	개 정
□ 상속세 인적공제대상 ○ (자녀공제) 자녀 ○ (미성년자공제) 상속인 및 동거가족 중 미성년자	□ 공제대상 추가 ○ 자녀공제 및 미성년자공제 대상에 태아 포함

다. 적용시기 및 적용례

○ 2023.1.1. 이후 상속이 개시되는 분부터 적용

배경

민법(제1000조)에 따르면 「태아는 상속 순위에 관하여는 이미 출생한 것으로 본다」고 규정하고 있는데, 국세청은 태아는 상속인의 지위에는 있으나 자연인에 해당하지 아니하므로 자녀공제 및 미성년자공제를 받을 수 없다고 해석해 왔다.

태아를 자녀 및 미성년자 공제 대상으로 상속세 신고한 건에 대해 국세청은 태아에게 자녀공제나 미성년자공제는 적용하지 않는다고 해석(→ 상증법상 규정이 없다는 이유를 근거로 든다)하고, 태아는 상속세 납세의무가 있는 상속인으로 해석해 상속세 고지를 하였다. (→ 상속순위에 관하여 이미 출생한 것으로 본다는 민법 규정을 근거로 든다) 공제는 해주지 않고 세금은 부담하라는 모순적인 해석을 한 것이다.

이에 대해 조세심판원은 "태아는 「민법」 제1000조와 상증법 제2조 제4호 및 제3조의2 제1항 등의 규정에 따라 상속인으로서 상속세 납세의무를 부담하므로, 태아의 재산권 등 권리보호를 위한 위 「민법」 조항의 취지와 피상속인의 사망으로 인한 경제적 충격 등을 완화시켜 줌으로써 상속인의 생활안정을 도모하고자 하는 쟁점공제의 취지 등을 고려할 때, 태아가 이 건 상속개시일까지 출생하지 아니하였다고 하여 이의 적용을 배제하는 것이 과세의 형평이나 쟁점공제를 규정한 조항의 합목적성 등에 비추어 타당하다고 볼 수 없다."고 판단하였다.[54)]
이에 따라 민법의 취지를 고려하여 세법이 개정되게 된다.

54) 조심 2020부8164, 2022.1.26.

민법이 기본이다

상증법과 관련은 없지만 필자가 최근 불복한 사례에서도 민법이 중요함을 보여주고 있다.

조심 2022지1157, 2023.5.17.

- 청구인 : 2021.3.19. 생애최초 주택(이 건 주택) 취득으로 취득세 50% 감면
  2021.6.8. A와 결혼(A는 결혼 이전부터 주택 – '쟁점주택'을 소유한 상태)
- 처분청 : 이 건 주택 취득일로부터 3개월 이내 1가구 1주택(A가 보유한 쟁점주택으로 인해)이 되지 아니하여 추징

청구주장

① 종전의 추징 사유가 "주택 취득일부터 3개월 이내에 1가구 1주택이 되지 아니한 경우"에서 "주택을 취득한 날부터 3개월 이내에 추가로 주택을 취득한 경우"로 개정(2021.12.28.)된 바, 이것은 주택 취득일 현재를 기준(판단시점)으로 배우자의 주택 소유(처분) 여부를 판단하고 있음이 명백하고 세법 개정을 통해 추가 취득이라고 명시한 것은 입법취지를 명확히 한 것으로 보아야 할 것이다. 이에 따르면 청구인은 이 건 주택 취득일 현재 배우자가 없는 상태였고 추가로 주택을 취득한 것이 아니므로(배우자 또한 종전부터 소유한 주택임) 추징 대상에 해당되지 않는다.

② 처분청의 과세 사유처럼 해석할 경우 혼인신고를 늦추는 위법행위를 조장하고 혼인 전 배우자의 과거 행위(혼인 전부터 소유한 주택)를 본인이 책임지게 되어 소급 과세하는 불합리한 결과를 초래하므로 이 건의 경우 문언의 의미나 구조 및 입법취지에 따라 취득세를 경감하는 것이 합목적적이고 논리적인 해석이다.

③ 또한 「민법」 제830조 제1항 및 제831조는 부부의 일방이 혼인 전부터 가진 고유재산과 혼인 중 자기 명의로 취득한 재산은 그 특유재산으로 하고, 부부는 그 특유재산을 각자 관리 · 사용 · 수익한다고 하여 부부별산제를 채택하고 있다. 따라서 혼인 전 배우자의 행위에 대해 청구인이 책임을 지는 것은 「민법」 규정에 어긋난다.

판단

조세법률주의의 원칙상 조세법규의 해석은 특별한 사정이 없는 한 법문대로 해석하여야 하고 합리적 이유 없이 확장해석하거나 유추해석하는 것은 허용되지 않지만, 법규 상호 간의 해석을 통하여 그 의미를 명백히 할 필요가 있는 경우에는 조세법률주의가 지향하는 법적 안정성 및 예측가능성을 해치지 않는 범위 내에서 입법 취지 및 목적 등을 고려한 합목적적 해석을 하는 것은 불가피하다고 할 것인데, 입법 연혁적 관점에서 보더라도 추가적인 주택 구매수요를 억제하고자 하는 것이 입법 취지로 보이는 점, 쟁점 주택은 배우자가 청구인과 혼인으로 1가구를 이루기 이전에 취득하였고 청구인이 이 건 주택을 취득하기 전에 이미 보유하고 있었던 것으로서 청구인과 배우자 전체로 보았을 때 추가로 취득한 주택은 아닌 점 등에 비추어 처분청이 청구인에게 이 건 취득세 등을 부과한 것은 잘못이라고 판단된다.

▶ 동 건은 법규 상호 간의 충돌을 합목적적 해석을 통해 해소한 사례다. 세법 규정만 볼 게 아니라 민법을 살펴야 함을 나타내는 예시다.

※ **세법을 적용함에 있어 민법을 우선 적용한다는 뜻이 아님**을 유의하라. 상속의 경우 민법에 따른 상속 절차가 확정되어야 상속세 신고를 할 수 있다는 것이고 세법에 규정이 없거나 모호하면 민법에 따른다는 사실을 강조하는 표현이다.

항상 민법을 살펴보라.

제 2 장

상속과 증여는 어떻게 다른가

01 상속세는 폐지될까?

Q 살면서 세금을 계속 내 왔는데, 죽으면 상속세를 또 내야 하는 이유가 뭔가요?

A 최근 상속세 원조 나라 영국의 보수당 정부가 상속세를 폐지 한다고 하자 우리 언론도 상속세 폐지나 인하에 대한 논의가 활발해지고 있다.[1]

상속세의 기능[2]

① 무상으로 이전받은 재산, 즉 불로소득에 대한 세금이다.

② 초과누진세율로 세부담을 하게 되므로 부의 크기에 상응한 응능부담이 되어 **소득재분배** 기능을 가진다.

③ 생전에 탈루되거나 비과세·감면 등으로 소득세가 과세가 안된 부분, 사망일까지의 재산 보유 과정에서 얻은 자본이득 등이 사망시점에서 상속세로 부과됨에 따라 소득세 기능을 보완하거나 강화시킨다.

④ 부의 집중 현상을 직접 조정하는 효과가 있어 경제적 기회균등 효과를 제고한다.

⑤ 상속세를 피하기 위해 생전에 부의 집중을 분산하려는 자산 유동화 효과가 있다.

상속세 폐지 논거

이중과세

상속세를 폐지하자고 주장하는 대표적인 논거가 이중과세라는 것이다. 우리는 사업이나 근로 투자 등으로 소득을 창출할 때 세금을 내게 된다. 그런 측면에서 보면 이중과세라는 주장은 일리 있다.

그러나 이중과세가 되기 위해서는 피상속인의 모든 상속재산이 세금을 냈다는

1) 상속세 폐지 속도 내는 영국, 우리도 세계 최고세율 손봐야 [사설] 매일경제, 2023.9.25.
2) 2024 상속세·증여세 실무해설 33P(국세청)

전제가 깔려야 한다. 하지만 우리 세법은 비과세나 감면 제도, 음성탈루소득, 행정력의 한계 등 여러 요인으로 인해 현실적으로 모든 소득에 대해 과세하지 못하고 있다. 특히, 우리나라 가계 부(富)의 대부분인 부동산의 경우 2007년부터 실거래가로 과세가 되었지만, 그 이전에는 실제 양도차익과 상관없이 정부에서 정한 기준시가로 양도소득세를 내게 되어있었다. 또한, 상장주식의 양도차익에 대해서도 과세하지 않는 부분도 있다. 따라서 이중과세라는 논거는 동의하기 힘들다.[3)]

상속세는 부(富)의 최종 정산이다.

세계적 추세

상속세 폐지를 주장하는 또 하나의 근거로 OECD 국가 중 상속세를 폐지하는 국가가 늘어나고 있다는 것이다. 국회 자료에 따르면 OECD 회원국 38개국 중 상속세를 부과하는 국가는 24개국이다. 이 중 우리나라와 같은 유산세 방식을 취하고 있는 국가는 4개국에 불과하다.

[OECD 회원국의 상속세 과세 현황]

구 분		국가 수	국 가
상속세 부과	유산세 방식	4	한국, 미국, 영국, 덴마크
	유산취득세 부과	20	벨기에, 칠레, 핀란드, 프랑스, 독일, 그리스, 헝가리, 아이슬란드, 이탈리아, 일본, 스위스, 리투아니아, 룩셈부르크, 네덜란드, 폴란드, 포르투갈, 슬로베이나, 스페인, 튀르키예
자본이득세 부과		4	호주, 캐나다, 뉴질랜드, 스웨덴
추가소득세 부과		3	라트비아, 콜롬비아, 코스타리카
비과세		7	오스크리아, 체코, 이스라엘, 멕스코, 노르웨이, 슬로바키아, 에스토니아

자료 : 국회입법조사처 자료 인용(2021년 기준)

3) 상속세는 상속인이 납부하고 소득세는 피상속인이 납부한 것이므로 형식적으로도 이중과세에 해당되지 않는다.

상속세 개선 방안

최근 정부에서 유산취득세 도입 방안을 검토하고 있다. 법 개정이 되면 상속인의 세부담은 당연히 줄어들 것이다. 이게 국세행정의 선진화와 연계되면 유산취득세 도입을 긍정적으로 볼 수 있다.

유산취득세 도입

» 「상속세 유산취득 과세체계 도입을 위한 전문가 전담팀」 첫 회의를 개최[4)]

[1] 응능부담 원칙, [2] 과세체계 정합성, [3] 국제적 동향 등을 감안하여 상속세를 현행 유산세 방식에서 유산취득세로 전환하는 방안을 검토할 필요가 있다는 점이 강조되었으며,

① 유산취득세 방식은 상속인 각자가 취득하는 상속재산의 크기에 따라 세액이 결정되나, 유산세 방식은 피상속인의 상속재산을 기준으로 세액이 결정되어 상속인별 담세력을 고려하지 못함.

② 상속세는 유산 과세, 증여세는 취득 과세 방식으로 운용하고 있어, 과세체계 정합성을 위해 취득 과세 방식으로 일치시킬 필요

③ 상속세를 운영 중인 경제협력개발기구 23개국 중 유산세 방식은 4개국(한국, 미국, 영국, 덴마크)에 불과, 나머지 19개국(일본, 독일, 프랑스 등)은 유산취득세 방식 채택

☞ 유산취득세에 대해서는 제8장에서 다룬다.

개인 의견

앞에서 살펴봤듯이 우리 세무 행정의 역사를 볼 때 이중과세 논거에 동의하기 어렵다. 이중과세되는 소득도 있겠지만 보통의 경우 소득의 대부분은 생활비 등으로 사용된다는 점을 고려하면 비과세나 감면 혜택, 누락된 소득 등 미루어진 세금을 피상속인 사망시점에 최종 정산하는 개념으로 이해해도 무리는 없을 것으로 생각한다.

상속세를 폐지하는 국가가 늘고 있다는 논거는 OECD 회원국 중 자본이득세나 추가 소득세를 과세하는 국가를 제외하면 비과세 국가가 7개국으로 파악되므로 아직 세계적 추세라 보기에 부족하다. 반면, 유산취득세 과세 방식이 세계적 추세다. 과세표준 구간과 세율 조정 및 유산취득세 도입은 필요하다고 생각한다.

---

4) 기획재정부 보도자료 2022.10.14.

상속세법 개정은 부의 이전과 연계되므로 사회적 공감대가 형성될 필요가 있다. 부의 양극화가 심화되고 있는 현실과 과거 국세행정이 미비했던 점 등을 고려해 볼 때 상속세 폐지는 시기상조라 생각한다. 한 세대를 30년이라고 본다면 최소한 양도소득세 실거래가 과세가 시행된 2007년부터 30년이 지난 2030년대에 논의해도 늦지 않다고 본다.

최근 상속세를 폐지하고 자본이득세로 전환하자는 논의[5)]가 대두되고 있다. 자본이득세에 대해서는 제8장에서 살펴보기로 한다.

💡 상속세 폐지는 시기상조로 보인다.

5) 최상목 "자본이득세, 검토는 하지만 사회적 공감대 있어야" 연합뉴스(2024.9.25.)

02 상속은 선택이 아니다. 증여는 선택이다

Q 상속과 증여는 뭐가 다른가요?

A 상속은 피상속인의 사망으로 개시된다. 사람의 목숨은 하늘에 달려 있다고 하듯(자살을 제외하고), 죽음은 본인의 뜻이 아니다. 그러므로 세법 구조상 증여보다 공제는 많고 과세 쟁점은 많지 않다.

반면, 증여는 살아생전 당사자 쌍방의 계약으로 이루어지므로 다양한 선택과 경우의 수를 가지게 된다. 이를 법에서 일일이 규정하기 힘들어 포괄주의과세제도를 도입한 것이다.

상속세 및 증여세법

상속세 및 증여세법

구 분	내 용	조 문	상속세	증여세
1장	총칙	1조~6조	공통	
2장	상속세의 과세표준과 세액의 계산			
1절	상속재산	7조~10조		
2절	비과세	11조~12조		
3절	상속세과세가액	13조~15조	상속세	
4절	공익목적 출연재산의 과세가액 불산입	16조~17조		
5절	상속공제	18조~24조		
6절	과세표준과 세율	25조~27조		
7절	세액공제	28조~30조		
3장	증여세의 과세표준과 세액의 계산			
1절	증여재산	31조~43조		
2절	증여 추정 및 증여의제	44조~45조의5		
3절	증여세 과세가액[6]	46조~47조		증여세
4절	공익목적 출연재산 등의 과세가액 불산입	48조~52조의2		
5절	증여공제	53조~54조		
6절	과세표준과 세율	55조~59조		

6) 증여세 비과세 규정은 제46조(비과세되는 증여재산)에 포함되어 있다.

구 분	내 용	조 문	상속세	증여세
4장	재산의 평가	60조~66조	공통	
5장	신고와 납부			
1절	신고	67조~69조		
2절	납부	70조~75조		
6장	결정과 경정	76조~79조	공통 (과세관청 업무)	
7장	보칙	80조~86조		

▶ 차이는 ① 재산에 관한 규정이 증여가 훨씬 많은 점, ② 증여 추정과 의제 규정, ③ 공제는 상속이 많다는 점이다. 이는 납세자의 어떤 행위가 증여로 볼 수 있는지가 과세 쟁점이 되며 상속의 경우 선택사항이 아니므로(불가피하므로) 다양한 공제 혜택을 부여하고 있음을 알 수 있다.

무상 이전 과세[7)]

과 세	구 분	개 념
상속세 과세	상 속	민법 규정에 따라 피상속인의 권리・의무를 일정한 자(상속인)에게 포괄적으로 승계시키는 것
	특별연고자 상속재산 분여	피상속인과 생계를 같이 하고 있던 자, 요양 간호를 한 자, 그 밖의 특별한 연고가 있었던 자(특별연고자)에 대한 상속재산의 분여
	유 증	유언자의 유언에 의하여 유산의 전부 또는 일부를 무상으로 타인(수유자)에게 증여하는 **단독 법률행위**
	사인증여	증여자의 생전에 당사자 합의에 의하여 증여계약이 체결되어 증여자의 사망을 정지조건으로 효력이 발생하는 증여 (민법 §562)
	유언대용신탁	수익자가 될 자로 지정된 자가 위탁자의 사망 시에 수익권을 취득하는 신탁 (신탁법 §59)
	수익자연속 신탁	신탁행위로 수익자가 사망한 경우 그 수익자가 갖는 수익권이 소멸하고 타인이 새로 수익권을 취득하는 신탁 (신탁법 §60)
증여세 과세	증 여	그 행위 또는 거래의 명칭・형식・목적 등과 관계없이 직접 또는 간접적인 방법으로 타인에게 무상(현저히 낮은 대가 포함)으로 유형・무형의 재산 또는 이익을 이전하거나 타인의 재산가치를 증가시키는 것 (상증법 §2)

7) 한국세무사회 상속증여실무해설, 2023, 43P

유산세와 유산취득세[8)]

구분	유산세 과세방식	유산취득세 과세방식
과세 방법	• 피상속인이 물려준 유산총액을 대상으로 누진세율을 적용하여 세액계산 – 담세력을 무상이전자 기준으로 측정	• 상속재산을 각 상속인의 지분대로 분할한 후 그 분할된 각 지분금액에 누진세율을 적용, 세액계산 – 담세력을 무상취득자(상속인) 기준으로 계산
장·단점	• 상속재산을 1인에게 이전하든 다수인에게 분산하든 조세 총액이 동일 – 세수가 상대적으로 큼. – 조세행정이 용이함. • 각 상속인이 실제 얻는 재산의 다소에 관계없이 모두 같은 한계세율이 적용되는 불합리 발생 – 상대적으로 적은 재산을 받은 상속인의 세부담이 과중	• 상속재산이 다수인에게 분산 이전될수록 상속세 부담액이 작음. – 세수가 상대적으로 작음. – 조세 행정이 복잡함. • 상속인 각자가 취득한 재산가액에 상응한 한계세율 적용 가능 • 부(富)의 분산 유인 효과를 가지나 유산의 거짓 위장 분할이 가속화되어 변칙상속 우려
채택국	미국, 영국, 한국[9)]	독일, 일본

▶ 증여세의 경우 유산취득세 과세 방식으로 볼 수 있다.

상속세와 증여세의 비교

[상속세와 증여세의 비교]

구 분	상속세	증여세
법률행위	포괄적 권리 의무 승계	계약
포기/반환 행위	상속포기	증여재산 반환
과세 방식	유산세 과세방식	유산취득세 과세방식
과세의 주체	피상속인 기준	수증자(증여자·수증자별 계산) 기준
과세대상	• 거주자 : 국내+국외 재산 • 비거주자 : 국내 재산	• 거주자 : 국내+국외 재산 • 비거주자 : 국내 재산
취득시기	상속개시일	증여일
세율	5단계 초과 누진세율	5단계 초과 누진세율

8) 한국세무사회 상속증여 실무해설, 2023. 41P
9) 납부할 상속세는 각자가 상속받았거나 받을 재산의 비율에 따라 납부의무를 부여하고 있어(상증법 §3의2) 일부 유산취득세 방식을 가미하고 있다.
10) 재산 가액 50억원 초과하는 경우에 한한다.

구 분	상속세	증여세
관할 세무서	• 거주자 : **피상속인 주소지** • 비거주자 : 상속재산 소재지	• 거주자 : **수증자 주소지** • 비거주자 : 증여재산 소재지
법정신고기한	사망일이 속하는 달의 말일부터 6개월	증여일이 속하는 달의 말일부터 3개월
연대납세의무	상속인 연대납부의무(받은 재산 한도)	증여자 연대납부의무
공제제도	– 기초공제 – 배우자공제 – 그 밖의 인적공제 – 일괄공제 – 금융재산 상속공제 – 재해손실공제 – 동거주택 상속공제 – 가업상속공제 – 영농상속공제	– 증여재산공제 – 재해손실공제
부과제척기간*	– 10년 (무신고 15년), 부정행위[10]로 인한 상속세 포탈의 경우 : 안 날부터 1년	– 10년 (무신고 15년), 부정행위로 인한 증여세 포탈의 경우 : 안 날부터 1년

※ 부과제척기간 : 세금을 부과할 수 있는 기간

증여세는 상속세를 보완

상속세와 증여세는 피상속인과 상속인 사이에서 세대 간의 경제적 가치 있는 재산의 무상이전에 대해 부과되는 것이라는 점에서는 같다. 그러나 상속세는 상속개시 시점에서 피상속인이 소유하고 있는 재산에 대해서만 과세하기 때문에, 피상속인이 생전에 그의 재산을 모두 다른 사람에게 증여한다면 상속세의 과세가 불가능하게 되므로, 생전에 재산을 무상으로 이전하는 증여에 대해서도 증여세를 부과할 필요가 있게 된다. 이처럼 세대 간의 재산의 무상이전에 대해서는 상속세가 주된 것이고, 증여세는 이러한 상속세를 보완하기 위한 과세제도라 할 수 있다.[11]

> 상속세는 피상속인 기준으로 과세하고, 증여세는 수증자(증여자별) 기준으로 과세한다.

11) 헌재 2022헌바112, 2023.6.29.

03 상속세 계산은 복잡해 보이나 쟁점은 별로 없다

[상속세 계산 흐름도]

<table>
<tr><th>구 분</th><th>내 용</th></tr>
<tr><td>총상속재산가액</td><td>상속재산 가액 : 국내외 소재 모든 재산, 상속개시일 현재의 시가로 평가
본래의 상속 재산(사망 또는 유증·사인증여로 취득한 재산)
간주상속재산(상속재산으로 보는 보험금 신탁재산 퇴직금 등)
상속재산에 가산하는 추정상속재산</td></tr>
<tr><td>비과세 및 과세가액 불산입액</td><td>비과세재산 : 국가 지방자치단체에 유증한 재산, 금양임야, 문화재 등
과세가액불산입 : 공익법인 등에 출연한 재산 등</td></tr>
<tr><td>(−) 공제</td><td>공과금 장례비용 채무</td></tr>
<tr><td>(+) 사전증여재산</td><td>피상속인이 상속개시일 전 10년(5년) 이내에 상속인(상속인이 아닌 자)에게 증여한 재산가액. 단, 증여세 특례세율 적용대상인 창업자금, 가업승계주식 등은 기한 없이 합산</td></tr>
<tr><td>= 상속세 과세가액</td><td></td></tr>
<tr><td>(−) 상속공제</td><td>아래 공제의 합계 중 공제 적용 종합한도 내 금액만 공제 가능
(기초공제 + 그 밖의 인적공제)와 일괄 공제(5억원) 중 큰 금액
• 가업 · 영농 상속공제 • 배우자공제
• 금융재산상속공제 • 재해손실공제 • 동거주택상속공제</td></tr>
<tr><td>(−) 감정평가수수료</td><td>한도 5백만원</td></tr>
<tr><td>= 상속세 과세표준</td><td></td></tr>
<tr><td>× 세율</td><td><table>
<tr><th>과세표준</th><th>1억원 이하</th><th>5억원 이하</th><th>10억원 이하</th><th>30억원 이하</th><th>30억원 초과</th></tr>
<tr><td>세율</td><td>10%</td><td>20%</td><td>30%</td><td>40%</td><td>50%</td></tr>
<tr><td>누진공제액</td><td></td><td>1천만원</td><td>6천만원</td><td>1억 6천만원</td><td>4억 6천만원</td></tr>
</table></td></tr>
<tr><td>= 산출세액</td><td>(상속세 과세표준 × 세율) − 누진 공제액</td></tr>
<tr><td>(+) 세대생략 할증세액</td><td>상속인이나 수유자가 피상속인의 자녀가 아닌 직계비속이면 30% 할증
(단, 미성년자가 20억원 초과하여 상속받는 경우에는 40% 할증)
직계비속의 사망으로 최근친 직계비속에 해당하는 경우(대습상속)는 제외</td></tr>
<tr><td>(−) 세액공제</td><td>문화재자료 징수유예, 증여세액공제, 단기재상속세액공제, 신고세액공제(3%)</td></tr>
<tr><td>= 신고납부세액</td><td></td></tr>
<tr><td>(+) 가산세</td><td>신고불성실, 납부지연 가산세</td></tr>
<tr><td>(−) 분납 등</td><td>분납, 연부연납, 물납, 납부유예</td></tr>
<tr><td>= 자진납부할세액</td><td></td></tr>
</table>

※ 국세청 안내 참조

Q 아버님이 돌아가셔서 상속세 신고하려고 알아보니 너무 복잡한 것 같은데 어떻게 신고 준비를 하면 되나요?

A 상속세는 계산구조를 보면 아주 복잡해 보여도 일반인(가업상속 제외)의 경우 쟁점 사항은 그리 많지 않다. 상속공제 대상(혜택을 받을 수 있는) 여부가 상속세 신고의 핵심이다.

상속세 과세가액

상속재산 가액

상속재산 가액은 상속개시일 현재의 시가 평가가 원칙이다. 이때 시가를 어떻게 평가하는 지가 주요 쟁점이다.

[시가]

① 불특정 다수인 사이에 자유로이 거래가 이루어지는 경우에 통상 성립된다고 인정되는 가액 (상증법 §60 ①)
② 평가기준일 전후 6개월(증여는 전 6개월, 후 3개월) 이내의 기간 중 당해 · 유사 재산의 매매 · 감정 · 수용 · 경매 · 공매가액 (상증령 §49 ①)
③ 평가기준일 전 2년 이내의 기간(예외 ①)과 법정결정기한까지(예외 ②)의 기간 중 매매 · 감정 · 수용 · 경매 · 공매가 있는 경우로 평가심의위원회의 심의를 거쳐 인정된 가액도 시가로 포함 (상증령 §49 ① 단서)

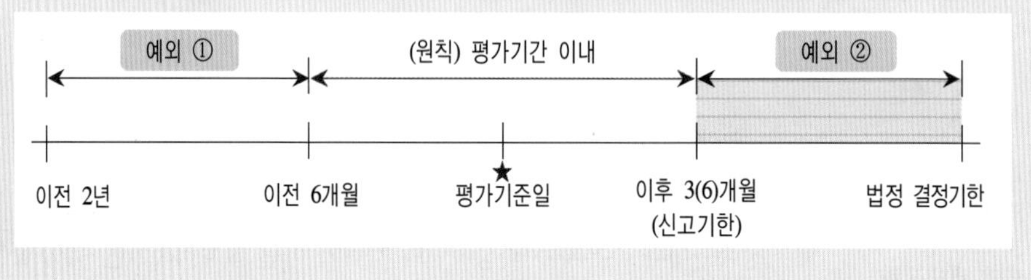

간주상속재산[12)]

간주상속재산 이란 민법상 상속재산에 해당하지 않지만, 상증법상 상속재산으로 보아 상속세 과세대상이 되는 재산을 말한다. 대표적인 예로 보험금, 퇴직금 등이 있다. 상속인들이 놓치기 쉬운 데 신고 누락만 없으면 쟁점 사항이 거의 없다. (▶ 제3장에서 다룬다.)

12) 간주한다는 의미는 본질은 상속이 아니지만 상속으로 보겠다는 뜻이다.

추정상속재산

상속개시 전에 상속재산의 처분 및 채무의 부담 등으로 일정한 금액을 현금화하여 탈법적으로 상속인 등에게 이전하는 방법으로 상속세를 회피하는 것을 방지하기 위하여, 상속개시 전 일정한 기간(2년) 이내에 사용 용도가 분명하지 않은 일정한 금액에 대하여 현금으로 상속받은 것으로 보아 상속재산으로 가산하는데, 이를 '추정상속재산'이라 한다.

피상속인이 생전에 한 행위를 입증해야 하는 상속인으로서는 난감해질 수 있다. 입증하지 못해 과세되는 억울한 상황이 발생할 수 있어 쟁점이 되는 사항이다. (▶ 제3장에서 다룬다.)

사전증여재산

사전증여재산은 상속개시 전 10년 이내 상속인에게 증여한 재산과 5년 이내 상속인 외의 자에게 증여한 재산을 상속재산에 가산하여 상속세 과세하는 것을 말한다. 보통 증여 신고를 하지 않은 경우가 많아 **상속세 신고나 조사 과정에서 가장 많이 문제가 되는 부분**이다.

공과금 · 장례비용 · 채무

공과금

공과금은 상속개시일 현재 피상속인이 납부할 의무가 있는 것으로서 상속인에게 승계된 조세 · 공공요금 기타 이와 유사한 것으로서 국세기본법 제2조 제8호의 규정[13]에 해당하는 공과금(공공요금에 해당하는 경우를 제외)을 말한다. (상증법 §14 ① 1)

장례비용

장례비용은 피상속인의 사망일부터 장례일까지 장례에 직접 소요된 금액을 말한다.[14]

---

13) "공과금"(公課金)이란 「국세징수법」에서 규정하는 강제징수의 예에 따라 징수할 수 있는 채권 중 국세, 관세, 임시수입부가세, 지방세와 이와 관계되는 강제징수비를 제외한 것을 말한다.

14) 장례비용에는 시신의 발굴 및 안치에 직접 소요되는 비용과 묘지구입비(공원묘지 사용료를 포함), 비석, 상석 등 장례에 직접 소요된 제반비용을 포함한다. (상증통 14-9…2)

일반 장례비용 (상증법 §9 ② 1)

일반 장례비용 공제액 = Min(①, ②)

① Max(지출증빙 있는 일반 장례비용, 500만원), ② 1,000만원

봉안시설 또는 자연장지의 사용에 소요된 금액 (상증법 §9 ② 2)

Min (봉안시설 or 자연장지의 사용에 소요된 금액, 500만원)

▶ 장례비용은 최소 500만원에서 최대 1,500만원까지 공제할 수 있다.

채무

상속개시 당시 피상속인이 부담하여야 할 것으로 확정된 채무로서 상속인이 실제로 부담하는 사실이 상증법 시행령 제10조 제1항 각 호의 규정에 의하여 입증되는 것을 말한다.[15)]

예 신용카드 사용액, 아파트 관리비, 가지급금 등

간병비 · 병원비가 채무가 되려면[16)]

피상속인 재산	상속인 부양의무	부담자	증여	상속채무
有	×	피상속인	−	○
		상속인	○	×
		상속인	× (선납 후 상속재산에서 충당)	○
無	○	상속인	×	×

▶ 병원비는 피상속인이 부담하도록 하고, 부득이한 경우 대신 납부 후 상속재산에서 정산하라.

15) 상증법 시행령 제10조 [채무의 입증방법 등]
1. 국가 · 지방자치단체 및 금융회사등에 대한 채무는 해당 기관에 대한 채무임을 확인할 수 있는 서류
2. 제1호 외의 자에 대한 채무는 채무부담계약서, 채권자확인서, 담보설정 및 이자지급에 관한 증빙 등에 의하여 그 사실을 확인할 수 있는 서류

16) 원고 등은 위와 같이 의료기관과 간병인 등에게 피상속인을 대신하여 지출함으로써 발생한 금원 상당의 채권이 피상속인에 대하여 존재하고 있음을 전제로 이를 상속재산가액에서 공제하고, 실제로 상속재산 중 ○○구 ○동 ○-○ 소재 단독주택을 처분하여 그 대금을 피상속인에 대한 채권에 충당한 사실을 인정할 수 있으므로, 이로써 원고 등이 대납한 간병비 등 상당의 구상권 내지 사무관리에 따른 비용상환청구권을 행사하였다고 볼 수 있다. 따라서 원고 등이 피상속인의 간병비 등을 대납하였다고 하여 이를 두고 상속세 및 증여세법 제36조에 따른 채무변제 이익 상당액의 증여가 이루어졌다고 보기도 어렵다. (대전고법 2022누12898, 2023.7.6.)

상속공제 사항

▶ 자세한 내용은 제5장에서 다루기로 한다.

구분	내 용
가업상속공제	중소기업(중견기업)의 가업승계를 지원하기 위해 피상속인(거주자)이 10년 이상 경영한 중소기업을 상속인이 승계한 경우, 일정 요건 충족 시 가업 영위 기간에 따라 최대 300억원~600억원을 한도로 공제해 주는 제도
영농상속공제	피상속인이 생전에 영농(양축·영어 및 영림을 포함한다)에 종사한 경우, 상속재산 중 일정한 요건에 해당하는 영농상속재산을 영농에 종사하는 상속인에게 승계하도록 함으로써 상속인이 계속 영농에 종사할 수 있도록 하기 위해, 30억원을 한도로 공제해 주는 제도
배우자상속공제	부부가 혼인 중에 형성한 재산은 부부 공동재산이고 상속세는 세대간 부의 이전에 대해 과세하는 것으로 부부는 동일 세대이므로 과세하면 안 된다는 이론에 근거하여 피상속인의 배우자가 상속받은 재산은 30억원을 한도로 공제하는 제도
금융재산상속공제	상속재산 중 부동산 등의 평가액은 시가에 미치지 못하는 데 반하여 금융재산은 100% 시가 평가가 이루어짐으로써 발생하는 재산 종류 간 과세형평 문제 등을 해결하기 위하여 순금융재산의 일정액(한도 2억원)을 공제하는 제도
동거주택상속공제	피상속인과 상속인이 상속개시일 현재 동거하던 주택으로서 일정 요건을 모두 충족하는 주택을 상속받는 경우 주택가액(해당 자산에 담보된 채무 차감)의 100%(6억원 한도)를 상속세 과세가액에서 공제

계산 사례

[가정]

- 피상속인(갑) 사망일 : 2023.7.1.
  상속인 배우자(A), 아들(B), 딸(C)
  배우자에게 11년 전 10억원 증여, 아들과 딸에게 5년 전 각각 5억원씩 증여
  상속개시 전 2년 이내 처분 재산 10억원(용도가 입증된 금액 3억원)

- 상속개시일 현재 상속재산
  - 아파트 10억원(유사매매사례가액, 1세대 1주택) 아들 상속 – 동거주택 상속공제 대상
  - 토지 4억원(공시지가), 예금 5억원, 주식 5억원, 생명보험금 5억원(수익자 배우자)
  - 공과금(재산세) : 5백만원
  - 은행 채무 : 4.8억원(주택담보 대출 3억원 포함)
  - 장례비용 : 일반 2천만원, 장지비용 1천만원

- 상속재산 분배 : 아들(아파트), 배우자(토지 및 보험금, 채무), 딸(예금과 주식)

(단위 : 원)

구 분	대 상	금 액	비 고
총상속재산가액	본래의 상속재산	24억	아파트(10억)+토지(4억)+예금(5억)+주식(5억)
	간주상속재산	5억	생명보험금
	추정상속재산	5억	7억(용도 불명 금액) - min(10억×20%, 2억)
과세가액 불산입액		0	
(-) 공제	공과금	5백만	23.6.1. 현재 소유자로 재산세 납세의무자
	장례비용	15백만	일반 장례비용 1천만, 장지비용 5백만
	채무	4.8억	
(+) 사전증여재산	사전증여재산	10억	배우자증여 10년 경과로 제외
= 상속세과세가액		39억	
(-) 상속공제	일괄공제	5억	
	배우자공제	5억	배우자상속분[4.2억 = 4억+5억 - 4.8억]
	금융재산공제	2억	[15억(예금+주식+보험) - 4.8억(채무)] × 20%, 2억 한도
	동거주택공제	6억	(10억 - 3억) × 100% = 7억, [한도 6억]
(-) 감정평가수수료		0	
= 상속세 과세표준		21억	
× 세율		40%	
= 산출세액		6.8억	21억 × 40% - 1.6억
(-) 세액공제	증여세액공제	1.6억	[(5억 - 5천만) × 20% - 1천만] × 2(명)
	신고세액공제	15.6백만	(6.8억 - 1.6억) × 3%
= 신고납부세액		504.4백만	
(+) 가산세		×	
(-) 분납 등		252.2백만	2개월 & 납부세액 1/2 이내 무담보 분납가능
= 자진납부할세액		252.2백만	2024.1.31.(6개월 말일)까지 신고 · 납부

▶ 계산이 복잡해 보이지만 과세나 공제 대상 여부가 결정되면 법이 정한 방식에 따라 빈칸을 채우는 과정일 뿐이다.

상속개시 전
피상속인의 선택에 따라 절세에 영향을 미치는 것은 추정상속재산, 사전증여재산, 금융재산상속공제다.

상속개시 후
일반적으로 상속인의 선택에 따라 절세에 영향을 미치는 것은 동거주택상속공제와 배우자상속공제다.

상속공제 대상 여부가 상속세 신고의 핵심이다.

04 증여세 계산은 단순해 보이나 쟁점은 너무 많다

[증여세 계산 흐름도]

구 분	내 용
증여재산가액	국내외 소재 모든 재산, 증여일 현재의 시가로 평가
(−) 비과세 및 과세가액 불산입액	비과세재산 : 사회통념상 인정되는 피부양자의 생활비, 교육비 등 과세가액불산입 : 공익법인 등에 출연한 재산 등
(−) 채무액	증여재산에 담보된 채무 인수액(임대보증금, 금융기관 채무 등)
(+) 증여재산 가산액	해당 증여일 전 동일인으로부터 10년 이내에 증여받은 재산의 과세가액 합계액이 1천만원 이상인 경우 그 과세가액을 가산 * 동일인 : 증여자가 직계 존속인 경우 그 배우자 포함
= 증여세 과세가액	
(−) 증여공제	(증여재산공제) 수증자가 다음의 증여자로부터 증여받은 경우 적용하며, 증여재산 공제 한도는 10년간의 누계 한도임. [증여자: 배우자 / 직계존속 / 직계비속 / 기타 친족] [공제한도액: 6억원 / 5천만원(미성년자 2천만원) / 5천만원 / 1천만원] (재해손실공제) 증여세 신고기한 이내 재난으로 멸실 훼손된 경우 그 손실가액을 공제
(−) 감정평가수수료	
= 증여세 과세표준	* 합산배제 : 증여재산 − 3천만원 − 감정평가수수료
× 세율	[과세표준: 1억원 이하 / 5억원 이하 / 10억원 이하 / 30억원 이하 / 30억원 초과] [세율: 10% / 20% / 30% / 40% / 50%] [누진공제액: (없음) / 1천만원 / 6천만원 / 1억 6천만원 / 4억 6천만원]
= 산출세액	(상속세 과세표준 × 세율) − 누진공제액
(+) 세대생략 할증세액	수증자가 증여인의 자녀가 아닌 직계비속이면 30% 할증(단, 미성년자가 20억원 초과하여 증여받는 경우에는 40% 할증) 직계비속의 사망으로 최근친 직계비속에 해당하는 경우는 제외
(−) 세액공제	문화재자료 징수유예, 납부세액공제, 외국납부세액공제, 신고세액공제(3%), 그 밖의 공제・감면 세액
= 신고납부세액	
(+) 가산세	신고불성실, 납부지연 가산세
(−) 분납 등	분납, 연부연납/ 물납은 불가
= 자진납부할세액	

증여공제 표:

증여자	배우자	직계존속	직계비속	기타 친족
공제한도액	6억원	5천만원(미성년자 2천만원)	5천만원	1천만원

세율 표:

과세표준	1억원 이하	5억원 이하	10억원 이하	30억원 이하	30억원 초과
세율	10%	20%	30%	40%	50%
누진공제액		1천만원	6천만원	1억 6천만원	4억 6천만원

※ 국세청 안내 참조

Q 아버지가 돌아가셨는데 5년 전에 증여받은 아파트를 5억원(시가)에 신고했습니다. 지금 시세는 10억원인데 상속재산에 가산할 때 얼마로 평가해야 하는지요?

A 증여재산 평가는 상속세와 같이 증여일 현재 시가 평가가 원칙이다.
증여재산을 상속재산에 가산하는 경우 증여 당시의 시가를 가산한다. 따라서 증여 당시 시가가 5억원인 부동산이 상속재산에 가산할 시점에 10억원이 되어도 가산하는 증여재산 가액은 5억원이 된다.

부동산 평가 방법(상속세와 증여세 동일 적용)

■ 평가의 원칙 – 시가

- 불특정 다수인 사이에 자유로이 거래가 이루어지는 경우에 통상 성립된다고 인정되는 가액 (상증법 §60 ①)
- 평가기준일 전후 6개월(증여는 전 6개월, 후 3개월) 이내의 기간 중 당해·유사재산의 매매 · 감정 · 수용 · 경매 · 공매가액 (상증령 §49 ①)
- 평가기준일 전 2년 이내의 기간(종전)과 결정기한까지('19. 2. 12. 개정)의 기간 중 매매 · 감정 · 수용 · 경매 · 공매가 있는 경우로 평가심의위원회의 심의를 거쳐 인정된 가액도 시가로 포함 (상증령 §49 ① 단서)

■ 시가산정이 어려운 경우 – 보충적 평가방법 (상증법 §61)

- 공시(고시)가격이 있는 경우 : 토지 · 건물가격 포함
  - (토지) 개별공시지가
  - (주택) 개별주택가격 및 공동주택가격
  - (오피스텔 및 상업용 건물) 수도권, 광역시 및 세종시에 소재하는 오피스텔과 100호 또는 3,000㎡ 이상의 상업용 건물에 대한 기준시가

- 공시(고시)가격이 없는 경우
  - (비주거용 부동산) 토지 개별공시지가 + 계산방법에 따른 건물가격 *

    * 「국세청 건물 기준시가 계산방법 고시」에 따라 계산한 가액

- 임대차 계약이 체결된 재산
  - 상기 보충적 평가방법에 따른 가액과 임대보증금 환산가액*을 비교하여 큰 금액으로 평가 (상증법 §61)

    * 임대보증금 + [1년간의 임대료** ÷ 기획재정부령으로 정하는 율(현재 12%)]

    ** 평가기준일이 속하는 월의 임대료 × 12월

■ 저당권 등이 설정된 재산의 평가특례(상증법 §66)

- 저당권 등이 설정된 재산은 담보채권액을 기준으로 평가한 가액과 시가 또는 보충적 평가방법에 의한 가액 중 큰 금액으로 평가
  - MAX(① 담보하는 채권액, ② 시가 또는 보충적 평가가액)

부동산 가격 공시 제도

▌토지 · 주거용 부동산

- 토지(표준 · 개별지), 주택(표준 · 개별 · 공동주택)은 국토교통부, 지자체에서 공시

▌비주거용 부동산(국세청장 고시)

- 수도권 · 지방광역시 · 세종특별자치시 소재 오피스텔 및 연면적 3,000㎡ 또는 100호 이상의 상업용 건물에 대해 토지와 건물을 일괄하여 기준시가 고시
- 기타 건물(고시되지 않은 건물)은 건물 기준시가 계산방법(토지 제외) 고시

[부동산 가격 공시(고시) 제도 요약]

구 분		평가·공시 기관	활용목적
토지 (5월 말)		• 표준지 공시지가 : 국토교통부장관 • 개별공시지가 : 지자체장	국세 · 지방세에 그대로 활용
주 택	공동주택 (4월 말)	• 공동주택가격(토지 포함) : 국토교통부장관	
	개별주택 (4월 말)	• 표준주택가격(토지 포함) : 국토교통부장관 • 개별주택가격(토지 포함) : 지자체장	
비주거용 건 물	상업용 건물 오피스텔 (12월 말)	• 수도권, 광역시, 세종시 소재 오피스텔과 연면적 3,000㎡ 또는 100호 이상 상업용 건물 가격(토지 포함) : 국세청장	상속 · 증여세 양도소득세
	고시되지 않은 건물 (12월 말)	• 건물 기준시가 계산방법 고시(토지는 개별공시지가 활용) : 국세청장	

▶ 부동산가격이 공시되기 전 상속 또는 증여가 일어나면 고시 전 가격으로 평가한다.

예 개별주택을 23.4.1. 증여한 경우 : 22.4.30. 현재 공시가격 3억원, 23.4.30. 공시가격 3.3억원 → 23.7.31.까지 3억원으로 평가하여 신고

채무(부담부증여)

부담부증여

증여계약을 체결하면서 증여자와 수증자 간의 약정에 의하여 수증자에게 증여를 받는 동시에 일정한 부담을 지울 수도 있다. 이를 민법상 부담부증여라 한다.[17)]

---

17) 민법 제561조(부담부증여) 상대 부담있는 증여에 대하여는 본 절의 규정 외에 쌍무계약에 관한 규정을 적용한다.

상증법상 부담부증여는 증여재산에 담보된 증여자의 채무를 수증자가 인수한 경우만을 말하며, 수증자가 인수한 그 채무는 증여재산의 가액에서 차감된다.[18]

이때 증여자는 채무액만큼 재산을 유상으로 양도(자신의 채무를 수증자가 인수)한 것과 같으므로 양도소득세를 부담하여야 한다. (▶ 제6장에서 자세히 다룬다.)

증여재산 가산액

10년 이내의 종전 증여재산과 관련하여 합산과세를 규정하고 있는 취지는, 원래 증여세는 개개의 증여행위마다 별개의 과세요건을 구성하는 것이어서 그 시기를 달리하는 복수의 증여가 있을 경우 부과처분도 따로 하여야 하나, 동일인으로부터 받은 복수의 증여재산에 대하여는 이를 합산과세함으로써 누진세율을 피하기 위하여 수 개의 재산을 한 번에 증여하지 아니하고 나누어 증여하는 행위를 방지하는 데 있다.[19]

▶ 종전 증여에 대한 증여세액을 합산된 산출세액에서 공제해 이중과세를 조정한다.

동일인

동일인에 직계존속의 배우자를 포함함에 유의하여야 한다. 즉, 아버지와 어머니, 할아버지와 할머니는 동일인으로 본다. 직계존속의 배우자이므로 숙부와 숙모, 이모와 이모부는 동일인이 아니다. 또한 부와 계모도 동일인이 아니다.[20]

부	모	(외)조부	(외)조모	숙부	숙모	이모	이모부
동일인		동일인					

증여자별 수증자별 과세 원칙

증여세는 증여자와 수증자별로 과세한다. 아버지와 할아버지는 동일인이 아니므로(→증여자가 다르므로) 증여세를 별도로 계산한다.

---

18) 배우자 간 또는 직계존비속 간의 부담부증여(負擔附贈與, 제44조에 따라 증여로 추정되는 경우를 포함한다)에 대해서는 수증자가 증여자의 채무를 인수한 경우에도 그 채무액은 수증자에게 인수되지 아니한 것으로 추정한다. 다만, 그 채무액이 국가 및 지방자치단체에 대한 채무 등 대통령령으로 정하는 바에 따라 객관적으로 인정되는 것인 경우에는 그러하지 아니하다. (상증법 §47 ③)

19) 대법원 2018두47974, 2019.6.13.

20) 재산-399, 2010.6.16.

증여재산 공제

증여재산공제 제도는 납세의무자인 수증자가 증여자와 가족공동체이거나 혈연관계 등의 밀접한 인적관계를 형성하고 있는 경우 증여세 과세가액에서 일정액을 공제하도록 하는 것으로서, 수증자와 증여자 사이의 인적관계의 친밀도, 증여자의 재산형성에 대한 수증자의 기여도, 부의 세습과 집중 완화라는 법의 취지, 상속세의 보완적 성격을 가진 증여세의 과세목적 등 여러 가지 사정을 고려하여 각각의 수증자의 지위에 따라 사회통념상 적정한 수준으로 공제액을 정하고 있다.[21]

세대생략 할증세액(상속세도 적용)

수증자가 증여자의 자녀가 아닌 직계비속인 경우에는 증여세 산출세액에 100분의 30(수증자가 증여자의 자녀가 아닌 직계비속이면서 미성년자인 경우로서 증여재산가액이 20억원을 초과하는 경우에는 100분의 40)에 상당하는 금액을 가산한다. 다만, 증여자의 최근친(最近親)인 직계비속이 사망하여 그 사망자의 최근친인 직계비속이 증여받은 경우에는 그러하지 아니하다. (상증법 §57 ①)

직계비속 & 미성년자 & 20억원 초과 : 40% 할증 과세
→ 성년이면서 20억원 초과는 30%

조부모(할아버지와 할머니)가 자녀에게 증여 또는 상속하고, 그 자녀가 다시 손자에게 증여 또는 상속하게 되면 두 번의 증여세 또는 상속세가 과세되는 바, 이를 회피하기 위하여 한세대를 건너뛰어 조부가 손자에게 곧바로 증여 또는 상속을 하여 한 세대분의 증여세 또는 상속세를 회피하는 것에 대해 과세하는 것이다.

21) 헌재 2007헌바13, 2008.7.31.

계산 사례

[가정]

성년인 A는 다음과 같이 부동산을 증여받았다.
2022.2.2. 할머니로부터 상가건물 10억원(기준시가 / 임대보증금 5억원 월세 5.5백만원)
2023.11.11. 할아버지로부터 시세 10억원 아파트

구 분	1차 증여	2차 증여	비고
증여재산 가액	10.5억원	10억원	상가 [5억원 + 5.5백만원 × 12 ÷ 12%]
과세가액 불산입액			
(−) 채무액	5억원	0	상가임대보증금
(+) 증여재산가산액	0	5.5억원	
= 증여세 과세가액	5.5억원	15.5억원	
(−) 증여공제	0.5억원	0.5억원	
(−) 감정평가수수료			
= 증여세 과세표준	5억원	15억원	
× 세율	20%	40%	
= 산출세액	0.9억원	4.4억원	
(+) 세대생략할증세액	0.27억원	1.05억원	4.4억원 × 30% − 0.27억원
(−) 세액공제		0.9억원	납부세액공제(산출세액)(상증법 §58)
	351만원	1,365만원	신고세액공제(3%)(상증법 §69)
= 신고납부세액	1억 1349만원	4억 4135만원	5억 5484만원*
(+) 가산세			
(−) 분납 등	5,674만원	2억 2067만원	2개월 분납
= 자진납부할세액	5,675만원	2억 2068만원	

* [(15억원 × 40% − 1.6억원) × 1.3] × (1 − 3%) = 5억 5,484만원

▶ 증여세 계산 중 어려운 2차 할증과세 사례이다. 10년에 한 번 증여한다면 아주 쉽게 계산된다.

💡 증여세 계산은 간단하나 과세 여부를 판단하기 어려운 경우가 많다.

05 절세는 권리다. 절세의 원리는 분산이다

Q 주위에 이렇게 해 세금을 줄였다며 자랑하는데 들어보면 이상한 방법을 동원한 것 같아 긴가민가합니다. 절세가 어떻게 가능한지 명쾌하게 설명해 주실 수 있나요?

절세는 권리다

절세를 위장한 탈세가 많다 보니 절세와 탈세를 오해하는 일반인도 많은 게 사실이다. 또한, 절세를 삐딱한 시각으로 바라보니 절세행위가 문제가 있는 것처럼 인식되는 면도 있다. 우리나라 납세자권리헌장에는 없지만, OECD나 미국 납세자 권리 헌장에는 절세권[22)]이 명시되고 있다. 납세는 국민의 당연한 의무지만, **절세도 납세자의 당연한 권리다.**

세무사 '업'을 하면서 납세자의 권리와 공공이익을 두고 고민하게 되는 경우가 있다. 납세자의 권리가 우선이라고 결론 내린 계기는 10여년 전 서울지방국세청 조사4국의 세무조사를 받고 불복하는 과정에서다.

거대한 공권력 앞에 납세자 개인은 너무 미약한 존재라는 걸 체감했다. 이후 납세자의 권리 신장에 기여하는 것이 세무사의 사명이라 믿고 있다.

절세 원리는 분산이다

세법 규정을 잘 알아야 하지만 뭐니 뭐니 해도 절세는 **분산**을 통해 이루어진다. 소득을 여러 명으로 나눌수록, 소득의 귀속(획득)시기를 여러 해 동안 나눌수록 누진세율 구조상 절세되는 것이다.

상증법의 절세 원리

수증자를 나누고, 사전증여를 통해 상속세 과세표준을 낮춰야 한다. 증여세는 유산취득세 과세방식이므로 이러한 절세원리가 적용된다.

그러나 상속세는 10년 이내 사전증여재산을 합산하고 피상속인을 기준으로

---

22) The Right to Pay No More than the Correct Amount of Tax

과세표준을 산정하는 유산세 과세방식을 취하기 때문에 이 절세 원리를 흔든다. 그나마 10년이 경과 한 사전증여재산은 합산되지 않으므로 사전증여가 최선의 절세방안이라고 하는 것이다. 그러나 본인이 언제 사망할지 모르는 시점에서 사전증여 시점을 택하는 게 쉽지 않다. 그래서 상속세는 절세하기가 쉽지 않은 구조다.

	상속세 (과세주체 : 피상속인)		
재산가액	30억원 (×)세율		
인별	10억원	10억원	10억원
세금	**10.4억원**		

증여세(과세주체 : 수증인)			
30억원			
10억원	10억원	10억원	(×)세율
7.2억원			

[사례 1] 단독사업과 공동사업

구분	단독사업	부부 공동사업(50:50)
소득금액	500,000,000	250,000,000
소득공제	10,000,000	5,000,000
과세표준	490,000,000	245,000,000
세율	40%	38%
산출세액	170,060,000	73,160,000
지방세	17,006,000	7,316,000
납부세액	**187,066,000**	**160,962,000(2명)**

[사례 2] 개인 대 법인(감면이나 세액공제 없다고 가정)[23]

구 분	개인기업	구 분	법인기업
소득금액	500,000,000	대표급여*	300,000,000
소득공제	10,000,000	소득세[24]	82,660,000
과세표준	490,000,000	지방소득세	8,266,000
세율	40%	법인과세표준	200,000,000
산출세액	170,060,000	산출세액	18,000,000
지방세	17,006,000	지방세	1,800,000
총납부세액	**187,066,000**	총납부세액	**110,726,000**

23) 가처분소득, 배당여부, 퇴직금, 공제, 감면 등 여러 변수에 따라 유・불리가 다를 수 있으나 여기서는 소득을 분산(법인소득과 급여)시키면 납부세액이 줄어듦을 보여주는 예시다.

[사례 3] 사전증여 여부에 따른 상속세 계산

(가정) 상속재산 현황 20억원(금융재산 5억원), 상속인 배우자 · 아들 · 딸

[10년 전 자녀에게 10억원(화폐가치 무시) 사전증여 선택]

구 분	사전증여 ×	사전증여 ○	증여(1명)세	증여(2명)세
과세가액	3,000,000,000	2,000,000,000	1,000,000,000	500,000,000
상속(증여)공제	1,100,000,000	1,100,000,000	50,000,000	50,000,000
과세표준	1,900,000,000	900,000,000	950,000,000	450,000,000
세율	40%	30%	30%	20%
산출세액	600,000,000	210,000,000	225,000,000	80,000,000
세액공제	18,000,000	6,300,000	6,750,000	2,400,000
납부세액	582,000,000	203,700,000	218,250,000	77,600,000(×2)
계			421,950,000	358,900,000

▶ 사전증여를 1명에게 한 경우 약 1.6억원이, 2명에게 한 경우 약 2.2억원이 절세된다.

[사례 4] 수증자별 증여자별 과세

(가정) A가 아파트를 취득하는데 자금이 부족하여 5억원을 직계존속으로부터 증여받음.

① 5억원을 아버지로부터 증여받을 경우

② 5억원을 할아버지와 아버지로부터 동시에 각각 2.5억원씩 받을 경우

③ 5억원 중 2.5억원을 조부로부터 먼저 받고, 다음 날 아버지로부터 2.5억원 받을 경우

구 분	①	②		③	
	아버지	아버지	할아버지	아버지	할아버지
과세가액	500,000,000	250,000,000	250,000,000	250,000,000	250,000,000
증여재산공제	50,000,000	25,000,000	25,000,000	0	50,000,000
과세표준	450,000,000	225,000,000	225,000,000	250,000,000	200,000,000
세율	20%	20%	20%	20%	20%
산출세액	80,000,000	35,000,000	35,000,000	40,000,000	30,000,000
할증과세			10,500,000		9,000,000
신고세액공제	2,400,000	1,050,000	1,365,000	1,200,000	1,170,000
납부세액	**77,600,000**	**33,950,000**	**44,135,000**	**38,800,000**	**19,830,000**

▶ 증여세는 누구에게서 어떻게 받느냐(순서)에 따라 납부세액이 달라진다.
②에서 증여자가 할증과세가 되지 않는 삼촌이라면 납부세액은 줄어들 것이다.

---

24) 근로소득공제 18,750,000 + 소득공제 11,250,000 (가정)

사전증여 실익

[사례 3]에서 10년 전 사전증여를 했을 경우 상속세가 절세되지만, 만약 10년 이내 사전증여할 경우에는 상속재산에 합산되므로 사전증여의 실익이 없다고 생각할 수 있다. 과연 그럴까?

[사례 5] 10년 이내 사전증여한 경우

(가정) 상속재산 현황 20억원(금융재산 5억원), 상속인 배우자 · 아들 · 딸

[5년 전 자녀에게 10억원 사전증여]

구 분	사전증여 ×	[1] 사전증여 (아들)		[2] 사전증여 (아들 · 딸)	
		상속세	증여세	상속세	증여세
과세가액	3,000,000,000	3,000,000,000	1,000,000,000	3,000,000,000	500,000,000
상속(증여)공제	1,100,000,000	1,100,000,000	50,000,000	1,100,000,000	50,000,000
과세표준	1,900,000,000	1,900,000,000	950,000,000	1,900,000,000	450,000,000
세율	40%	40%	30%	40%	20%
산출세액	600,000,000	600,000,000	225,000,000	600,000,000	80,000,000
증여세액공제*		225,000,000		160,000,000	
신고세액공제	18,000,000	11,250,000	6,750,000	13,200,000	2,400,000
납부세액	582,000,000	363,750,000	218,250,000	426,800,000	77,600,000
인원			1		2
계		582,000,000		582,000,000	

▶ 사전증여가 합산과세 되어 납부세액은 동일함을 알 수 있다.

※ 증여세액공제(상증법 §28) 한도액 계산은 생략

[사례 5]처럼 납부세액이 동일하므로 사전증여는 실익이 없는 걸까?

증여한 재산의 가치가 2억원 상승한 경우[25)]

[5년 전 자녀에게 10억원 사전증여]

구 분	사전증여 ×	[1] 사전증여 (아들)		[2] 사전증여 (아들·딸)	
		상속세	증여세	상속세	증여세
과세가액	3,200,000,000	3,000,000,000	1,000,000,000	3,000,000,000	500,000,000
상속(증여)공제	1,100,000,000	1,100,000,000	50,000,000	1,100,000,000	50,000,000
과세표준	2,100,000,000	1,900,000,000	950,000,000	1,900,000,000	450,000,000

구 분	사전증여 ×	[1] 사전증여 (아들)		[2] 사전증여 (아들·딸)	
		상속세	증여세	상속세	증여세
세율	40%	40%	30%	40%	20%
산출세액	680,000,000	600,000,000	225,000,000	600,000,000	80,000,000
증여세액공제		225,000,000		160,000,000	
신고세액공제	20,400,000	11,250,000	6,750,000	13,200,000	2,400,000
납부세액	**659,600,000**	363,750,000	218,250,000	426,800,000	77,600,000(×2)
계		582,000,000		582,000,000	

▶ 명목 화폐가치나 자산가치는 장기적으로 증가하므로 사전증여가 실익이 있다. 또한, 증여 이후 발생하는 소득(이자나 부동산 가치 상승)은 수증자(아들 · 딸)에게 귀속되므로 사전증여가 절세의 해답이라고 하는 것이다.

초과누진세율(→ 초과누진세율 구조 때문에 분산이 필요한 것이다)

초과누진세율은 과세표준을 소득계급으로 구분한 후 각 구분별 소득계급에 해당되는 과세표준에 각각의 해당 세율을 적용하여 계산한 세액을 합산하는 방법을 말한다. 부담능력에 따라 세부담액을 결정하므로 수직적 공평과 소득재분배의 기능을 하게 된다.

과표구간	세율	누진공제	비고
1억원 이하	10%		예 과표 7억원인 경우 5억원까지 20% 세율 적용 초과하는 2억원→30% 세율 적용 * 누진공제는 이 계산을 편하게 적용한 것이다.[26]
1억원~5억원 이하	20%	1천만원	
5억원~10억원 이하	30%	6천만원	
10억원~30억원 이하	40%	1억 6천만원	
30억원 초과	50%	4억 6천만원	

▶ 간혹 과표구간 넘어가면 전체 세율이 30%라고 착각하는 경우가 있는데, 초과누진세율이므로 초과한 부분만 누진세율을 적용한다.

절세를 위해 분산하라.

25) 예금이자율 4%, 5년 복리 ≒ 1.2이므로 계산의 편의(금융재산상속공제)를 위해 부동산으로 가정

26) [(7억원×30%) - 6천만원 = 1억 5천만원] = [1억원×10% + 4억원×20% + 2억원×30% = 1억 5천만원]

06 상속 후 양도, 증여 후 양도 무엇이 다른가

Q 아버님이 자식들이 싸우는 게 걱정된다며 재산을 미리 받으라고 하는데 상속받는 경우와 증여받는 경우 세금 부담에서 차이가 있나요?

A 재산(부동산, 주식 등)을 처분할 때 양도소득세가 과세된다. 이때 상속받은 재산과 증여받은 재산에 대해 과세 방법이 다르다.

양도소득세

양도소득세 계산 구조

구분	상속받은 재산	증여받은 재산
양도가액	매매가액	매매가액
(−) 취득가액	결정 가액(무신고→기준시가)[27]	결정 가액(무신고→기준시가)
(−) 필요경비	취득세 등	취득세 등
= 양도차익		
(−) 장기보유특별공제	보유기간(취득시기) : 상속개시일	보유기간(취득시기) : 증여일[28]
= 양도소득금액		
양도소득기본공제	2,500,000(1년)	2,500,000(1년)
= 과세표준		
× 세율	피상속인이 취득한 날 기준 적용	증여일 기준 적용
산출세액		

▶ 양도소득세율 적용시 상속받은 재산은 피상속인이 취득한 날부터 계산한다.[29]

---

27) 상속 또는 증여(부담부증여의 채무액에 해당하는 부분도 포함하되, 「상속세 및 증여세법」 제34조부터 제39조까지, 제39조의2, 제39조의3, 제40조, 제41조의2부터 제41조의5까지, 제42조, 제42조의2 및 제42조의3에 따른 증여는 제외한다)받은 자산에 대하여 실지거래가액을 적용할 때에는 상속개시일 또는 증여일 현재 「상속세 및 증여세법」 제60조부터 제66조까지의 규정에 따라 평가한 가액(같은 법 제76조에 따라 세무서장 등이 결정·경정한 가액이 있는 경우 그 결정·경정한 가액으로 한다)을 취득당시의 실지거래가액으로 본다. (소득세법 시행령 §163 ⑨)

28) 등기접수일

29) 양도소득세율 적용시 상속받은 자산의 보유기간은 직전 피상속인이 그 자산을 취득한 날부터 기산하는 것입니다. (기획재정부재산-210, 2013.3.12)

상속받은 재산

상속 · 증여로 취득한 자산의 양도차익 산정 (1985.1.1. 이후 취득분)
- 양도가액 → 실가
- 취득가액 → 상속 · 증여시의 평가가액(기준시가 등)

※ 일방실가(취득가액 환산)→ "적용 불가" (대법원 2006두1326, 2007.10.26.)

상속받은 재산의 양도소득 계산시 취득가액은 상속개시 당시의 평가가액이 된다. 만약, 기준시가로 신고하고 그 가액대로 세무서에서 결정했다면 기준시가가 취득가액이 된다. 따라서 상속세를 줄이기 위해 감정평가를 하지 않은 부동산은 양도차익이 많이 나게 되어 결국 양도소득세를 더 부담하게 되는 것이다.

상속개시일로부터 6개월 이내 매매계약이 된 부동산의 경우 그 가액이 시가로 인정되어 상속세 결정가액이 된다. 따라서 양도가액과 취득가액이 같아져 양도소득세가 없게 된다.

상속받은 부동산 양도소득세

- 상속받은 부동산(기준시가 5억원, 시가 8억원)을 10억원에 양도할 경우(보유기간 5년 경과)

구분	기준시가 신고(또는 무신고)	감정평가 신고
양도가액	10억원	10억원
(−) 취득가액	5억원	8억원
(−) 필요경비	계산 편의 위해 무시	계산 편의 위해 무시
= 양도차익	5억원	2억원
(−) 장기보유특별공제	0.5억원(10%)	0.2억원(10%)
= 양도소득금액	4.5억원	1.8억원
양도소득기본공제	계산 편의 위해 무시	계산 편의 위해 무시
= 과세표준	4.5억원	1.8억원
× 세율	40%	38%
산출세액	1.54억원	48백만원

▶ 감정평가한 경우 취득가액 차이로 인해 양도소득세가 1억원 정도 적음을 알 수 있다. 따라서 감정평가로 인해 증가되는 상속세와 감소되는 양도소득세를 비교해 봐야 한다.

증여재산 양도

배우자 등 증여 자산 이월과세 (소득세법 §97의2 ①)

구분	내 용
개념	증여자의 취득가액으로 양도차익 계산하여 수증자에게 양도소득세 과세
취지	배우자 등 증여를 통한 양도세 회피 방지
요건	① (양도대상) 배우자 또는 직계존비속에게 증여받은 부동산 등
	② (적용기간) 증여일부터 **10년 이내** 양도
	③ (적용제외) 다음 어느 하나에 해당하지 않을 것 (소득세법 §97의2 ②) - 증여 후 2년 이내 사업인정고시 및 협의매수 또는 수용된 경우 - 이월과세 적용시 1세대 1주택 OR 일시적 2주택에 해당하여 비과세되는 경우 - 이월과세 미적용 양도세액이 적용한 양도세액보다 더 큰 경우

▶ 종전 5년 이내 증여분을 2023.1.1. 이후 증여받는 분부터 10년 이내 증여분으로 확대

[사례] 배우자에게 증여 후 양도

A가 2020년 1월 2일 3억원에 취득한 아파트가 2023년 11월 1일 현재 시가 6억원이 되었다. A는 양도소득세가 많이 나올 것을 걱정(과세대상 가정)하던 중 부부간에는 6억원까지는 증여세가 없다는 이야기를 듣고 배우자에게 증여하였다. 이 아파트를 10년 뒤 10억원에 판다고 할 경우 양도소득세는 얼마나 될까?

구분 [약식 계산]	10년 이내 양도	10년 이후 양도
양도가액	10억원	10억원
(-) 취득가액	3억원	**6억원**
= 양도차익	7억원	4억원
(-) 장기보유특별공제	1.2억원(9년)	0.8억(10년)
= 양도소득금액	5.8억원	3.2억원
× 세율	42%	40%
산출세액	2억 7백만원	1억 2백만원

▶ 배우자 증여 후 10년 이내 양도할 경우 취득시기와 취득가액은 A의 당초 취득일(2020.1.2.)과 취득가액(3억원)이 된다.

농지 등의 경우

구 분			내 용
상속 경우	상속인	1년 이상 계속 경작	피상속인의 경작기간 통산 (조특령 §66 ⑪)
		1년 이상 계속 경작하지 아니한 경우	상속받은 날부터 3년 이내 양도하는 경우 피상속인 경작기간 통산 (조특령 §66 ⑫)
		경작 불문	상속개시일부터 5년 이내 양도할 경우 비사업용토지로 보지 않는다. (소득령 §168의14 ③)
		8년 자경 농지	비사업용토지로 보지 않는다. (양도시기 무관)[30]
증여 경우	수증자	증여자의 경작기간	통산하지 않는다.[31]
		8년 자경 농지	비사업용토지로 보지 않는다. (양도시기 무관)

사례

[1] 부모 경작 농지

부(父) 경작	⇨	모(母) 상속	⇨	자(子) 상속
6년 경작		1년 경작		2년 경작 후 양도

⇨ 아들의 경작기간 = 부(6년) + 모(1년) + 아들(2년) = 9년
(∴ 8년 자경농지 양도소득세 감면이 적용 가능)

- 모(母)가 경작한 사실이 없는 경우
  - 부(父)의 경작기간을 아들(子)의 경작기간에 합산할 수 "없음".

[2] 도시에 사는 자녀가 상속받은 농지

부모가 8년 이상 자경한 농지를 상속받은 경우 상속인이 1년 이상 계속 경작하지 않더라도 3년 이내 양도할 경우 8년 자경 감면 적용을 받을 수 있다.[32]

---

30) 소득세법 시행령 §168의14 ③ 1의2
직계존속 또는 배우자가 8년 이상 기획재정부령으로 정하는 토지소재지에서 거주하면서 직접 경작한 농지·임야 및 목장용지로서 이를 해당 직계존속 또는 해당 배우자로부터 상속·증여받은 토지. 다만 도시지역(녹지지역 및 개발제한구역은 제외) 안의 토지는 제외한다.

31) 자경기간은 수증일 이후 수증인이 경작한 기간으로 계산하는 것입니다. (서면부동산 2016-2791, 2016.3.29.)

32) 부동산거래관리-638, 2012.11.23.

영농 자녀 등이 증여받는 농지(조세특례제한법 §71)

구분	내 용
감면	영농 자녀가 증여받는 농지 등에 대한 증여세 100% 감면
요건	증여자 · 수증자가 농지 등 소재지에 거주 및 직접 영농에 종사
한도	5년간 1억원
적용대상	농지(40,000㎡ 이내), 초지(148,500㎡ 이내), 산림지(297,000㎡ 이내) 등
사후관리	증여일부터 5년 이내 양도, 직접 영농에 종사하지 않는 경우 등 사후관리 위반 시 감면세액 및 이자상당액 추징

▶ 영농 자녀가 아닌 경우 농지는 증여받지 마라.

증여재산의 반환(상증법 §4 ④)

수증자가 증여재산(금전은 제외한다)을 당사자 간의 합의에 따라 증여세 과세표준 신고기한까지 증여자에게 반환하는 경우(반환하기 전에 과세표준과 세액을 결정받은 경우는 제외한다)에는 처음부터 증여가 없었던 것으로 보며, 증여세 과세표준 신고기한이 지난 후 3개월 이내에 증여자에게 반환하거나 증여자에게 다시 증여하는 경우에는 그 반환하거나 다시 증여하는 것에 대해서는 증여세를 부과하지 아니한다. (상증법 §4 ④)

반환시점	당초 증여	반환(재증여)
증여세 신고기한 이내	과세 제외	과세 제외[33)]
신고기한 다음날부터 3개월 이내	과세	과세 제외
신고기한 다음날부터 3개월 경과	과세	과세
금전(시기에 관계 없음)[34)]	과세	과세

※ 2024년부터 무상취득의 경우 취득일이 속하는 달의 말일부터 3개월 이내에 계약이 해제되면 취득으로 보지 아니한다. (지방세 시행령 §20 ①)
단, 등기·등록을 하게 되면 취득으로 인정되므로 취득세는 부과된다.

상속은 선택이 아니므로 여러 특례 조항 있으나, 증여는 선택이므로 혜택이 없다.

33) 증여재산가액은 당초 증여재산가액에서 반환하는 증여재산가액을 차감한 금액이고, 증여일은 당초 증여일이다. (서면상속증여 2023-2319, 2024.3.7.)

34) 금전 증여의 경우 다른 재산의 증여와 달리 신고기한 이내에 합의해제를 하더라도 증여세를 부과하는 것에는 합리적인 이유가 있다. (헌재 2013헌바117, 2015.12.23)

07 증여냐 상속이냐, 그것이 문제로다

Q 증여하는 게 좋은지, 상속받는 게 좋은지 판단할 수 있는 기준이 어떻게 되는지요?

A 앞에서 살펴본 바와 같이 증여세는 상속세와 보완 관계에 있다. 따라서 상속을 받는 게 좋은지 증여하는 게 좋은지 법칙으로 정해진 건 없다. 여기서는 상속이나 증여를 결정하는 기준을 큰 틀에서 제시하고 세부 내용은 제3장부터 다루기로 한다.

증여가 유리한 경우

피상속인이 재산이 많은 경우

상속세 과세표준이 30억원을 초과할 것으로 예상되는 경우 또는 현재 시점에서 상속세 세율구간이 40% 이상(과세표준 10억원 초과)이면서 향후 재산이 계속 늘어날 것으로 예상된다면 사전증여가 유리하다. 일반적으로 인플레이션으로 인해 자산가치는 계속 증가하지만 상속세 과세가액에 산입되는 증여재산은 증여 당시 가액으로 평가하기 때문이다.

향후 많은 가치 상승이 예상되는 재산

상속인에게 상속개시 10년 이내 증여한 재산은 증여 당시 가액으로 상속세과세가액 합산한다. 따라서 재산 가치 상승이 예상되면 미리 증여하여 절세할 수 있다. 예를 들어 현재 시세가 5억원인데 5년 내 10억원이 된다면 상속세는 5억원으로 평가하므로 상속세율이 40%일 경우 약 2억원의 세금이 절세된다.

시가와 기준시가(보충적 평가액) 차이가 큰 부동산

부동산 평가의 대원칙은 시가다. 그러나 공동주택(아파트)을 제외한 시세가 형성되지 않은 단독주택·토지·일반건물 등은 기준시가(공시가격)로 판단한다. 국세청은 이처럼 공시가격으로 신고된 재산에 대해 감정평가를 통해 시가로 과세하는 대상을 확대하고 있다. 따라서 시가와 기준시가 차이가 큰 재산은 미리 증여하는 게 유리할 수 있다. 단, 수증자 입장에서는 추후 양도소득세를 더 납부할 수 있으므로 유불리를 잘 따져 봐야 한다.

자녀가 소득이 있는 경우

자녀가 증여세를 납부할 능력이 없으면 그 납부해야 할 증여세도 증여에 해당하므로 사전증여 효과가 감소하게 된다. 만약, 자녀가 직업이나 소득이 있다면 사전증여 효과를 온전히 누릴 수 있고, 여러 가지 증여 방안을 구상할 수 있다.

피상속인의 연령대가 낮은 경우(60대 이하)

상속세는 사망자(피상속인)를 기준으로 과세하는 유산세 방식이므로 피상속인의 재산이 적을수록 상속세도 줄어든다. 따라서 피상속인의 재산이 노후생활에 지장이 없을 정도로 충분하고 연령대가 낮은 경우 사전증여가 최선의 절세방안이다. 증여 후 10년이 지나면 증여재산이 상속세 과세가액에 합산되지 않기 때문이다.

상속이 유리한 경우

상속재산이 10억원 이하인 경우

상속인으로 배우자와 자녀가 있다면 배우자 상속공제 5억원과 일괄공제 5억원을 공제받을 수 있다. 따라서 무조건 상속이 유리하다.

상속세 세율구간이 30% 이하(과세표준 10억원 이하)로 예상되는 경우

예를 들어 상속재산이 20억원이고 상속공제를 10억원을 받아 상속세 과세표준이 10억원이라 할 경우 상속세는 2.4억원이다. 상속재산 대비 세 부담률은 12%(2.4억원 ÷ 20억원)로 낮은 편이다. 만약, 배우자 상속공제를 더 받거나 금융재산 공제까지 받는다면 실제 10% 미만의 세 부담으로 종결되므로 사전증여를 할 필요성은 크지 않다.

상속공제 대상 금액이 많은 경우

자녀들이 재산이 많아 배우자가 법정 지분만큼 상속받을 수 있다면 상속이 보통 유리하다. 예를 들어 상속재산이 30억원이고 상속인이 배우자, 아들, 딸이라면 배우자의 법정상속분은 약 13억원이다. (=30억원×3/7) 만약 금융재산 상속공제 2억원까지 받는다면 일괄공제 5억원까지 포함하여 총상속공제액이 20억원에 이른다. 따라서 상속세율 30%가 적용되어 납부할 상속세는 약 2.4억원으로 세부담률은 8%(2.4억원÷30억원)가 된다.

피상속인의 연령대가 높거나 질병이 있는 경우

피상속인이 노령이거나 질병에 걸려 10년 이상 살기 어렵다고 예상된다면 사전증여하더라도 상속세 과세가액에 합산되므로 실익이 크지 않다. 이때 상속재산이 많다면 저평가된 재산을 증여하거나 상속인 외의 자(사위, 며느리, 손자, 영리법인)에게 증여하는 방안을 고려해 봐야 한다.

증여가 유리한 경우
① 피상속인이 재산이 많은 경우
② 향후 많은 가치 상승이 예상되는 재산
③ 시가와 기준시가 차이가 큰 부동산
④ 자녀가 소득이 있는 경우
⑤ 피상속인의 연령대가 60대 이하인 경우

상속이 유리한 경우
① 상속재산이 10억원 이하인 경우
② 상속세 세율구간이 30% 이하인 경우
③ 상속공제 대상 금액이 많은 경우
④ 피상속인의 연령대가 높거나 질병이 있는 경우

▶ 앞으로 계속 설명되는 내용을 읽고 본인에게 증여가 필요한지 상속으로 해결될지를 판단할 수 있기를 바란다.

"To be, or not to be, That is the question"
이 대사는 삶과 죽음에 대한 선택을 내리지 못하고 선택을 연기하거나, 타인에게 결정을 맡겨 버리는 증상을 의미하는 '햄릿 증후군'의 대표적인 문장이다.

증여냐, 상속이냐 이 결정도 쉽지 않다. 뭐든지 선택은 어렵다. 책임이 따르므로!
"증여는 선택이다. 상속은 선택이 아니다."에 따른다면 증여를 고민해야 하리라.
그러나 고민한다는 자체가 의미 있다고 생각한다. 상속세를 고민하는 삶이라면~
죽음을 벗어나야 삶이 보이는 법. 부디 현명한 결정을 내리길!

증여를 고민하고 선택할 수 있다는 사실에 감사하라.

Q1. 증여냐, 매매냐

예 20년 전 부·모·삼촌을 주주로 한 법인설립

주주	부(70세)	모(65세)	삼촌(75세)	계
액면가액	80,000,000	10,000,000	10,000,000	100,000,000
평가액	2,400,000,000	300,000,000	300,000,000	3,000,000,000

Q. 부의 지분은 가업상속공제를 받을 예정이고, 삼촌의 지분을 인수해야 하는 상황임. 본인(45세)에게 유리한 방법은?

A 주식을 이전하는 방법은 매매하거나 증여받는 방법이 있다. 다른 변수는 고려하지 않고 순수하게 세금만 고려하면 사례의 경우 증여받는 게 유리하다.

구분	매매할 경우	구분	증여받는 경우
양도가액	300,000,000	증여재산가액	300,000,000
(-) 취득가액	10,000,000	증여재산공제	10,000,000
(-) 필요경비(증권거래세)	1,050,000	과세표준	290,000,000
양도차익	288,950,000	세율	20%
기본공제	2,500,000	누진공제액	10,000,000
양도소득금액	286,450,000	산출세액	48,000,000
산출세액(세율 20%[35])	57,290,000	신고세액공제(3%)	1,440,000
납부세액(지방세 포함)	**63,019,000**	납부세액	**46,560,000**
세금 부담자	**삼촌**	세금 부담자	**본인**

▶ 세율이 20% 구간으로 같으나 증여는 지방세가 없으므로 유리하다.

☞ 만약 본인이 결혼하여 배우자와 자녀가 있어 함께 증여받으면 증여세는 약 **26백만원**까지 줄어든다.[36] (➪ 분산하라)

35) 일반주식의 경우 과세표준 3억원 이하는 20%, 3억원 초과하는 부분은 25%

36) 본인·배우자·자가 1억원씩 받는 경우 : [(1억원-1천만원) × 10%] × (1-3%) =8,730,000 × 3(명) = 26,190,000 (삼촌은 기타친족에 해당되어 1천만원 증여재산 공제)

국세청의 상속세 안내 해설

01 상속세는 어떤 세금인가요
02 물려받은 것 외에 더 알아야 할 상속재산이 있나요
03 어느 정도 재산이 있으면 상속세가 나오나요
04 상속 주택의 가격은 어떻게 결정되나요
05 어머니가 주택을 상속받아 계속 거주할 예정인데 상속세가 나오나요
06 어머니가 상속받은 집에 자녀만 살면 세금이 나오나요
07 돌아가신 아버지와 같이 거주하며 봉양하였는데 세금혜택이 있나요
08 주택을 상속받으면 2주택자가 되어 종부세를 내야 하나요
09 기존주택과 상속주택 중 어떤 것을 양도하는 것이 좋나요
10 상속세는 어떻게 신고하고, 납부하나요

01 상속세는 어떤 세금인가요

Q **최근 아버지가 갑자기 돌아가셨습니다. 주위에서 상속세를 신고해야 한다는 말을 들었지만 상속세가 무엇인지, 아버지 재산이 얼마나 있는지 모르는데 어떻게 해야 하는지 궁금합니다.**

(국세청 안내)

상속세는 돌아가신 분의 재산에 대해 유가족이 납부하는 세금입니다.

- 상속세를 신고하기 위해서는 돌아가신 분(피상속인) 소유의 주택, 자동차, 주식, 예금과 같은 재산을 모두 파악하는 것이 중요합니다. 그리고 상속세는 재산에서 채무를 빼고 계산되므로 대출, 신용카드대금, 미납세금, 미납한 병원비와 같은 피상속인의 채무도 알아야 합니다.
- 그리고 채무 외에도 법에서 일정 금액을 더 빼도록 정하고 있는데 이를 '상속공제'라고 합니다. 상속공제를 잘 활용하면 상속세를 더 줄일 수 있습니다.

» **자주 나오는 상속세 용어**

- 피상속인 : 돌아가신 분
- 상속인 : 유산을 물려받는 유가족
- 상속재산 : 피상속인이 남긴 재산

「안심상속 원스톱서비스」를 이용하면 피상속인의 재산과 채무를 알 수 있습니다.

안심상속 원스톱서비스는 피상속인의 재산·채무를 알기 어려운 상속인이 피상속인의 각종 재산·채무를 한번에 조회할 수 있도록 정부에서 제공하고 있는 서비스입니다. 이 서비스는 온라인(정부24) 또는 방문(시·구청, 주민센터)하여 신청할 수 있습니다.

피상속인이 사망하면 상속재산 조회하여 상속세 신고하라.

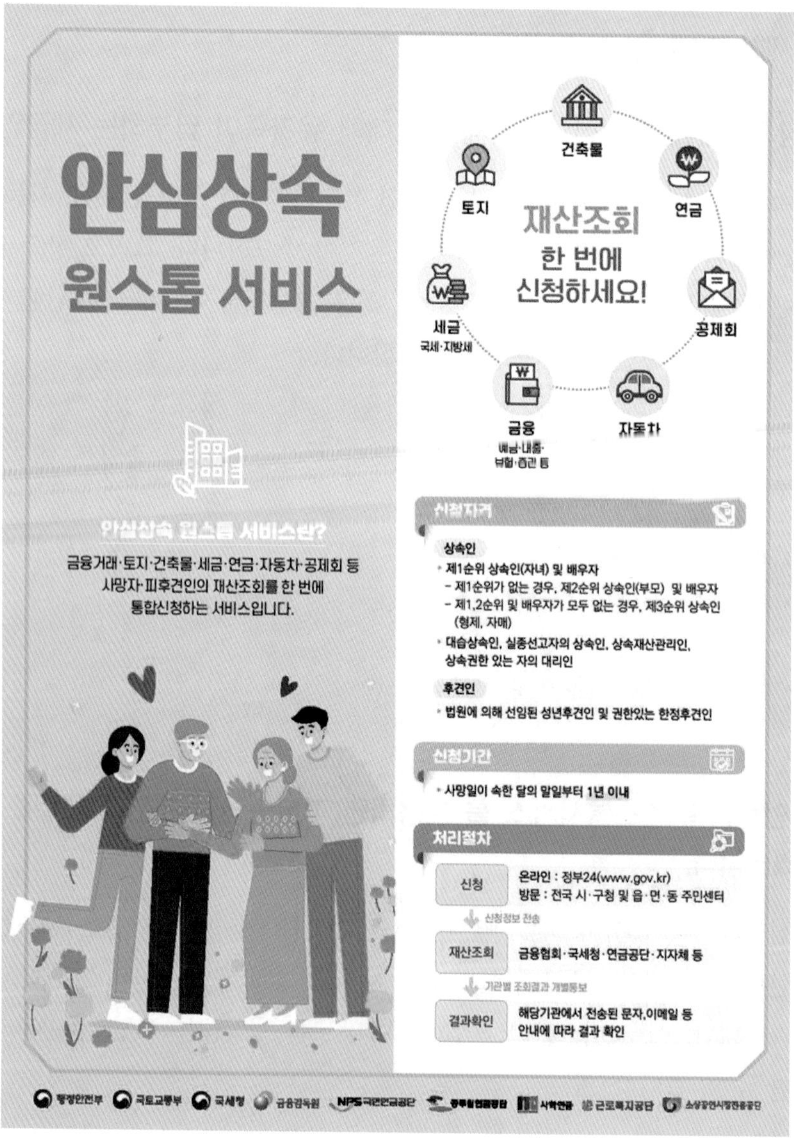

안심상속 원스톱 서비스

건축물
토지
연금
세금
국세·지방세
공제회
금융
예금·내출·보험·증권 등
자동차

재산조회 한 번에 신청하세요!

안심상속 원스톱 서비스란?

금융거래·토지·건축물·세금·연금·자동차·공제회 등 사망자·피후견인의 재산조회를 한 번에 통합신청하는 서비스입니다.

신청자격

상속인

- 제1순위 상속인(자녀) 및 배우자
  - 제1순위가 없는 경우, 제2순위 상속인(부모) 및 배우자
  - 제1,2순위 및 배우자가 모두 없는 경우, 제3순위 상속인 (형제, 자매)
- 대습상속인, 실종선고자의 상속인, 상속재산관리인, 상속권한 있는 자의 대리인

후견인

- 법원에 의해 선임된 성년후견인 및 권한있는 한정후견인

신청기간

- 사망일이 속한 달의 말일부터 1년 이내

처리절차

신청	온라인 : 정부24(www.gov.kr) 방문 : 전국 시·구청 및 읍·면·동 주민센터
↓ 신청정보 전송	
재산조회	금융협회·국세청·연금공단·지자체 등
↓ 기관별 조회결과 개별통보	
결과확인	해당기관에서 전송된 문자,이메일 등 안내에 따라 결과 확인

행정안전부 국토교통부 국세청 금융감독원 NPS국민연금공단 공무원연금공단 사학연금 근로복지공단 소상공인시장진흥공단

02 물려받은 것 외에 더 알아야 할 상속재산이 있나요

Q **아버지로부터 저가의 주택만 상속받아 상속세는 없다고 생각하고 있는데, 아버지가 물려주신 재산 외에 더 알아보아야 할 것이 있는지 궁금합니다.**

(국세청 안내)

피상속인이 생전에 증여한 재산이 있는지 알아보아야 합니다.

상속세는 사망 시 물려받는 상속재산과 피상속인이 생전에 타인에게 증여한 재산을 합하여 계산되기 때문입니다. 이때 모든 증여재산이 더해지는 것은 아니고, 10년 이내에 상속인에게 증여한 재산과 5년 이내에 상속인이 아닌 타인에게 증여한 재산이 더해집니다. (증여했을 때 납부한 증여세는 상속세에서 공제)

피상속인의 퇴직금과 사망보험금도 알아야 합니다.

피상속인의 퇴직금과 사망보험금은 대부분 상속인이 받은 경우가 많습니다. 이 때 그 돈을 회사나 보험사로부터 상속인이 직접 받기 때문에 상속재산이 아니라고 생각하기 쉬운데 퇴직금과 사망보험금도 상속재산에 포함됩니다.

피상속인이 사망 전 예금을 인출한 경우 그 사용처를 알아야 합니다.

국세청은 금융정보 등을 조회하여 피상속인의 예금 인출 내역을 알 수 있습니다. 피상속인이 사망일 전 1년 이내에 2억원 또는 2년 이내에 5억원 이상의 예금을 인출하거나 그 사용처가 불분명한 경우 그 일정 금액을 상속재산에 포함합니다. 왜냐하면 상속세를 줄이려고 고의로 생전에 예금을 인출하는 경우도 많기 때문입니다.

만약 현금의 사용처(생활비, 병원비 등)가 입증된다면 상속재산에 포함되지 않으므로 현금의 사용내역을 꼼꼼히 기록해 두는 것이 좋습니다.

예시 1년 전 10억원 예금인출, 이 중 5억원은 부동산을 구입한 사실 확인, 나머지 5억원은 사용처 불분명

상속재산에 포함되는 금액 = 사용처 불분명한 금액 − Min(인출금 × 20%, 2억원)

= 5억원 − Min(10억원 × 20%, 2억원) = 3억원

• 예금인출 외에도 대출을 받았거나 부동산을 처분한 경우에도 동일한 방식을 적용하여 상속재산에 포함함.

해 설

용어정리

구분	의 미	예	입증책임
간주	해당(상속) 여부와 관계없이 법이 정한 효과를 부여 ⇨ 번복 불가	간주상속재산	법에 따라 상속재산으로 과세
추정	가능성이 큰 사실을 일단 존재하는 것으로 가정 ⇨ 번복 가능	추정상속재산	납세자가 입증 못하면 과세

사전증여재산

입법취지

상속개시일 전에 피상속인이 상속인 또는 상속인 외의 자에게 일정 기간 이내에 사전증여한 재산가액을 상속세 과세가액에 가산하도록 하는 입법취지는 피상속인이 생전에 증여한 재산의 가액을 가능한 한 상속세 과세가액에 포함시킴으로써 조세부담에 있어서의 상속세와 증여세의 형평을 유지하고, 아울러 피상속인이 사망을 예상할 수 있는 단계에서 장차 상속세의 과세대상이 될 재산을 상속개시 전에 상속과 다름없는 증여의 형태로 분할, 이전하여 고율인 누진세율에 의한 상속세 부담을 회피하려는 부당한 상속세 회피행위를 방지하고 조세부담의 공평을 도모하기 위한 것이다.[1] 다만, 증여 당시 이미 납부한 증여세 산출세액 상당액은 상속세 산출세액에서 기납부세액으로 공제하도록 함으로써 동일한 재산에 대한 이중과세를 방지하고 있다.

1) 헌재 2005헌가4, 2006.7.27.

상증법에 의하여 가산하지 않는 증여재산가액

상속세 및 증여세법에 의하여 특정한 증여재산에 대해서는 증여세를 비과세하거나 일정한 요건에 해당되는 증여재산에 대해서는 과세가액 불산입하도록 하고 있다. 또한 주식전환이익이나 상장・합병시세차익, 타인의 기여에 의한 재산가치의 증가 등은 증여자나 그 원천을 구분하기 어려우므로 건별로 과세하고 합산과세를 배제하도록 하고 있다. (상증법 §13 ③)[2)]

Q1. 사전증여 신고를 하지 않은 경우 어떻게 되나?

A 주로 상속세 조사 과정에서 사전증여 신고 누락이 밝혀지는 경우가 많다. 이 경우 위와 같이 상속세와 증여세(가산세 포함)가 같이 고지된다. (증여세는 기한 후 신고를 하는 경우도 있다) 이때 증여세 산출세액은 상속세 산출세액에서 공제해 준다.

Q2. 영리법인에 증여할 수도 있나?

A 가능하다. 법인도 상속인이 아닌 타인으로 보아 5년 이내 증여재산만 합산한다. 이때 법인은 증여세가 아니라 법인세를 납부하게 된다. (해당 법인의 자산수증이익에 해당)

▶ 피상속인이 고령인 경우, 자녀들이 운영하는 법인에 증여하는 방안을 검토해 볼 수 있다.

---

2) ① 비과세되는 증여재산 (상증법 §46)
② 공익법인 등이 출연받은 재산에 대한 과세가액불산입 등 (상증법 §48 ①)
③ 공익신탁재산에 대한 증여세 과세가액불산입 (상증법 §52)
④ 장애인이 증여받은 재산의 과세가액불산입 (상증법 §52의2)
⑤ 합산배제증여재산
㉠ 재산 취득 후 해당 재산가치의 증가로 인한 증여이익 (상증법 §31 ① 3)
㉡ 전환사채 등의 주식전환・교환・인수나 전환사채의 양도로 얻은 이익 (상증법 §40 ① 2)
㉢ 주식・출자지분의 상장 등에 따른 이익의 증여 (상증법 §41의3)
㉣ 합병에 따른 상장 등 이익의 증여 (상증법 §41의5)
㉤ 재산 취득 후 재산가치 증가에 따른 이익의 증여 (상증법 §42의3)
㉥ 재산 취득자금 등의 증여 추정 (상증법 §45의2)
㉦ 명의신탁재산의 증여의제 (상증법 §45의2)
㉧ 특수관계법인과의 거래를 통한 이익의 증여 의제 (상증법 §45의3)
㉨ 특수관계법인으로부터 제공받은 사업기회로 발생한 이익의 증여 의제 (상증법 §45의4)

간주상속재산

퇴직금

사망퇴직금은 그 근거가 유족에게 직접 지급한다는 사용자와 피용자 사이의 제3자를 위한 계약에 준하므로 사망퇴직금은 민법상 상속재산이 아니며, 수령권자의 고유권한에 속한다. 그러나 피상속인에게 지급될 퇴직금, 퇴직수당, 공로금, 연금 또는 이와 유사한 것이 피상속인의 사망으로 인하여 지급되는 경우 그 금액은 상속인에게 귀속되므로 상속세 및 증여세법에서는 상속재산으로 보아(간주하여) 상속세를 과세하도록 하고 있다. 다만, 국민연금법 · 공무원연금법 · 군인연금법상 유족연금, 산업재해보상보험법상 유족보상연금, 근로기준법상 재해보상금 등은 상속재산으로 보지 아니한다. (상증법 §10)

보험금

피상속인이 보험료를 불입하고 그의 사망으로 보험사고가 발생하여 수익자로 지정된 자가 보험금을 수령하였다면 그 경제적 실질이 상속재산과 동일하다. 이러한 피상속인의 사망으로 인하여 보험회사가 지급하는 보험금은 민법상의 상속재산에는 포함되지 아니하나 실질과세의 원칙 · 과세형평 실현을 위해 상속재산으로 간주하여 상속재산에 포함된다.

또한, 보험계약자가 피상속인이 아닌 경우에도 피상속인이 실질적으로 보험료를 납부하였을 때에도 상속재산에 포함된다.

교통사고 사망보상금

서면법령해석재산 2018-2398(2020.3.13.)

교통사고를 당하여 사망한 피상속인의 유족이 가해자측과 합의하여 유족위로금 명목으로 받게 될 형사합의금과 유족이 가해자측 보험사로부터 받게 될 민사상 손해배상금의 상속세 과세대상 여부

국세청 해석사례집-검토내용

○ 본 건의 경우 사망한 피상속인의 교통사고로 유족들이 가해자측과 협의하여 유족들에 대한 위로금 명목으로 받게 될 형사합의금은
  -상속개시일 현재 피상속인에게 귀속된 재산이라 볼 수 없어 상속재산가액에 포함하지

아니하는 것이 타당함.

○ 민사상 손해배상금은 고의 또는 과실 등으로 인한 위법행위로 타인에게 손해를 가했을 때, 그 손해를 배상하기 위하여 지급하는 금액으로,
 - 위법행위로 타인의 이익을 침해하고, 가해자에게 고의 또는 과실이 있어야 하며, 가해행위와 손해와의 사이에 인과관계가 있어야 하는바
 - 배상되어야 할 손해의 범위는 손해배상책임을 발생시키는 원인인 사실과 인과관계가 있는 것에 한정됨. (대법원 2013다42755, 2013.10.11.)

○ 대법원 판례 (대법원 76다1313, 1976.10.12)에 따르면, 민사상 손해배상금은 재산적 손해액과 정신적 손해액으로 구분되며,
 - 재산적 손해액은 적극적 손해액(사고로 인한 치료비, 향후 치료비, 장례비 등)과 소극적 손해액(사고로 인해 감소한 일실수입 및 일실퇴직금)이며,
 - 정신적 손해액은 사고로 인한 피해자 및 그 가족들의 정신적 고통에 대해 금전으로 배상하는 것을 말함.

○ 우리 청은 교통사고 등으로 **사망자 유가족이 정신적 또는 재산상 손해배상의 성격으로 받은 보상금이나 위자료 성격의 보상금에 대하여 상속세 및 증여세 과세대상이 되지 않는다고 해석**해 왔으며 (재산 01254-1978, 1986.6.19., 재산세과-182, 2012.5.16. 외 다수)
 - 망인의 생명 침해에 따른 배상금은 유족의 정신적 고통과 슬픔을 위로하고, 재산상 손실을 보상하여 유족의 경제적 안정을 보장하기 위한 것으로,
 - 불법·위법행위로 인해 회복할 수 없는 손해를 입은 유족에게 지급된 손해배상금에 대해 상속세를 과세하는 것은 건전한 사회통념에 비추어 과도한 측면이 있음.

▶ 보험 관련 사항은 7장에서 자세히 다룬다.

추정상속재산

의의

증여가 선택 행위라면 상속에도 선택이 있을까? 있다. 노화나 질병으로 인한 사망의 경우 대비할 시간이 주어진다. 사망을 앞둔 시점에 상속세가 많다는 것을 알게 되면 피상속인은 재산을 현금화할 가능성이 크다. 세법은 그런 조세회피행위를 막기 위한 규정을 두고 있다.

상속개시 전 처분한 재산의 사용 용도가 분명하지 않은 일정한 금액에 대해 현금으로 상속받은 것으로 추정하여 상속재산으로 가산하는데 이를 '추정상속재산'이라 한다. 이는 상속개시일 전에 상속재산을 처분한 경우, 그 처분대금이 과세자료의 노출이 쉽지 않은 현금으로 상속인에게 증여 또는 상속됨으로써 상속세의 부당한 경감을 도모할 우려가 있으므로 이를 방지하기 위하여 입증책임을 실질적으로 전환한 규정이다.[3)]

내용

기간과 금액

피상속인이 재산을 처분하여 받은 금액이나 피상속인의 재산에서 인출한 금액이 상속개시일 전 1년 이내에 2억원 이상이거나 상속개시일 전 2년 이내에 5억원 이상인 경우에 그 사용처를 규명하여야 한다. 이때 상속개시일 전 1년 이내에 2억원 이상인지 또는 상속개시일 전 2년 이내에 5억원 이상인지 여부는 재산 종류별로 판단하는 것이며, 재산 종류별 구분은 다음과 같이 3가지로 한다. (상증령 §11 ⑤)

① 현금 · 예금 및 유가증권[4)]

② 부동산 및 부동산에 관한 권리

③ '① · ②' 외의 기타 재산(→ 골프회원권, 채권[5)] 등이 해당)

[추정상속재산]

재산종류별	상속개시일 전 1년 이내 처분	상속개시일 전 2년 이내 처분
현금 · 예금 · 유가증권	2억원 이상	5억원 이상
부동산 및 부동산에 관한 권리	2억원 이상	5억원 이상
기타재산	2억원 이상	5억원 이상
채무부담액	2억원 이상	5억원 이상

〈사례〉 상속개시일 2023.7.1.	2022.7.1.~2023.7.1.		2021.7.1.~2022.6.30.	
전액 입증 안 되는 경우 가정	처분금액	과세여부	처분금액	과세여부
예금인출	2억원	○	2.5억원	×
부동산매각	1.5억원	○*	4억원	○*
기타재산 처분	1.5억원	×	3억원	×

* 부동산 처분 금액이 1년 이내 2억원 미만이지만 2년 이내 5억원 이상이므로 과세

3) 대법원 98두3075, 1998.12.8.

4) 상품권은 현금 · 예금 · 유가증권에 해당함. (재산-238, 2010.4.19.)

5) 예금 외의 일반 채권은 그 재산의 종류가 기타 재산(제4호)에 해당 (서울고법 2014누64447, 2015.3.27.)

추정상속재산액

• 상속추정 배제(상속받은 재산으로 보지 않는다)
A : 용도 불분명한 금액 < Min(① 처분재산가액 · 인출금액 · 채무부담액 × 20%, ② 2억원)

• 상속추정액(상속세 과세가액 산입)
A외 경우 : 용도 불분명한 금액 − Min(① 처분재산가액 · 인출금액 · 채무부담액 × 20%, ② 2억원)

▶ 용도 입증 비율이 80% 이상 & 금액이 2억원 미만이면 과세되지 않는다.

실제 인출한 금전 등의 가액

상속개시일 전 1년 또는 2년 이내에 인출한 금전 등의 합계액
−) 당해 기간 중 예입된 금전 등의 합계액
+) 예입된 금전 등이 당해 통장에서 인출한 금전이 아닌 금액[6)]

=) 실제 인출한 금전 등의 가액

사례

[상속개시일 2023.7.1.]

재산종류	처분일	처분금액	용도입증액	용도불명액	소명비율	과세여부	과세가액
예 금	23.1.2.	3억원	2.5억원	0.5억원	83%	×	0
부동산	22.1.2.	15억원	12.5억원	2.5억원	83%	○	0.5억원
골프회원권	22.8.1.	5억원	3억원	2억원	60%	○	1억원[7)]

▶ 과세요건에 해당하더라도 상속재산에 가산하는 금액은 용도가 불분명한 금액에서 **최대 2억원**을 차감한 금액이다. (국세청 안내 사례 참조)

6) 예입된 금전 등이 해당 통장 또는 위탁자계좌 등에서 인출한 금전 등이 아닌 별도로 조성된 금액임이 확인되는 경우에는 그 금액을 인출한 금액에서 제외하지 않으며, 별도로 조성된 금액에 대한 입증책임은 과세관청에 있다. (대법원 2002두5863, 2003.12.26.)

7) 2억원(용도 불명액) − Min(5억원 × 20%, 2억원)

사례

[1] 사전법령해석재산2019-613(2020.11.3.)

부(父)의 상속세 신고기간 내 모(母)가 사망하고 모(母)가 부(父)에게 사전에 증여한 재산이 있는 경우, 모(母)의 상속세 과세가액 산정 시 모(母)가 부(父)에게 사전에 증여한 재산은 사전증여재산가액으로 가산하지 않음.

▶ 증여자보다 수증자(상속인)가 먼저 사망한 경우에는 증여자인 피상속인의 상속세 과세가액에 합산과세하지 아니하는 것으로 해석 (∵ 상속개시일 현재 존재 ×)

해설

모(증여자)⇨부

부 재산	모 재산
5억원	15억원
5억원 사전증여	

⇨

부(수증자) 사망

부 재산	모 재산
10억원	10억원
10억원 공제(배우자+일괄) **상속세 0**	

⇨

모 사망

모 재산
10억원+(법정상속분)
5억원 공제(일괄) **상속세 약 9천만원+∝**

☞ 사례는 부(父)의 상속세 신고기한 내 모(母)가 사망한 경우
→ 부의 상속재산에 대한 모의 법정상속지분을 모의 상속재산에 가산하는 것으로 해석

▶ 특이한 경우로 대개 협의분할로 상속분을 조절할 수 있다.

[사전증여 하지 않은 경우]

부 사망
상속재산 : 5억원
상속공제 : 5억원(일괄공제)
과세표준 : 0
상속세 산출세액 : 0

모 사망
상속재산 : 15억원
상속공제 : 5억원(일괄공제)
과세표준 : 10억원
상속세 산출세액 : 2.4억원

절세 tip

보통 남편이 재산이 많은 편(사례와 반대인 경우)인데 만약, 배우자(처)가 암에 걸려 사망시점이 예측된다면 재산 파악 후 남편의 재산을 아내에게 사전증여하면 절세할 수 있다. 아내 사망시 상속재산을 자녀가 상속받도록 하면 남편의 재산이 늘지 않는다.

[2] 서면4팀 – 1862(2004.11.18.)

질의

- 피상속인 갑은 2003.3.20. 사망함. 갑은 2002.1.20. A은행으로부터 7억원의 대출을 받아 A은행의 갑의 2계좌로 이체하였으며, 2계좌에서 2002.1.23. 7억원을 출금하였으나 사용처가 불분명함.
- 갑은 2002.3.21. 갑소유의 부동산을 10억원에 매도하였으며 매도대금 중 5억원은 2002.3.21. A은행의 3계좌로 송금받았다가 2002.3.25. 5억원을 인출하였으나 사용처를 알 수 없으며, 부동산 매도대금 중 5억원은 2002.3.27. 현금으로 수령하였으나 당해 현금의 사용처 역시 불분명함.
- 갑은 B은행의 4계좌에서 2002.3.29.자 예금 5억원을 출금하였으나 사용처가 불분명함.

회신

인출금에는 피상속인이 부동산을 처분하고 받은 금액 또는 채무를 부담하고 받은 금액 중 당해 계좌에 예입되었다가 인출한 것도 포함함.
또한, 부동산 처분금액 또는 채무를 부담하고 받은 금액 중 피상속인의 예금계좌에 입금된 금액은 피상속인이 상속개시일 전 부동산을 처분하고 받은 금액 또는 채무를 부담하고 받은 금액의 용도가 객관적으로 명백한 것으로 보는 것임.

해설

- 부채 7억원 갑의 A은행 계좌 입금→부채 용도가 확인된 것으로 봄 (과세 ×)
- 부동산 처분대금 10억원 중 A은행 계좌 5억원 입금→부동산 처분 용도 확인 (과세 ×)
- 나머지 5억원 현금 수령→1년 이내 2억원 초과하므로 과세
- 예금인출 17억원[(A은행 계좌 7억원+5억원) + B은행 계좌 5억원] →과세

∴ 전액(22억원) 과세대상 ⇨ 2억원 차감하여 과세

» **과세 대상이 안 되는 이론상 금액** ⇨ 5.4억원 미만

① 부채부담액 중 1.4억원 미만(7억원의 20%) 현금인출

② 부동산 처분대금 중 2억원 미만 현금으로 수령

③ 예금인출액 2억원 미만 현금인출

절세 tip

상속 임박하여 재산을 처분하면 세무조사 가능성을 높이고 조사 과정에서 엄격한 확인 절차를 거칠 가능성이 높다. 조사기관 입장에서 상속재산을 처분한 행위 자체가 조세를 회피하려는 의도가 있었다고 볼 가능성이 큰 것이다. 따라서 상속 임박한 상태의 재산 처분행위는 조심해야 한다.

그러나 부동산이 많고 금융재산이 부족한 경우 금융재산상속공제를 받기 위해 재산(시가가 확인되는)을 처분하여 예금 등으로 보관하는 것은 절세행위로 볼 수 있다.

[3] 서면원천 2021-6635(2023.2.9.)

법인의 대주주인 임원이 당초 퇴직 후 **법인 정관의 임원퇴직금지급규정에 따라 지급 결정된 퇴직금**을 수령 포기할 경우 퇴직금 **포기시 퇴직금을 수령한 것으로 보아 퇴직소득세를 원천징수**하는 것임.

[퇴직금 임의 포기 세무]

법인
퇴직금 포기액 손금산입
동 포기액 익금산입 (채무면제이익)

임원
퇴직소득 원천징수(상속세 신고 → 공과금)
5년 이내 사망시 사전증여재산 합산

절세 tip

임원이 사망 임박하여 퇴직금을 포기할 경우 상속재산에 합산되므로 주의하여야 한다. 임원 퇴직금은 정관 규정을 확인하고 주주총회 결의로 포기하여야 한다.[8)]

8) 이사의 퇴직금은 근로자에 대한 근로기준법상의 퇴직금과는 달리, 그 재직 중 직무집행에 대한 대가로 지급되는 보수의 일종으로서 상법 제388조에 따라 정관에 그 액을 정하지 아니한 때에는 주주총회의 결의로 이를 정하여야 하고, 정관에서도 이를 주주총회의 결의로 정한다고만 규정되어 있는 경우에는 결국 그 금액・지급방법・지급시기 등에 관한 주주총회의 결의가 있었음을 인정할 증거가 없는 한 퇴직금청구권을 행사할 수 없으므로, (대법원 2004.12.10. 선고, 2004다25123 판결) 퇴직금 지급에 관한 주주총회의 결의가 없다면 그 퇴직금을 상속재산에 포함시킬 수는 없다.

[법령해석사례]

구분	해 석	설 명
사전 증여 재산	거주자의 사망으로 상속이 개시되는 경우에는 상속개시일 전 10년 이내에 피상속인이 상속인에게 증여한 재산가액은 상속세 과세가액에 가산하는 것으로서, 이 경우 **상속인과 상속인이 아닌 자에 대한 구분은 상속개시일 현재를 기준으로 판단**하며, 상속개시일 현재 「민법」 제1001조에 따른 대습상속인은 「상속세 및 증여세법」 제3조 제1항의 상속인에 해당하는 것입니다. (상속증여-633, 2013.12.30.)	-2008.6.12. 외손자(C)가 외조부(A)로부터 현금 10억원을 사전증여(세대생략 할증과세) -2011.9.21. C의 모친 B(A의 자녀)가 사망 -2013.6.30. A가 사망 [판단 기준] 상속개시일 -A 사망당시 C 대습상속인 ∴ 10년 이내 사전증여 → 합산 ○ » 상속세 과세시 할증세액 공제 ○
퇴직금	이사의 퇴직금 지급에 관한 **주주총회의 결의가 없다면 그 퇴직금을 상속재산에 포함시킬 수는 없다** 할 것이며, 주주총회결의가 있었다고 볼 수 없는 이상 퇴직금 청구권의 상속이 있었다고 보아 그 액수를 상속재산 가액에 포함하여 한 이 사건 과세처분은 위법하다. (대법원 2006두3971, 2006. 6.29.)[9]	정관에서 임원퇴직금에 대하여 별도로 '임원퇴직금지급규정'에 의한다고 규정하고 있고, 또한 임원퇴직금지급규정에 의하여 구체적인 퇴직금 지급액이 계산될 수 있다면 그 퇴직금은 상속재산에 포함시켜야 한다. » 피상속인이 법인의 대표(임원)인 경우 쟁점이 되므로 유의
추정 상속 재산	상속세 및 증여세법 시행령 제11조 제2항 제5호에서 규정하는 바와 같이 피상속인의 연령·직업·경력·소득 및 재산 상태 등으로 보아 증빙이 없는 생활비나 품위유지비·간병비·치료비·기업운영자금 등으로 지출된 것으로 봄이 사회적 통념에 보다 합치하는 것으로 보인다. (국심 2004중3512, 2005.5.4.)	피상속인의 직업과 소득 등에 비추어 사회통념상 지출 사실이 인정되는 것은 과세하지 않는다.

상속개시 2년 이내 재산처분이나 자금 인출은 과세될 수 있으므로 주의하라.

9) 쟁점법인의 정관에 '퇴직한 임원의 퇴직금은 주주총회의 결의로 정한다'라고 규정하고 있고, 쟁점법인의 주주총회에서 전회장인 피상속인의 유지에 따라 상속인들이 퇴직금에 대한 권리를 주장하지 않기로 뜻을 밝힘에 따라 쟁점 퇴직금을 지급하지 아니하기로 결의하였는바, 쟁점퇴직금을 청구할 권리가 상속되었다고 보기 어렵다고 판단됨. (조심 2018서3886, 2019.6.20)

03 어느 정도 재산이 있으면 상속세가 나오나요

Q 돌아가신 아버지가 거주하던 주택을 1채 물려받았습니다. 주변에서 재산 10억원까지는 상속세가 나오지 않는다고 말하는데 맞는 말인지 궁금합니다.

(국세청 안내)

◎ 똑같이 10억원 상당의 주택을 상속받아도, 상속인 구성에 따라 상속세를 낼 수도 있고 안 낼 수도 있습니다.

- 상속공제는 상속인이 누구인지에 따라 달라집니다. 예를 들어 배우자와 자녀가 모두 있는 경우 최소 10억원이 공제됩니다. 이 때문에 많은 사람들이 10억원 미만의 재산을 상속받으면 상속세가 나오지 않는다고 말하는 것입니다.
- 하지만 배우자만 있거나 자녀만 있는 경우 공제금액이 적어지므로 같은 10억원 상당의 주택을 상속받더라도 상속세가 나올 수 있습니다.

(해 설)

배우자 공제

부부가 혼인 중에 형성한 재산은 부부공동재산이고 상속세는 세대간 부의 이전에 대해 과세하는 것으로 부부는 동일 세대이므로 과세하면 안 된다는 이론적 바탕에 근거하여 피상속인의 배우자가 상속받는 재산의 경우 일정한 범위 내의 금액(최소금액 5억원~최대 30억원 한도)을 공제하고 있다.

이는 생전에 부부생활을 하던 배우자가 사망한 이후에 남은 배우자가 경제적으로 영속성을 가지고 살 수 있게 하고, 추후 생존 배우자가 사망하는 경우 남은 재산에 대해 상속세를 과세하여 부부 1세대가 보유한 상속재산에 대해 최종 정산이 이루어진다고 볼 수 있다.

이때 배우자는 민법상 혼인으로 인정되는 혼인관계에 의한 배우자를 말한다. 사실혼 관계에 있는 배우자는 상속공제의 대상이 되지 아니한다.[10]

일괄공제

기초공제와 그 밖의 인적공제를 합친 금액과 일괄공제 5억원을 **비교하여 큰 금액**으로 공제받을 수 있다. 그 밖의 인적공제를 계산하는 방식이 복잡하므로 이를 간편하게 하도록 하는 취지와 함께 상속세 부과시에 최소한의 공제를 하기 위한 것으로 상속세 과세표준 신고기한 이내에 신고하지 않거나, 또는 국세기본법에 따른 기한 후 신고가 없는 경우에는 일괄공제 5억원만 적용 가능하다. (상증법 §21 ①)

<table>
<tr><th>구분</th><th>내 용</th></tr>
<tr><td>기초
공제</td><td>피상속인의 사망 이후에도 상속인이 생활을 안정적으로 할 수 있도록 하기 위하여 상속재산 중에서 최소한의 상속재산은 과세에서 제외하도록 하기 위한 것으로 거주자나 비거주자의 사망으로 상속이 개시되는 경우 2억원을 공제한다.</td></tr>
<tr><td>그밖의
인적
공제</td><td>인적공제는 피상속인의 사망으로 인한 경제적 충격을 고려하여 상속세의 부담을 완화시켜 줌으로써 생존자의 생활 안정을 도모하고자 하는 취지에서 인정하고 있다. (헌법재판소 2008.7.31. 선고 2007바13 결정)
<table>
<tr><th>구분</th><th>인적 공제액</th></tr>
<tr><td>자녀공제</td><td>자녀(태아 포함) 1인당 5천만원</td></tr>
<tr><td>미성년자공제</td><td>상속인 및 동거가족 중 미성년자 × 1천만원 × 19세까지의 잔여 연수</td></tr>
<tr><td>연로자공제</td><td>상속인(배우자 제외) & 동거가족 중 65세 이상인 자 (1인당 5천만원)</td></tr>
<tr><td>장애인공제</td><td>상속인 및 동거가족[11] 중 장애인 × 1천만원 × 기대여명 연수</td></tr>
</table>
▶ 연수 계산 시 1년 미만의 기간은 1년으로 한다.
→ 자녀공제는 미성년자공제와 합산하며, 장애인공제는 다른 인적공제와 합산하여 공제한다. 그 외 나머지 공제는 중복적용되지 않는다.</td></tr>
</table>

10) 피상속인의 배우자가 이혼조정을 신청한 경우로서 상속개시일 전에 조정이 성립된 경우에는 배우자상속공제를 적용받을 수 없다. (서면4팀-1012, 2008.4.22.)

배우자가 단독으로 상속받는 경우

민법 제1003조에 의하여 피상속인의 법정상속인이 배우자 단독인 경우를 말한다. 피상속인의 배우자가 단독으로 상속받는 경우에는 기초공제와 그 밖의 인적공제액을 합친 금액으로만 공제한다. (국세청 사례 7억원)
만약, 공동상속인이 상속포기를 하거나 또는 협의분할에 의하여 배우자가 단독으로 상속을 받는 경우에는 일괄공제 5억원은 적용받을 수 있다.

사례

[기본사항]

- 피상속인 : 갑(거주자) – 상속개시일 : 2023.10.7.
- 상속인 : 배우자 을(65세), 자녀 2인(병 : 38세, 정 : 40세)

[동거가족 현황]

- 손자(정의 아들) : 2013.10.1. 출생, 장애인임(통계청이 발표한 기대여명 : 71.5세) → 정이 부양능력이 없다고 가정
- 모친 : 90세임

Q. 인적 공제액은?

① 자녀공제 : 50,000,000 × 2인 = 100,000,000

② 미성년자 공제(손자) : 1,000만원 × 9년 = 90,000,000

③ 연로자 공제(모친) : 50,000,000 × 1인 = 50,000,000

④ 장애인공제 : 1,000만원 × 72년 = 720,000,000

∴ 그 밖의 인적공제 합친 금액 : 960,000,000

▶ 일반적으로 일괄공제 5억원이 큰 경우가 대부분이다. 만약, 장애인(**상속인이 아닌 동거가족 포함**)이 있는 경우 일괄공제보다 클 수 있으므로 따져 볼 필요가 있다.

---

11) 상속개시일 현재 피상속인이 사실상 부양하고 있는 직계존비속(배우자의 직계존속을 포함한다) 및 형제자매를 말한다. (상증법 시행령 §18 ①)

[법령해석사례]

구분	해 석	설 명
장애인	상속개시 당시 상속인이 「장애인복지법」 제2조에 따른 장애인에 해당하는 경우로서, 상속개시일 이후에 해당 상속인이 같은 법 제32조 제1항에 따라 등록하고, 이에 따라 상속세 신고를 한 경우 장애인공제 적용 가능함. (사전법령해석재산 2020-978, 2020.12.8.) 피상속인과 손자는 동거 이력이 없이 각각의 생활공간에서 거주하였던 것으로 나타나는 점, 청구인 부부의 소득이 있는 상황에서 피상속인이 손자의 장애를 걱정하여 생활비 등을 지원하였다 하여 피상속인이 손자를 사실상 부양하였다고 하기 어려워 보이는 점 등에 비추어 청구주장(동거가족이므로 장애인 공제를 적용하여야 한다)을 받아들이기 어렵다고 판단됨. (조심 2021전3232, 2021.10.20.)	- 장애인공제는 1년에 1천만원을 공제하므로 기대여명 연수가 많은 손자나 미성년자녀가 장애인일 경우 일괄공제보다 공제금액이 많을 수 있으므로 해당 여부를 검토해야 한다. - 미등록 장애인도 상속세 신고때 등록하면 혜택을 준다. - 동거가족[상속개시일 현재 피상속인이 사실상 부양하고 있는 직계존비속(배우자의 직계존속을 포함한다) 및 형제자매]에 해당하면 장애인공제를 적용받을 수 있다. 심판례는 사실상 부양한 직계비속이 아니라고 보아 기각한 것이다.
일괄공제	민법상 상속의 순위에 의하여 피상속인의 형제자매가 상속인이 되는 경우에도 기초공제 및 기타 인적공제의 합계액과 5억원 중 큰 금액으로 공제를 받을 수 있음. (법규재산 2013-228, 2013. 9.11.) 피상속인의 직계존속이 결격상속인이 되어 피상속인의 형제자매가 상속인이 되는 경우에도 일괄공제를 적용받을 수 있음. (재산-131, 2012.3.28.)	- 민법상 상속인의 자격으로 상속받는 경우 ⇨ 일괄공제 적용됨.

배우자 공제 5억원과 일괄공제 5억원을 적용받을 수 있으면 10억원 이하는 상속세가 안 나오게 된다.

04 상속 주택의 가격은 어떻게 결정되나요

Q 상속세를 신고하기 위해 인터넷으로 검색해 보니 상속받은 주택은 평가해야 한다고 하는데 용어도 어렵고, 너무 복잡합니다. 주택의 가격은 어떻게 결정되는지 쉽게 설명해 줬으면 합니다.

〔 국세청 안내 〕

● 상속세는 재산의 가격이 얼마인지 아는 것에서 출발합니다.

- 상속세는 재산에 대한 과세이기 때문에 현금이 아닌 재산의 가치를 화폐로 표현하는 과정이 필요합니다.
- 일상에서 "이 아파트는 ○○억원이다"라고 말할 때 누군가는 그 아파트가 거래된 가격을 말하고, 누군가는 아파트의 공시가격으로 말할 것입니다.
- 이처럼 같은 재산을 두고도 여러 가지 방법으로 가격을 매길 수 있기 때문에 세법에서는 재산의 가격을 결정하는 방법을 정해 놓았습니다. 재산 중에 가장 흔한 주택의 가격이 어떻게 결정되는지 알려드리겠습니다.

● 1순위는 상속받은 주택의 거래가격입니다.

상속받은 그 주택이 매매·경매 등을 통해 거래되었다면 그 거래가격을 주택의 가격으로 봅니다. 모든 거래를 보는 것은 아니고, **사망일 전 2년부터 사망일 후 15개월 사이에 이루어진 거래만** 봅니다.

≫ 매매·경매 외에도 감정, 공매 등을 통해 해당 주택의 가치를 평가한 적이 있으면 그 금액도 주택의 가격으로 볼 수 있음.

● 2순위는 유사한 주택의 거래가격입니다.

위 기간 내에 상속받은 주택이 거래된 적이 없다면 상속 주택과 유사한 주택이 거래된 가격을 상속 주택의 가격으로 봅니다.

≫ 유사한 주택 거래가격 조회 방법
국세청 홈택스 → 조회/발급 → 상속·증여재산 평가하기

3순위는 공시가격입니다.

유사한 주택의 거래도 없는 경우 국토교통부 장관 및 시장 · 군수 또는 구청장이 공시*하는 그 상속주택의 공시가격을 주택의 가격으로 봅니다.

* 아파트 · 빌라 : 공동주택공시가격, 단독주택 : 개별주택공시가격

(해 설)

재산의 평가

순위	구 분	제 목
1	시가원칙	• 매매등(매매 · 감정 · 수용 · 경매 · 공매) 가액 상속세나 증여세가 부과되는 재산의 가액은 상속개시일 또는 증여일(**"평가기준일"**) 현재의 시가(時價)[12]에 따른다. (상증법 §60 ①)
2	유사사례가액	• 해당 재산에 대한 매매등 가액이 없는 경우 해당 재산과 면적 · 위치 · 용도 · 종목 및 기준시가가 동일하거나 유사한 다른 재산의 매매등 가액이 있는 경우 그 가액을 시가로 본다. (상증령 §49 ④)
3	보충적평가액 (기준시가)	• 1 · 2순위 가액이 없어 시가 산정이 어려운 경우 해당 재산의 종류, 규모, 거래 상황 등을 고려하여 제61조부터 제65조까지에 규정된 방법으로 평가한 가액을 시가로 본다. (상증법 §60 ③) ⇨ 납세자의 법적안정성과 예측가능성을 위하고 과세행정의 획일성과 신속성을 위하여 시가에 갈음.

시가 판단기준

대법원 2006두17055, 2007.1.11.

어떠한 거래가 그 거래대상의 객관적인 교환가치를 적정하게 반영하는 일반적이고 정상적인 거래인지 여부는 ① 거래당사자들이 각기 경제적 이익의 극대화를 추구하는 대등한 관계에 있는지, ② 거래당사자들이 거래 관련 사실에 관하여 합리적인 지식이 있으며 강요에 의하지 아니하고 자유로운 상태에서 거래를 하였는지 등 거래를 둘러싼 제반 사정을 종합적으로 검토하여 결정하여야 한다.

12) "시가는 불특정 다수인 사이에 자유롭게 거래가 이루어지는 경우에 통상적으로 성립된다고 인정되는 가액으로 하고 수용가격 · 공매가격 및 감정가격 등 대통령령으로 정하는 바에 따라 시가로 인정되는 것을 포함한다." (상증법 §60 ①)

시가로 인정되는 것

평가기준일(상속개시일 또는 증여일) 전후 6개월(증여재산의 경우에는 평가기준일 전 6개월부터 평가기준일 후 3개월까지로 한다. **"평가기간"**이라 한다) 이내의 기간 중 **매매 등**(매매 · 감정 · 수용 · 경매 · 공매)이 있는 경우에 그에 따라 확인되는 가액을 말한다.

다만, 평가기간에 해당하지 않는 기간으로서 평가기준일 전 2년 이내의 기간 중에 매매 등이 있거나 상속세 과세표준 신고기한부터 9개월(증여세는 과세표준 신고기한부터 6개월)까지의 기간("법정결정기한"이라 한다) 중에 매매 등이 있는 경우에도 가격변동의 특별한 사정이 없다고 보아 상속세(증여세) 납부의무가 있는 자, 지방국세청장 또는 관할 세무서장이 신청하는 때에는 **평가심의위원회의 심의**를 거쳐 해당 매매 등의 가액을 시가로 볼 수 있다. (상증령 §49 ①)

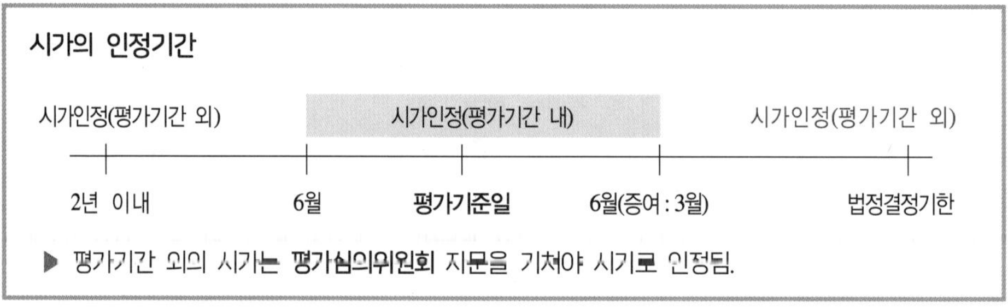

시가로 보는 가액이 둘 이상인 경우

평가기준일을 전후하여 가장 가까운 날에 해당하는 가액(그 가액이 둘 이상인 경우에는 그 평균액을 말한다)을 적용한다. 다만, 해당 재산의 **매매등**의 가액이 있는 경우에는 유사사례가액을 적용하지 아니한다. (상증령 §49 ②)

2024.3.1. 상속개시	시가	상속재산 평가액
2024.6.1. 감정평가(5억원)	○	5억원 (∵가까운 날)
2024.8.1. 매매계약체결(급매 4억원)	○	

평가기간 이내 해당 여부 판단기준일

구분	판단 기준일
매매거래가액	매매계약일[13)]
감정가액	가격산정 기준일과 감정가액평가서 작성일
수용 · 경매 · 공매가액	보상가액 · 경매가액 또는 공매가액이 결정된 날[14)]

▶ 상속개시일 2023.7.1.인 경우 상속세 신고기한은 2024.1.31.(6개월 말일)이나 2024.1.1.까지 매매계약이 체결된 경우 시가로 인정됨에 유의 **(잔금은 수개월 뒤 수령 가능)**

유사 사례가액[15)]

해당 재산의 매매 등의 가액이 없는 경우에만 적용한다.

이 규정은 납세의무자가 유사 사례가액을 확인할 수 없어 법적안정성과 예측가능성 침해 등 많은 문제점이 발생하게 된다. (⇨후술하는 법령해석 사례 참고) 따라서 납세자의 예측가능성을 제고하기 위하여 상속세 또는 증여세 과세표준을 **신고한 경우**에는 평가기준일 전 6개월(증여의 경우에는 3개월)부터 **신고일**까지의 가액만을 유사 사례가액으로 인정하도록 하였다. (상증령 §49 ④)

[동일하거나 유사한 다른 재산의 범위]

구 분	요 건
공동주택	ⓐ 평가대상 주택과 동일한 공동주택단지 내에 있을 것 ⓑ 평가대상 주택과 주거전용면적의 차이가 평가대상 주택의 주거전용면적의 100분의 5 이내일 것 ⓒ 평가대상 주택과 공동주택가격의 차이가 평가대상 주택의 공동주택가격의 100분의 5 이내일 것
그 외 재산	평가대상 재산과 면적 · 위치 · 용도 · 종목 및 기준시가가 동일하거나 유사한 다른 재산

▶ 최근 조세심판원의 결정 사례를 종합하여 보면, 유사 재산의 범위에 해당되면, 매매사례가액은 특별한 사정이 없는 한 시가로 인정하는 입장이다.[16)]

---

13) 거래 당사자 간 의사의 합치 시점인 「매매계약일」에 시가가 형성된 것으로 판단
14) 보상가액이 결정된 날이란 수용보상계약체결일을 의미한다. (서면상속증여 2015-262, 2015.4.10.)
15) 대부분 매매사례가액을 적용하지만 법문대로 해석하면 유사 사례가액이라는 표현이 맞다.
16) 비교토지 쟁점매매가액은 피상속인이 비교토지 지분을 양도한 가액으로, 평가기간 내 이루어진 특수관계 없는 당사자 간 매매가액이고 쟁점 토지와 비교 토지는 연접하여 개별공시지가가 차이가

국세청이 안내 자료에 사망일 전 2년부터 사망일 후 15개월 사이 이루어진 거래라고 명시하고 있는 것은 향후 유사사례가액 적용을 강화하겠다는 의사 표현으로 보인다. 최근 심판례에서도 평가심의위원회를 거쳐 유사 사례가액을 적용하여 과세한 사례가 많으며 대체로 과세관청의 입장을 인정하는 경향이다.

예시

날짜	증여 주택	유사 주택
2024.5.22.	증여등기	
2024.5.23.		**매매계약체결 (5억원)**
2024.6.1.	공동주택가격(3억원)으로 신고	
2024.6.18.		부동산거래신고(구청)
2024.7.2.		부동산 등기

☞ 신고일 당시에는 조회되지 않았지만 이후 매매계약체결이 확인되므로 증여재산가액을 5억원으로 하여 수정신고 해야 한다.

유사 사례가액 적용시 가산세 적용

신고불성실가산세는 적용되지 않는다. (국세기본법 §47의3 ④)

납부지연가산세 적용된다.

조심 2024중1893, 2024.5.16.

납부지연가산세는 조세채권의 실현을 용이하기 위해 납부의무의 이행을 확보하고자 하는 목적 외에 납부하지 않은 금액에 대한 이자상당액의 금융혜택을 받은 것으로 보아 회수 보전하기 위한 목적도 포함되어 있으므로 평가차이에 대한 과소납부의 귀책사유가 청구인에게 없다 하더라도 미달하게 납부한 세액에 대하여 납부지연가산세를 적용하는 것이 타당한 점(대법원 2010.1.14. 선고 2008두6448 판결 외 다수, 같은 뜻임) 등에 비추어, 처분청이 상속세 산출세액에 납부지연가산세를 가산하여 상속세를 부과한 이 건 처분은 잘못이 없는 것으로 판단된다.

5% 이내로 위치・용도・면적 등이 유사한 것으로 보이므로 쟁점매매가액을 쟁점토지의 시가로 본 처분에 잘못이 없음. (조심 2022서7811, 2023.6.28.)

처분청 비교아파트의 경우 상증법 시행규칙 제15조 제3항 제1호 각 목의 요건을 모두 충족하지만, 청구인 비교아파트의 경우 다목의 기준시가 요건을 충족하지 못하므로 처분청 비교아파트의 거래가액을 쟁점 아파트의 시가로 보아 청구인에게 상속세를 과세한 이 건 처분은 달리 잘못이 없는 것으로 판단됨. (조심 2021서2430, 2021.6.16.)

[법령해석사례]

구분	해 석	설 명
계약 해제	• 국세청 : 시가 (×) (서면부동산 2017-2321, 2018.2.20.) • 법원 : 시가 (○) (대법원 2010두27936, 2012.7.12.)	실제 객관적인 매매사실과 함께 통상적이고 적정한 거래가액이 인정되는 사례가 있다면 사후에 해제되었다고 하더라도 시가로 인정(법원)
특수관계 거래	• 원칙 : 객관적으로 부당 • 입증책임 : 시가임을 주장하는 자가 입증 (대법원 2006두18461, 2007.12.13.)	특수관계거래(민법상 친족간 거래)는 시가로 인정받기 어렵고, 입증책임도 납세자에 있다.
신고일	법정기한 내 최종 신고일 (서면법규재산 2021-8421, 2022.9.7.)	여러 번 신고한 경우 최종 신고일 기준으로 유사 사례가액 적용
매매가액 우선적용	평가기간 내에 유사 매매사례가액이 있는 경우에도 증여받은 **당해 재산의 매매가액**에 평가심의위원회 심의로 시가로 인정할 수 있으며, 당해 재산의 매매가액이 있는 경우에는 유사 매매사례가액을 적용하지 않는다. (기준법령해석재산 2020-170, 2021.8.18.)	예 2017.10.20. 증여자 부동산 취득 2019.9.19. 증여(취득 부동산) 2019.7.30. 유사 사례가액 평가기준일(2019.9.19.) 전 2년 이내 거래 해당되므로 평가심의위원회 심의신청 가능하고, 시가로 인정될 경우 유사 사례가액 적용은 하지 않는다.
유사 사례가액 시가인정 기준일	• 평가기준일 전 6개월부터 평가기간 이내의 **신고일까지 매매계약이 체결된 가액** (사전법령해석재산 2021-213, 2021.3.8.) • **매매계약일 기준**으로 판단 (서울행법 2023구합66924, 2024.6.13.)	신고시점까지 유사 재산의 국토부 실거래가 공개되었는지 여부와 무관하게, 유사 재산의 **매매계약일을 기준**으로 '신고일까지의 가액' 해당 여부를 판단하므로 만약, **보충적 평가액(공시가격)으로 신고 후** 신고일 이전의 유사 사례가액이 확인되면 **수정신고하여야** 한다. ⇨ 납부지연가산세 부담

상속재산 평가는 시가가 원칙이다.

05 어머니가 주택을 상속받아 계속 거주할 예정인데 상속세가 나오나요

Q **돌아가신 아버지 주택을 어머니가 물려받았는데 어머니가 그 집에 계속 사시겠다고 합니다. 물려받은 현금도 없고 집을 팔 수도 없는데 이런 경우에도 상속세가 많이 나오면 어떻게 해야 할지 걱정됩니다.**

(국세청 안내)

배우자가 상속받으면 상속세가 적게 나옵니다.

- 상속인 중 배우자가 있다면 누가 재산을 어떻게 상속받는지와 관계없이 최소 5억원의 배우자공제를 받을 수 있습니다. 즉, 배우자가 아무것도 받지 않아도 5억원을 공제받을 수 있습니다.
- 그리고 배우자가 재산을 상속받으면 배우자가 실제 상속받은 만큼 공제됩니다. 배우자가 10억원을 받으면 배우자공제는 10억원입니다.
- 만약 상속주택 가격이 10억원 미만이면 누가 주택을 상속받더라도 상속세는 나오지 않지만, 상속 주택 가격이 10억원 이상이면 배우자가 상속을 받는 것이 공제액이 더 커집니다. 만약 12억원 주택을 배우자가 상속받으면 12억원이 다 공제될 수 있지만, 자녀가 상속받으면 10억원만 공제됩니다.

다만, 배우자 상속공제는 한도가 있습니다.

총 상속재산 중 배우자의 법정상속지분을 초과할 수 없고, 최대 30억원까지 받을 수 있습니다. 배우자의 법정상속지분은 자녀가 1명일 경우 60%(3/5), 2명일 경우 43%(3/7), 3명일 경우 33%(3/9)입니다.

자주 나오는 상속세 용어

법정상속지분 : 민법에서 정해 놓은 상속인 간 유산배분 비율로, 상속인 간 동등하게 배분하고, 배우자는 5할 가산 (예 : 배우자와 자녀 2명 → 1.5 : 1 : 1)

(예시) 아파트 가격 15억원(그 외 상속재산 없음) 상속인 : 배우자, 자녀1

- 아파트를 자녀가 상속시 : 10억원 공제 (일괄공제 5억원, 배우자공제 5억원)

• 아파트를 배우자가 상속시 : 14억원 공제[일괄공제 5억원, 배우자공제 9억원]
* 배우자공제[Min(15억원 × 60%, 15억원)]

〔 해 설 〕

배우자 상속공제 한도액

구분	내 용
취지	배우자가 실제 상속받은 금액을 상속세 과세가액에서 공제하는 것은 배우자 간의 상속은 세대 간 이전이 아니고 수평적 이전이라는 점을 고려하여 상속재산 중 배우자의 법정상속분에 대하여는 과세를 유보한 후 잔존 배우자의 사망 시 과세하도록 하는 데 그 취지가 있고, 실제 상속받은 금액이라고 명시한 것은 현실적으로 상속받았음이 확인되지 않은 것은 상속공제액으로 인정할 수 없다는 입법 취지를 반영한 것이다.[17]
상속 공제액	• 배우자의 상속공제액 계산 : Max[Min(①, ②, ③), 5억원] ① 배우자가 실제 상속받은 금액 ② 배우자의 법정상속분가액[(A－B＋C)×D]－E ③ 30억원

① 배우자가 실제 상속받은 금액

» **배우자의 총상속재산가액(추정 상속재산 가액과 사전증여 받은 재산은 제외)**
－) 배우자가 승계하기로 한 채무 · 공과금
－) 배우자가 상속받은 비과세 재산가액(금양임야 및 묘토, 문화재 등)
－) 상속세 과세가액 불산입액
＝) 배우자의 실제 상속받은 금액

▶ 배우자가 실제 상속받은 금액의 계산은 상속개시 당시의 현황에 의한다. 다만, 그 공제되는 금액은 배우자상속재산분할기한(상속세 신고기한 다음날부터 9월)까지 상속인 간에 재산을 분할(등기·등록·명의개서 등이 필요한 경우에는 그 등기·등록·명의개서 등이 된 것에 한정한다)한 경우에 한하여 법정상속분(30억원 한도)의 범위 내에서 공제받을 수 있음에 유의하여야 한다.[18]

17) 대법원 2005두3592, 2005.11.10.
18) 상속인들이 추상적인 법정상속분에 따른 배우자 상속공제를 받아 상속세를 납부한 이후에 상속재산을 배우자가 아닌 자의 몫으로 분할함으로써 배우자 상속공제를 받은 부분에 대하여 조세회피가 일어나는 것을 방지하기 위한 것이다. (대법원 2016두65442, 2017.4.13.)

② 한도금액 = (A − B + C) × D − E

A : 상속으로 인하여 얻은 자산총액에서 다음의 재산의 가액을 차감한 것을 말한다.
  ㉠ 비과세되는 상속재산 (상증법 §12)
  ㉡ 공과금 및 채무 (상증법 §14)
  ㉢ 공익법인등의 출연재산에 대한 상속세과세가액 불산입 재산 (상증법 §16)
  ㉣ 공익신탁재산에 대한 상속세과세가액 불산입 재산 (상증법 §17)
B : 상속재산 중 상속인이 아닌 수유자가 유증 · 사인증여 받은 재산의 가액
C : 상속개시일 전 10년 이내에 피상속인이 상속인에게 증여한 재산가액
D : 민법 제1009조에 따른 배우자의 법정상속분. 이때 공동상속인 중 상속을 포기한 사람이 있는 경우에는 그 사람이 포기하지 아니한 경우의 배우자 법정상속분을 말한다.
E : 상속재산에 가산한 증여재산 중 배우자가 사전 증여받은 재산에 대한 증여세 과세표준

배우자 공제 여부

구분	공제	비 고
협의이혼 성립 전 사망	○	생전에 배우자에게 분할한 재산 → 증여세 ○[19]
이혼조정 성립된 경우	×	재산분할청구권 행사로 취득한 재산 → 증여세 ×[20]
상속결격(민법 §1004)	○	∵ 동일세대 공동노력 고려(재산－1084, 2009.12.21.)

계산 사례

» 기본사항

- 피상속인 : 갑(거주자임) 2023.9.9. 사망(상속개시일)
- 상속인 : 배우자, 아들, 딸(모두 성년)
  － 법정상속분 : 배우자(3/7), 아들(2/7), 딸(2/7)

[상속재산 및 분할(1안)]

구 분	토지	아파트(채무)	보험금[21]	예 금
금액	5억원	10억원(5억원)	6억원	5억원
재산분할	아들	배우자	배우자	딸

19) ∵ 상속개시 당시 배우자에 해당 (서면상속증여 2018－2957, 2018.12.4.)
20) ∵ 상속개시 당시 배우자에 해당 X (서면4팀－1012, 2008.4.22.)

[상속재산 및 분할(2안)]

구 분	토지	아파트(채무)	보험금	예 금
금액	5억원	10억원(5억원)	6억원	5억원
재산분할	아들	아들	배우자	딸

[상속재산 및 분할(3안)]

구 분	토지	아파트(채무)	보험금[22)]	예 금
금액	5억원	10억원(5억원)	6억원	5억원
재산분할	아들	아들	배우자 3억원, 딸 3억원	딸

» **배우자 법정상속분** : 21억원 x 3/7 = 9억원

구 분	1안	2안	3안
상속세과세가액	21억원	21억원	21억원
배우자상속공제	9억원	6억원	5억원
금융재산상속공제	2억원[23)]	2억원	2억원
과세표준	10억원	13억원	14억원
산출세액	2.4억원	3.6억원	4억원

▶ 배우자가 실제 상속받는 재산에 따라 상속세 납부세액이 달라진다.

재산분할 tip

- 상속재산이 많고 배우자 실제 상속분이 30억원 미만일 경우

  자녀에게 사전증여한 재산이 많을 경우, 법정상속분도 증가하므로 사전증여재산을 고려하여 배우자가 상속받을 재산 결정하는 게 절세에 도움이 된다.

▶ 위 사례(1안)의 경우 상속세 조사 과정에서 자녀 사전증여재산이 5억원이 될 경우 → 법정상속분 : (21억원 + 5억원) × 3/7 = 11.14억원 (11억원까지 배우자상속공제 가능)

최소 5억원에서 최대 30억원까지 공제 가능한 배우자상속공제를 활용해 절세하라.

21) 수익자 배우자 지정
22) 배우자 3억원 지정, 딸 3억원 지정
23) [6억원(보험) + 5억원(예금)] × 20% = 2.2억원(2억원 한도)

06 어머니가 상속받은 집에 자녀만 살면 세금이 나오나요

Q 배우자공제를 많이 받기 위해 아버지의 주택을 어머니가 상속받기로 결정하고, 집안 사정상 제가 그 집에 살기로 했습니다. 그런데 주변에서 가족의 주택에 무상으로 거주할 경우 세금이 나올 수도 있다고 하는데 사실인가요.

(국세청 안내)

● 어머니의 집에 자녀만 사는 경우 증여세가 과세될 수 있습니다.

일반적으로 증여세는 재산을 직접 받았을 때만 과세되는 것으로 생각하기 쉬운데, 우회적으로 재산을 받은 경우에도 증여세가 과세될 수 있습니다. 이 사례의 경우에도 어머니로부터 직접적으로 금전을 받지는 않았지만, 세법에서는 임대인에게 임대료를 지급하지 않는 것은 사실상 임대료만큼을 증여받은 것과 같은 것으로 보고 있습니다.

● 다만, 5년 이상 무상 거주를 가정하면 무상으로 거주 중인 주택의 가격이 13억원 이하인 경우에는 증여세가 나오지 않습니다.

위에서 말한 증여세는 사실상 증여로 간주 된 받지 않은 임대료가 5년간 1억원이 넘어야 과세되는데 임대료를 계산하는 계산식*을 역산하면 주택의 가격이 13억원 이하일 경우 5년간 1억원을 넘지 않기 때문입니다.

* 「상속세 및 증여세법 시행령」 제27조 제3항

$$\sum_{n=1}^{5} \frac{[\text{부동산가액} \times \text{연 } 2\%]}{(1+10/100)^{n}}$$

무상 거주한 기간 동안 위 식으로 계산한 임대료 합계가 1억원을 넘으면 과세하고, 만약 무상 거주 기간이 5년 이상이면 5년 주기로 계산

* 간편법에 의한 부동산무상이익 = 부동산가액 × 2% × 3.79079(10%, 5년 연금현가계수)
  → 이론적으로 증여세가 과세되지 않는 부동산 가액은
  100,000,000 ÷ (2% × 3.79079) = **1,318,984,279**원이다.

또한, 소유자와 함께 사는 경우에도 증여세는 없습니다.

주택가격이 13억원 이상이라 하더라도 주택 소유자와 함께 거주 중인 가족에게는 증여세가 과세되지 않습니다. 위의 증여세는 고가의 부동산을 무상으로 임대하는 방법으로 재산을 이전하는 경우 과세하려는 목적이지, 함께 거주하는 가족에게까지 과세하려는 취지가 아니기 때문입니다.

(해 설)

부동산 무상사용에 따른 이익의 증여(상증법 §37)

구 분	과세 대상
무상 사용	타인의 부동산(그 부동산 소유자와 함께 거주하는 주택과 그에 딸린 토지는 과세대상에서 제외한다)을 무상으로 사용함에 따라 이익을 얻은 경우에는 그 무상사용을 개시한 날을 증여일로 하여 그 이익에 상당하는 금액을 부동산 무상사용자의 증여재산가액으로 한다. 다만, 그 이익에 상당하는 금액이 1억원 미만인 경우는 제외한다. 이 규정은 부동산 무상사용자가 타인의 토지 또는 건물만을 각각 무상사용하는 경우에도 이를 적용한다. 특수관계인이 아닌 자 간의 거래인 경우에는 거래의 관행상 정당한 사유가 없는 경우에 한정하여 증여세가 과세된다. » 1억원 이상 증여시점이 무상사용을 개시한 날이므로 5년 기준 1억원 이상이면 3년만 사용하더라도 5년간 무상 사용이익을 산정하여 과세 됨에 주의해야 한다.[24]
무상 담보	타인의 부동산을 무상으로 담보로 이용하여 금전 등을 차입함에 따라 이익을 얻은 경우에는 그 부동산 담보이용을 개시한 날을 증여일로 하여 그 이익에 상당하는 금액을 부동산을 담보로 이용한 자의 증여재산가액으로 하여 증여세가 과세된다. 다만, 그 이익에 상당하는 금액이 1천만원 미만인 경우는 제외한다. (상증법 §37 ②) 특수관계인이 아닌 자 간의 거래인 경우에는 거래의 관행상 정당한 사유가 없는 경우에 한정하여 증여세가 과세된다. (상증법 §37 ③)

24) 해당 부동산을 무상으로 사용하지 아니하게 되는 경우 그 사유가 발생한 날부터 3개월 이내에 아래의 금액을 결정 또는 경정을 청구할 수 있다. (상증법 §79 ② 1)
경정 등의 청구 증여세액 : A × B
A : 증여세 산출세액(직계비속에 대한 할증금액 포함)
B : 비율 : $\frac{\text{사유발생일부터 부동산 무상사용기간의 종료일까지의 월수(1월 미만은 1월로 한다)}}{\text{부동산 무상사용기간의 월수(60개월, 12개월)}}$

> **≫ 이익에 상당하는 금액**
>
> 증여 이익 = 차입 금액 × 적정이자율(4.6%) − 실제 지급한 이자
>
> • 차입기간 정해지지 않은 경우 : 차입기간 1년으로 본다.
> • 차입기간 1년 초과하는 경우 : 1년이 되는 날의 다음날 새로 차입한 것으로 본다.
>   → 매년 1천만원 이상 여부 판단 & 과세 될 경우 합산과세

수증자

무상사용자가 1인인 경우

부동산을 무상사용하거나 또는 무상으로 담보를 제공받는 자(타인의 토지 또는 건물만을 무상사용하는 경우에도 이를 적용한다. (상증령 §27 ①)

무상사용자가 2인 이상인 경우

구 분		수증자(무상사용자)
실제사용 면적 분명한 경우		각자가 실제 사용하는 면적을 기준으로 무상사용자가 된다.
실제사용 면적이 불분명한 경우	특수관계 있는 경우	해당 부동산사용자들이 각각 동일한 면적을 사용한 것으로 본다. 이 경우 부동산 소유자와 친인척(친족 및 직계비속의 배우자의 2촌 이내의 혈족과 그 배우자)의 관계에 있는 부동산사용자가 2명 이상인 경우 대표사용자(무상사용자들 중 부동산 소유자와 최근친인 사람, 최근친인 사람이 2명 이상인 경우에는 최연장자)를 무상사용자로 본다. (상증칙 §10)
	특수관계 없는 경우	해당 부동산사용자들이 각각 동일한 면적을 사용한 것으로 보아 각각 무상사용자로 본다. (상증령 §27 ②)

증여자

부동산을 소유한 자로서 수증자와 특수관계인에 해당하거나, 또는 특수관계인이 아닌 경우에는 거래의 관행상 정당한 사유 없이 해당 부동산을 무상으로 사용하게 하거나, 또는 무상으로 담보를 제공한 사람이 된다.

Q1. 갑(父)의 토지(시가 30억원) 위에 을(자녀)은 건물을 신축한 후 대형 할인마트에 임대하였으며, 을은 갑에게 별도의 임대료를 지급하지 아니하였다.

A 간편법 : (30억원 × 2%) × 3.790787 = 227,447,220 (→1억원 이상이므로 과세)

절세 tip

사전약정에 의하여 토지 및 건물에 대한 사용권리만 각각 출자하여 부동산 임대 공동사업을 영위하는 경우 증여세, 소득세(부당행위계산부인), 양도소득세(현물출자) 문제가 발생하지 않는다.[25)]

Q2. 갑(父)이 소유한 주택(시가 20억원)에서 갑의 자녀인 병 가족(병의 배우자 및 자녀)이 무상으로 거주하고 있다.

A 간편법 : (20억원 × 2%) × 3.790787 = 151,631,480원 (→1억원 이상이므로 과세)

증여세는 수증자별 증여자별로 과세하므로 부동산을 2인 이상 사용할 경우 별도로 증여이익을 산정하여야 하는 게 아닌지 생각할 수도 있다. 그러나 세법(상증령 §27 ②)에서는 최근친을 대표 사용자(수증자)로 보아 과세한다.

∴ 부동산 무상사용자가 2인 이상인 경우로서 실제 사용면적이 불분명하고 또한 부동산 소유자와 특수관계가 있으므로 최근친인 병이 단독으로 수증자가 된다. 만약, 미혼인 아들 형제가 같이 거주할 경우에도 형(연장자)이 무상사용자가 되어 무상사용이익을 산정한다.

▶ 이 경우 수증자(아들, 형)가 **납부능력이 없다고 인정되는 경우** 그에 상당하는 증여세의 전부 또는 일부를 면제한다. (상증법 §4의2 ⑤) 또한 **증여자의 연대납부의무도 없다.** (상증법 §4의2 ⑥)

※ 아파트의 경우 시가가 확인되나, 단독주택의 경우 확인이 힘들 것이다.

25) 서면부동산 2017-792, 2017.6.27.

부당행위계산부인

사례에서 갑(父)에게는 특수관계자에게 부동산을 무상으로 사용하게 한 것에 대하여 소득세법 및 부가가치세법상 부당행위계산 규정이 적용되는 게 원칙이나, 주택을 직계존비속에게 무상사용하게 한 것에 대하여는 소득세법 시행령 제98조 제2항 제2호 단서에 의하여 부당행위계산 규정이 적용되지 않으며, 부가가치세도 부당행위가 적용되지 않는다.[26)]

Q3. 갑은 아파트를 취득하는 과정에서 부모인 을의 재산(20억원)을 담보로 제공하고 10억원을 2023.10.9.에 대출받았다.
(대출이자율 3.5% · 대출 기간 5년 · 적정이자율 4.6%)

A 갑의 증여재산가액

① 1차 증여(2023.10.9.) : 10억원 × (4.6% − 3.5%) = 11,000,000원(과세)

② 2차~5차 증여(2024.10.9.~2027.10.9.) : 10억원 × (4.6% − 3.5%) = 11,000,000원(과세)

Q4. 병 부부는 아파트를 취득하는 과정에 부모님 을의 재산(20억원)을 담보로 제공하고 10억원을 2023.10.9.에 공동 대출받았다.
(대출이자율 3.6% · 대출 기간 5년 · 적정이자율 4.6%)

A 병의 증여재산가액

① 1차 증여(2023.10.9) : 10억원 × (4.6% − 3.6%) = 10,000,000원

② 2차~5차 증여(2024.10.9.~2027.10.9) : 10억원 × (4.6% − 3.6%) = 10,000,000원

∴ 부동산 무상사용자가 2인 이상인 경우로서 실제 사용면적이 불분명하고, 부동산소유자와 특수관계가 있으므로 최근친인 병이 단독으로 수증자가 된다. 또한 **대출금을 상환할 때까지 매년 과세되며, 합산과세 된다.**

▶ 10년간 부모로부터 증여받은 재산이 없다면 5천만원(증여재산 공제)까지는 공제되므로 5년 동안은 증여세가 과세되지 않을 것이다. 5년 뒤부터 과세 되나, 만약 5년 뒤 1억원을 변제하였다면 증여이익이 9,000,000원이므로 과세 되지 않는다.

※ 금리(적정이자율 또는 대출이자율)가 변동되거나, 차입 금액이 변동될 경우 과세 여부를 다시 판단하여야 한다.

부모의 재산을 이용(거주 · 담보제공)하면 증여세 과세여부를 검토하라.

---

26) 조심 2022서2289, 2022.7.25.

07 돌아가신 아버지와 같이 거주하며 봉양하였는데 세금 혜택이 있나요

Q 저는 아버지 주택에서 함께 거주하며 봉양하던 중 아버지가 사망하면서 그 주택을 상속받았습니다. 이 경우 세금혜택이 있는지 궁금합니다.

(국세청 안내)

피상속인을 봉양한 경우 동거주택 상속공제를 받을 수 있습니다.

- 아래 요건에 맞으면 피상속인과 동거하던 주택의 가격에서 최대 6억원까지 공제받을 수 있습니다. 예를 들어 동거하던 주택의 가격이 5억원이라면 5억원 전액이 공제되고 10억원이라면 6억원만 공제됩니다.

요건 ① 10년 이상 계속하여 1세대 1주택에 동거하여야 합니다.

- 군 복무 등으로 불가피하게 연속하여 거주하지 못한 경우에도 기간을 총 합산하여 10년 이상 동거하였다면 공제 가능합니다. 다만, 자녀가 미성년자였던 기간은 제외됩니다.

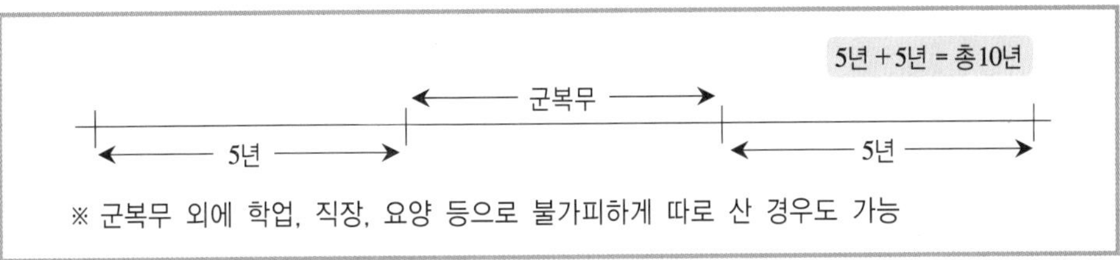

- 1세대 1주택을 판단할 때에는 무주택자였던 기간도 포함되며, 일시적으로 2주택을 보유한 경우 일시적 2주택 기간도 포함됩니다.

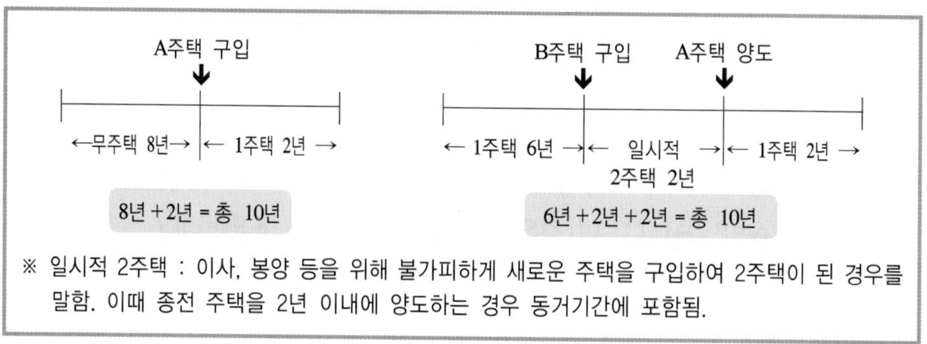

요건② 피상속인과 동거한 자녀가 주택을 상속받아야 합니다.

- 이때 동거한 자녀가 주택의 일부를 상속받더라도 그 지분에 해당하는 금액만큼 공제가 됩니다. 예를 들어 동거한 자녀가 10억원의 주택 중 50%만 상속받을 경우 5억원을 공제받을 수 있습니다.
- 배우자는 피상속인과 동거하였더라도 동거주택 상속공제가 적용되지 않습니다.

(해 설)

동거주택 상속공제(상증법 §23의2)

구분	과세 대상
취지	피상속인과 하나의 세대를 구성하여 장기간 동거·봉양한 상속인의 상속세 부담을 완화하는 한편 상속인의 주거안정을 도모하려는 데 있다.
공제	주택가액(해당 자산에 담보된 채무 차감)의 100%(6억원 한도)
요건	① 피상속인과 상속인(직계비속과 직계비속이 상속개시 전 사망 또는 결격되어 상속인이 된 직계비속의 배우자에 한정된다[27])이 상속개시일부터 소급하여 10년 이상(상속인이 미성년자인 기간은 제외한다) 계속하여 하나의 주택에서 동거하여야 한다. ② 피상속인과 상속인이 상속개시일부터 소급하여 10년 이상 계속하여 1세대를 구성하면서 1세대가 1주택(고가주택을 포함)을 소유한 경우에 해당하여야 하며, 이 경우 무주택인 기간이 있는 경우에는 해당 기간은 1세대 1주택에 해당하는 기간에 포함한다. ③ 상속개시일 현재 무주택자이거나 피상속인과 공동으로 1세대 1주택을 보유한 자로서 피상속인과 동거한 상속인(배우자 제외)이 상속받은 주택이어야 한다.

27) 상속인의 직계비속이 사망하거나 결격되어 배우자(며느리, 사위)가 상속인이 된 경우를 말한다.

- **'하나의 주택'의 의미 : '동일' 주택 하나가 아니라 주택이 '하나'인 상태 의미**

  10년 동안 계속하여 소득세법상 1세대 1주택을 유지하고 그 주택들에서 피상속인과 상속인이 10년간 계속하여 동거하면 된다. (재재산-669, 2011.8.19.)

- **10년간 계속하여 1세대가 1주택의 의미**

  "1세대"가 10년 동안 1주택을 소유한 경우를 뜻하므로 피상속인만의 보유기간이 10년 이상이어야 하는 것은 아니다. (심사상속 2014-21, 2014.10.13)

일시적 2주택 소유한 경우

1세대가 일시적으로 2주택 이상을 소유한 경우(종전주택 2년 이내 양도)에도 1세대가 1주택을 소유한 것으로 본다. (상증법 시행령 §20의2)[28)]

구 분	공제	비 고
동거 상속인(子)의 배우자 취득	○	∵ 동일 세대원[29)]
상속개시일 현재 2주택	○	동거하는 주택을 공제[30)]
일시적 2주택에 해당되지 않는 2주택 보유	×	서면상속증여 2021-2921, 2021.11.30.

1주택에 분양권 · 오피스텔 · 공동 상속주택 소수지분 등 포함 여부

동거주택 상속공제 규정 적용시 2021.1.1. 이후 취득한 분양권은 주택 수에 포함하지 않으나[31)], 상속인의 배우자 등 동일 세대원이 소득세법 시행령 제155조 제3항에 따른 공동 상속주택 소수지분을 소유한 경우, 동거주택 상속공제를 적용받을 수 없다.[32)]

---

28) 1. 피상속인이 다른 주택을 취득(자기가 건설하여 취득한 경우를 포함한다)하여 일시적으로 2주택을 소유한 경우. 다만, 다른 주택을 취득한 날부터 2년 이내에 종전의 주택을 양도하고 이사하는 경우만 해당한다.
   2.~8. (생략) - 이농주택, 귀농주택 등 해당 여부는 법조문을 확인하면 된다.

29) 기획재정부재산-118, 2021.2.3.

30) 기획재정부재산-306, 2016.5.2.

31) 기획재정부 재산세제과-1316, 2022.10.19.

32) 기획재정부 재산세제과-1079, 2021.12.14.

개별 사례

[사례 1] '동일' 주택이 아니라 '하나'의 주택이다

2010년	2012년	2017년	2020년	2023년
A주택취득 (피상속인)	상속인동일 세대구성	A주택 양도	**B주택 취득 (피상속인)**	피상속인 사망 B주택 상속

※ 동일 주택에서 10년 이상 계속하여 동거하지 아니하여도 된다. (사전법규재산 2022-266, 2022. 6.27.)

>> 10년 이상 계속 동거하며 '하나'의 주택을 보유하면 된다. (일시적 2주택을 제외하고 동거 기간 중 '둘' 이상의 주택을 보유하면 안 된다는 의미

[사례 2] 피상속인의 보유기간과 상관없다

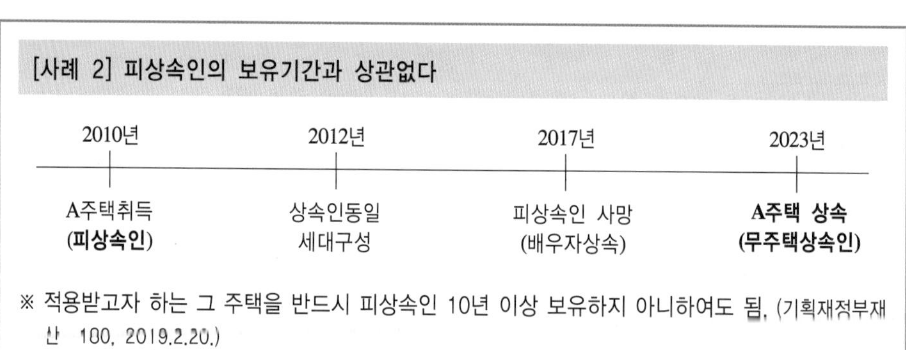

※ 적용받고자 하는 그 주택을 반드시 피상속인 10년 이상 보유하지 아니하여도 됨. (기획재정부재산 180, 2019.2.20.)

>> 동일세대원 '하나'의 주택 10년 이상 보유했으므로 공제

[사례 3] 상속주택에 거주하지 않아도 된다

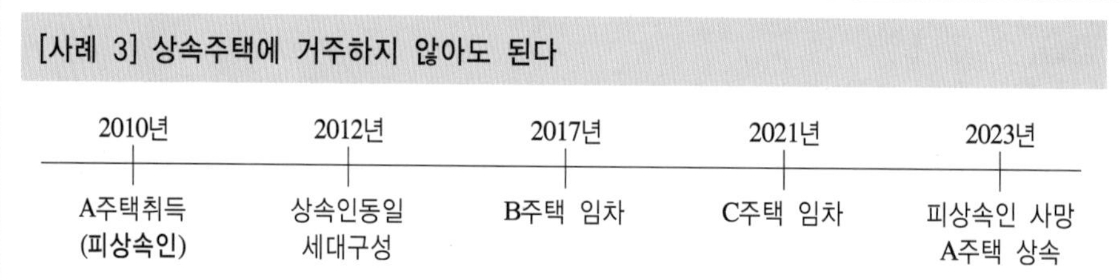

※ 피상속인과 상속인이 상속개시일로부터 소급하여 10년 이상 계속하여 타인 소유의 주택을 임차(전세)하여 동거하고 상속개시일 현재 상속주택에는 동거하지 않아도 적용된다. (상속증여-15, 2013.3.27.)

>> 10년 이상 계속 동거하면 '하나'의 주택은 공제해 준다.

[사례 4] 공동으로 소유(1세대 1주택)한 상속인도 적용된다

※ 2020.1.1. 이후 상속분부터 피상속인과 공동으로 1세대 1주택을 보유한 상속인도 적용받을 수 있다.

» 6억원 한도 초과 주택은 상속인과 공동 취득도 고려해 볼 수 있다.

[사례 5] 일시적 2주택도 공제 가능하다

2010년	2012년	2017년	2019년	2023년
A주택취득 **(피상속인)**	상속인동일 세대구성	B주택 취득	A주택 양도 B주택 이사	**피상속인 사망** **B주택 상속**

» 만약 B주택을 취득하고 2년 이내 피상속인이 사망한 경우 피상속인과 상속인이 동거하는 주택을 동거주택으로 보아 공제한다. (2년 이내 이사조건)

유의사항

① 겸용 주택인 경우

주택 면적 〉주택 외의 면적 : 주택으로 봄

주택 면적 ≤ 주택 외의 면적 : 주택 외의 면적은 주택으로 보지 않는다.

② 주택 부수 토지만 상속받는 경우

주택 건물은 다른 상속인이 상속받고, 주택 부수 토지는 피상속인과 동거한 직계비속 상속인이 상속받는 경우에는 동거 주택 상속공제를 적용받을 수 없다.

③ 상속 전 주택 건물과 주택 부수 토지의 소유자가 서로 다른 경우

주택 건물은 상속인이 소유하고, 주택 부수 토지는 피상속인이 소유하고 있던 중 상속이 개시되면 주택 부수 토지를 상속받더라도 동거 주택 상속공제를 적용할 수 없다.

④ 상속 주택 2인 공동상속 시 동거 주택 상속공제 적용 방식

동거 주택 상속공제 적용 시 요건을 갖춘 상속인과 그 외의 상속인이 주택을 공동으로 상속 등기하여 동거 주택의 상속인 지분을 확인할 수 있는 경우 공제 요건을 충족하는 상속인의 지분 상당액에 대해서는 공제가 가능하다.

10년간 1세대 1주택 상태로 상속인(자녀)이 동거했다면 동거 주택 상속공제 여부를 확인하라.

08 주택을 상속받으면 2주택자가 되어 종부세를 내야 하나요

Q 저는 계속 1주택자였고 종합부동산세를 낸 적도 없어 종부세에 대한 고민이 없었습니다. 그런데 주택 1채를 갑자기 상속받게 되면서 2주택자가 되어 종부세를 내야 하는 게 아닌지 걱정됩니다.

(국세청 안내)

상속 후 5년간은 1주택자가 유지됩니다.

따라서 기존에 종부세를 납부하지 않았던 1주택자가 상속 후 곧바로 종부세를 내는 일은 없습니다. 하지만 5년이 지나면 2주택자가 되어 종부세를 내야 할 수도 있으므로 종부세가 걱정된다면 그 전에 주택을 정리하는 것이 좋습니다.

지방에 있는 주택을 상속받을 경우 주택 수에 합산되지 않을 수 있습니다.

종합부동산세법에서는 공시가격이 3억원 이하이면서 수도권, 광역시, 특별자치시 밖의 지역에 있는 주택은 주택 수에서 제외하고 있습니다. 따라서 1주택자가 이러한 지방의 저가주택을 상속받은 경우에는 기간 제한없이 계속 1주택자가 됩니다.

▌특별자치시나 광역시에 있는 일부 읍・면은 예외적으로 지방의 저가주택에 해당함. 자세한 것은 종합부동산세법 시행령 제4조의2 제3항[33)]을 참조

---

33) ③ 법 제8조 제4항 제4호에서 "대통령령으로 정하는 지방 저가주택"이란 다음 각 호의 요건을 모두 충족하는 1주택을 말한다. (2022.9.23. 신설)
1. 공시가격이 3억원 이하일 것 (2022.9.23. 신설)
2. 다음 각 목의 어느 하나에 해당하는 지역에 소재하는 주택일 것 (2023.2.28. 개정)
가. 수도권 밖의 지역 중 광역시 및 특별자치시가 아닌 지역 (2023.2.28. 개정)
나. 수도권 밖의 지역 중 광역시에 소속된 군 (2023.2.28. 개정)
다. 「세종특별자치시 설치 등에 관한 특별법」 제6조 제3항에 따른 읍・면 (2023.2.28. 개정)
라. 서울특별시를 제외한 수도권 중 「지방자치분권 및 지역균형발전에 관한 특별법」 제2조 제12호에 따른 인구감소지역이면서 「접경지역 지원 특별법」 제2조 제1호에 따른 접경지역에 해당하는 지역으로서 부동산 가격의 동향 등을 고려하여 기획재정부령으로 정하는 지역 (2023.7.7. 개정)

다른 상속인과 공동으로 상속받은 경우 지분율과 가액에 따라 달라집니다.

상속받은 부분이 40% 이하이거나, 상속받은 부분의 가액이 6억원(수도권 밖의 주택의 경우 3억원) 이하일 경우에는 1주택으로 보지 않기 때문에 기존 1주택자가 계속 유지됩니다. 반대로 상속받은 부분이 40%를 넘고, 그 가액이 6억원(또는 3억원)을 초과하는 경우에는 주택 수에 더해지므로, 5년 후에는 2주택자가 됩니다.

> ▌상속인의 기존 주택과 피상속인의 주택이 각각 1개인 경우를 가정하였으며, 다른 경우에는 위 설명이 적용되지 않습니다.

(해 설)

종합부동산세

구분	내 용
과세대상	국내에 소재한 재산세 과세 대상인 주택과 토지
납세의무자	과세기준일(6월 1일) 현재 과세대상 재산세의 납세의무자
과세방법	인별 · 유형별 합산

[종합부동산세 제도 개요]

유형	주 택		토지 (종합합산)	토지 (별도합산)
공제금액	9억원(1세대 1주택자 12억원)		5억원	80억원
공정시장가액비율	60%		100%	100%
과세표준	(**인별 · 유형별** 공시가격 합산액 – 공제금액) × 공정시장가액비율			
세율	0.5% ~ 2.7% (2주택 이하)	0.5% ~ 5% (3주택 이상)	1%~3%	0.5%~0.7%
세액공제	세대 1주택자 연령 · 보유기간별 → 최대 80%		–	–

1세대 1주택으로 보는 상속주택

» **상속을 원인으로 취득한 주택(조합원입주권 또는 분양권을 상속받아 사업시행 완료 후 취득한 신축주택을 포함)으로서 다음 각 호의 어느 하나에 해당하는 주택**[34)]

1. 과세기준일 현재 상속개시일부터 5년이 경과하지 않은 주택

2. 지분율이 100분의 40 이하인 주택
3. 지분율에 상당하는 공시가격이 6억원(수도권 밖의 지역에 소재하는 주택의 경우에는 3억원) 이하인 주택

▌배우자의 주택 취득

1세대 1주택자란 세대원 중 1명만이 주택분 재산세 과세대상인 1주택만을 소유한 경우(종부법 시행령 §2의3)를 말하므로 배우자가 취득하는 경우 지방 저가 주택 또는 지분이 40% 이하의 상속주택이라도 1세대 1주택에 해당되지 않는다.[35]

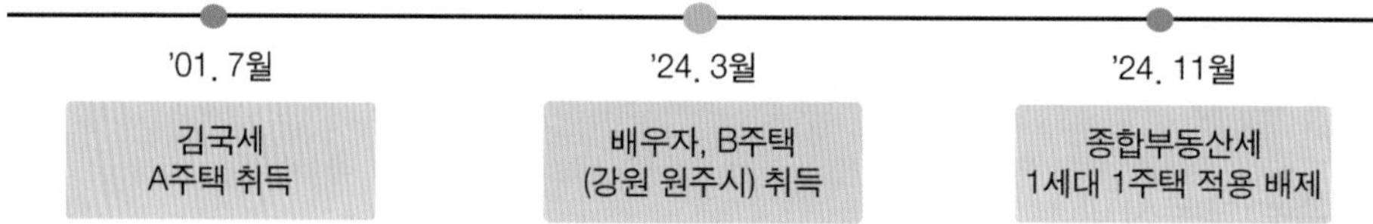

미등기 상속재산

사실상 소유자 신고하지 아니하였을 때는 주된 상속자[36]가 납세의무자[37]

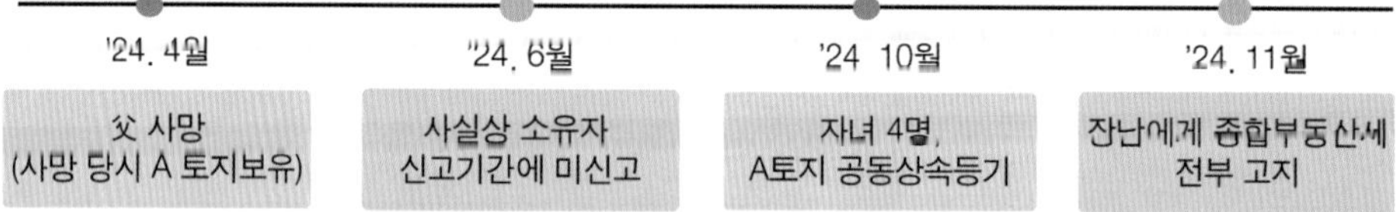

신고기간 : 6월 15일까지 관할 시군구청에 사실상 소유자 신고

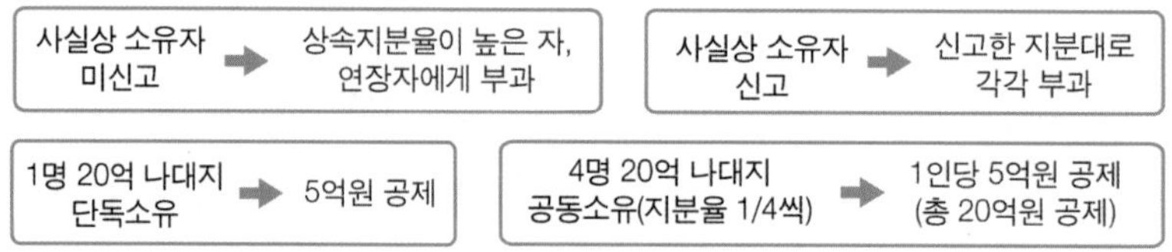

※ 국세청 보도자료 참고

---

34) 종합부동산세법 시행령 제4조의2 ②
35) 서면법규재산 2022-4037, 2022.11.2., 서면부동산 2022-5074, 2023.2.24.
36) 「민법」상 상속지분이 가장 높은 사람으로 하되, 상속지분이 가장 높은 사람이 두 명 이상이면 그 중 나이가 가장 많은 사람으로 한다.
37) 사전법규재산 2022-710, 2022.10.20.

09 기존주택과 상속주택 중 어떤 것을 양도하는 것이 좋나요

Q 저는 2주택이 필요가 없어 주택 중 하나를 양도하려고 합니다. 세금을 생각한다면 기존주택과 상속주택 중 어떤 주택을 먼저 파는 게 좋은지 궁급합니다.

(국세청 안내)

기존주택을 먼저 양도하는 것이 세금상 유리합니다.

- 일반적인 경우 양도소득세 계산방법을 먼저 설명드리겠습니다. 1세대 1주택자가 주택을 양도할 때에는 고가주택[12억원 초과]만 과세되고, 1세대 2주택자는 어떤 주택을 양도하더라도 양도소득세가 나옵니다. 다만 몇 가지 예외가 있습니다. 예를 들어 일시적 2주택인 경우 기존주택을 3년 이내에 양도하면 과세되지 않습니다. 또한 주택을 상속받고, 기존주택을 양도할 때에는 기간에 관계없이 양도소득세가 나오지 않습니다.
- 다만 위와 같이 양도소득세를 비과세 받기 위해서는 기존주택이 비과세 요건을 갖추어야 합니다.

> ▌양도소득세 비과세 요건
> ① 2년 이상 보유(취득 당시 조정대상지역 내 주택일 경우 2년 이상 거주)할 것
> ② 주택가격이 12억원 이하일 것

- 예를 들어 기존주택을 취득한 지 1년밖에 안 됐다면 상속 이후 1년을 추가 보유한 후 양도해야 비과세 혜택을 받을 수 있습니다.

다른 상속인과 공동으로 상속받은 경우에도 마찬가지입니다.

- 공동으로 상속받은 모든 상속인들은 비과세 요건을 갖춘 기존주택을 먼저 양도하는 경우에는 비과세되며, 상속받은 주택을 먼저 양도하는 경우에는 과세됩니다.

※ 상속인의 기존주택과 피상속인의 주택이 각각 1개인 경우를 가정하였으며, 다른 경우에는 위 설명이 적용되지 않습니다.

(해 설)

상속주택 비과세 특례(소득세법 시행령 §155 ②)

취지

1세대 1주택의 특례에 해당하여 양도소득세가 과세되지 아니하는 자가 그의 의사에 의하지 아니한 '상속'이라는 사유에 의하여 2주택을 보유하게 된 경우 상속 전에 보유하던 주택에 대하여 양도소득세를 과세하지 아니함으로써 1세대 1주택의 비과세 특례를 적용받지 못하게 되는 불이익을 구제하고자 함에 그 취지가 있다.

내용

[상속주택 비과세 특례]

구분	소득세법 시행령 §155 ②	소득세법 시행령 §155 ③
내용	1세대 1주택 비과세 특례	공동 상속주택 비과세 특례
대상주택	① 단독 상속주택(조합원입주권 또는 분양권을 상속받아 취득한 신축주택 포함) ② 공동상속 최대 지분 주택	공동상속 소수지분 주택
피상속인 2주택 이상인 경우	선순위 1주택 → 후순위 주택은 혜택 없음	선순위 1주택
비과세대상주택 (일반주택)	상속개시 당시 보유한 주택 또는 상속개시 당시 보유한 조합원입주권이나 분양권에 의하여 사업시행 완료 후 취득한 신축주택만 해당(상속개시일부터 소급하여 2년 이내에 피상속인으로부터 증여받은 주택 또는 증여받은 조합원입주권이나 분양권에 의하여 사업시행 완료 후 취득한 신축 주택은 제외)	다른 주택 (→ 상속개시 당시 보유한 주택이나 상속 이후 취득한 주택)
특례내용	일반주택 양도시 1주택으로 보아 비과세	공동상속 소수지분 주택은 주택으로 보지 않는다.
동일세대원 상속받은 주택	동거봉양합가 이외 상속주택 인정 안됨. → 별도 세대원이 상속받은 주택만 가능	특례 적용 가능

선순위 1주택[38)]

▌다음 각 호의 순위에 따른 1주택

1. 피상속인이 소유한 기간이 가장 긴 1주택
2. 피상속인이 소유한 기간이 같은 주택이 2 이상일 경우에는 피상속인이 거주한 기간이 가장 긴 1주택
3. 피상속인이 소유한 기간 및 거주한 기간이 모두 같은 주택이 2 이상일 경우에는 피상속인이 상속개시 당시 거주한 1주택
4. 피상속인이 거주한 사실이 없는 주택으로서 소유한 기간이 같은 주택이 2 이상일 경우에는 기준시가가 가장 높은 1주택(기준시가가 같은 경우에는 상속인이 선택하는 1주택)

공동상속 소수지분 주택 → 주택 수로 보지 않는다. (선순위 1주택 限)

공동상속 주택의 소수지분권자에 해당하는 청구인이 쟁점 주택 소수지분을 보유한 채 쟁점 양도주택을 양도하였으므로 공동상속 주택을 소유하지 않았던 것으로 간주되는 점 등에 비추어 처분청이 청구인에게 1세대 1주택 비과세가 적용되지 않는다고 보아 이 건 양도소득세를 과세한 처분은 잘못이 있다고 판단됨. (조심 2022중262, 2022.4.27.)

상속 주택은 누가 받는 게 유리한가?

▌동거주택 상속공제 대상인 경우

» 동거한 상속인(배우자 제외)이 받는 게 가장 유리

▌계속 보유 예정인 경우

» 배우자가 계속 거주할 예정이고 무주택자인 경우 배우자가 상속받거나 또는 무주택 상속인이 상속받아 추후 매각시 1세대 1주택 비과세 적용

▌매도 예정인 경우

① 상속개시일로부터 6개월 이내 매도(양도소득세 0)
 » 매도가액과 취득가액이 같아 양도소득세가 없으므로, 보통 공동상속받아 분배하게 된다.

② 상속 주택을 2년 이상 보유 후 매도 가능한 경우
 » 1세대 1주택자인 상속인이 상속받아 기존 주택을 매각하여 비과세 적용받은 후, 상속주택을 2년 이상 보유 후 매각하면 상속주택도 비과세 받을 수 있다.

③ 1세대 1주택 혜택을 받을 수 있는 상속인이 없는 경우
 » 양도차익(양도가액 – 취득가액)이 분산되는 게 유리하므로 공동상속이 유리하다.

---

38) 소수지분 보유자의 경우 선순위 우선 주택(1주택)에 대해서만 일반주택 양도시 주택 수에서 제외하고 나머지 공동상속주택(소수지분)에 대해서는 주택 수에 포함하여 1세대 1주택 비과세 특례 적용여부를 판단하는 것이 타당하다. (조심 2018중793, 2018.5.2.)

사례(양도소득세 1억원을 아끼다)

※ 실제 상담한 내용을 그대로 싣는다.

Q A주택을 양도(23년 5월 이전)할 경우 일시적 2주택 비과세 적용 가능한가?

구분	내 용
사실 관계	A 주택(인천) 취득 후 1년 경과한 뒤 B 주택(대전) 취득 2020년 5월 C 상속주택(소수지분) 취득 - 2022년 2월 선순위 주택[39](시행령 §155 ②) D 상속주택(소수지분) 취득 - 2022년 2월 후순위 주택
해석	1세대 1주택 비과세 규정(소득세령 §154 ①)을 적용할 때 공동상속주택 외의 다른 주택을 양도하는 때에는 해당 공동상속주택은 거주자의 주택으로 보지 아니한다. (→ 비과세) 단, 상속지분이 가장 큰 상속인의 경우에는 그러하지 아니하다. (→ 과세) 소수지분 2채를 보유하다 일반주택 양도한 경우 ① 1세대 1주택 비과세 여부 판단 기준일 : 양도일 현재 ② 소수지분 상속주택의 경우 : 선순위 공동 상속주택 1채에 한해 주택 수로 보지 않는다. ※ 참고 예규[40]
결론	귀 사례의 경우 공동 상속주택이 2채가 있으므로 선순위 우선 주택(보유기간 긴 상속주택) 1채에 대해서만 주택 수에서 제외합니다. 따라서 현 시점에서 1세대 3주택에 해당되어 일시적 1세대 2주택 비과세 특례 규정은 적용받을 수 없는 것으로 판단됩니다. (→ 과세)
절세 방안	A주택 비과세 적용 요건 ① 현 상태에서는 1세대 3주택으로 비과세 적용받을 수 없음. ② 양도일 현재를 기준으로 1세대 1주택 여부를 판단함. ③ 상속주택의 경우 선순위 1주택에 한해 주택 수로 보지 않음. ≫ 양도일 현재 일시적 2주택 요건을 갖추기 위해서는 ★후순위 상속주택★을 양도(D 상속주택은 양도소득세 과세)한 뒤 2023년 5월 이내 A주택(인천)을 양도하여야만 비과세 가능한 것으로 판단됨. 순서가 바뀌면 과세되므로 주의 요망! ⇨ 양도소득세 1억원 이상 절세

주택양도의 경우 전문가의 상담을 꼭 받아보라.

39) 피상속인이 소유한 기간이 가장 긴 1주택

40) 사전법규재산 2021-1644, 2022.8.22., 서면부동산 2019-2121, 2020.1.22., 부동산납세-802, 2014.10.22. 부동산납세-935, 2014.12.12.

10 상속세는 어떻게 신고하고, 납부하나요

Q 상속세 신고는 어떻게 하면 되는지 궁금합니다. 또, 부동산만 상속받아서 현금으로 일시에 납부하기 어려운데 도움이 필요합니다.

(국세청 안내)

◎ 상속세는 피상속인의 주소지를 관할하는 세무서에 신고하면 됩니다.

모든 상속인이 신고할 필요는 없으며 상속인 중 1명이 신고하면 됩니다. 방문이 어려운 경우 인터넷으로도 신고 가능합니다. 신고기한이 지나면 가산세가 부과될 수 있으니, 기한 내에 신고하는 것이 좋습니다.

> • 신고기한 : 사망일이 속한 달의 말일부터 6개월 이내
> 예 4.1. 사망시 신고기한은 10.31., 4.28. 사망시에도 신고기한은 10.31.
>
> • 온라인 신고경로 : 국세청 홈택스 → 신고납부 → 상속세

◎ 납부할 현금이 부족한 상속인은 분납과 연부연납 제도를 이용할 수 있습니다.

• 분납은 신고할 때 세금 중 일부를 납부하고, 잔여 세금은 2개월 후에 내는 방식입니다. 신고할 때 내야 하는 금액은 총 세금에 따라 다릅니다. 총 세금이 1천만원 내지 2천만원인 경우에는 1천만원, 총 세금이 2천만원 이상일 때에는 총액의 50% 이상을 즉시 납부하여야 합니다.

• 연부연납은 매년 일정금액을 납부하는 방식이며 최대 10년에 걸쳐 나누어 낼 수 있습니다. 10년 연부연납을 선택하는 경우 총액의 1/11을 신고할 때 즉시 납부하고, 나머지 10/11을 매년 나누어 납부하게 됩니다. 연부연납은 분납과 달리 국세청에 담보를 제공하여야 하고, 이자가 가산됩니다.

▌분납 예시(총액 4천만원, 2023.4.1. 사망, 2023.10.31. 신고)

2023.10.31.에 신고하면서 2천만원 이상을 납부하고, 12.31. 잔여 세금 납부

▌연부연납 예시(총액 6천만원, 2023.4.1. 사망, 5년 선택)

2023.10.31.에 신고하면서 1천만원을 납부하고, 2024~2028년 동안 매년 10.31.까지 1천만원 + 이자 납부

(해 설)

상속세 신고

구 분	내 용
납세의무 성립	상속세의 경우에는 상속이 개시하는 때, 증여세는 증여에 의하여 재산을 취득하는 때 납세의무가 성립된다.
납세의무 확정	납세의무가 성립되면 납세의무자에게 상속세나 증여세의 과세표준과 세액을 정부에 신고하여야 하는 의무를 부여하고, 그 신고 내용을 근거로 정부가 조사하여 확정한다. 납세의무자가 상속세나 증여세의 과세표준과 세액을 신고하는 것은 협력의무에 불과하고, 정부에서 과세표준과 세액을 결정하고 이를 통지함으로써 납세의무가 확정된다. » 정부에서 결정하므로 세무조사가 기본이라고 보면 되는 것이다.
정부부과 방식	대부분의 조세는 납세의무의 확정방법으로 납세의무자의 신고에 의하여 확정되는 신고납부방식을 취하고 있으나 상속세나 증여세의 경우에는 정부부과 과세방식을 취하고 있다.
상속세 신고	상속개시일이 속하는 달의 말일부터 6월 이내에 상속세의 과세가액 및 과세표준을 납세지 관할 세무서장에게 신고하여야 한다. (상증법 §67 ①) 상속세 과세표준을 신고할 때, 그 신고서에 상속세 과세표준의 계산에 필요한 상속재산의 종류·수량·평가가액·재산분할 및 각종 공제 등을 입증할 수 있는 서류 등을 첨부하여 납세지 관할 세무서장에게 제출하여야 한다. (상증법 §67 ②)
신고세액 공제	상속세 과세표준을 신고한 경우에는 3%의 금액[41]을 세액공제 한다. » 자진납부를 하지 아니한 경우에도 적용한다.[42]

---

41) [상속세 산출세액(세대를 건너뛴 상속에 대한 할증세액 포함) - (문화재 등 징수유예세액 + 증여세액공제액 + 외국납부세액공제액 + 단기재상속세액공제액 등)] × 3%

42) 상속세 및 증여세는 부과납세방식의 조세이므로 위 신고는 과세관청이 조사결정을 하는 데 참고자료가 될 뿐이지만, 신고를 유도하여 과세행정상의 부담을 경감하기 위하여 법은 신고기한 내에 신고를 하면 세액공제의 혜택을 부여하고 있다. (상증통 69-1…1)

상속세 신고시 필요한 자료

법정서식

	서 식
①	상속세 과세표준 신고 및 자진납부계산서 및 상속세과세가액계산명세서
②	채무 · 공과금 · 장례비용 및 상속공제명세서
③	상속인별 상속재산 및 평가명세서
④	상속개시전 1(2)년 이내 재산처분 · 채무부담내역 및 사용처 소명 명세서
⑤	상속세 및 증여세법 시행령 제10조 제1항에 의한 채무사실을 입증할 수 있는 서류
⑥	배우자의 상속재산이 분할된 경우에는 상속재산분할명세 및 그 평가명세서
⑦	가업상속공제신고서, 영농상속공제신고서, 상속재산미분할신고서, 장애인증명서, 금융재산상속공제신고서, 재해손실공제신고서, 동거주택상속공제신고서, 외국납부세액공제신청서, 기타 상속세 및 증여세법에 의하여 제출하는 서류
⑧	연부연납(물납)허가신청서 및 납세담보제공서
⑨	피상속인의 제적등본 및 상속인의 가족관계기록사항에 관한 증명서

※ 서식은 인터넷 국세청 홈페이지(www.nts.go.kr)에서 다운받아 사용할 수 있다.

상속재산가액 계산에 필요한 서류

구분	서 류
부동산 등	• 등기부등본, 토지대장, 건축물관리대장(공동주택의 경우 표제부 및 전유부) • 사망일로부터 1년(2년) 이내 2억원(5억원) 이상인 부동산 양도대금 사용처 • 사망일로부터 1년(2년) 이내 2억원(5억원) 이상인 채무부담액의 사용처 • 부동산 임대시 : 임대차 계약서 사본, 전세권 설정 여부 확인 • 부동산 근저당 설정의 경우 : 사망일 현재 채권잔액 증명 및 채권최고액 • 사망일로부터 6개월 전후에 작성된 감정평가서, 매매가 이루어진 경우 매매계약서 • 피상속인 명의로 부동산 취득 및 양도 매매계약이 체결된 경우 계약서 • 분양 중에 있는 아파트 분양계약서 및 조합원 입주권 등 부동산 취득권리 관련 서류
예금과 보험	• 피상속인 사망일로부터 10년 이내 통장 입출금 거래내역 • 상속개시일 현재 예금 잔액 증명서 • 보험금 수령 관련 증빙 • 금융자산 1년(2년) 이내 2억원(5억원) 이상의 인출금액이 있는 경우 : 사용처
주식	• 유가증권상장 및 코스닥상장주식 : 주식 보유명세서 • 비상장 주식 : 평가에 필요한 서류(3개년간 결산서 및 사망일 현재 가결산서)

구분	서 류
기타	• 골프 · 콘도 등 회원권, 2년 이내 양도 및 양수 계약서 사본 • 피상속인이 사업자일 경우 잔존재화 및 채권 채무 내역 및 자산 부채 변동 • 가등기 채권 및 법인 가수금 채권 내역 및 퇴직금 및 퇴직위로금 등 • 기타 자산 : 자동차 · 건설기계 등 등록된 자산 및 서화 골동품 등 • 10년 이내 증여재산 명세(상속개시일 10년 이내 부동산 취득 양도 내역 검토서류)

상속세 과세가액 공제액에 필요한 서류

구분	서 류
공과금	공과금 관련 납부영수증 및 미납 공과금 명세 (소득세 · 부가가치세 · 재산세 · 종합부동산세, 전화 · 수도요금, 아파트 관리비 등)
장례비용	장례비 및 묘지 구입비, 봉안시설사용료 영수증
채무	• 은행대출금 통장 및 사망일 현재 부채증명서, 차용계약서, 입원비(간병비 포함) 영수증 • 임대차 계약서 사본 및 부가가치세 · 종합소득세 신고서 • 종교단체 등 공익법인과 국가기관 등에 기부한 영수증 • 사업자의 경우 사용인에 지급할 퇴직금 및 기타 외상매출금 등 관련서류

연부 연납

구분	내 용
의의	연부연납은 특정 요건 충족시 납부의 기한을 연장하여 납세자의 납세부담을 이연시키는 것으로 일시에 과중한 납부로 인한 납세자의 부담 및 상속 · 증여재산에 대한 정부의 침해를 줄이기 위한 제도이다. 납세의무자의 납세자력의 유무와는 직접 관계가 없다.[43]
요건	① 상속세(증여세) 납부세액 2천만원을 초과하여야 한다. ② 상속세(증여세) 과세표준 법정신고기한까지 연부연납신청서를 제출하여야 한다.[44] ③ 담보를 제공하여야 한다.[45]
기간	일반 상속의 경우 10년, 증여의 경우 5년
가산금 (이자)	시중은행의 1년 만기 정기예금 평균 수신금리를 고려하여 기획재정부령으로 정하는 이자율 → **현재 3.5%**

43) 대법원 1992.4.10. 선고 91누9374 판결

44) 상속세 연부연납은 상속인 전부가 신청하는 경우에 한하여 적용됨. (재산-392, 2011.8.23.)

45) 연부연납시 특수관계인이 소유하는 재산을 납세담보로 제공하는 것은 증여세 과세대상에 해당하지 아니하는 것임. (기획재정부 재산세제과-158, 2018.2.27.)

가산세

가산세는 과세권의 행사와 조세채권의 실현을 용이하게 하기 위하여 세법에 규정된 의무를 정당한 이유 없이 위반한 납세자에게 부과하는 일종의 행정상 제재로[46] 국세기본법에서 규정하고 있다.

구분	내 용
신고 불성실 가산세	① 무신고가산세 = 무신고납부세액 × 20% (40%, 60%)[47] 납세의무자가 법정신고기한까지 세법에 따른 국세의 과세표준 신고를 하지 아니한 경우에 적용한다. (국기법 §47의2 ①) ② 일반과소신고가산세 = 과소신고 납부세액 × 10% 납세의무자가 법정신고기한까지 세법에 따른 국세의 과세표준 신고를 한 경우로서 납부할 세액을 신고하여야 할 세액보다 과소 신고한 경우에는 과소 신고한 경우에 적용한다. (국기법 §47의3 ①) ③ 부정과소신고가산세 = 과소신고 납부세액 × 40%(60% - 국제거래 부정행위) 납세의무자가 법정신고기한까지 세법에 따른 국세의 과세표준 신고를 한 경우로서 납부할 세액을 신고하여야 할 세액보다 부정행위로 과소신고한 경우에 적용한다. (국기법 §47의3 ①)
납부지연 가산세	납세의무자가 세법에 따른 법정납부기한까지 국세의 납부를 하지 아니하거나 납부하여야 할 세액보다 과소납부한 경우에는 다음과 같이 계산한 납부지연가산세를 부과한다. (국기법 §47의4 ①) 납부하지 아니한 세액 또는 과소납부분 세액 × 법정납부기한의 다음날부터 납부일까지의 기간 × (22/100,000)[48]

» 사업자등록(개인) 정정신고[49]

피상속인의 사업자등록은 승계한 상속인 명의로 정정신고(부가령 §14 ① 5)

상속개시일이 속하는 달의 말일부터 6개월 이내에 피상속인의 주소지 관할 세무서에 신고하라.

46) 대법원 2000두7520, 2001.10.26.

47) 부정행위로 무신고 40%, 국제거래에서 발생한 부정행위로 무신고시 60%

48) 연리로는 8.03% [22 ÷ 100,000 × 365(일)]로 상당히 금리가 높은 편이다.

49) 상속개시 후 실질적으로 사업을 영위하는 상속인의 명의로 정정 신고하여야 하는 것이나, 소송으로 상속인이 불분명한 경우 법정상속지분 따라 정정신고 함. (서면부가 2017-1172, 2017.6.30.)

제4장

국세청의 증여세 안내 해설

01 어떤 경우에 증여세를 내야 하나요

Q 요새 주위에서 증여세를 이야기를 많이 하는데 어떤 경우가 증여이고 증여세를 내야 하는 것인지 잘 모르겠습니다. 용돈이나 생활비도 증여인가요?

(국세청 안내)

재산을 무상으로 받은 경우 증여세를 내야 합니다.

- **증여세는 타인(증여자)으로부터 재산을 무상으로 받은 경우 재산을 받은 자(수증자)가 내야 하는 세금입니다.**
  - 재산의 종류로는 현금과 귀금속, 부동산 등 금전으로 환산할 수 있는 경제적 가치가 있는 모든 물건을 말하며, 분양권처럼 재산적 가치가 있는 권리도 포함됩니다.
  - 또한, 현저히 낮은 대가를 주고 재산을 받은 경우에도 그 이익을 증여재산으로 보고, 무상으로 부동산을 사용하거나 용역을 제공받음에 따른 이익도 증여재산입니다.

자주 나오는 증여세 용어

☑ **증여자** : 재산을 주는 자　　☑ **수증자** : 재산을 받는 자　　☑ **과세** : 세금을 부과하다

Point !

수증자가 내는 세금?!

- 증여세는 재산을 받은 자가 내야 하지만 세금을 낼 현금이 없는 어린 자녀가 부동산을 증여받은 경우와 같이 수증자가 세금을 납부할 여력이 없으면 증여자가 증여세 만큼의 현금을 대납하게 되고, 이때 대납한 현금만큼에 대해 추가로 증여세를 내야 합니다.

증여세가 과세되지 않는 재산도 있습니다.

- **증여세는 재산적 가치가 있는 유형 · 무형의 모든 재산 또는 이익이 무상으로 이전되는 경우 과세되므로 그 범위가 상당히 넓습니다.**
  - 다만, 사회 통념상 인정되는 생활비, 교육비, 병원비, 축하금, 명절에 받는 용돈 등은 증여세 비과세 대상에 해당합니다.

증여세 과세대상 O	증여세 과세대상 X
자동차 취직선물, 신혼집 마련	생활비, 교육비, 명절용돈, 졸업축하금

해 설

민법상 증여	상증법상 증여
당사자 일방이 무상으로 일정한 재산을 상대방에게 준다는 의사표시를 하고, **상대방이** 이를 **승낙**함으로써 성립하는 **계약**[1]을 말한다. (민법 §554)	그 행위 또는 거래의 명칭·형식·목적 등과 관계없이 직접 또는 간접적인 방법으로 **타인**에게 무상(현저히 낮은 대가 포함)으로 유형·무형의 재산 또는 이익을 이전하거나 타인의 재산가치를 증가시키는 것을 말한다. (상증법 §2)
특수한 형태의 증여 • 부담부증여(§561) 수증자가 재산과 동시에 채무를 부담하는 증여 • 정기증여(§560) 정기적으로 재산을 무상으로 주는 증여로 증여자 또는 수증자의 사망으로 효력을 잃는다. • 사인증여 생전에 증여계약 맺었으나 효력은 증여자의 사망으로 발생하는 증여 ⇨ **상속세 과세**	비과세(상증법 §46) 사회통념상 인정되는 이재구호금품, 치료비, 피부양자[2]의 생활비, 교육비[3], 기타 유사한 것으로서 해당 용도에 직접 지출한 다음 어느 하나에 해당하는 것 ① 학자금 또는 장학금 기타 이와 유사한 금품 ② 기념금, 축하금, 부의금 기타 이와 유사한 금품으로서 통상 필요하다고 인정되는 금품 ③ 혼수용품으로서 통상 필요하다고 인정되는 금품(가사용품에 한하고 호화사치 용품이나 주택, 차량은 제외)

제산 - 292(2011.6.17.)

부양의무가 없는 조부가 손자의 생활비 또는 교육비를 부담한 경우는 비과세되는 증여재산에 해당하지 않는 것으로, 조부가 손자를 부양할 의무가 있는지 여부는 부모의 부양능력 등 구체적인 사실을 확인하여 판단할 사항임.

1) 계약이므로 증여자에게 증여 채무가, 수증자에게 증여 채권이 발생

2) 직계혈족 및 그 배우자 간은 서로 부양의무가 있다. (민법 §974)
부양의 의무는 부양을 받을 자가 자기의 자력 또는 근로에 의하여 생활을 유지할 수 없는 경우에 한하여 이를 이행할 책임이 있다. (민법 §975)

3) ,(콤마)이므로 교육비는 피부양자가 아니라도 비과세 된다는 원고의 주장에 대해 피부양자의 부분은 생활비, 교육비 모두를 수식하는 것으로 판결(서울고법 2021누54523, 2022.2.11.)

Q1. 대학 졸업 후 취직을 못 한 자녀가 있는데 생활비를 줘도 비과세되는가?

A 민법 제974조에 따른 **부양의무자**[직계혈족 및 그 배우자 간, 기타 친족간(생계를 같이 하는 경우에 한한다)]가 생활비를 줄 경우 법에 따른 의무 이행이므로 비과세하는 것이다. 연령과 상관없이 자녀가 자력으로 생활할 능력이 안 될 경우 부양의무자의 능력 등 제반사정을 참작하여 사회 통념상 인정되는 범위 내에서 지급하는 경우 비과세된다.[4)]

Q2. 민법에는 직계혈족에 부양의무가 있는데 왜 손자의 생활비 또는 교육비 부담에 대해 증여세를 과세하나?

A 손자도 직계혈족이므로 민법 제974조에 따라 부양의무가 있으므로 문제없을 것으로 생각할 수 있으나, 민법 제975조에 '부양의 의무는 부양을 받을 자가 자기의 자력 또는 근로에 의하여 생활을 유지할 수 없는 경우에 한하여 이를 이행할 책임이 있다.'고 되어 있다.[5)] 따라서 부모가 부양능력이 있는데도 할아버지가 손자에게 생활비 또는 교육비를 부담할 경우 증여세가 과세되는 것이다.

Q3. 미국으로 이민 간 형의 가족이 경제적 어려움이 있어 조카의 유학비를 지원하는 경우 비과세되는 학자금에 해당하는지?

A 삼촌과 조카는 방계혈족에 해당한다. 직계혈족이 아니므로 생계를 같이 하지 않는 경우 부양의무가 없으므로 비과세 대상이 아니다.

---

4) 성년의 피부양자는 객관적으로 보아 생활비 수요가 자기의 자력 또는 근로에 의하여 충당할 수 없는 곤궁한 상태인 경우에 한하여, 부양의무자를 상대로 그 부양의무자가 부양할 수 있을 한도 내에서 생활부조로서 생활필요비에 해당하는 부양료를 청구할 수 있을 뿐이고, 이러한 부양료는 부양을 받을 자의 생활 정도와 부양의무자의 자력 기타 제반 사정을 참작하여 부양을 받을 자의 통상적인 생활에 필요한 비용의 범위로 한정됨이 원칙이다. (대법원 2017.8.25.자 2017스5 결정 참조)

5) 대법원에서는 직계혈족으로서 부담하는 부양의무는 부양의무자가 자기의 사회적 지위에 상응하는 생활을 하면서 생활에 여유가 있음을 전제로 하여 부양을 받을 자가 그 자력 또는 근로에 의하여 생활을 유지할 수 없는 경우에 한하여 그의 생활을 지원하는 것을 내용으로 하는 제2차 부양의무로 해석한다. (대법원 2011다96932, 2012.12.27.)

02 증여세를 줄이는 방법은 없나요

Q 부모님께서 신혼집을 마련하는데 보태라면서 현금을 주시겠다고 하는데 증여세 부담이 많이 됩니다. 증여세를 적게 내는 방법은 없는지 궁금합니다.

(국세청 안내)

증여재산공제를 잘 활용하면 증여세 부담을 줄일 수 있습니다.

- '증여재산공제'라고 하여 증여재산가액에서 일정 금액을 빼고 세금을 부과하고 있습니다. 증여재산공제는 10년간 아래의 금액을 한도로, 수증자 입장에서 증여자 그룹별로 적용됩니다. 예를 들어, 아버지와 어머니가 각각 한 자녀에게 증여하는 경우에 아버지와 어머니는 직계존속 그룹이므로, 아버지 증여분에 5천만원 한도의 일부를 적용했다면, 어머니 증여분에 그 나머지만 적용할 수 있습니다.

일반적인 증여재산공제 한도액				
증여자	배우자	직계존속	직계비속	6촌 이내 혈족 / 4촌 이내 인척
공제한도	6억원	5천만원(미성년자 2천만원)	5천만원	1천만원

혼인 · 출산시 1억원의 증여재산공제가 추가로 적용됩니다.

- 혼인 · 출산 증여재산공제 제도는 '혼인신고일 전후 2년 이내 또는 자녀의 출생일 · 입양신고일부터 2년 이내' 직계존속으로부터 증여를 받으면 상기의 증여재산공제와는 별개로 1억원을 추가로 공제해주는 제도로서, 혼인 또는 출산 · 입양시 증여받는 자금에 대한 증여세 부담을 줄여주기 위하여 2024년에 신설되었습니다.
- 증여재산공제 제도의 구체적인 활용방법에 대해서는 Q5, Q6, Q7에서 자세히 알려드리겠습니다.

증여한 가액이 소액이면 증여세를 낼 필요가 없습니다.

- 증여재산가액에서 증여재산공제 등을 적용하고 남은 금액(증여세 과세표준)이 50만원 미만이면 증여세를 낼 필요가 없습니다. (증여세 과세최저한)
  - 다만, 증여세를 계산할 때 지난 10년 간에 동일인으로부터 받은 증여의 가액도 합산(1천만원 이상인 경우)하기 때문에 그렇게 합산하여 계산된 과세표준이 50만원을 초과하게 되면 증여세가 부과됩니다.

(해 설)

증여재산공제(상증법 §53)

증여재산공제라 함은 증여세 과세표준을 계산하기 전에 증여세 과세가액에서 공제하는 항목으로 배우자와 직계존비속 또는 기타 친족으로부터 증여받은 경우에 일정액을 증여세 과세가액에서 공제해 주는 것을 말한다. 다만, 수증자가 **비거주자**에 해당하는 경우 공제가 되지 않는다.

증여자

구 분	해당자
배우자	혼인관계 있는 배우자(사실혼 관계에 있는 배우자는 공제대상 아님)
직계존속	부모, 조부모, 외조부모, 계부, 계모
직계비속	아들, 딸, 손자, 외손자, 의붓자녀
기타친족	6촌 이내 혈족[6]과 4촌 이내 인척[7] ⇒ 며느리와 사위는 기타 친족

[6촌 이내 혈족 관계도]

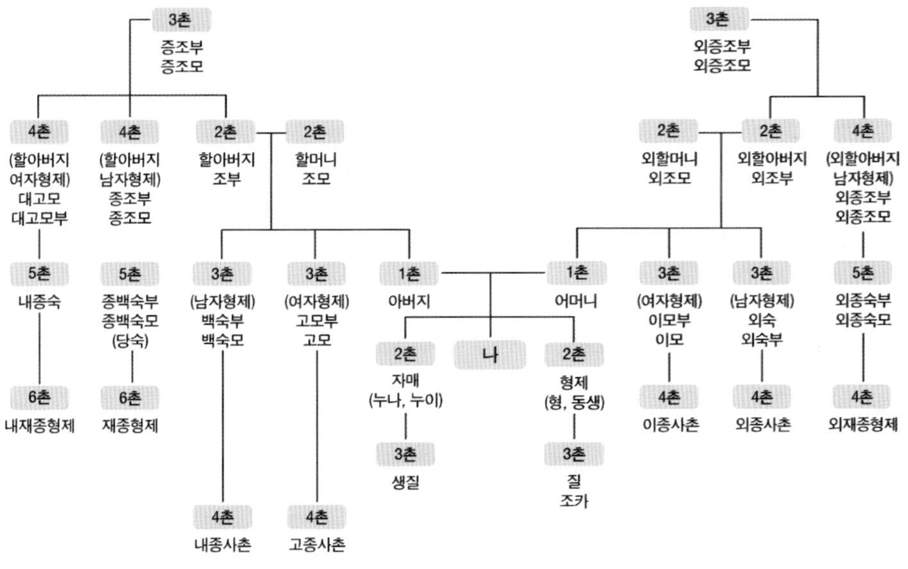

---

6) 혈통으로 연결된 사람으로 자연혈족과 법정혈족(양친자관계)으로 나뉜다. 자연혈족에는 부계혈족과 모계혈족이 있으며, 직계혈족(직계존비속)과 방계혈족(형제자매 쪽)로 나뉜다.

7) 인척이란 혼인으로 성립되는 친족관계로, '혈족의 배우자' '배우자의 혈족' '배우자의 혈족의 배우자'를 인척으로 한다. (민법 §769)

03 공제를 적용해보니 세금을 내지 않아도 되는데 신고를 꼭 해야 하나요

Q **성년인 제가 부모님으로부터 5천만원을 증여받았는데 증여재산공제 5천만원을 적용하면 납부할 세액이 없습니다. 이 경우에도 증여세 신고를 해야하는지 궁금합니다.**

(국세청 안내)

증여세는 증여받은 날이 속하는 달의 말일부터 3개월 이내에 신고 · 납부하여야 합니다.

- **일반적으로 증여세는 증여재산가액에서 증여재산공제액을 차감하여 증여세 과세표준을 구한 후 세율을 적용하여 납부할 세금을 계산하며,**
  - 재산을 증여받은 경우 납부세액과 관계없이 증여받은 날이 속하는 달의 말일부터 3개월 이내에 신고하여야 합니다.

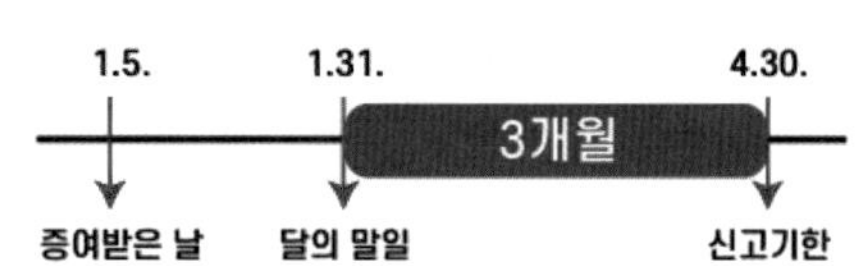

Point !

3개월이 지나면 신고를 할 수 없나요?!

- '기한 후 신고'라 하여 3개월 이내에 신고를 하지 않았더라도 세금통지서를 받기 전까지는 기한 후 신고를 할 수 있습니다. 다만 기한 후 신고시 세액에 가산세를 포함하여 납부하여야 하고, 신고기한 내 신고하면 받을 수 있는 신고세액공제(3%)도 적용받을 수 없습니다.

증여세 납부세액이 없어도 증여세 신고를 하는 것이 유리합니다.

- **물론, 증여받은 재산의 가액보다 증여재산공제액이 커서 납부할 세금이 없으면 증여세 신고를 하지 않더라도 불이익은 없습니다.**
  - 하지만 증여세 신고를 한 금액은 나중에 재산을 취득하거나 채무를 갚은 사실을 객관적으로 입증해야 할 때 자금의 원천으로 인정되므로 내야 할 증여세가 없어도 증여세 신고를 하시는 것이 좋고,
  - 또한 증여받은 재산을 양도하여 양도소득세를 계산할 때 증여세 신고내용으로 취득가액을 인정받을 수 있으니 참고하시길 바랍니다.

관련 해석사례

- 서면-2020-상속증여-1689 [상속증여세과-499], 2020.6.30.
  증여세 과세가액이 증여재산공제액에 미달하는 경우에는 증여세 신고를 하지 않더라도 가산세 부과 등의 불이익이 없는 것임.

(해 설)

증여세 신고 및 납부

구 분	내 용
기한	증여받은 날이 속하는 달의 말일부터 3개월 이내에 **수증자의 주소지** 관할 세무서에 신고 (상증법 §68)
신고세액공제	산출세액의 3% (납부하지 않아도 공제)
분납	납부할 금액이 1천만원을 초과할 경우 2월 이내 분납[8]가능(연부연납을 허가받은 경우에는 분납 불가)
기한 후 신고	법정신고기한까지 과세표준 신고서를 제출하지 아니한 자는 증여세 결정하여 통지하기 전까지는 기한 후 과세표준 신고서를 제출할 수 있다. (국기법 §45의3) 이때 납부하여야 할 세액이 있는 경우 과세표준 신고서의 제출과 동시에 납부하여야 한다.[9]

☞ 납부할 세액이 없는 경우 실무적으로 기한 후 신고를 많이 하고 있다.

증여세 과세표준 신고서류

신고서에 증여세과세표준의 계산에 필요한 증여재산의 종류·수량·평가가액 및 각종 공제 등을 입증할 수 있는 서류 등 다음의 것을 첨부하여 납세지 관할 세무서장에게 제출하여야 한다. (상증법 §68 ②)

서 류
• 증여세과세표준신고 및 자진납부계산서 ① 증여자의 제적등본 및 수증자의 가족관계등록부 ② 증여재산명세 및 평가명세서 ③ 배우자 간(직계존비속 간) 부담부증여의 경우에는 채무사실을 입증할 수 있는 서류 ④ 재해손실공제신고서와 재난의 사실을 입증할 수 있는 서류 ⑤ 기타 상속세 및 증여세법에 의하여 제출하는 서류

☞ 현금(예금)증여의 경우 통장 사본이나 입금증을 제출한다.

---

8) • 분납할 세액이 2천만원 이하인 때에는 1천만원을 초과하는 금액
   • 분납할 세액이 2천만원을 초과하는 때에는 그 세액의 50% 이하의 금액

9) 기한 후 신고분에 대해 신고세액공제는 적용되지 않는다.

04 자녀에게 2천만원을 증여하였는데 그 돈으로 주식을 매입해도 되나요

Q **미성년자인 자녀 명의로 주식계좌를 개설하여 2천만원을 입금하고 부모인 제가 직접 주식투자를 하면 증여세 문제가 발생하는지 궁금합니다.**

(국세청 안내)

자녀 명의로 계좌를 개설하여 현금을 이체하는 경우 증여세를 내야합니다.

- **Q1에서 말씀드린 것처럼 사회통념상 인정되는 용돈, 생활비 등은 증여세 비과세 대상으로, 일반적으로 자녀가 용돈 등의 명목으로 증여받아 실제로 용돈, 생활비 등으로 사용하면 증여세가 비과세됩니다.**
  - 다만, 용돈 등의 명목으로 증여받아 예금에 가입하거나 주식, 부동산 등의 매입자금으로 사용하면 증여세를 내야 합니다.

관련 규정

• 상속세 및 증여세법 기본통칙 46-35…1 【비과세 증여재산의 범위】

① 증여세가 비과세되는 생활비 또는 교육비는 필요시마다 직접 이러한 비용에 충당하기 위하여 증여로 취득한 재산을 말하는 것이며, 생활비 또는 교육비의 명목으로 취득한 재산의 경우에도 그 재산을 정기예금 · 적금 등에 사용하거나 주식, 토지, 주택 등의 매입자금 등으로 사용하는 경우에는 증여세가 비과세되는 생활비 또는 교육비로 보지 아니한다.

증여한 돈으로 부모가 직접 주식투자를 하여 수익이 발생하면 추가로 증여세를 내야 할 수도 있습니다.

- **부모가 자녀에게 금전을 증여한 후 자녀에게 투자수익을 얻게 할 목적으로 계속적 · 반복적으로 자녀명의 증권계좌를 통해 주식투자를 함으로써 투자수익을 얻은 경우, 자녀가 얻은 투자수익은 부모의 기여에 의하여 자녀가 무상으로 이익을 얻은 것이므로 추가로 증여세 과세대상이 될 수 있다는 점을 유의해야 합니다.**

관련 해석사례

• 재산세과-2983, 2008.9.29.

"증여"라 함은 그 행위 또는 거래의 명칭 · 형식 · 목적 등에 불구하고 경제적 가치를 계산할 수 있는 유형 · 무형의 재산을 타인에게 직접 또는 간접적인 방법에 의하여 무상으로 이전하는 것 또는 기여에 의하여 타인의 재산가치를 증가시키는 것을 말하는 것입니다.

해 설

재산 취득 후 재산가치 증가에 따른 이익의 증여

타인의 기여에 의한 재산가치 증가 이익에 대한 증여세 과세는 2004년부터 도입되었으며, 직업 · 연령 · 소득 · 재산상태 등으로 보아 자기의 계산으로 형질변경 등의 행위를 할 수 없다고 인정되는 자가 타인의 증여, 기업경영에 관한 내부정보 이용, 특수관계자의 담보 등으로 재산을 취득한 후 5년 이내에 개발사업의 시행 등 재산가치 증가 사유로 일정한 기준 이상의 이익이 발생한 경우 재산취득자 자신의 노력에 의하여 가치가 상승한 것이 아니라 타인의 기여에 의하여 증가한 것으로 보아 과세한다. (상증법 §42의3)

재산 - 306, 2012.8.30.

미성년자가 주식을 취득(수증, 매수, 유상증자 포함) 후 양도하여 기준 이상의 이익을 얻은 경우 증여세를 과세할 수 있는지 여부는 해당 미성년자의 주식 취득 및 양도경위와 목적, 주식가치 증가 사유 등 구체적인 사실을 확인하여 판단할 사항임

완전포괄주의

포괄주의란 그 과세대상이 되는 이익이나 재산의 범위를 포괄적으로 규정하여 그 대상에 해당하는 경우 모두 과세할 수 있는 방식을 말한다. 완전포괄주의 과세방식은 모든 변칙 증여행위를 과세규정으로 일일이 입법하는 것은 현실적으로 불가능하여 새로운 유형의 변칙 증여행위에 대한 사전 대처가 미흡한 문제점을 개선하기 위한 것이다.
그러나 법원은 납세자의 예측가능성 등을 보장하기 위해 증여세 과세의 범위와 한계를 설정한 것으로 볼 수 있는 경우에는 상증법 제4조 제1항의 증여의 개념에 맞더라도 증여세를 과세할 수 없다고 판단하고 있다.

완전포괄주의 도입(2004.1.1.)으로 증여세 과세대상 여부가 애매한 경우가 있다. 기여의 정도를 어디까지 볼 것인가? 미성년자에게 증여한 돈으로 삼성전자 등 특정 주식을 매입 후 재산이 증가한 경우에도 과세할 수 있는가?

이처럼 증여의 경우 쟁점이 너무 많아 납세자와 과세관청 간의 다툼이 상존할 수밖에 없고, 결국 이러한 쟁점은 법원의 판단을 받아볼 수밖에 없을 것이다.

05 혼인 · 출산 증여재산공제는 어떻게 받는 건가요

Q 곧 결혼하는데 부모님께 주택을 증여받아 신혼집으로 사용하려고 합니다. 이 경우에도 혼인 · 출산 증여재산공제 적용에 문제가 없는지 궁금합니다.

국세청 안내

증여받는 재산이 반드시 현금일 필요는 없습니다.

- **혼인 · 출산 증여재산공제 제도는 보험 증여이익, 부동산 무상사용이익 등 법에서 정한 재산을 제외하고는 일반적으로 증여받은 재산의 종류를 제한하지 않습니다.**
  - 따라서, 부동산, 주식 등을 증여받아도 혼인 · 출산 증여재산공제 적용이 가능합니다.

혼인 · 출산 증여재산공제가 적용되지 않는 주요 증여재산
• 보험을 이용한 증여행위
• 저가 또는 고가 매매에 따라 얻은 이익
• 채무 면제 또는 변제를 받아 얻은 이익
• 부동산을 무상으로 사용하여 얻은 이익
• 금전을 무이자 또는 저리로 대출받아 얻은 이익
• 재산을 자력으로 취득한 것으로 보기 어려운 자가 취득자금을 증여받아 얻은 이익
• 재산의 실제소유자와 명의자가 다를 때 명의자에게 증여한 것으로 보는 것

혼인 · 출산 증여재산공제는 증여받은 재산의 사용 용도를 제한하지 않습니다.

- **혼인 · 출산 증여재산공제는 증여받은 재산을 어떻게 사용하든 제한을 두지 않기 때문에 현금을 증여받아 전세보증금을 지급하거나 부동산을 취득하는데 사용하여도 혼인 · 출산 증여재산공제 적용이 가능합니다.**

(해 설)

혼인 · 출산 증여재산 공제(상증법 §53의2)

구 분	혼 인	출 산
요건	거주자가 직계존속으로부터 혼인일[10)] **전후** 2년 이내에 증여를 받는 경우	거주자가 **직계존속**으로부터 자녀의 출생일 또는 입양일[11)]부터 2년 이내에 증여를 받는 경우
공제액	1억원	1억원
통합한도	**기본공제 5천만원과 별도로 적용하며, 통합한도는 1억원**	
반환특례	부득이한 사유[12)]가 발생하여 (사유 발생일의 말일부터) 3개월 이내에 반환하는 경우 처음부터 증여가 없었던 것으로 본다.	
수정신고 기한 후 신고	가산세 감면, 이자상당액 납부[13)]	

» 주의사항

- 혼인 · 출산 증여재산공제는 2024.1.1. 이후 증여분부터 적용되므로 2023년 이전에 증여받은 경우 공제 받을 수 없다.
- 혼인일은 혼인관계증명서상 신고일을 말하는 것으로 결혼식을 올린 날과는 무관하다. 따라서 결혼식 날과 상관없이 혼인신고일이 2022.1.1. 이후라면 공제 가능하다.
- 2024.1.1. 이전 부모님께 결혼자금으로 빌린 돈을 2024년 이후에 안 받기로 약정하는 경우 채무면제 이익에 해당되므로 혼인 증여재산 공제가 적용되지 않는다.

---

10) 혼인관계증명서상 신고일을 말함

11) 출생신고서상 출생일 또는 입양신고일

12) 1. 약혼자의 사망
   2. 「민법」 제804조 제1호부터 제7호까지의 약혼해제 사유
   3. 그 밖에 혼인할 수 없는 중대한 사유로서 국세청장이 인정하는 사유

13) 1. 혼인 전에 혼인에 따른 공제를 받은 거주자가 증여일(공제를 적용받은 증여가 다수인 경우 최초 증여일)부터 2년 이내에 혼인하지 아니한 경우로서 증여일부터 2년이 되는 날이 속하는 달의 말일부터 3개월이 되는 날까지 수정신고 또는 기한 후 신고를 한 경우
   2. 혼인에 따른 공제를 받은 거주자가 혼인이 무효가 된 경우로서 혼인무효의 소에 대한 판결이 확정된 날이 속하는 달의 말일부터 3개월이 되는 날까지 수정신고 또는 기한 후 신고를 한 경우

출산 · 양육을 위한 주택 취득에 대한 취득세 감면[14)]

구분	내 용
대상자	자녀를 출산한 부모(미혼모, 미혼부 포함)
대상주택	자녀와 상시 거주할 목적으로 출산일부터 5년 이내에 1주택을 취득하는 경우로서 다음 요건 모두 충족(출산일 전 1년 이내에 주택을 취득한 경우를 포함) ① 가족관계등록부에서 자녀의 출생 사실이 확인될 것 ② 해당 주택이 1가구 1주택에 해당할 것(해당 주택을 취득한 날부터 3개월 이내에 1가구 1주택이 되는 경우를 포함)
감면세액	500만원 이하 취득세 - **전액**, 500만원 초과 취득세 - **500만원**
사후관리	• 취득세 추징 - 정당한 사유 없이 주택의 취득일(출산일 전에 취득한 경우에는 출산일)부터 3개월 이내에 해당 자녀와 상시 거주를 시작하지 아니하는 경우 - 해당 자녀와의 상시 거주 기간이 3년 미만인 상태에서 주택을 매각 · 증여(배우자에게 지분을 매각 · 증여하는 경우는 제외한다)하거나 다른 용도(임대를 포함한다)로 사용하는 경우 • 이자상당액 납부 1일 10만분의 22에 해당하는 이자상당액을 가산하여 납부

14) 지방세특례제한법 제36조의5

06 혼인 · 출산 증여재산공제는 초혼이나 첫째 아이 출산 시에만 적용되나요

Q 첫째 아이를 출산한지 2년이 지나서 출산 증여재산공제를 받지 못했습니다. 둘째가 곧 태어날 예정인데 출산 증여재산공제를 적용받을 수 있는지 궁금합니다.

(국세청 안내)

첫째 아이 출산 시에만 적용되는 것은 아닙니다.

- **출산 증여재산공제는 자녀의 출생순서와는 무관하게 적용되므로 둘째 출생일부터 2년 이내에 재산을 증여받으면 출산 증여재산공제가 적용됩니다.**
  - 다만, 혼인 증여재산공제와는 다르게 출생일 · 입양신고일 전에 증여 받으면 적용되지 않으므로 증여 계획이 있다면 자녀의 출생일 · 입양신고일 이후에 증여받아야 합니다.
  - 또한, 혼인 증여재산공제는 초혼, 재혼 여부와는 무관하게 적용되며, 미혼인 상태에서 자녀를 출산하거나 입양을 하더라도 출산 증여재산공제를 적용받을 수 있습니다.

혼인 · 출산 증여재산공제는 평생 1억원을 한도로 적용됩니다.

- **일반적인 증여재산공제는 10년 한도의 금액을 적용하지만, 혼인 · 출산 증여재산공제는 수증자를 기준으로 평생 적용받을 수 있는 한도가 1억원입니다.**
  - 예를 들어, 평생 한도가 1억원이므로 초혼 때 7천만원을 공제받았다면 재혼 때 3천만원을 받을 수도 있고(사례2), 또는 혼인했을 때 7천만원 공제받았다면 첫째를 낳았을 때 3천만원을 받을 수 있습니다. (사례 3)

사례	전체 : 1억원 한도				공제 가능여부
	혼인 공제 : 1억원 한도		출산 공제 : 1억원 한도		
	초혼	재혼	첫째	둘째	
1	-	-	7천만원	3천만원	가능
2	7천만원	3천만원	-	-	가능
3	7천만원	-	3천만원	-	가능
4	**-**	**1억원**	**-**	**-**	**가능**
5	**-**	**-**	**-**	**1억원**	**가능**

(해 설)

[사례 1] 최대 3억 2천만원 공제

[결혼이나 출산을 앞둔 신혼부부]

구분	부 모		장인 · 장모	
	아들	며느리	딸	사위
과세가액	150,000,000	10,000,000	150,000,000	10,000,000
일반증여재산공제	50,000,000	10,000,000	50,000,000	10,000,000
혼인 · 출산 공제	100,000,000	0	100,000,000	0
과세표준	0	0	0	0

[사례 2] 최고의 절세(방안)

결혼을 앞둔 신혼부부에게 10억원의 아파트를 마련해주려고 한다. 양가 부모가 재력이 있어 각 5억원씩 증여하는 경우 예상세액이 116,400,000원[15]인데 이보다 더 줄일 방법이 있을까?

수증자	신 랑			신 부		
증여자	부모	장인	장모	부모	시아버지	시어머니
과세가액	300,000,000	100,000,000	100,000,000	300,000,000	100,000,000	100,000,000
일반증여 공제	50,000,000	5,000,000	5,000,000	50,000,000	5,000,000	5,000,000
혼인 · 출산 공제	100,000,000	0	0	100,000,000	0	0
과세표준	150,000,000	95,000,000	95,000,000	150,000,000	95,000,000	95,000,000
세율	20%	10%	10%	20%	10%	10%
산출세액	20,000,000	9,500,000	9,500,000	20,000,000	9,500,000	9,500,000
신고세액공제	600,000	285,000	285,000	600,000	285,000	285,000
납부세액	19,400,000	9,215,000	9,215,000	19,400,000	9,215,000	9,215,000
합계	37,830,000			37,830,000		

☞ 이론적으로 4천만원 이상 절세된다. 그런데 과연 이게 가능한가?
며느리나 사위에게 주는 돈은 결국 아들과 딸에게 주는 것으로 볼 수도 있을 것(과세관청 입장)이다. 세법에 있는 절세방법대로 했는데 이게 과세될 수 있다면 납세자 입장에서는 헷갈리게 된다. 그래서 증여는 쟁점이 많다. 결국, 종합적으로 판단할 수밖에 없다는 해석이 나오게 되는 것이다.

15) (5억원－1.5억원)×20%－1천만원×(1－3%)=5천8백2십만원×2(명)=1억 164십만원

07 일반 증여재산공제의 한도계산은 어떻게 하는 것인가요

Q 아내가 남편에게 부동산을 증여받아서 6억원의 증여재산공제를 적용받았는데 추후 남편이 아내에게 증여받으면 6억원의 증여재산공제를 적용받을 수 있는지 궁금합니다.

(국세청 안내)

남편과 아내 모두 각각 증여재산공제 6억원을 적용받을 수 있습니다.

- **증여재산공제는 재산을 받는 자(수증자)를 기준으로 한도를 계산하여 적용합니다.**
  - 남편이 아내에게 증여하면 수증자가 아내, 아내가 남편에게 증여하면 수증자가 남편이므로, 각각 수증자 기준으로 증여재산공제 한도 6억원이 적용됩니다.
  - 따라서, 남편이 아내에게, 아내가 남편에게 각각 6억원을 서로 증여하더라도 각각 6억원의 증여재산공제가 적용됩니다.

증여재산공제는 증여자별 · 수증자별로 적용합니다.

- **증여재산공제는 증여자별 · 수증자별로 적용하는데 구체적인 적용예시는 아래와 같습니다. (최근 10년 내 증여받은 금액이 없다고 가정)**

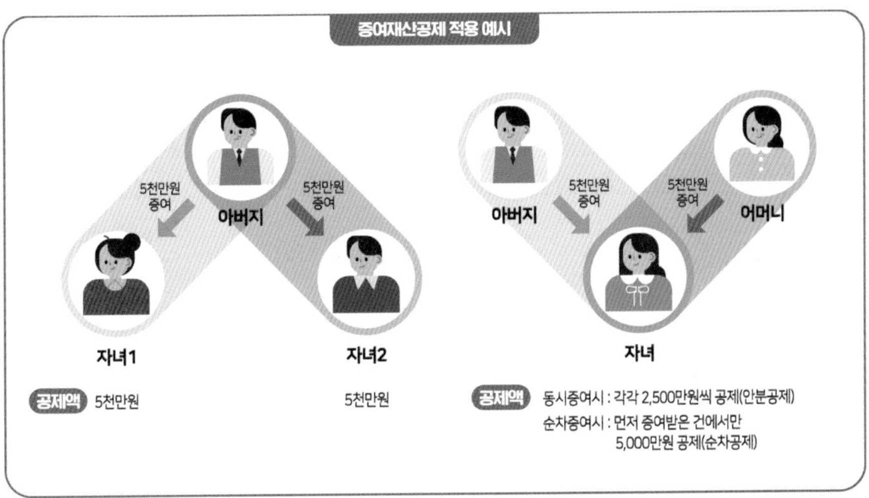

(해 설)

수증자(거주자에 限) 기준 증여재산공제(상증법 §53)

수증자를 기준으로 10년간 공제받을 수 있는 금액이므로 여러 명의 직계존속 및 직계비속 또는 친족으로부터 증여받은 경우에 **증여자별로 각각 공제받는 것**이 아님을 유의

» 직계존속에는 수증자의 직계존속과 혼인 중인 배우자를 포함 [⇨ 부와 모(계모)]

증여자	부	모	할아버지	할머니	외할아버지
	동일인		동일인		
증여가액	5천만원	5천만원	5천만원	5천만원	5천만원
증여재산공제	1천만원	1천만원	1천만원	1천만원	1천만원
과세표준	8천만원		8천만원		4천만원
세율	10%		10%		10%
할증과세			30% 할증		30% 할증

* 동시 증여한 경우 : 모두 직계존속에 해당하므로 안분계산, 증여세는 별도 계산

직계존비속 여부

구 분	여부	근 거
조부와 이혼한 조모와 손자와의 관계	○	서면4팀-838, 2005.5.27.
외조부와 외손자	○	재삼 46014-1712, 1997.7.14.
혼인외 출생자	○	서면상속증여-3088, 2016.3.28.
조부가 사망한 후 재혼하지 않은 계조모	×	재산-468, 2011.10.07.
직계존속 사망한 뒤 재혼하지 않은 계부모	×	서울행법 2014구합19957, 2015.4.3.[16]
계모의 부모	×	기획재정부재산-998, 2010.10.21.
이혼한 부와 모	○	제도 46013-10027, 2001.3.13.

16) 배우자 관계는 혼인의 성립에 의하여 발생하여 당사자 일방의 사망, 혼인의 무효・취소, 이혼으로 인하여 소멸하는 것이므로, 부부 일방이 사망함으로써 그와 생존한 상대방 사이의 배우자 관계는 소멸한다. (대법원 2013.8.30.자 2013스96결정 참조) 또한 민법 제769조에 의하면 혈족의 배우자는 인척에 해당하며, 민법 제755조는 인척관계는 혼인의 취소 또는 이혼 내지 부부의 일방이 사망한 경우 생존 배우자가 재혼한 때에 종료한다고 규정하고 있다.
재혼하지 않은 경우 인척이므로 기타친족에 해당된다.

08 부모에게 돈을 빌린 경우 어떤 기준으로 증여세가 과세되나요

Q 주택 취득자금 중 일부를 부모님에게 빌리려고 합니다. 무이자나 저리로 빌려도 증여세가 과세되지 않는 한도가 있다고 하는데 정확한 기준이 무엇인지 궁금합니다.

(국세청 안내)

부모님에게 금전을 빌린 경우 증여세가 과세될 수 있습니다.

- **일반적으로 부모님에게 금전을 빌린 경우 증여받은 것으로 추정하여 증여세가 과세될 수 있으나,**
  - 금전을 빌리고 갚은 사실이 차용증서, 이자지급사실 등에 의하여 객관적으로 명백하게 입증되면 금전소비대차계약으로 인정되어 증여세가 과세되지 않습니다.
  - 다만, 부모님에게 추후 원금을 갚지 않으면 증여한 것으로 보아 증여세가 과세될 수 있는 점 유의하시기 바랍니다.

금전소비대차계약으로 인정되면 일정 금액의 원금까지는 무이자나 저리로 빌려도 증여세가 과세되지 않습니다.

- **금전을 무이자 또는 적정 이자율(현행 연 4.6%)보다 저리로 빌려 아래와 같이 계산된 증여재산가액이 1천만원 이상(1년 기준)이면 증여세가 과세되고, 1천만원 미만(1년 기준)이면 증여세가 과세되지 않습니다.**

증여재산가액
❶ 무이자로 빌린 경우 : 빌린 원금 × 4.6%
❷ 적정 이자율보다 낮은 이자율로 빌린 경우 : 빌린 원금 × 4.6% - 실제 지급한 이자 상당액

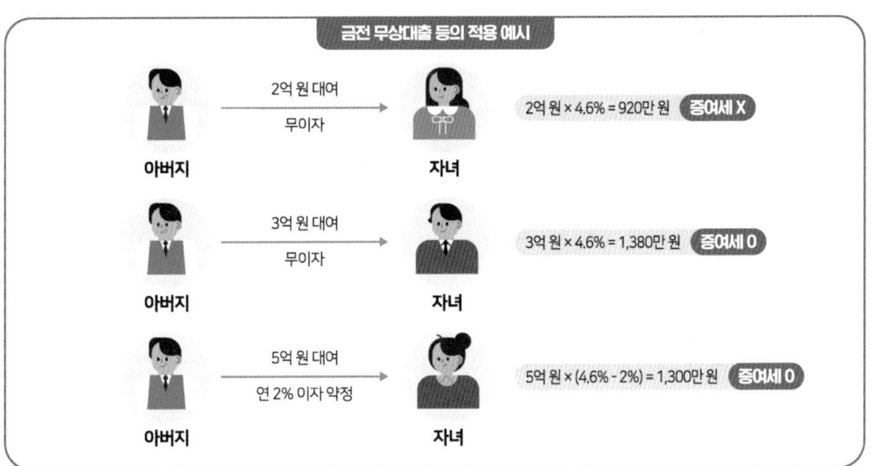

[해 설]

금전무상대출 등에 따른 이익의 증여(상증법 §41의4)

구 분	내 용
취지	금전을 무상으로 대출받았더라도 적정이자율로 계산한 이자에 대해서는 증여세를 과세하여 조세정의를 실현하려는 데 그 취지가 있는데, 금전 무상대출 등에 따른 이익을 다른 증여재산과 달리 합산배제증여재산에 포함하지 않는 것은 위와 같은 입법목적을 달성하기 위해 증여재산가액을 합친 금액이 1,000만원 이상인 경우에 한하여 수증자에게 불이익을 주려는 것이다.[17]
과세대상	타인으로부터 금전을 무상으로 또는 적정이자율보다 낮은 이자율로 대출받는 경우
증여재산 가액	**1천만원 이상만 적용**(상증령 §31의4 ②) ① (무상대출) 대출금액 × 적정이자율(4.6%) ② (저율대출) 대출금액 × 적정이자율 - 실제 지급한 이자상당액
증여시기	금전을 대출받은 날, 대출기간이 1년 이상인 경우에는 1년이 되는 날의 다음 날에 매년 새로 대출받은 것으로 봄

해석 사례

구 분	내용	근 거
직계존비속 간 금전소비대차(차용)	인정× (원칙)	서면4팀 - 1036, 2004.7.7.
차용 입증책임	납세자	서울고법 2014누51236, 2014.11.20.
형식적 금전소비대차계약서(가장행위)	인정×[18]	부산지법 2020구합20355, 2020.12.10.
1천만원 미만⇨기존 증여재산 합산	×[19]	서면상속증여 2016 - 4687, 2018. 6.21.

17) 수원지법 2020구합64317, 2021.10.14.

18) 금전소비대차계약 형식을 빌려 이자까지 지급한 외관이 있더라도 실질이 가장행위라면 인정할 수 없다.

19) 무상대여한 증여재산가액이 1천만원 미만인 경우 과세하지 않으므로 기존의 증여재산과도 합산하지 않는다.

Q1. 아들이 집을 사는데 은행 대출로는 부족해 부모가 좀 지원해 주려고 한다. 이때 2억원까지는 증여세가 없다고 하던데?

A 금전무상대출의 경우 증여재산가액이 1천만원 미만인 경우 과세하지 않는다. 현재 적정 이자율은 4.6%이므로 1천만원이 되는 금액은 217,391,304원(= 10,000,000 ÷ 4.6%)이므로 2억원까지 무상으로 대여해도 증여세가 없다고 하는 것이다.

Q2. 차용증을 작성하고 2억원을 주면 되는가?

A 국세청은 단순히 차용증만 있다고 해서 증여세를 부과하지 않는 게 아니고 그 자금 거래가 금전소비대차(차용) 또는 증여에 해당되는지 여부는 당사자 간 계약, 이자지급사실, 차입 및 상환내역, 자금출처 및 사용처 등 당해 자금거래의 구체적인 사실을 종합하여 판단한다. (서면상속증여 2019-3885, 2020.6.29.) 즉, 케이스별로 종합적으로 판단하여 증여 여부를 따진다. 국세청은 객관적으로 차용이라는 명백한 정황이 없다면 과세하는 쪽으로 해석하는 편이다.

Q3. 그럼 어떻게 해야 하나?

A 차용증 작성은 기본이다. 법에서 정한 차용증 양식은 없다. 일반적으로 대여자와 차입자의 인적사항과 서명, 원금과 이자의 상환방법과 상환기일 등이 구체적으로 기재되어야 한다. 또한, 차용증의 공신력을 위해 공증을 받거나, 이메일이나 문자, 내용증명 등의 증거를 남겨두는 게 좋다.

차용을 한다는 건 정해진 기한에 원금을 갚겠다는 것이므로 차용자가 갚을 능력이 없거나 무기한으로 차용하는 것으로 할 경우 인정받기 어려울 것으로 판단된다.[20]

---

20) 청구인들이 제시한 금전소비대차계약서는 상환기간이 최장 15년까지 연장될 수 있는 장기계약임에도 무이자로 설정하였고, 특수관계자 간의 거래임에도 공증은 받으면서도 담보설정 등 채권보전에 관한 약정은 없는 등 통상적인 금전소비대차계약과 그 형식이나 내용에 차이가 있는 점, 청구인들의 주 수입원은 유한회사 ○○에서 받는 급여 및 배당액이 전부이고, 최근 3년 동안의 수입 및 지출금액을 보더라도 지출금액이 수입금액을 초과하고 있어서 현실적으로 청구인들에게 쟁점금액을 상환할 능력이 있다고 보기 어려운 점 등에 비추어 청구인들이 쟁점금액을 차입한 것으로 보기는 어려움. (조심 2020전809, 2020.6.25.)

대여 기간은 상증법상 10년 내 증여재산을 합산하는 규정을 고려할 때 10년(일반적으로 5년 단위)을 넘기지 않는 것이 좋을 것이다.

Q4. 이자를 은행보다 싸게 받으면 어떻게 되나?

A 국세청 이자율보다 낮게 받은 이자율과의 차액이 1천만원 이상일 경우 증여세가 과세된다. 예를 들어 2%의 이자를 받는 경우 대여 가능한 금액은 384,615,384원[1천만원 ÷ (4.6% − 2%)]이 된다. 만약 금전소비대차계약서만 있고 이자 지급을 하지 않는다면 증여로 과세 될 가능성이 크다.[21] 은행 대출금리가 높을 경우 무상으로 빌려주는 것보다 낮은 이자율로 빌려주는 게 더 유리할 수도 있다. 다만, 부모입장에서는 받는 이자소득에 대해 27.5%(지방세 포함)의 이자소득세를 납부하고 금융소득종합과세 되는 단점은 있다. 부모가 소득이 많을 경우 종합소득세를 추가로 납부해야 하므로 상황에 따라 적절한 방법을 고민해야 할 것이다.

Q5. 국세청 이자율이 바뀌면 어떻게 되는가?

A 상증법 제41조의4 제2항에서 대출 기간이 1년 이상인 경우 1년이 되는 날의 다음 날에 매년 새로이 대출을 받은 것으로 보므로[22] 이자율이 오르면 종전 금전소비대차계약서를 그대로 둘 경우 증여세 과세되므로 주의가 필요하다.

21) 청구인은 아버지로부터 쟁점 금액을 수취한 것은 차용이라고 주장하며 금전소비대차계약서를 제출하였으나, 청구인이 금전소비대차 사실을 입증하는 자료로 제출한 쟁점 차용증에 이자율, 이자 지급시기, 원금상환기일 등에 관한 내용이 없어 금전대차 사실이 객관적으로 확인되지 아니하는 점, 청구인이 원금이나 이자를 지급하지 않고 있다가 이 건 세무조사가 시작된 후 ◎년 이자에 상당하는 금액을 일시에 지급하고 그 후 매월 ◇ 백만원씩 지급하기 시작한 점 등에 비추어 증여가 아닌 다른 목적으로 행하여진 특별한 사정이 있었다고 보기 어려워 청구인이 증여받은 것으로 보아 증여세를 부과한 처분은 잘못이 없는 것으로 판단됨. (조심 2020서1559, 2020.8.3.)

22) 금전 무상대부에 따른 증여시기는 대출기간이 1년 이상인 경우 1년이 되는 날의 다음 날에 매년 새로 대출을 받은 것으로 보는 것이며, 이 날이 상속개시 전 5년 이내에 범위라면 사전에 증여한 재산으로 보아 상속세 과세가액에 합산하는 것임. (대법 2011두10959, 2012.7.26.)

Q6. 인터넷에서 언급하고 있는 무이자 원금분할상환방식이 뭔가?

	무이자원금분할방식
내용	• 국세청에서 직계존비속 간의 차용은 자금출처를 인정하지 않는 게 원칙 (상증통 45-34…1) → 자금출처로 인정받기 위해 이자를 받을 경우 이자소득 원천지징수와 금융소득 종합과세 문제 발생 • 이를 해결하고 자금출처로 인정받기 위해 원금을 매월(분기/년) 일정액씩 상환하는 방식을 권장
국세청	• 2억원 미만의 무상대여(10년간 분할원금상환)에 대해서도 이자 지급사실, 차입 및 상환내역, 자금출처 및 사용처 등 해당 자금거래의 구체적인 사실을 종합하여 판단할 사항이라는 원론적인 해석[23]
	2억원 이하의 무상대출은 문제 없다?
의견	• 2억원 이하의 무상대출은 문제가 없다는 의견과 국세청이 원칙적으로 증여로 추정하므로 원금 상환이 필요하다는 의견으로 나뉜다. • 개인적으로 2억원 이하의 무상 대출의 경우 절세권 차원에서 접근해야 한다고 본다. 취득 자금이 부족하여 **세법의 한도 내**에서 무이자 대출을 받는데 원금 상환이나 이자 지급을 해야 증여로 보지 않는다고 해석하는 건 앞뒤가 맞지 않는다. 수증자의 자금 사용처가 확인되고 수증자가 변제능력(직업 · 소득)이 있다면 증여로 보지 않는 것이 합리적이다.
결론	• 현재 국세행정 등을 고려할 때 과세 쟁점이 되는 걸 방지하기 위해 매년 1회 정도 가능한 범위 내에서 원금을 변제하고 잔액은 변제기한에 재연장하는 게 현실적 방안이라 생각한다.

Q7. 부모와 조부모로부터 각각 2억원을 무상으로 받을 수 있을까?

A 증여자별 수증자별 과세 원칙이므로 이론상 가능하나 국세청 예규처럼 종합적으로 판단할 수밖에 없어 보인다. 4억원을 변제할 능력이 있는지가 핵심이 될 것이다. 시중에는 사회통념상 본인 소득의 5배 범위 내에서 적정하다고 하나 국세청의 명확한 해석은 없다. 변제기한 최장 10년, 본인 소득 5천만원이라면 4억원도 가능하다고 할 수 있지만 획일적으로 적용하기는 어렵다. **은행에서 가능한 대출액이 기준**이 될 수도 있을 것이다.

💡 2억원까지 자녀에게 무상대출 가능하나 자녀의 변제능력이 필요하다.

23) 서면상속증여 2016-4687, 2018.6.21.

09 아버지 소유 주택을 시세보다 저렴하게 매입해도 증여세가 나오나요

Q **아버지가 보유한 시가 8억원 상당의 주택을 매매대금으로 3억원만 드리고 취득하려고 합니다. 매매대금의 일부를 주고 주택을 취득하는데도 증여세가 과세되는지 궁금합니다.**

(국세청 안내)

특수관계인으로부터 재산을 시가보다 낮은 가액으로 취득하면 낮은 가액으로 취득한 자가 증여세를 내야 할 수도 있습니다.

- 특수관계인으로부터 재산을 시가보다 낮은 가액으로 취득하는 경우로서 그 대가와 시가의 차액이 기준금액 이상이면 낮은 가액으로 취득하여 이익을 얻게 된 자가 증여세를 내야 합니다.

저가양수에 따른 이익의 증여

❶ 과세요건 : 대가와 시가의 차액≥ 기준금액*

* Min[시가의 30%, 3억원]

❷ 증여재산가액 = 대가와 시가의 차액 −Min[시가의 30%, 3억원]

자주 나오는 증여세 용어

☑ **특수관계인** : 법에서 정한 특수한 관계에 있는 자로서, 개인의 경우 배우자, 4촌 이내의 혈족, 3촌 이내의 인척 등이 해당함

재산을 시가보다 낮은 가액으로 취득하여 증여세가 과세된 증여재산가액은 추후 해당 재산을 팔 때 취득가액으로 인정됩니다.

- 아버지로부터 저가로 취득한 주택을 아들이 나중에 팔 때 해당 증여재산가액 2.6억원도 취득가액으로 인정됩니다.

➡ 부동산 양도시 취득가액 = $\frac{\text{3억원}}{\text{(매매대금)}} + \frac{\text{2.6억원}}{\text{(증여재산가액)}}$

[해 설]

저가양수 또는 고가양도에 따른 이익의 증여(상증법 §35)

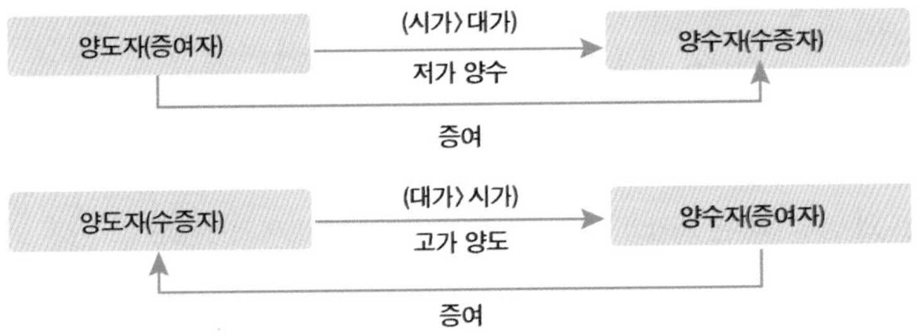

» 증여세 과세 취지

민법상의 증여는 증여자가 재산권을 수증자에게 무상으로 주는 의사표시를 하고 수증자는 이를 승낙함으로써 성립하는 계약이다. 그러나 매매계약에 의한 재산의 유상양도는 민법상 증여가 아닌 점을 이용하여 현저히 저렴한 가액으로 자녀 등에게 이전시키는 경우 그 재산의 정상적인 가액과 자녀 등이 지급한 대가와의 차액은 실질적으로는 증여받은 것과 동일한 효과가 있으므로 경제적 실질과세원칙에 따라 증여세를 과세함으로써 변칙적인 증여행위에 대처하고 과세의 공평을 도모하려는 목적으로 볼 수 있다.

[특수관계인 간 과세요건 및 증여재산가액]

구분	요 건	증여재산가액
저가 양수	(시가－대가) ≥ Min(시가의 30% or 3억원)	(시가－대가)－Min(시가의 30% or 3억원)
고가 양도	(대가－시가) ≥ Min(시가의 30% or 3억원)	(대가－시가)－Min(시가의 30% or 3억원)

[특수관계인이 아닌 자간 과세요건 및 증여재산가액]

구 분	요건(정당한 사유 없을 것)[24]	증여재산가액
저가 양수	(시가－대가) ≥ 시가의 30%	(시가－대가)－3억원
고가 양도	(대가－시가) ≥ 시가의 30%	(대가－시가)－3억원

24) 특수관계가 없는 자 사이의 거래에 대하여는 '거래의 관행상 정당한 사유가 없을 것'이라는 과세요건을 추가하고 있다. 따라서 납세자가 정당한 사유를 입증하게 되면 증여세는 과세되지 아니한다. (대법원 2017두61089, 2018.3.15.)

저가 양도에 따른 양도소득세와 증여세의 과세(특수관계인 간)

납세의무자	세목	과세 내용	과세 요건
양도자	양도 소득세	양도소득세를 실거래가액으로 계산할 때 시가를 양도가액으로 하여 양도소득세 계산	시가와 거래가액의 차액 3억원 이상 또는 시가의 5% 이상
양수자	증여세	시가와 대가와의 차액에서 시가의 30%와 3억원 중 적은 금액을 차감한 가액이 증여재산가액	시가와 대가와의 차액 3억원 이상 또는 시가의 30% 이상

▶ 저가 양도의 경우 대부분 시가의 5% 규정 때문에 양도소득세가 과세된다.

고가 양도에 따른 양도소득세와 증여세의 과세(특수관계인 간)

납세의무자	세목	과세 내용	과세 요건
양도자	증여세	대가와 시가의 차액에서 시가의 **30%**와 3억원 중 적은 금액을 차감한 가액이 증여재산가액	대가와 시가의 차액 3억원 이상 또는 시가의 **30%** 이상
	양도 소득세	양도소득세를 실거래가액으로 계산할 때 양도가액에서 증여재산가액을 차감하여 양도소득세 계산	시가와 거래가액의 차액 3억원 이상 또는 시가의 **5%** 이상
양수자	–	향후 재산 양도로 양도소득세 계산할 때 취득가액은 시가로 함. (☆ 대가가 아님)	–

▶ 양수자는 부당행위계산 부인으로 취득가액이 시가로 됨. (→ [사례 3] 참고)

부당행위계산 부인

≫ 세법에서는 당사자 간 적법하게 성립된 거래라도 납세자가 정상적인 경제인의 합리적인 거래형식에 의하지 아니하고, 비정상적인 방식(시가보다 저가로 판매하거나 고가로 매입하는 경우)을 선택함으로써 조세의 부담을 부당하게 감소시킨 것으로 인정되는 경우에는 이를 부인하는 규정을 두고 있는데, 이를 부당행위계산의 부인이라 한다.

[부당행위계산 부인 및 고저가 양수도에 따른 증여 해당 여부 판정기준일]

구 분	특수관계성립여부	시가판정기준일	비 고
부당행위계산 부인	매매계약일	매매계약일	대법원 99두1731, 2001.6.15.[25]
고저가 양수도 증여	매매계약일	대금청산일	

▶ 시가가 급등락하는 경우 주의가 필요하다 → 사례연구 참고

25) 부당행위계산에 해당하는지 여부를 결정하는 기준시기를 거래 당시 즉 매매계약체결일로 본 것

사례연구

2020.11.1. 계약 9억45백만원		2020.11.21. 계약 945x70%≒662⇒7억원		2020.12.22. 계약 12억 39백만원
같은 동&면적		부(父)➟자(子) 저가양도		같은 동&면적
유사매매사례		해당 아파트 매매		유사매매사례
시가(납세자)	⇦	2020.12.22. 대금청산 2021.1.5. 양도세 신고	⇨	시가(국세청) ✓

구분	판단 기준일	적 용
부당행위	매매계약일(2020.11.1.)	945백만원 × 5% ≤ 245백만원 ∴부인
시가	잔금청산일(2020.12.22.)	가장 가까운 날(유사사례가액)∴12억 39백만원

판단(심사 증여 2022-48, 2023.1.18.)

구분	당초 신고	조사결정 고지	구분	증여세
양도가액	700,000,000	1,239,000,000		
양도소득세	141,730,330	398,950,970	증여재산가액	1,239,000,000
증여세	신고 ×	36,244,527	과세표준	1,189,000,000
총부담세액	576,925,810		증여세	306,132,000

처분청이 청구인에게 과세한 이건 양도소득세와 아들에게 과세한 증여세는 달리 잘못이 없다.

> **» 개인 의견**
> 부당행위계산 부인 대상임에도 양도가액을 7억원으로 신고한 것은 이해되지 않으나, 두 달 사이에 매매가액이 3억원이 급등한 아주 예외적인 경우로 매매사례가액으로 증여신고한 경우에 비해 가혹하다(증여신고보다 세부담이 2.7억원 많다)는 청구인 주장은 일리가 있어 보인다. 또한, 양도소득세 신고 시점(2021.1.5.)에는 시가로 인정되는 유사사례가액(2020.12.22.)이 확인되지 않을 수 있어 납세자 입장에서는 억울한 부분도 있다. 법원의 판단이 어땠을지 모르겠으나 이 사안의 경우 감정평가가 현실적 방안으로 판단된다.

은 그 제도의 취지를 고려한 결과이고, 양도차익을 계산하기 위한 기준시기는 과세관청이 부당행위계산에 해당한다고 하여 이를 부인한 후 스스로 양도차익을 계산함에 있어서 그 경우에 적용할 기준시기에 관한 특별규정이 없어 취득 및 양도시기에 관한 일반원칙을 적용한 결과로서, 양자는 그 선택의 이유와 기준을 달리하므로 양자가 기준시기를 달리 본다고 하여 불합리한 것은 아니라고 할 것이다.

사례

[사례 1] 아버지 소유의 아파트를 아들에게 저가 양도한 경우

- 양도조건 : 2023.10.1. 아파트(1세대 2주택 가정)를 3억원에 양도
- 양도 당시 시가 : 5억원　　　　　　- 취득가액 : 3억원
- 필요경비 : 1천만원　　　　　　　　- 취득일자 : 2018.3.23.

양도소득세	아버지	증여세	아 들
과세요건	5억원 - 3억원 ≥ 5억원 × 5% (○)	과세요건	5억원 - 3억원 ≥ 5억원 × 30%
양도차익	5억원 - 3억원 - 0.1억원 = 1.9억원	증여재산가액	5억원 - 3억원 - (5억원 × 30%) = 0.5억원
장기보유공제	19백만원	증여재산공제	0.5억원[26]
양도소득	171백만원	증여세	0
양도소득세	44백만원[27]		
지방소득세	4.4백만원		
합 계	약 5천만원		

▶ 만일 무상 증여하였을 경우 증여세는 약 78백만원[28](증여세 납부 여력 있다고 가정)으로 **저가 양도가 절세효과 있음을 알 수 있다.** 만약 양도 아파트가 1세대 1주택에 해당될 경우 양도소득세는 비과세되고 증여세도 0원이 되어 세부담이 없게 된다.

[사례 2] 아버지 소유의 아파트를 아들에게 저가 양도한 경우

- 양도조건 : 2023.10.1. 10억원에 양도 [1세대 2주택자임(중과대상 아니라고 가정)]
- 양도 당시 시가 : 15억원　　　　　　- 취득가액 : 5억원
- 필요경비 : 1억원(리모델링)　　　　　- 취득일자 : 2018.3.23.

양도소득세	아버지	증여세	아 들
과세요건	15억원 - 10억원 ≥ 15억원×5% (○)	과세요건	15억원 - 10억원≥ 3억원
양도차익	15억원 - 5억원 - 1억원 = 9억원	증여재산가액	(15억원 - 10억원) - 3억원 = 2억원
장기보유공제	0.9억원	증여재산공제	0.5억[29]
양도소득	8.1억원	증여세	2천만원
양도소득세	304백만원		
지방소득세	30.4백만원		
합 계	약 3.3억원		

26) 10년 이내 증여재산 없다고 가정
27) 중과 대상 아닌 것으로 가정
28) [(5억원 - 0.5억원)×20% - 10,000,000]×97%(신고세액공제 후)

▶ 총부담 세액 약 3.5억원으로 무상 증여의 증여세 4억원보다 세부담이 적다.

※ 10억원 초과하는 자산은 저가 양수를 통해 3억원까지 공제받는 효과가 발생한다.

» 무상 증여의 경우 : 증여세 [(15억원 – 0.5억원) × 40% – 1.6억원] × (1 – 3%) ≒ 4억원
무상 증여의 경우 증여세 4억원을 아들이 부담하는(만약, 4억원을 납부할 능력이 없다면 증여세 대납액에 부과되는 증여세를 포함하면 약 5.6억원의 증여세 부담) 반면, 양도소득세는 아버지가 부담하게 된다.

[사례 3] 아들 소유의 아파트를 아버지에게 고가 양도한 경우

– 양도조건 : 2023.10.1. 아들 소유의 아파트를 10억원에 양도
– 양도 당시 시가 : 5억원　　– 취득가액 : 5억원
– 취득일자 : 2018.3.23.

양도소득세	아 들	증여세	아 들
과세요건	10억원 – 5억원 ≥ 5억원×30% (O)	과세요건	10억원 – 5억원 ≥ 5억원×30% (O)
양도가액	6.5억원*	증여재산가액	(10억 – 5억원) – 1.5억원=3.5억원
취득가액	5억원	증여재산공제	0.5억원[30]
양도차익	1.5억원		
장기보유공제	15백만	과세표준	3억원
양도소득	135백만원	산출세액	50백만원
양도소득세	31.8백만원[31]		
지방소득세	3.2백만원		
합계	약 35백만원		총부담액 약 85백만원

* 이중과세 조정을 위해 양도가액(10억원)에서 증여재산가액(3.5억원)을 차감한다.

▶ 현금 5억원을 증여할 때 증여세 약 78백만원인 반면, 고가 양도의 경우 취득세까지 고려하면 더 불리함을 알 수 있다. 또한, 양수자인 아버지의 **취득가액은 10억원이 아니라** 시가인 5억원으로 양도소득세를 계산하게 된다. 따라서 예외적인 경우[32]가 아니면 고가 양도의 경우 대부분 실익이 없다.

💡 부모와 자식 간 거래할 때 저가 양수를 활용하라.

29) 10년 이내 증여재산 없다고 가정
30) 10년 이내 증여재산 없다고 가정
31) 중과 대상 아닌 것으로 가정
32) 둘 다 1세대 1주택 비과세를 적용받을 수 있는 경우

10 창업시 증여받는 자금에 대해 세금혜택이 있나요

Q 음식점 창업을 준비하고 있는데 부모님의 도움을 받아 상가보증금, 인테리어 비용 등에 충당하려고 합니다. 이런 경우에 받을 수 있는 증여세 세금혜택이 있는지 궁금합니다.

국세청 안내

창업자금으로 증여받은 금전에 대해 5억원까지 증여세를 내지 않아도 됩니다.

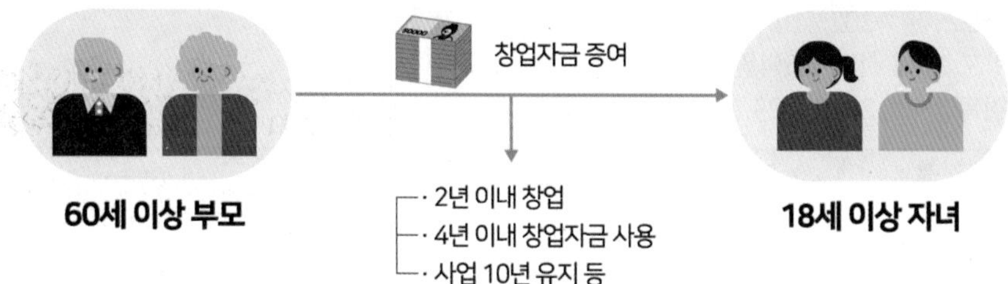

- **18세 이상의 자녀가 60세 이상의 부모로부터 중소기업을 창업할 목적으로 현금 등을 증여받으면 5억원을 공제하고 5억원을 초과하는 금액에 대해서 10%의 세율로 증여세를 계산하기 때문에 증여받은 금액 5억원까지는 납부할 증여세가 발생하지 않습니다. (창업자금에 대한 증여세 과세특례)**
  - 여기서 증여대상 물건은 양도소득세 과세대상이 아닌 재산이어야 하므로 창업자금은 현금과 예금, 채권 등을 들 수 있습니다. 그리고 주의해야 할 점은 창업자금 과세특례가 적용되는 업종인지를 창업 전에 꼭 확인하여야 합니다.

창업자금 증여세 과세특례는 사후관리에 특히 신경 써야 합니다.

- **창업자금 증여세 과세특례는 창업을 지원하는 데 그 목적이 있기 때문에 증여받은 자녀는 증여받은 날부터 2년 이내에 반드시 창업을 해야 하며, 4년 이내에 창업자금으로 모두 사용해야 합니다.**
  - 또한, 창업 후 10년 이내 해당 사업을 폐업하거나 휴업하게 되면 일반적인 증여와 동일한 방법으로 증여세를 계산해서 내야 하며, 이때는 이자까지 내야 합니다.
  - 한편, 증여한 부모가 사망하면 과세특례를 적용받은 창업자금은 상속세를 계산할 때 상속세 과세가액에 가산하여야 합니다.

해 설

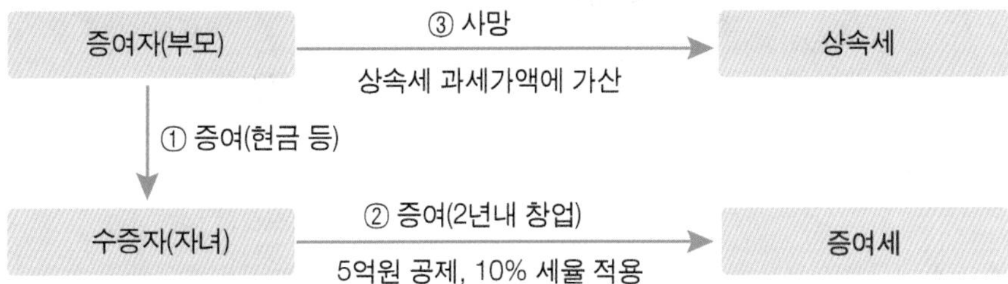

☞ 증여자 사망시 상속세로 정산하고, 사후관리요건을 위반한 경우 일반 **증여세율(10%~50%)로 계산한 증여세와 이자상당액(연 8.03%)**[33]을 추징하므로 신중히 결정하여야 한다.

창업자금에 대한 증여세 과세특례

구분	내 용
관련법	조세특례제한법 제30조의5
대상	양도소득세 과세대상이 아닌 재산으로 창업중소기업[34] 창업[35]
한도	50억원(10명 이상 신규고용시 100억원)
과세특례	**과세가액에서 5억원 공제 & 10% 세율 적용** **증여자 사망시 증여 당시의 가액을 상속가액에 가산**
신청	증여세 신고기한까지 창업자금 특례신청 및 사용내역서를 납세지 관할 세무서장에게 제출 ⇨ 특례신청을 하지 아니한 경우에는 적용 불가

» 양도소득세 과세대상자산(부동산, 주식 등) 제외 이유

증여시점까지 발생한 양도소득세 회피 수단으로 악용될 소지가 있기 때문

예 시가 30억원의 토지(양도소득세 10억원 가정)

① 현금화하여 증여시 증여가능금액 : 18억 5천만원
(30억원 - 양도세 10억원 - 증여세 1.5억원)

② 부동산으로 증여시 증여가능금액 : 27억 5천만원(30억원 - 증여세 2.5억원)

---

33) 증여세의 과세표준 신고기한의 다음 날부터 추징사유가 발생한 날까지의 기간 × 1일 22/100,000

34) 조세특례제한법 제6조 제3항에서 해당 업종 확인가능

35) **창업으로 보지 않는 경우**

① 합병·분할·현물출자 또는 사업의 양수를 통하여 종전의 사업을 승계하거나 종전의 사업에 사용되던 자산을 인수 또는 매입하여 같은 종류의 사업을 하는 경우

② 거주자가 하던 사업을 법인으로 전환하여 새로운 법인을 설립

③ 폐업 후 다시 개시한 사업이 폐업 전과 동일한 종류일 경우

④ 다른 업종을 추가하는 등 새로운 사업을 최초로 개시하는 것으로 보기 곤란한 경우

⑤ 창업자금을 증여받기 이전부터 영위한 사업의 운용자금과 대체설비자금 등으로 사용하는 경우

사후관리(추징사유)

추징사유	증여재산가액
2년 내 창업하지 않은 경우	창업자금
창업자금으로 타업종을 영위	타업종 창업자금
새로 증여받은 창업자금을 당초 창업사업과 무관하게 사용	당해 목적에 사용하지 아니한 창업자금
증여 후 4년 이내 창업목적에 사용하지 아니한 경우	미사용 창업자금
증여 후 10년 내 창업자금(가치증가분 포함)을 타 용도로 사용하는 경우	타 용도로 사용된 금액
창업 후 10년 내 사망(수증자)·휴·폐업(실질적 휴업 포함)하는 경우[36]	창업자금(창업으로 인한 가치증가분 포함)
증여받은 창업자금이 50억원을 초과하는 경우로서 5년 이내 근로자 수가 줄어든 경우 * [창업한 날의 근로자 수-(창업을 통해 신규 고용한 인원 수-10명)]보다 적은 경우	**50억원을 초과하는 창업자금**

기타 특례

내 용
상속세 납부의무와 연대납부의무를 적용할 때 상속재산에 가산하는 증여재산으로 보지만, **상속공제한도 계산 때는 상속세 과세가액에서 차감하지 않는다**.
상속세 산출세액에서 창업자금에 대한 증여세액을 공제하며, 공제할 증여세액이 상속세 산출세액보다 많은 경우 그 차액에 상당하는 증여세액은 **환급하지 않는다**.
동일인으로부터 증여받은 다른 증여재산의 가액은 창업자금에 대한 증여세 과세가액에 가산하지 않는다[⇨ 일반 증여재산(10%~50%)과 창업자금(10%)은 따로 증여세 계산한다]
증여세 과세표준을 신고하는 경우에도 **신고세액공제를 적용하지 않는다**.
창업자금에 대한 과세특례를 적용받는 거주자는 **가업의 승계에 대한 증여세 과세특례를 적용하지 않는다**.

36) 추징배제사유
① 수증자가 창업자금을 증여받고 창업 전·후 또는 완료후에 사망한 경우로서 수증자의 상속인이 당초 수증자의 지위를 승계하여 창업하는 경우
② **부채가 자산을 초과하여 폐업하는 경우**
③ 최초 창업 이후 영업상 필요 또는 사업전환을 위하여 1회에 한하여 2년(폐업의 경우에는 폐업 후 다시 개업할 때까지 2년) 이내의 기간 동안 휴업하거나 폐업하는 경우(휴업 또는 폐업 중 어느 하나에 한한다)

해석 사례

구 분	내용	근 거
창업자금 받은 상속포기자 연대납부의무	○	서면상속증여 2019-1346, 2019.6.12.
사업자등록 후 창업자금 받는 경우	창업 ×[37]	서면상속증여 2015-2128, 2015.11.19.
창업자금과 일반증여 동시에 받는 경우	각각 공제	상속증여-372, 2014.9.25.
일반증여로 수정신고 후 가업승계 증여특례	적용 불가	상속증여-395, 2013.7.22.
특례적용 뒤 상속세 신고 후에도 사후관리	적용	기획재정부재산-678, 2011.8.22.
부모와 동종사업 창업도 인정	○[38]	재산-914, 2010.12.10.
2회 이상 또는 부모 각각 증여받는 경우	합산	재산-4455, 2008.12.30.

사례

[가정]

- 아버지가 아들에게 창업자금 20억원을 사전증여하는 경우
- 상속인 : 배우자, 아들
- 상속 당시(10년 뒤) 상속재산 가액 30억원(금융재산 10억원)
- 창업자금을 증여하지 않은 경우 상속 당시 상속재산 가액 55억원

구분	사전증여 X	[1] 창업특례		[2] 일반증여	
		상속세	증여세	상속세	증여세
과세가액	5,500,000,000	3,000,000,000	2,000,000,000	3,000,000,000	2,000,000,000
합산		2,000,000,000		0	
상속(증여)공제	1,200,000,000	1,200,000,000	500,000,000	1,200,000,000	50,000,000
과세표준	4,300,000,000	3,800,000,000	1,500,000,000	1,800,000,000	1,900,000,000
세율	50%	50%	10%	40%	40%
산출세액	1,690,000,000	1,440,000,000	150,000,000	560,000,000	600,000,000
증여세액공제		150,000,000		0	
신고세액공제	50,700,000	38,700,000	0	16,800,000	18,000,000
납부세액	**1,639,300,000**	1,251,300,000	150,000,000	543,200,000	582,000,000
계		1,401,300,000		1,125,200,000	

37) 증여받은 후 창업해야 됨에 주의하여야 한다.

38) 창업으로 보지 아니하는 경우에 해당하지 않아야 한다.

☞ 일반증여의 경우 수증자가 증여세를 납부할 여력이 있는지에 따라 다르겠지만,[39] 상속이 증여 후 10년(사전증여합산기간) 이내 일어나지 않는다면 일반증여가 유리함을 알 수 있다. 또한, 사후관리 규정을 지키지 못할 경우 이자상당액까지 납부해야 되는 점을 고려하면 절세효과가 크다고 보기 어렵다.

만약, 사전증여재산 10억원, 상속재산이 15억원 이라고 할 경우

구분	사전증여 X	[1] 창업특례		[2] 일반증여	
		상속세	증여세	상속세	증여세
과세가액	2,500,000,000	1,500,000,000	1,000,000,000	1,500,000,000	1,000,000,000
합산		1,000,000,000		0	
상속(증여)공제	1,000,000,000	1,000,000,000	500,000,000	1,000,000,000	50,000,000
과세표준	1,500,000,000	1,500,000,000	500,000,000	500,000,000	950,000,000
세율	40%	40%	10%	20%	30%
산출세액	440,000,000	440,000,000	50,000,000	90,000,000	285,000,000
증여세액공제		50,000,000		0	
신고세액공제	13,200,000	11,700,000	0	2,700,000	8,550,000
납부세액	426,800,000	378,300,000	50,000,000	87,300,000	276,450,000
계		428,300,000		363,750,000	

수증자가 증여세를 납부할 여력이 부족한 경우

일반증여 (2억원 대납가정)	
증여세	1.5억원 × 40% + 0.5억원 × 30% → 약 75백만원 증가
총납부	**438,750,000**(창업특례 428,300,000보다 약간 불리)

결국, 케이스별로 절세액이 달라질 수 있으므로 시뮬레이션을 한 뒤 판단해야 한다.

창업자금 과세특례는 절세효과가 크지 않을 수 있으므로 신중히 판단하라.

39) 증여세를 대납할 경우 232,800,000원(=582,000,000 × 40%) 추가 납부하더라도 창업특례 보다 세부담이 적다. (1,401,300,000 − 1,125,200,000 − 232,800,000 = 43,300,000)

제2부

활용편

상속세 절세 핵심

01 연대납부의무 활용은 절세의 기본이다
02 앞으로 감정평가가 대세가 된다
03 상속공제를 활용하여 절세하라
04 상속공제한도를 모르면 낭패 볼 수 있다
05 유증을 알아야 절세할 수 있다
06 가업상속공제로 상속세 걱정 끝?
07 기타(단기 재상속, 비과세, 고액상속인)

01 연대납부의무 활용은 절세의 기본이다

상속세와 관련해 어떤 내용도 모르더라도 연대납부의무만 알아도 증여와 절세 효과를 누릴 수 있다. 그래서 제일 먼저 알아야 할 내용으로 언급한다.

연대납부의무

구분	내 용
의의	복수의 자가 연대하여 하나의 납세의무를 부담하는 경우에 그들을 연대납부의무자라고 하고 그 납세의무를 연대납부의무라고 한다.
납부 의무자	공동상속 등으로 인하여 재산을 상속받은 상속인, 유증으로 인한 수유자, 사인증여로 인한 수유자는 연대납부의무가 있다. 상속을 포기한 자도 각자가 받았거나 받을 재산의 비율에 따른 상속세 납부의무와 그 재산을 한도로 상속세를 연대하여 납부할 의무가 있다.
범위	상속인 또는 수유자는 상속세에 대하여 상속재산(상속세과세가액에 가산한 사전증여재산 포함) 중 상속인 또는 수유자 각자가 받았거나 받을 재산을 한도로 연대하여 납부할 의무를 진다. (상증법 §3의2 ③, 상증령 §3 ③) 각 상속인 및 수유자별 연대납세의무 한도 = 상속인 및 수유자별 상속재산가액 (+) 상속인 및 수유자별 사전증여재산가액 (-) 상속인 및 수유자별 승계한 부채 (-) 상속인 및 수유자별 납부할 상속세 상당액 (-) 상속인 및 수유자별 증여세 상당액(가산세 포함)

연대납부의무에 따라 대신 납부한 경우 증여세 과세 대상 아니다

상속인 또는 수유자는 각자가 상속으로 인하여 얻은 자산총액에서 부채총액과 그 상속으로 인하여 부과되거나 납부할 상속세를 공제한 가액을 한도로 상속세를 연대하여 납부할 의무가 있는 것이며, 그 한도 내에서 다른 상속인이 납부해야 할 상속세를 대신 납부한 경우에는 증여세가 부과되지 않는다.[1)]

1) 서면상속증여 2019-2248, 2020.2.6.

>> **왜 증여세를 안 낼까?**

민법상 공동 상속재산은 공유로 한다.

제266조(공유물의 부담) ① 공유자는 그 지분의 비율로 공유물의 관리비용 기타 의무를 부담한다.

제1006조(공동상속과 재산의 공유) 상속인이 수인인 때에는 상속재산은 그 공유로 한다.

▶ 법에 따라 의무를 부담하는 데 세금을 매길 수는 없지 않겠는가!

해석 사례

구분	내 용
한도액 계산	사전증여재산 가산하고 증여세납부액(가산세 포함) 공제하여 한도 계산 (대법원 2016두1110, 2018.11.29.)
상속포기자	받았거나 받을 재산 한도로 연대납부의무 있음. (서면상속증여 2019-1346, 2019.6.12.)
상속인 외의 자	증여받은 재산만 있는 경우 연대납부의무 없음.[2)] ➩ 대신 납부할 경우 증여세 과세(주의) (서면상속증여 2018-3122, 2019.2.11., 서면4팀-3050, 2006.9.5.)[3)]
초과 부담액	받았거나 받을 상속재산을 초과하여 대신 납부한 상속세액에 대하여는 증여세 과세(서면4팀-1543, 2007.5.9.)

사례

[가정]

- 상속인별 상속재산가액
  갑(배우자) : 5억원, 을(아들) : 15억원, 병(딸) : 10억원
- 총상속세액 : 6억원
- 상속인별 납부할 상속세
  갑 : 6억원 × (5억원 ÷ 30억원) = 1억원
  을 : 6억원 × (15억원 ÷ 30억원) = 3억원
  병 : 6억원 × (10억원 ÷ 30억원) = 2억원

---

2) 손자는 민법에 따른 상속인도 수유자도 아니므로 상속세 및 연대납부의무 없음.
만약, 손자가 상속세를 부담한다면 증여세 과세 대상임에 주의하여야 한다.
결국 가산한 사전증여재산에 상속세는 상속인이 부담하게 된다.

3) 상속인 또는 수유자가 아닌 자가 상속인 또는 수유자를 대신하여 납부한 상속세는 증여세 과세대상에 해당하는 것입니다.

Q 갑이 상속세 6억원을 대신 납부할 경우

갑은 상속받은 재산 5억원을 한도로 연대납부의무가 있다.

그러므로 5억원을 초과하여 부담한 1억원에 대하여 을과 병에게 증여세를 과세하게 된다.[4)]

을의 증여가액 : 1억원 × 3/5 = 6천만원　　병의 증여가액 : 1억원 × 2/5 = 4천만원

[사례]에서

[배우자의 고유재산이 15억원, 배우자가 5년 후 사망 가정(재산가치 증가분과 생활비 상계)]

구 분	연대납부하지 않은 경우	연대납부한 경우
상속세 납부 후 재산가액	19억원(=15+5 − 1)	15억원(=15+5 − 5)
상속공제(일괄공제)	5억원	5억원
과세표준	14억원	10억원
산출세액	4억원	2.4억원

▶ 일반적으로 상속인 중 배우자가 재산이 많은 경우 상속받은 재산의 범위 내에서 자녀들이 부담할 상속세를 대신 부담하면 증여세가 과세되지 않으므로 실질적인 절세효과가 발생한다.

4) 상속인 또는 수유자가 각자가 받았거나 받을 상속재산을 초과하여 대신 납부한 상속세액에 대하여는 다른 상속인에게 증여한 것으로 봄. (서면4팀 − 1543, 2007.5.9.)

Q1. 만약 배우자가 부동산을 상속받고 자녀들이 예금 등을 상속받은 경우 배우자가 자기명의의 예금으로 자녀들의 상속세 대신 납부해도 문제가 없는가?

A 연대납부금액이 상속받은 재산 한도 이내면 가능하다.[5)]

대법 2000두3221(2001.11.13)

(1) "각자가 받았거나 받을 재산"은 상속인별 재산가액을 의미한다.

(2) 상속재산만으로는 상속세를 모두 충당할 수 없자 상속인들의 고유재산에 대하여 한 압류처분이 공동상속인의 상속세 연대납세의무의 책임범위를 벗어나 위법한 것으로 볼 수 없다.

▶ 가액을 의미하므로 상속재산 자체에 국한되지 않는다.[6)] 따라서 상속인 고유재산으로 연대납부의무를 하거나, 압류처분도 가능한 것이다.

Q2. 연대납부의무 때문에 억울한 경우가 생길 수도 있다?

A 대개 연대납부의무를 통해 절세효과를 이야기하지만, 거꾸로 연대납부의무로 인해 억울한 상속인이 생길 수도 있다. 즉, 사전증여를 받은 상속인이 그 증여받은 재산을 탕진하여 상속개시 당시에는 아무런 재산이 없거나 공동상속인이 체납하는 경우, 다른 상속인이 연대납부해야 하는 상황이 발생할 수 있다.

아래 판결은 공동상속인이 체납한 경우를 잘 설명해 주고 있다.

---

5) 피상속인의 배우자가 "상속받은 주택가액의 한도 내에서 자신 고유의 금융재산으로" 자신이 납부할 상속세에 자녀가 납부할 상속세를 포함하여 자진신고 납부한 사례에서 국세청은 상속세 연대납부 의무 한도 내에서 다른 상속인이 납부해야 할 상속세를 대신 납부한 경우에는 증여세가 부과되지 않는 것으로 해석 (재산-454, 2011.9.27.)

6) "각자가 받았거나 받을 재산"을 상속재산 자체라고 하는 경우 공동상속인들이 연대납부의무 이행 전에 상속재산을 처분하거나 상속개시 이후 상속재산의 가액이 하락한 경우 공동상속인에 대한 징수가 불가능하게 되므로 가액으로 보는 것이다.

판례

아래 사례는 총 9번(이의신청 포함)의 판결과 8년이 넘는 기간이 소요된 것이다.

❑ 사실관계

- 피상속인 사망 : 2009.4.5.
- 상속인 : 배우자, 원고(자), 소외 4명(자)로 총 6명이 공동상속인
- 상속세 무신고

❑ 세무조사(강남세무서)

조사기간 : 2010.11.15.~2011.4.11.

조사결과 : 피상속인 수 건의 부동산 매도대금 사전증여하였으나 무신고 상속재산가액에 합산하여 2011.7.6. 원고 등에게 1,030,404,761원 고지
원고 상속재산가액 : 210,123,888원
원고 부담 상속세 : 294,762,268원

구 분	금 액	증여세	원 고
상속세과세가액	4,439,510,580	사전증여재산	729,000,000
공제금액	1,112,050,678	공제금액	30,000,000
과세표준	3,327,459,909	과세표준	699,000,000
산출세액	1,203,729,952	산출세액	149,700,000
증여세액공제	458,356,137		
결정세액	745,373,815		
신고불성실가산세	149,074,763	신고불성실가산세	29,940,000
납부불성실가산세	135,956,183	납부불성실가산세	31,206,530
고지세액	1,030,404,761	납부세액	210,846,530

≫ 공동상속인 체납으로 원고에게 연대납부의무 한도액만큼 부과 처분

❑ 연대납부의무 한도액

구 분	원고 주장(승소)	피고(처분청) 주장
상속받은 재산	210,123,888	210,123,888
(+)사전증여재산	729,000,000	729,000,000
(−)증여세 납부액	210,846,530	
(−)부채 부담액	35,146,218	35,146,218
(−)원고 부담 상속세	294,762,268	294,762,268
연대납부의무한도액	398,368,872	609,178,792

❑ 법원의 판단

대법원 2016두1110, 2018.11.29.

'각자가 받았거나 받을 재산'에 사전증여재산을 가산하였다면 그에 상응하여 부과되거나 납부할 증여세액을 공제하여야 한다고 보는 것이 타당하다. 이는 상속인이 실제 취득한 상속재산만큼의 연대납부의무를 부담하도록 함으로써 실질적 담세력에 부합하는 과세가 이루어지도록 하고 있다는 점을 보더라도 마찬가지이다.

▶ 상속세 연대납부의무에서 "각자가 받았거나 받을 재산"에 사전증여재산이 포함되는지 여부와 이 경우 사전증여재산에 대한 증여세액을 공제해야 하는지 여부에 대해 최초로 판단한 판결이다. 이후 고등법원에서 부과처분(사전증여분)한 증여세에 포함된 가산세도 공제대상으로 판결하였다.[7]

세법 개정

▪ 상증세법 시행령 제3조 [상속세 납부의무]

종 전	개 정 (2020.2.11.)
③ 법 제3조의2 제3항에서 "각자가 받았거나 받을 재산"이란 상속으로 인하여 얻은 자산총액에서 부채총액과 그 상속으로 인하여 부과되거나 납부할 상속세를 공제한 가액을 말한다.	③ 법 제3조의2 제3항에서 "각자가 받았거나 받을 재산"이란 상속으로 인하여 얻은 자산(법 제13조 제1항에 따라 가산한 증여재산을 포함한다)의 총액에서 부채총액과 그 상속으로 인하여 부과되거나 납부할 상속세 및 법 제13조 제1항에 따라 가산한 증여재산에 대한 증여세를 공제한 가액을 말한다.

7) 서울고등법원 2018누236, 2019.8.21. → 대법원 2019두40, 2020.1.16. 확정

02 앞으로 감정평가가 대세가 된다

국세청은 계속해서 감정평가대상 자산을 늘리는 추세다. 앞으로 상증세법이 개정되고 국세청의 감정평가사업이 보편화되면 감정평가가 대세가 될 것으로 예상한다. 따라서 적극적으로 감정평가를 활용하는 지혜를 발휘할 때라고 본다.

감정평가 사업

국세청의 비주거용 부동산(속칭 꼬마빌딩) 등의 감정평가 사업이 뜨거운 이슈다. 최근 **주거용 부동산 감정평가 사업도 본격 추진한다**는 국세행정 운영 방안도 발표되었다.

> **» 꼬마빌딩 소유주 상속세 부담 커져 (한국경제신문, 2024.9.13.)**
> 국세청이 거래가 많지 않아 시가 파악이 쉽지 않은 꼬마빌딩과 초고가 아파트, 단독주택 등 부동산을 대상으로 감정평가 과세를 본격 추진한다.
> 국세청은 감정평가 대상 확대를 위해 올해(45억 2,400만원)보다 두 배 이상 많은 95억 9,200만원의 예산을 배정받았다. 이와 함께 **초고가 아파트, 단독주택, 상가겸용주택** 등 거래가 많지 않은 부동산 자산도 감정평가를 본격화하기로 했다.

국세청은 납세자의 예측가능성 제고를 위해 내부지침에 규정되어 있던 비주거용 부동산 감정평가 대상이 되는 금액 차이 기준을 공개(2023.7.3.)했다.[8]

> **「상속세 및 증여세 사무처리규정」 제72조**
> ② 지방국세청장 또는 세무서장은 다음 각 호의 사항을 고려하여 비주거용부동산 감정평가 대상을 선정할 수 있으며, 이 경우 대상 선정을 위해 5개 이상의 감정평가법인에 의뢰하여 추정시가(최고값과 최소값을 제외한 가액의 평균값)를 산정할 수 있다.
> 1. 추정시가와 법 제61조부터 제66조까지 방법에 의해 평가한 가액(이하 "보충적 평가액"이라 한다)의 차이가 **10억원 이상**인 경우
> 2. 추정시가와 보충적 평가액 차이의 비율이 10% 이상 [(추정시가 – 보충적 평가액)/추정시가]인 경우

---

8) 기준시가의 시가 반영률이 70% 이하로 추정되므로 상속세 조사과정에서 예산만 허락한다면 대부분의 부동산에 대해 감정평가 할 수 있다고 보아야 한다.

보도참고자료

정부혁신 보다 나은 정부

상속·증여세 과세형평성을 높이기 위한
꼬마빌딩 등 감정평가사업 시행 안내

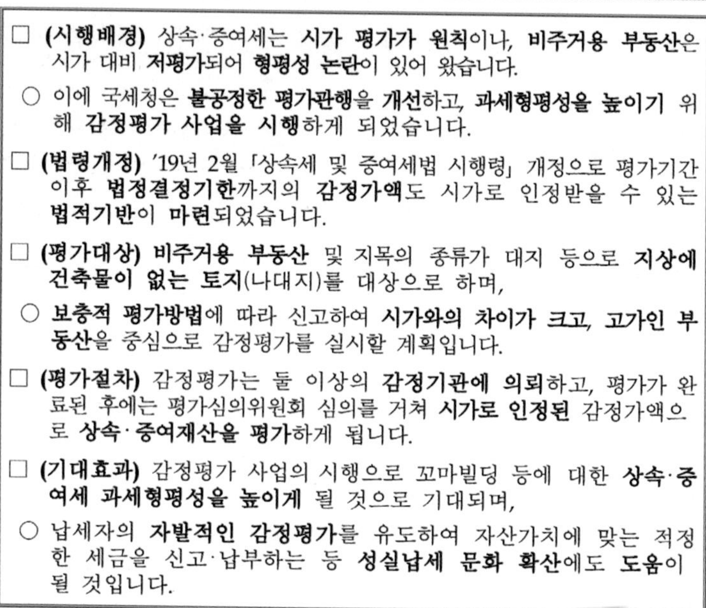

□ **(시행배경)** 상속·증여세는 **시가 평가가 원칙**이나, **비주거용 부동산**은 시가 대비 **저평가**되어 **형평성 논란**이 있어 왔습니다.

○ 이에 국세청은 **불공정한 평가관행**을 **개선**하고, **과세형평성을 높이기** 위해 **감정평가 사업을 시행**하게 되었습니다.

□ **(법령개정)** '19년 2월 「상속세 및 증여세법 시행령」 개정으로 평가기간 이후 **법정결정기한**까지의 **감정가액**도 시가로 인정받을 수 있는 **법적기반**이 **마련**되었습니다.

□ **(평가대상) 비주거용 부동산** 및 지목의 종류가 대지 등으로 **지상에 건축물이 없는 토지**(나대지)를 대상으로 하며,

○ **보충적 평가방법**에 따라 신고하여 **시가와의 차이가 크고, 고가인 부동산**을 중심으로 감정평가를 실시할 계획입니다.

□ **(평가절차)** 감정평가는 둘 이상의 **감정기관에 의뢰**하고, 평가가 완료된 후에는 평가심의위원회 심의를 거쳐 **시가로 인정된** 감정가액으로 **상속·증여재산을 평가**하게 됩니다.

□ **(기대효과)** 감정평가 사업의 시행으로 꼬마빌딩 등에 대한 **상속·증여세 과세형평성을 높이게** 될 것으로 기대되며,

○ 납세자의 **자발적인 감정평가**를 유도하여 자산가치에 맞는 적정한 세금을 신고·납부하는 등 **성실납세 문화 확산**에도 **도움**이 될 것입니다.

[국세청 감정평가 사업]

개요	• 2014.2.21. 상증령 §49 ② 개정 : **소급감정 방지를 위해 요건 강화** ⇨ 가격산정기준일 & 감정평가서작성일 모두 평가 이내 일 것 • 2019.2.12. 상증령 §49 ① 개정 : **평가기간 지난 경우에도 시가로 인정** ⇨ 평가기간 후 법정결정기한[9]까지 발생한 매매등 사례가액 • 2020.1.31. 꼬마빌딩 감정평가 시업 시행 안내 보도자료 • 2023.7.3. [상속세 및 증여세 사무처리규정 제72조] 발표 ⇨ 다수의 불복사례로 다툼이 발생하여 감정평가 대상 기준 공개 **-금액 10억원 이상 또는 비율 10% 이상** **• 2024.9.12. 국세행정 운영방안 발표** -주거용(고가아파트 · 단독주택 · 상가겸용주택)도 감정평가 본격화

9) 상속세는 신고기한부터 9개월, 증여세는 신고기한부터 6개월

시가로 인정되는 감정평가액

구분	내 용	상증법
원칙	2 이상의 감정평가 평균액	법 제60조 ⑤
예외	**하나의 감정평가(기준시가 10억원 이하의 부동산)**	시행령 제49조 ⑥
감정기관[10)]	감정평가법인, 사무소를 개설한 개인 감정평가사	시행규칙 제15조 ①
평가기간 이내	**가격산정기준일 과(&) 감정가액평가서 작성일** **⇨ 소급감정 불가**	시행령 제49조 ②
평가기간 외	**평가심의위원회 심의(감정평가사업 근거규정)**	시행령 제49조 ①

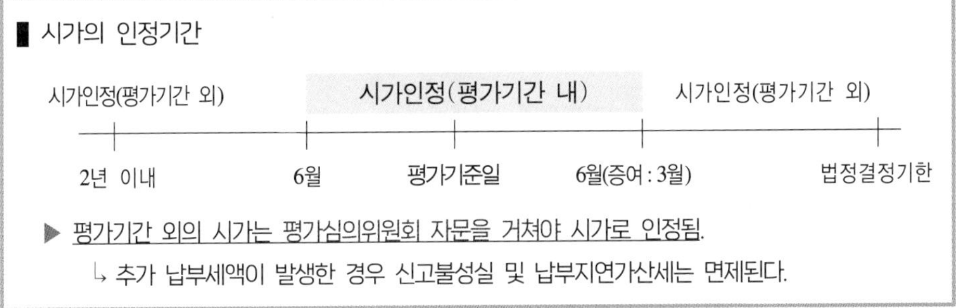

※ 감정가액으로 신고할 경우 감정평가서 작성일은 상속개시일(증여일)로부터 6(3)개월 이내임(신고기한까지 아님)에 주의하라.

평가기준일에 '가장 가까운 날'이 시가

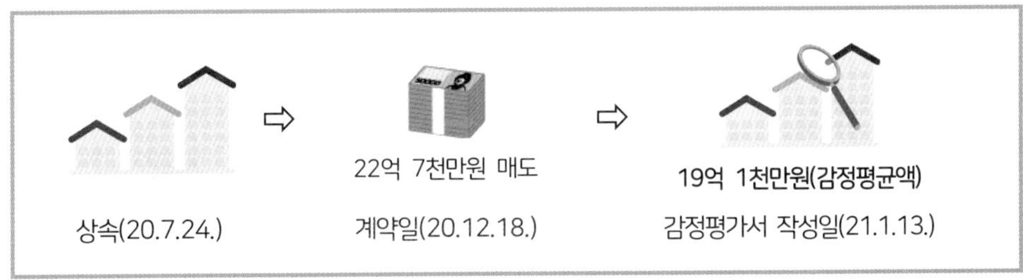

☞ 본 건은 상속세 절세를 위해 감정평가를 받아 감정평균액인 19억 1천만원으로 신고한 사례에 대해 매매계약일을 상속개시일과 가까운 날로 보아 시가를 적용(**22억 7천만원**)한다고 해석[11)]한 것이다.

10) 감정기관이 평가한 감정가액이 다른 감정기관이 평가한 감정가액의 100분의 80에 미달하는 등의 경우에는 1년의 범위에서 기간을 정하여 해당 감정기관을 시가불인정 감정기관으로 지정할 수 있으며, 시가불인정 감정기관으로 지정된 기간 동안 해당 시가불인정 감정기관이 평가하는 감정가액은 시가로 보지 아니한다. (상증법 §60 ⑤)

11) 상속재산의 매매계약일이 감정가액 가격산정기준일(상속개시일)과 평가서 작성일 사이에 있어 시가로 보는 가액이 둘 이상인 경우 평가기준일을 전후하여 "가장 가까운 날"의 판정시 감정가액은

무상 취득세율(지방세법)

상속	지방세법 제4조에 따른 시가표준액	법 제10조의2 ②
증여	시가인정액(매매사례가액, 감정가액, 공매가액 등)	법 제10조의2 ①
	시가표준액 1억원 이하 부동산 시가인정액과 시가표준액 중 납세자 선택	법 제10조의2 ②

☞ 상속의 경우 감정가액이 있어도 취득세는 기준시가로 과세함.

(절세 사례)

[사례 1] 상속세 과세표준 미달하는 경우

- 상속재산 주택 1채(개별주택가격 3억원-시세 5억원) - 1세대 1주택
- 상가 (기준시가 3억원-시세 5억원)
- 상속인 배우자, 아들, 딸
- 상가만 감정(5억원)할 경우 상가 5년 후 6억원에 양도 가정

구 분	감정평가 ×	감정평가 ○
상속세 과세가액	600,000,000	800,000,000
상속공제	600,000,000	800,000,000
상속세 과세표준	0	0
양도가액	600,000,000	600,000,000
취득가액[12]	312,000,000	512,000,000
양도차익	288,000,000	88,000,000
장기보유특별공제(10%)	28,800,000	8,800,000
양도소득금액	259,200,000	79,200,000
기본공제	2,500,000	2,500,000
과세표준	256,700,000	76,700,000
세율	38%	24%
산출세액	77,606,000	12,648,000
지방세	7,760,600	1,264,800
납부세액 합계	**85,366,600**	**13,912,800**

☞ 주택은 1세대 1주택 비과세 되므로 감정평가 ×

가격산정기준일과 평가서 작성일 두 개 모두를 고려해야 함. (기획재정부재산-523, 2024.5.1.)

12) 상속취득세율 4%(기준시가)

[사례 2] 상속세율보다 양도소득세율이 높은 경우

- 상속재산 주택 1채(개별주택가격 3억원 – 시세 5억원) – 1세대 1주택
- 상가 1호(기준시가 3억원 – 시세 5억원), 예금 · 보험 5억원
- 상속인 배우자, 아들, 딸
- 상가만 감정(5억원)할 경우 상가 5년 후 6억원에 양도 가정

구 분	감정평가 ×	감정평가 ○
상속세 과세가액	1,100,000,000	1,300,000,000
상속공제	1,100,000,000[13)]	1,100,000,000
상속세 과세표준	0	200,000,000
세율		20%
산출세액	0	30,000,000
납부세액		29,100,000
양도가액	600,000,000	600,000,000
취득가액[14)]	312,000,000	512,000,000
양도차익	288,000,000	88,000,000
장기보유특별공제	28,800,000	8,800,000
양도소득금액	259,200,000	79,200,000
기본공제	2,500,000	2,500,000
과세표준	256,700,000	76,700,000
세율	38%	24%
산출세액	77,606,000	12,648,000
지방세	7,760,600	1,264,800
합계	85,366,600	13,912,800
총부담세액	85,366,600	43,012,800

☞ 아파트 외 부동산 기준시가가 대개 시가의 60~70% 수준이므로 상속세율 30% 이하의 구간에서는 감정평가를 고려해 봐야 한다.

[사례 3] 배우자 상속공제를 활용할 수 있는 경우

- 상속인 배우자, 아들, 딸 – 법정상속분 상속
- 상속재산 상가(기준시가 10억원 – 시세 17억원), 예금 4억원
- 상가 감정하고, 5년 후 20억원에 양도 가정

13) 배우자상속공제 5억원 + 일괄공제 5억원 + 금융재산공제 1억원(5억원 × 20%)

14) 상속취득세율 4%(기준시가)

구 분	감정평가 ×	감정평가 ○
상속세 과세가액	1,400,000,000	2,100,000,000
상속공제	1,080,000,000	1,400,000,000[15)]
상속세 과세표준	320,000,000	700,000,000
세율	20%	30%
산출세액	54,000,000	150,000,000
① 납부세액	**52,380,000**	**145,500,000**
양도가액	2,000,000,000	2,000,000,000
취득가액[16)]	1,040,000,000	1,740,000,000
양도차익	960,000,000	260,000,000
장기보유특별공제(10%)	96,000,000	26,000,000
양도소득금액	864,000,000	234,000,000
기본공제	2,500,000	2,500,000
과세표준	861,500,000	231,500,000
세율	42%	38%
누진공제액	35,940,000	19,940,000
산출세액	325,890,000	68,030,000
지방세	32,589,000	6,803,000
②납부세액	**358,479,000**	**74,833,000**
총 납부세액(①+②)	**410,859,000**	**220,333,000**

☞ 시세와 보충적평가액(기준시가)이 차이가 큰 부동산은(상속세를 내더라도 양도소득세 절세액이 더 클 수 있으므로) 꼭 감정평가의 실익을 검토해 보기 바란다.

[사례 4] 유사매매사례가액이 있는 경우

- 상속인 배우자, 아들, 딸 – 법정상속분 상속
- 상속재산 아파트 (공시가격 10억원), 예금 4억원
- 유사매매사례가액 20억원

유사 재산의 매매등 가액의 90% 이상은 시가로 인정되므로[17)] 18억원까지는 감정평가액으로 신고[2억원 × 30%(가정) = 6천만원 절세] 가능하다.

15) 배우자상속공제 21억원 × 3/7 = 9억원+일괄공제 5억원

16) 상속 취득세율 4%(기준시가)

17) 해당 감정가액이 법 제61조 · 제62조 · 제64조 및 제65조에 따라 평가한 가액과 제4항에 따른 시가의 100분의 90에 해당하는 가액 중 적은 금액에 미달하는 경우에는 세무서장(관할 지방국세청장을 포함)이 다른 감정기관에 의뢰하여 감정한 가액에 의하되, 그 가액이 납세자가 제시한 감정가액보다 낮은 경우에는 그렇지 않다. (상증령 §49 ②)

[법령해석사례]

구분	해 석	설 명
시가	• 토지와 건물을 함께 증여받는 경우 건물만 감정가액 있는 경우 건물은 시가로 적용, 토지의 시가를 산정하기 어려운 경우에는 상증법 제61조에 따라 평가(개별공시지가)함. (서면상속증여 2019-2922, 2020.5.6.) • 다세대주택은 **호당** 공동주택가격이 10억원 이하인 경우에는 하나의 감정기간 감정가액은 시가로 인정 (사전법규재산 2023-4, 2023.1.19.) • 공유토지 일부 지분 증여하는 경우, 당해 **토지 전체의 개별공시지가가 10억원 이하인 경우에 한해 하나의 감정기관** 감정가액도 시가로 인정 (서면법령해석재산 2018-2719, 2020.2.4.) • 부동산의 일부 지분을 감정평가하여 전체 지분으로 환산한 가액은 시가에서 제외 (기준법무재산 2022-177, 2023.3.29.)	부동산은 **구분등기**가 된 자산의 경우 자산별(토지 · 건물 · 다세대주택 등)로 감정평가하면 시가로 인정되나, 일부 지분의 상속 · 증여의 경우 해당 자산 전체를 기준으로 감정평가해야 시가 인정됨. ☞ 등기부등본이 별도로 존재하는지에 따라 감정평가 여부 선택가능
감정평가기간	① 평가기간 밖 1개의 감정가액과 평가기간 내 1개의 감정가액이 존재할 경우 평가심의위원회 심의를 거쳐 2개의 감정가액의 평균액[18]을 시가로 인정 가능 (기획재정부재산-816, 2022.7.25.) ⇩ 평가기간 밖(평가기준일 전 2년에서 전 6개월 사이) 2개의 감정가액과 평가기간 내 1개의 감정가액이 존재할 경우 평가심의위원회 심의를 거쳐 3개의 감정가액의 평균액을 시가로 볼 수 있음. (서면법규재산 2021-5540, 2022.8.16.) ② 상속개시일을 가격산정기준일로 하고, 감정가액평가서 작성일을 평가기간이 경과한 후부터 법정결정기한사이로 하여 2개 감정기관에서 감정평가받은 가액을 평가심의위원회에 회부하는 경우, 평가심의위원회의 심의대상에 해당함. (기획재정부재산-92, 2021.1.27.)	① 시가 기준시가 10억원 초과 2 이상 감정평가평균액 기간 내 감정가액 1개 ⇩ 기준시가 신고 ⇩ 국세청 감정 의뢰 ⇩ 심의위원회 심의 2, 3개 감정평균액 ② 감정평가서 작성일이 평가기간을 경과하더라도 평가심의위원회를 거쳐 시가 인정

18) 기준시가 10억원 초과 자산의 경우

보론	서울고법 2023누41903(2023.12.15.)
쟁점	납세자는 소급감정을 인정하지 않는 반면, 과세관청은 소급감정을 해서 과세하는 게 조세법률주의에 위배되는가
주장	① 과세관청의 감정가액 의뢰는 조세법률주의 위배(세무조사남용) ② 비주거용부동산 중 일부만 임의로 대상 선정은 조세공평주의 위배 ③ 증여일 이후 9개월 지난 감정가액은 시가로 볼 수 없다.
판단	① 증여(상속)세는 부과과세방식의 조세로서 납세의무자의 신고의무는 협력의무에 불과하며, 과세관청이 정당한 과세표준 및 세액을 조사·결정하기 위하여 감정을 의뢰하는 것은 부과과세방식의 조세에서 과세관청의 정당한 권한에 속한다. 더불어 감정을 통하여 확인한 시가를 적용하여 산정할 수 있다고 보는 것이 **조세공평뿐 아니라 상증법의 시가주의 원칙 및 국세기본법의 실질과세 원칙에 부합하는 결과**가 될 수 있다. 따라서 기존 감정가액이 존재하지 않는 상황에서 과세관청이 감정을 의뢰하였다는 이유만으로 **조세법률주의를 위반하거나 세무조사권의 남용이라고 보기 어렵다**. ② 국세청은 2020.1.3. 보도자료를 통해 감정을 시행할 대상과 기준을 가능한 범위 내에서 밝혔던 것으로 보이고, 그 선정 기준이 현저히 자의적으로 보이지도 않는다. 따라서 과세관청이 고가의 비주거용 부동산에 관하여만 일부감정을 실시하였다고 하여 **조세평등주의에 위배된다고 볼 수 없다**. ③ 시가를 인정함에 있어 **거래일과 시가산정일 사이에 가격변동이 없어야 한다**는 입장이므로 일반적인 가격변동 역시 '가격변동의 특별한 사유'에 해당하는 것으로 해석함이 타당하다. **평가심의위원회의 심의는 시가를 인정하기 위한 하나의 요건일 뿐**, 그러한 심의가 있다하여 감정기준일 지정의 위법성이 치유되거나 가격변동의 특별한 사정이 없다는 점에 관한 증명이 이루어졌다고 볼 수 없다. 따라서 증여일인 2019.7.26.과 감정가액 가격산정기준일인 2019.10.27. 사이의 기간 중에 발생한 상당한 정도의 가격변동을 모두 반영하였다고 보기 어려우므로, **시가라고 보기 어렵다**.
의견	• 쟁점 사건의 경우 토지 증여에 대한 판결로 지가가 지속적으로 상승하는 시기에 이루어진 증여에 대해 감정가액이 가격변동을 제대로 반영하지 못한 것으로 보아 시가로 보지 않았다. 그러나 감정평가 의뢰 자체는 과세관청의 정당한 권한으로 보았으므로 국세청의 감정평가사업은 계속 확대될 것이다. • 납세자는 소급감정을 인정하지 않고, 신고일까지 매매등 가액을 확인할 수 없는 경우 기준시가(보충적평가액)로 신고할 수밖에 없는 반면, 과세관청은 예산에 따라 감정평가 의뢰를 자의적으로 결정한다면 과세권이 남용될 여지가 크다. 또한, 국세청이 공개한 사무처리규정을 일률적으로 적용할 수 없는 현실을 고려하면 조세공평주의를 저해하는 문제점은 상존한다. 따라서 법원은 판례처럼 가격변동의 특별한 사정이 없는 경우 등을 엄격하게 해석할 필요가 있다.

03 상속공제를 활용하여 절세하라

가업상속공제를 제외한 상증법상 상속공제(배우자상속공제 · 금융재산상속공제 · 영농상속공제)에 대해 살펴보고 사례를 통한 절세방안을 알아보자.

배우자상속공제(상증법 §19)

배우자

배우자 상속공제규정을 적용할 때 배우자라 함은 민법상 혼인으로 인정되는 혼인관계에 의한 배우자를 말한다. (상증통 19-0…1) 사실혼 관계에 있는 배우자는 상속공제의 대상이 되지 아니한다.

상속공제액

공제액		최소공제액
① 배우자가 실제 상속받은 금액[19]	⇔ (큰 금액)	5억원
② 배우자의 법정상속분가액 - 상속개시 전 10년 이내에 배우자가 사전증여받은 재산에 대한 과세표준		
③ 30억		
Min(①, ②, ③)		최소공제액

배우자가 실제 상속받은 금액

배우자가 실제 상속받은 금액의 계산은 상속개시 당시의 재산에 의한다. 다만, 그 공제되는 금액은 배우자상속재산분할기한(상속세 신고기한 다음날부터 9월)까지 상속인 간에 재산을 분할(등기 · 등록 · 명의개서 등이 필요한 경우에는 그 등기 · 등록 · 명의개서 등이 된 것에 한정한다)한 경우에 한하여 법정상속분(30억원 한도)의 범위 내에서 공제받을 수 있음에 유의하여야 한다.[20]

---

19) '배우자가 실제 상속받은 금액'에는 상속세 및 증여세법 §13 ① (1)에 따른 배우자의 사전증여받은 재산가액은 포함하지 아니하는 것임. (기획재정부조세법령-144, 2022.2.7.)

20) 상속인들이 추상적인 법정상속분에 따른 배우자 상속공제를 받아 상속세를 납부한 이후에 상속재산을 배우자가 아닌 자의 몫으로 분할함으로써 배우자 상속공제를 받은 부분에 대하여 조세회피가 일어나는 것을 방지하기 위한 것이다. (대법원 2016두65442, 2017.4.13.)

배우자의 법정상속분가액 [(A − B＋C) × D]

A	상속자산총액	
	(−) 비과세 (−) 공과금 · 채무 (−) 과세가액 불산입	
B	(−)	상속인 외 수유자 유증(사인증여)재산
C	(+) 10년 이내 사전증여(상속인)재산가액	
D	× 법정상속분	
	배우자의 법정상속분 가액	
E	(−) C 중 배우자가 사전증여받은 재산에 대한 증여세 과세표준	
	한도액	

배우자가 사전증여 받은 재산(상속재산에 가산)에 대한 과세표준

사전증여재산을 합산하여 과세하되 (사전) 증여 당시 증여세를 계산하면서 적용되었던 배우자증여공제의 효과는 유지시키기 위한 것인바, 증여공제 효과가 유지되었음에도 상속공제를 적용하면, 배우자증여공제와 배우자상속공제가 이중으로 공제되는 결과가 되는 점 등에 비추어 사전증여재산은 배우자상속공제의 적용대상에서 배제함이 타당하다.[21]

해석 사례

구분	내 용
이혼 조정 성립 후 사망한 경우	1. 사망당시 배우자 아니므로 배우자공제 × ∴ 5년 이내 사전증여재산만 상속세과세가액에 합산 2. 이혼시 재산분할청구권 행사로 취득한 재산 ⇨ 증여 재산 × ∴ 상속재산 합산 ×[22] (법규재산 2013−228, 2013.9.11.)
추정상속재산	배우자가 실제 상속받은 재산에 포함되지 않는다. (대법원 2005두3592, 2005.11.10.)

21) 조심 2019서188, 2019.9.10.

22) 위장이혼을 통해 증여세와 상속세 부담을 회피하는 경우가 있어 사실판단 사항으로 해석

헌재 99헌바120, 2001.11.29.

우리 상속세법은 배우자가 실제로 상속받은 재산가액 전액을 배우자공제하는 것을 원칙으로 하여 배우자가 세금부담 없이 피상속인의 재산을 상속받을 수 있도록 지향하면서, 다만 지나치게 고액의 상속재산이 비과세로 이전되는 것을 막기 위하여 최고한도를 정하는 한편, 1세대 1회 과세의 원칙과 잔존 배우자의 상속재산에 대한 기여 및 생활보장 등을 위하여 최소한의 공제액도 따로 두고 있다.

이 사건 차감 규정의 취지는 사전증여가 있었던 경우 민법 제1008조(특별수익자의 상속분)에 따라서 특별수익자인 배우자가 실제로 받을 수 있는 상속분은 그에 따른 구체적 상속분의 범위로 줄어들게 되므로 그에 상당한 재산가액이 그 공제한도가 된다는 것이다.

차감 규정에 의하여 배우자공제가 줄어든다고 하여도 이는 사전증여에 의하여 상속재산이 그만큼 감소됨에 따라 배우자가 상속받을 구체적 상속분이 줄어들고 그에 따라 배우자공제가 함께 줄어드는 것뿐이지, 이로 인하여 잔존 배우자의 경제적 기반이 와해된다거나 배우자공제를 유명무실하게 하여 배우자의 재산형성에 대한 기여도를 왜곡시킴으로써 혼인과 가족생활에 있어서의 양성평등 원칙에 위배되거나, 재산권을 침해한다고 볼 수 없다.

우리나라는 취득과세형이 아닌 유산과세형의 상속세제를 취하고 있다. 따라서, 이 사건 차감규정이 배우자에게만 적용되는 것이고 다른 상속인들에 대하여는 그와 같은 차감규정이 설정되어 있지 않다고 하더라도, 차감의 효과는 전체적인 상속세과세가액의 증가로 나타나서 그 증가된 상속세과세가액에 각 상속인별로 그의 법정상속비율을 적용하여 상속세액을 산정하게 되므로, 그 효과는 골고루 분산되는 것이지 배우자만이 다른 상속인들에 비하여 특별히 과중한 상속세를 부담하게 되는 것이 아니다.

사례

기본사항

1. 상속인
   - 피상속인 : 갑(거주자임) 2023.9.9. 사망(상속개시일)
   - 상속인 : 배우자, 아들, 딸(모두 성년)

2. 상속재산 현황

구분	토지	아파트	상장주식	보험금	골프회원권	예금
금액	10억원	30억원(채무 5억원 포함)	5억원	5억원	5억원	10억원

3. 손자에게 유증한 재산의 가액 : 상장주식 5억원

4. 사전증여재산 현황
   - 배우자에게 5년 전에 증여한 재산가액 : 10억원 (증여세 과세표준 4억원)
   - 아들과 딸에게 5년 전 증여한 재산가액 : 5억원 (증여세 과세표준 4억원)

5. 상속재산 중 배우자가 실제 상속받은 재산가액
   - 아파트 : 30억원(채무 5억원 포함) - 예금 : 5억원

해설

	상속자산총액[60억원]	
A	55억원	
B	(−)	5억원(손자 유증)
C	(+) 15억원	
D	× 3/7	
	30억원	
E	(−) 4억원	
	한도액 26억원	

▶ [제1장 05 – 상속재산분할은 어떻게 하나] 분할대상 상속재산을 법정상속분으로 분배하는 게 아니라 특별수익(증여)을 반영하여 상속재산을 분배하여 결과적으로 법정상속분으로 분배하게 된다는 것을 보았다.

사례에서 특별수익을 반영한 배우자의 구체적 상속분은 20억원[23)]이다. 따라서 배우자의 법정상속이익은 30억원[24)]이 된다. 여기서 배우자의 특별수익(사전증여재산) 중 증여세 과세표준에 해당하는 부분을 공제하여 이중과세를 조정한 것이다.

사전증여 실익

'제2장 – 05 – 절세는 권리다. 절세의 원리는 분산이다'에서 사전증여가 절세의 해답이라는 내용을 보았다. 그런데 배우자 상속공제의 경우 시점에 따라 오히려 사전증여가 불리한 경우가 생긴다. [사례]를 기준으로 살펴보자.

---

23) (60 − 5 + 5 + 10) × 3/7 − 10 = 20

24) 구체적 상속분 20억원 + 특별수익 10억원

[사례]의 경우 사전증여의 실익이 있는가?

• 손자에 대한 할증과세(30%)는 동일 조건이므로 고려하지 않음.
• 사전 증여재산이 예금(연리 4%, 5년 보유)가정

① 증여세(5년 전)

구 분	배우자	아들	딸	비 고
증여재산가액	1,000,000,000	250,000,000	250,000,000	
증여재산공제	600,000,000	50,000,000	50,000,000	
과세표준	400,000,000	200,000,000	200,000,000	
산출세액	70,000,000	30,000,000	30,000,000	계 : 130,000,000
세액공제	2,100,000	900,000	900,000	3%
납부세액	67,900,000	29,100,000	29,100,000	계 : 126,100,000

② 상속세

구 분	증여 후 상속	단순 비교(증여×)	증여 없이 상속
상속재산가액	6,000,000,000	7,500,000,000	7,770,000,000*
사전증여재산	1,500,000,000	0	0
상속세과세가액	7,500,000,000	7,500,000,000	7,770,000,000
배우자공제	2,600,000,000	3,000,000,000	3,000,000,000
일괄공제	500,000,000	500,000,000	500,000,000
금융재산공제	200,000,000	200,000,000	200,000,000
과세표준	4,200,000,000	3,800,000,000	4,070,000,000
산출세액	1,640,000,000	1,440,000,000	1,575,000,000
증여세액공제	130,000,000		
신고세액공제	45,300,000	43,200,000	47,250,000
납부세액	1,464,700,000	1,396,800,000	1,527,750,000
총납부세액	1,590,800,000	차 액 ➤	△63,050,000

* 4% 정기예금 5년 예치 가정(세후소득 1.181) ≒ 1.18 → 15억원 × 1.18

⇨ 상속세 납부액만 비교하면 차이가 거의 없으나 증여세 납부액까지 고려할 경우 사전증여가 불리

※ 사전증여한 재산의 가치가 대폭 상승할 경우 이야기는 달라질 수 있다.

▶ 상속 임박한 시점의 배우자 사전증여(6억원 초과)는 세부담에 불리할 수 있다.
이른 시기(50대)부터 상속을 준비해야 되는 이유를 간접적으로 보여준다.

[사례]에서 배우자 6억원, 자녀 각 4.5억원을 증여한 경우

- 나머지 조건은 동일

① 증여세(5년 전)

구 분	배우자	아들	딸	비 고
증여재산가액	600,000,000	450,000,000	450,000,000	
증여재산공제	600,000,000	50,000,000	50,000,000	
과세표준	0	400,000,000	400,000,000	
산출세액		70,000,000	70,000,000	계 : 140,000,000
세액공제		2,100,000	2,100,000	3%
납부세액	0	67,900,000	67,900,000	계 : 135,800,000

② 상속세

구 분	증여 후 상속	단순 비교(증여×)	증여 없이 상속
상속재산가액	6,000,000,000	7,500,000,000	7,770,000,000*
사전증여재산	1,500,000,000	0	0
상속세과세가액	7,500,000,000	7,500,000,000	7,770,000,000
배우자공제	3,000,000,000	3,000,000,000	3,000,000,000
일괄공제	500,000,000	500,000,000	500,000,000
금융재산공제	200,000,000	200,000,000	200,000,000
과세표준	3,800,000,000	3,800,000,000	4,070,000,000
산출세액	1,440,000,000	1,440,000,000	1,575,000,000
증여세액공제	140,000,000		
신고세액공제	39,000,000	43,200,000	47,250,000
납부세액	1,261,000,000	1,396,800,000	1,527,750,000
총납부세액	1,401,000,000	차 액 ➤	126,750,000

▶ 배우자 증여공제액(6억원)만큼만 증여하고 자녀에게 사전증여하는 것이 유리하다.

금융재산상속공제(상증법 §22)

구분	내 용
의의	상속재산 중 부동산 등의 평가액은 시가에 미치지 못하는데 반하여 금융재산은 100% 시가 평가가 이루어짐으로써 발생하는 재산 종류간 과세형평문제 등을 해결하기 위하여 순금융재산의 일정액을 공제하는 제도다.[25)]

<table>
<tr><th>구분</th><th>내 용</th></tr>
<tr><td>공제액</td><td>

순금융재산가액	금융재산 상속공제액
2,000만원 이하	순금융재산가액 전액
2,000만원 초과 ~ 1억원 이하	2,000만원
1억원 초과	순금융자산가액의 20%(2억원 한도)

</td></tr>
<tr><td>순금융
재산가액</td><td>아래의 금융재산 가액에서 금융채무를 뺀 가액을 말한다.[26)]
[금융재산]
① 금융재산은 금융실명거래 및 비밀보장에 관한 법률 제2조 제1호에 규정된 금융회사 등이 취급하는 예금 · 적금 · 부금 · 계금 · 출자금 · 신탁재산(금전신탁재산에 한함) · 보험금 · 공제금 · 주식 · 채권 · 수익증권 · 출자지분 · 어음 등의 금전 및 유가증권
② 자본시장과 금융투자업에 관한 법률 제8조의2 제2항에 따른 거래소에 상장되지 아니한 주식 및 출자지분으로서 금융기관이 취급하지 아니하는 것
③ 발행회사가 금융기관을 통하지 아니하고 직접 모집하거나 매출하는 방법으로 발행한 회사채

[금융채무]
피상속인의 채무로 확인된 금융실명거래 및 비밀보장에 관한 법률 제2조 제1호의 규정에 따른 금융회사 등의 채무를 말한다.</td></tr>
</table>

유의사항

금융재산 상속공제 가능한 경우	금융재산 상속공제 불가능한 경우
• 은행예금액(원금 + 미수이자 - 원천징수세액) (재삼 46014 - 937, 1999.5.18.) • 상속세 조사과정에서 금융재산으로 확인된 경우 (재산 46014 - 367, 2000.3.27.) • 금융기관이 취급하는 보험금과 양도성예금증서 (서면4팀 - 542, 2008.3.4.)	• 상속개시 전에 증여한 금융재산으로 상속세 과세가액에 가산한 금융재산 (재삼 46014 - 1609, 1999.8.2.) • 자기앞 수표 (재산 - 883, 2009.5.6.) • 상속개시 후 지급받은 퇴직연금 (상속증여 - 615, 2013.12.10.) • 토지보상 수용 공탁금 (재산 - 715, 2010.9.30.) • 군인공제회에 가입한 목돈수탁저축 (상속증여세과 - 477, 2014.12.10.) • 대한지방행정공제회에 가입한 한아름 목돈 예탁금 (사전법령해석재산 2020 - 230, 2020.6.4.) • 교직원공제회 예치금 (재산 - 357, 2011.7.25.)

25) 금융실명제로 세원 노출로 인한 상속세 증가를 고려하고 금융재산 보유를 장려(과도한 부동산 보유를 막는 효과)하려는 목적도 있다는 견해도 있다.

26) 금융기관에서 대출을 받은 후 그 금액으로 주식을 취득하여 보유하고 있거나 또는 예금 등 금융재산으로 보유 중에 상속이 개시된 경우 그 대출금은 전액 채무공제 받고, 주식 · 예금 등은 금융재산으로서 20% 공제를 받게 되어 이중으로 공제되는 문제가 있어 금융재산에서 금융부채를 차감한 순금융재산의 가액에 대하여 20%를 공제하도록 하고 있다.

해석 사례

구 분	공제	근 거
최대주주 보유 주식	×	상증령 §19 ②
타인명의 금융재산(상속세 신고기한까지 신고 限)	○	상증법 §22 ②
대여금	×	사전법규재산 2022－377, 2022.4.13.
지방행정공제회 정기예금[27]	×	서면상속증여 2020－1565, 2020.6.3.

절세방안

피상속인이 공무원인 경우

필자가 몇 년 전 교사로 정년퇴임 하신 분의 상속세 신고를 한 적이 있다.

신고할 때 피상속인이 가입한 교직원공제회 예금이 금융재산 공제대상이 아니라는 건 좀 문제가 있다는 생각이 들었다.

시가 평가에 따른 재산 종류간 과세형평 문제를 해결하기 위해 금융재산공제를 도입한 취지에 따르면 교직원공제회, 군인공제회, 대한지방행정공제회의 예치금 등은 공제 대상이 되어야 하나 국세청은 세법에서 정한 '금융회사 등'이 아니므로 공제되지 않는다고 해석한다.

많은 퇴직 공무원이 소속 단체 공제회의 금융상품을 가입하고 있는 것으로 안다. 입법재량의 영역(어느 단체까지 인정해 줄 것인지－행정적 한계 등 고려)으로 봐야 할 것인지 불합리하니 개정해야 할 것인지 독자들의 의견이 궁금하다.

위 단체 회원의 경우 예치시 각종 혜택과 시중은행 금리, 상속세 절세액 등을 비교해서 사망 전 금융기관으로의 이전 여부를 검토해 봐야 할 것이다.

기업 운영자(기타 일반인)

세법에서는 금융재산에서 금융채무를 뺀 순금융재산의 20%를 공제해 주고 있다. 같은 논리로 금융회사 등이 아닌 곳에서 빌린 채무는 금융채무에 해당하지 않는다.[28] 따라서 금융회사 등이 아닌 곳(공제회, 일반 회사, 개인)에서 대여받은 금액은 금융채무에 해당하지 않으므로 그 차입금을 은행에 예치하면 금융재산

27) 명목이 정기예금이라도 금융회사가 취급하지 않으면 공제 대상이 아니다.
28) 상증법 시행령 §19 ④

공제가 가능하다. 즉, 단체나 기업 등으로부터 1억원을 대출받아 그 1억원을 예금할 경우 2천만원(20%)의 금융재산공제가 가능하다. 이때 대출받은 금액은 채무로 인정되므로 상속재산에는 변동이 없다. 만약, 피상속인이 금융재산이 없다면 공제 한도가 2억원이므로 이론적으로는 10억원까지 대여하면 절세금액이 가장 커질 것이다. 또한, 상속개시일 현재 순금융재산을 공제하므로 사망 이전 차입하면 가능하다.

대여금 회수 은행 예치

개인에게 빌려준 돈이 있다면 최대한 회수하여 금융기관에 예치하여야 한다.

임대보증금 인상 은행 예치

부동산임대업자의 경우 월세를 낮추는 대신 임대보증금을 인상하고 은행에 예치(금융재산 10억원 까지)하면 절세할 수 있다.

영농상속공제 (상증법 §18의3)

구분	내 용
의의	피상속인이 생전에 영농(양축·영어 및 영림을 포함한다)에 종사한 경우에 상속재산 중 일정한 요건에 해당하는 영농상속재산을 영농에 종사하는 상속인에게 승계하도록 함으로써 상속인이 계속 영농에 종사할 수 있도록 하기 위한 공제이다. 영농상속에 대하여는 영농의 계속을 전제로 일반인보다 추가공제의 혜택을 부여함으로써 농민의 경제활동을 지원하는 한편, 영농의 물적 기반이 되는 농지를 보존하고자 하려는 데에 그 입법취지가 있다.[29]
공제액	영농상속공제액 = Min(영농상속재산가액, 30억원)
요건	별지
배제	① 조세포탈 또는 회계부정 행위로 징역형 또는 벌금형을 선고받은 경우 배제 or 이자상당액까지 포함하여 상속세 추징[30] ② 가업상속공제와 영농상속공제의 동시 적용이 배제

29) 조심 2013구2929, 2013.8.13.

30) 개인적으로 영농과 관련하여 조세포탈과 회계부정 행위가 발생하기는 어려울 것으로 판단된다.

구분	내 용
신청 및 제출 서류	[상속세 신고서와 함께 납세지 관할 세무서장에게 제출] ① 농업소득세과세사실증명서 또는 영농사실증명서류 ② 어선의 선적증서 사본 ③ 어업권 면허증서 사본 ④ 영농상속인의 농업 또는 수산계열 학교의 재학증명서 또는 졸업증명서 ⑤ 임업 및 산촌진흥촉진에 관한 법률에 의한 임업후계자임을 증명하는 서류
사후 관리	[5년 이내 정당한 사유없이 다음의 하나에 해당하는 경우] ① 영농상속공제 대상인 영농상속재산을 처분한 경우 ② 해당 상속인이 영농에 종사하지 아니하게 된 경우 ⇨ 이자상당액 가산하여 상속세 추징 사후관리요건 위반시 추징 상속세의 자진신고 납부기한 해당 사유에 해당하게 되는 날이 속하는 달의 말일부터 6개월 이내 납세지 관할 세무서장에게 신고 및 납부

정당한 사유

정당한 사유[31]가 있는 경우에는 상속세를 부과하지 아니한다. (상증령 §16 ④)

---

31) ① 영농상속받은 상속인이 사망한 경우
② 영농상속받은 상속인이 해외이주법에 의하여 해외이주하는 경우
③ 영농상속재산이 공익사업을 위한 토지 등의 취득 및 보상에 관한 법률 그 밖의 법률에 따라 수용되거나 협의 매수된 경우
④ 영농상속받은 재산을 국가 또는 지방자치단체에 양도하거나 증여하는 경우
⑤ 영농상 필요에 따라 농지를 교환·분합 또는 대토하는 경우
⑥ 다음 각 목의 어느 하나에 해당하는 사유로 상속인의 지분이 감소한 경우. 다만, 지분 감소 후에도 상속인이 최대주주등에 해당하는 경우로 한정한다.
ⓐ 상속인이 상속받은 주식 등을 상속세 및 증여세법 제73조에 따라 물납한 경우
ⓑ 합병·분할 등 조직변경에 따라 주식등을 처분하는 경우. 다만, 처분 후에도 상속인이 합병법인 또는 분할신설법인 등 조직변경에 따른 법인의 최대주주등에 해당하는 경우에 한한.
ⓒ 해당 법인의 사업확장 등에 따라 유상증자할 때 상속인의 특수관계인 외의 자에게 주식등을 배정함에 따라 상속인의 지분율이 낮아지는 경우. 다만, 상속인이 최대주주등에 해당하는 경우에 한한다.
ⓓ 상속인이 사망한 경우. 다만, 사망한 자의 상속인이 원래 상속인의 지위를 승계하여 가업에 종사하는 경우에 한한다.
ⓔ 주식등을 국가 또는 지방자치단체에 증여하는 경우
ⓕ 「자본시장과 금융투자업에 관한 법률」 제390조에 따른 상장규정을 충족하기 위해 지분이 감소되는 경우
⑦ ①부터 ⑥까지와 비슷한 경우로서 상속인이 법률의 규정에 의한 병역의무의 이행, 질병의 요양, 취학상 형편 등으로 농업·축산업·임업 및 어업에 직접 종사할 수 없는 사유가 있는 경우를 말한다. 다만, 영농상속받은 재산을 처분하거나 그 부득이한 사유가 종료된 후 영농에 종사하지 아니하는 경우에는 정당한 사유에서 제외되므로 상속세를 부과한다. (상증칙 §6)

상속재산 일부 처분

» 영농상속재산의 일부를 처분한 경우 상속세 과세가액에 산입되는 금액은 다음과 같이 계산한다. (상증통 18…3)

$$\text{영농상속공제금액} \times \frac{\text{영농상속받은 재산 중 처분한 재산가액(상속개시 당시 평가액)}}{\text{영농상속받은 재산가액(상속개시 당시 평가액)}}$$

영농에 종사하지 않는 것으로 보는 경우

해당 피상속인 또는 상속인의 사업소득금액과 근로소득 총급여액의 합계액이 3천700만원 이상인 과세기간이 있는 경우 해당 과세기간에는 피상속인 또는 상속인이 영농에 종사하지 아니한 것으로 본다. 이 경우 농업·임업 및 어업에서 발생하는 소득, 부동산임대업에서 발생하는 소득과 농가부업소득은 제외하고 계산한다.

사전증여 농지

상속개시일 전 상속인에게 증여한 농지 등으로서 상속재산가액에 포함되는 경우에는 당해 농지 등은 영농상속공제를 적용받을 수 없다.

※ 영농자녀가 증여세를 감면받은 농지 등은 증여일로부터 10년 이내에 상속 또는 증여가 발생하더라도 상속재산에 가산하거나 증여재산가액에 합산하는 증여재산으로 보지 아니한다.

영농상속공제의 요건

구분	영농상속재산	상속 요건	
개인 영농	피상속인이 상속개시일 8년 전부터 영농에 사용한 농지 등의 가액	피상속인	① 상속개시일 8년 전부터 계속하여 직접 영농에 종사할 것 (질병의 요양으로 직접 영농에 종사하지 못한 기간도 포함) ② 농지 등이 소재하는 시·군·구(연접한 시·군·구 포함) 또는 해당 농지 등으로부터 직선거리 30킬로미터 이내에 거주할 것
		상속인	① 상속개시일 현재 18세 이상일 것 ② 상속개시일 2년 전부터 계속하여 직접 영농에 종사할 것 (병역의무의 이행, 질병의 요양, 취학상 형편 등으로 가업 또는 영농에 직접 종사할 수 없는 사유가 있는 경우 포함)

구분	영농상속재산	상속 요건	
			다만, 피상속인이 65세 이전에 사망하거나 천재지변 및 인재 등 부득이한 사유로 사망한 경우에는 그렇지 않다. ③ 농지 등이 소재하는 시 · 군 · 구(연접한 시 · 군 · 구 포함) 또는 해당 농지 등으로부터 직선거리 30킬로미터 이내에 거주할 것 또는(or) 영농 · 영어 및 임업 후계자도 가능
법인 영농	법인의 주식 등의 가액*	피상속인	① 상속개시일 8년 전부터 계속하여 해당 기업을 경영할 것 (질병의 요양으로 경영하지 못한 기간 포함) ② 법인의 최대주주 등으로서 본인과 그 특수관계인의 주식 등을 합하여 해당 법인의 발행주식 총수 등의 100분의 50 이상을 계속하여 보유할 것
		상속인	① 상속개시일 현재 18세 이상일 것 ② 상속개시일 2년 전부터 계속하여 해당 기업에 종사할 것 (병역의무의 이행, 질병의 요양, 취학상 형편 등으로 가업 또는 영농에 직접 종사할 수 없는 사유가 있는 경우 포함) 다만, 피상속인이 65세 이전에 사망하거나 천재지변 및 인재 등 부득이한 사유로 사망한 경우에는 그렇지 않다. ③ 상속세 과세표준 신고기한까지 임원으로 취임하고, 상속세 신고기한부터 2년 이내에 대표이사 등으로 취임할 것 » 또는 영농 · 영어 및 임업 후계자도 가능

* 주식 등 가액×(1 – 법인의 총자산가액 중 사업무관자산이 차지하는 비율)

해석 사례

구 분	여부	근 거
배우자 상속공제와 동시 공제	○	사전법령해석재산 2018 – 171, 2018.5.29.
영농인 간 공동상속 공제	○	상속증여 – 3409, 2017.9.29.
영농인과 비영농인 간 공동상속 – 영농인 지분 공제	○	서면상속증여 2019 – 1116, 2020.4.13.
주거지역 내 농지 공제	○	재삼 46014 – 3344, 1995.12.28.
상속개시일 현재 택지개발예정지구 농지 공제	○	법규 – 4080, 2008.9.29.
상속받은 후 수용되는 농지 사후관리 대상	×	서면상속증여 2020 – 1683, 2020.11.30.
공동상속 받은 비영농인 지분 공유물분할 후 양도하는 경우 사후관리 대상	×	서면법령해석재산 2019 – 123, 2019.6.11.

사례

» **사실관계**

甲은 아들 乙과 함께 농사를 8년 이상 농사를 짓고 있으며, 甲이 소유한 농지의 가액은 현재 35억원 정도이고, 다른 재산으로 주택 등 약 10억원 정도 있음.

Q 농지에 대하여 상속세 절세효과를 최대화하는 방안?

A 갑이 소유한 농지 중 30억원을 초과하는 5억원 상당액의 토지를 생전에 증여하여 조세특례제한법 제71조에 따른 증여세 감면 규정을 적용받는다. (증여일로부터 8년 이상 자경하여 양도소득세 감면받는 조건)

나머지 농지는 영농상속공제 30억원을 추가로 적용받는다.

절세효과

구 분	증여 없이 상속	증여 후 상속
상속재산가액	45억원	40억원
배우자 및 일괄공제	10억원	10억원
영농상속공제	30억원	30억원
상속세과세가액	5억원	0
산출세액	0.9억원	0

▶ 농지 가액이 30억원을 초과하는 피상속인은 농지 증여를 고민할 필요가 있다.

영농자녀 등이 증여받는 농지 등에 대한 증여세의 감면(조특법 §71)

- 영농자녀가 증여받는 농지 등에 대한 증여세 100% 감면
  - 증여자 · 수증자가 농지 등 소재지에 거주 및 직접 영농에 종사
  - 감면한도 : 5년간 1억원
  - 사후관리 : 사후관리 위반 시 감면세액 및 이자상당액 추징
    * 증여일부터 5년 이내 양도, 직접 영농에 종사하지 않는 경우 등
  - 증여자의 다른 증여재산과 합산되지 않음. (조특법 §71 ⑦)
  - 상속재산에도 가산되지 않음. (조특법 §71 ⑥)

※ 추후 양도시 양도소득세를 부과하는 경우(이월과세)
취득 시기 - 증여자가 취득한 날
필요경비(취득가액) - 증여자의 취득 당시 필요경비

» 사실관계

甲은 부(父)로부터 2015.7.23. 영농농지(A)를 증여받고 증여세 감면 신고함. (증여재산가액 5억원, 증여세액 8천만원 전액 감면)

- 만 5년 후인 2020.11.24. 부로부터 재차 영농농지(B)를 증여받고 증여세 감면신고 (증여재산가액 5억원, 증여세액 9천만원)
- A, B 농지 모두 조세특례제한법 제71조에 따른 증여세 감면대상에 해당함.

Q 위와 같이 영농농지(B)에 대한 증여세 감면신고 시, 5년 전에 전액 감면받은 영농농지(A)와 합산 여부

A 증여세를 감면받은 농지 등은 해당 증여일 전 10년 이내에 자경농민등(자경농민등의 배우자를 포함한다)으로부터 증여받아 합산하는 증여재산가액에 포함시키지 아니한다. 그러므로 상기 사례의 경우 영농농지(A) 증여 후 5년이 경과하여 새로이 감면한도액을 적용하게 되므로 합산배제된다.[32)]

절세 tip

영농농지 증여세 감면은 조세특례제한법에 따른 혜택이므로 상증법상의 사전증여재산 합산대상이 아니다. 따라서 5년 주기로 감면한도액(1억원)만큼 영농농지를 증여하면 절세된다.

32) 서면상속증여 2021-7722, 2022.3.23.

04 상속공제한도를 모르면 낭패 볼 수 있다

필자에게 거래처 사장님이 상담을 요청했다. "아버지를 지금껏 모셔 왔는데 건강이 좋지 않아 지금 아버지 명의로 되어 있는 집을 증여받고 싶다", "안 내도 되는 세금만 내게 되니 그러지 마시라"고 답변드렸다. 무슨 사연인지 알아보자.

상속공제 한도(상증법 §24)

구분	내 용
의의	선순위 상속인은 피상속인과 생계를 같이 하며 피상속인으로부터 실질적으로 부양을 받았을 가능성이 상대적으로 크기 때문에 피상속인이 사망한 이후 생활안정 내지 생계유지를 위하여 상속세 부담을 완화하여 줄 필요성이 큰 반면, 후순위 상속인은 상속세 부담 완화의 필요성이 선순위 상속인에 비하여 상대적으로 덜하다고 할 것이다. 그러므로 상속공제 제도의 취지를 고려할 때에도 선순위 상속인이 본래대로 상속받는 경우와 후순위 상속인이 상속포기로 상속받는 경우의 상속공제를 다르게 규정할 수 있다 할 것이므로 상속공제 종합한도 규정도 그 취지를 살려 상속인의 실제 상속재산의 한도 내에서만 상속공제가 인정되도록 하고자 하는 것이다.[33]
공제 한도	상속세 과세가액 (−) 선순위 상속인이 아닌 자에게 유증 등을 한 재산가액 (−) 선순위 상속인의 상속포기로 그 다음 순위의 상속인이 상속받은 재산의 가액 (−) 상속세 과세가액에 가산한 증여재산 과세표준 (상속세 과세가액 5억원 초과하는 경우만) = 상속공제 한도액 ※ 창업자금 과세특례와 가업승계 주식에 대하여는 상속공제 종합한도가 적용되지 않으므로 각종 상속공제의 적용이 가능하다.

사전증여재산 차감

합산 규정(사전증여재산 가산)을 두면서 상속공제의 한도를 두지 않는다면 상속인들이 실제 상속받은 재산 가액을 초과하여 상속재산에 합산된 사전증여재산 가액까지 공제될 수 있으며, 이 경우에는 고율의 누진 상속세 적용 회피를 방지하기 위해 사전증여재산 가액을 상속재산에 가산하는 취지가 상실될 우려가 있다. 이 공제 한도 조항은 상속인의 실제 상속재산의 한도 내에서 상속공제를 인

33) 서울고법 2016누40650, 2016.10.26.

정함으로써 위 합산 규정의 취지를 살리고자 하는 것으로서 그 입법목적은 정당하다고 할 것이다.

그리고 만일 합산규정과 공제한도 규정이 없다면 피상속인은 상속인 등의 자에게 분할 증여함으로써 누진세율에 의한 상속세 부담없이 상당한 재산을 이전할 수 있어 증여세의 상속세에 대한 보완기능이 불충분하게 되고, 고액의 재산가들이 이와 같은 방법으로 사전증여를 통하여 누진세율을 회피하는 것이 성행한다면 재산상속을 통한 부의 집중의 완화라는 상속세의 목적을 달성하지 못하는 결과가 발생할 우려도 있다. 또한 사전증여는 현실적으로 과세대상의 포착이 어렵고 상속세 면탈이나 누진세율 적용 회피의 수단으로 이용되어 조세정의의 실현을 저해할 가능성이 높다고 지적된다. (헌재 2002헌바100, 2003.10.30.)

해석 사례

구 분	공제	근 거
계모가 전처 자녀에게 유증한 경우	×	재산-313, 2012.9.6.
상속인 외의 자 보험수익자인 경우 보험을 포기(유증 포기)한 경우	× ○	서면4팀-537, 2005.4.11.
후순위 상속인 상속받는 경우[34)	×	대법원 2016두60850, 2017.3.9.

헌재 2022헌바112(2023.6.29.)

심판대상조항은 상속세 과세가액에서 합산조항에 따른 증여재산가액을 뺀 가액을 상속공제의 한도로 하되, 상증세법 제53조에 따른 증여재산공제와 제54조에 따른 재해손실공제가 있는 경우 위 증여재산가액에서 이러한 공제금액을 빼도록 하고 있어 구 공제한도 조항에 비하여 상속공제의 한도를 확대하고 있다.

이처럼 심판대상조항에 따른 상속공제한도의 확대로 인하여 사전증여의 유무 및 사전증여재산의 비율 등에 따른 상속세액의 차이가 구 공제한도 조항에 비하여 많이 줄어들게 되었고, 그 결과 구 공제한도 조항에서의 상속세 과세표준확장 문제도 상당부분 개선이 되었다. 아울러 심판대상조항은 상속세 과세가액이 5억원을 초과하는 경우에만 적용되도록 규정함으로써 상속세 과세가액이 5억원 이하인 경우에는 심판대상조항에 따른 상속공제의 한도를 처음부터 배제하고 있다.

심판대상조항이 일부 재산을 사전증여한 경우와 그렇지 않고 모두 상속한 경우, 그리고 사전증여재산이 많은 경우와 그렇지 않은 경우 사이에 있어서 상속세 납세의무자들을 합리적인 이유 없이 차별한다고 할 수는 없으므로 평등원칙에 위반되지 않는다.

34) 상속세 공제적용의 한도 계산시 그 상속받은 재산의 가액을 상속세 과세가액에서 차감하도록 정하고 있는 것은 합리적 입법재량의 범위 내이므로 조세평등의 원칙을 위반된다거나 후순위 상속인의 재산권을 침해한다고 보기 어려우므로 위헌이라고 할 수 없음.

사례

[사례 1] 상담

- 혼자 사시는 연로한 부친을 A씨가 그동안 모심
- 부친의 유일한 상속재산은 지금 거주하고 있는 개별주택으로 시세 5억원
- 상속인으로는 다른 형제 2명이 더 있어 형제들 간의 분쟁을 막고자 자신을 모신다고 고생한 A씨에게 주택을 물려주고 싶어함.

사전증여 여부에 따른 상속세 부담

먼저 사전증여를 하면 증여세는 8천만원[35] 납부하게 된다.

2016.1.1. 이후 상속분부터 상속세 과세가액이 5억원을 초과하는 경우에 한하여 상속공제 한도 규정을 적용한다. 따라서 사전증여를 하더라도 일괄공제가 적용되어 상속세는 납부하지 않게 된다.

사전증여재산이 상속세 과세가액에 합산될 경우 기납부한 증여세는 증여세액으로 공제해 주는 게 원칙이나, 상속세 과세가액이 5억원 이하에 해당하여 상속공제가 적용된 경우에는 증여세액은 상속세 산출세액에서 공제하지 않는다. (상증법 §28 ①)[36]

따라서 증여세 8천만원은 수증자가 부담할 수밖에 없다. 상속인들 간의 분쟁을 생각해 8천만원을 내더라도 증여받겠다면 어쩔 수 없지만 내지 않아도 될 세금을 내는 꼴이다.

답변

가장 합리적인 방법은 유언장을 작성하는 것이다. A씨에게 주택을 물려준다는 유언장을 작성해 두면 분쟁을 예방하는 효과가 있다.

형제들 간의 사이가 좋지 않다면 유류분(1인당 약 83백만원)[37]은 해결되지 않을 수 있다. 어차피 사이가 좋지 않아 다툼이 예상된다면 유언장 작성으로 상속분을 1/2로 줄이는 효과가 있으니 유언장은 이런 상황에서 필수다.

---

35) (5억원 - 5천만원) × 20% - 1천만원

36) ① 제13조에 따라 상속재산에 가산한 증여재산에 대한 증여세액(증여 당시의 그 증여재산에 대한 증여세 산출세액을 말한다)은 상속세 산출세액에서 공제한다. 다만, 상속세 과세가액에 가산하는 증여재산에 대하여 「국세기본법」 제26조의2 제4항 또는 제5항에 따른 기간의 만료로 인하여 증여세가 부과되지 아니하는 경우와 상속세 과세가액이 5억원 이하인 경우에는 그러하지 아니하다.

37) 5억원 × 1/3 × 1/2

[사례 2] 상속인이 아닌 자에게 유증한 경우

1. 기본사항
   - 피상속인 : 갑(거주자)
   - 상속개시일 : 2023.10.1.
   - 상속인 : 배우자(A), 자(B)

2. 상속재산 현황 : 1,500,000,000
   - 주 택 : 500,000,000원 ·················· 배우자 A가 상속받음.
   - 상장주식 : 500,000,000원 ············ 손자 C(B의 자녀)가 유증받음.
   - 토 지 : 200,000,000원 ·················· 자 B가 상속받음.
   - 예 금 : 300,000,000원 ·················· 자 B가 상속받음.

3. 장례비 및 채무
   - 장례비 10,000,000원
   - 금융채무 100,000,000원

4. 사전증여현황
   - 증여재산가액 : 300,000,000원(증여세 과세표준 : 250,000,000원 - 수증자 : 자 B)

해설

- 상속공제 대상 금액 : 11.4억원
  ① 배우자공제 5억원
  ② 일괄공제 5억원
  ③ 금융재산 공제 : 1.4억원[(주식 5억원+예금 3억원 - 채무 1억원) × 20%]

Q1 상속공제 한도액은?

	① 상속세 과세가액	1,690,000,000*
(-)	② 유증가액	500,000,000
(-)	③ 사전증여재산가액 과세표준	250,000,000
=	공제적용한도액	940,000,000

* 상속세 과세가액 : 1,500백만원 - 100백만원 - 10백만원+300백만원=1,690백만원

▶ 유증과 사전증여로 인해 상속공제 대상금액 11.4억원을 공제받지 못하고 9.4억원만 공제받게 되어 상속세 부담이 늘어난다.

> **[사례 3] 선순위 상속인 상속포기**
>
> - 피상속인 미혼인 상태에서 사망, 상속재산 30억원(금융재산 10억원 포함)
> - 1순위 상속인 없음
> - 2순위 상속인 모친 생존
> - 3순위 상속인 형제 3명인 상태에서 모친이 연세도 많고 재산도 있어 상속포기 신고를 하고 형제들이 1/3씩 상속받기로 한 경우

Q2 상속공제 한도액은?

해설

일반인들이 생각하기에 일괄공제 5억원과 금융재산 공제 2억원이 공제대상이라고 판단할 수 있으나 상속공제한도에 함정이 있다.

선순위 상속인인 모친이 상속을 포기하여 형제들이 상속받았으므로 상속공제 한도는 0이 된다. (상속세 과세가액 30억원 - 선순위 상속인 상속포기로 상속받은 재산 30억원)

모친이 상속을 받았다면 7억원을 상속공제 받을 수 있었으나 상속공제를 하나도 받지 못하고 오히려 납부불성실가산세까지 부담한 사례가 있다.[38)]

구 분	모친만 상속	형제 상속	모친과 함께 상속
상속세 과세가액	30억원	30억원	30억원
상속공제	7억원	0억원	7억원
과세표준	23억원	30억원	23억원
산출세액	7.6억원	10.4억원	7.6억원

▶ 이 사례의 경우 상속공제가능액(7억원)만큼 모친이 상속받고 나머지를 형제들이 상속받는 것이 가장 좋은 방안이다. (→ 유언장 필수) 만약, 상속인들이 모친의 재산이 많아 모친 사망시 상속세가 많이 나올 것을 걱정한다면 그 문제는 연대납부의무를 활용하여 상속세를 모친이 납부하면 해결할 수 있다.

38) 심사상속 2015-6, 2015.4.27.

[사례 4] 상속인에게 사전증여할 경우

- 피상속인 상속재산 : 10억원 (금융재산 5억원 포함)
- 상속인 : 배우자, 아들, 딸
- 5년 전 아들에게 5억원 사전증여

Q3 상속공제 한도액은?

해설

구 분	사전증여 없이 상속	사전증여 후 상속	
	상속세	상속세	증여세
총상속재산가액	1,500,000,000	1,000,000,000	500,000,000
사전증여재산가액		500,000,000	
상속세 과세가액	1,500,000,000	1,500,000,000	
상속공제한도	1,100,000,000	1,050,000,000	
상속공제	1,100,000,000	1,050,000,000	50,000,000
과세표준	400,000,000	450,000,000	450,000,000
산출세액	70,000,000	80,000,000	80,000,000
증여세액공제		80,000,000	
신고세액공제	2,100,000	0	2,400,000
납부세액	**67,900,000**	**0**	**77,600,000**

▶ 상속세보다 증여세 납부액이 많아 불리하다. 재산이 많지 않다면 사전증여를 할 필요가 없음을 보여준다. 재산가치가 크게 상승할 것으로 기대되면 사전증여가 유리할 수 있다.

05 유증을 알아야 절세할 수 있다

상속세 상담을 하다 보면 간혹 손자들에게 상속하면 유리하다는 이야기를 들었다고 한다. 여러 요건이 맞으면 절세에 도움이 되는 게 사실이다.

유증을 활용한 절세방안에 대해 알아본다.

유증이란

유증이란 유언자의 유언에 의하여 유산의 전부 또는 일부를 무상으로 타인(수유자)에게 증여하는 단독 법률행위를 말한다.

무상 이전	내 용		세목
증여	현시점(지금)에서 재산을 이전	⇨	**증여세**
유증(유언 증여)	증여자가 사망해야 재산 이전	⇨	**상속세**
사인증여	증여자가 사망해야 재산 이전(계약)	⇨	상속세

유증의 종류

[유증]

포괄유증	특정유증	부담부 유증
• 적극적 재산과 소극적 재산을 포괄하는 상속재산의 전부 또는 비율에 의한 유증을 말한다. • 포괄적 유증은 피상속인의 의무까지도 그 비율에 따라 승계해야 하므로 특정한 부동산이나 채권, 채무는 포괄적 유증의 대상이 될 수 없다. • 포괄적 유증을 받은 자는 상속인과 동일한 권리·의무가 있다. (민법 §1078)	• 하나하나의 재산상의 이익을 구체적으로 특정하여(㉔ 아파트, 토지, 예금 등) 유증의 내용으로 하는 것을 말한다. • 수증자는 상속인에 대하여 유증의 이행을 청구할 수 있는 권리인 채권적 효력이 있을 뿐이라고 해석되고 있다.	• 유언자가 유언증서로 수증자에게 그 상속인 또는 제3자를 위하여 일정한 의무를 이행하는 부담을 지게 한 유증을 말한다. • 유증을 받은 자는 유증의 목적의 가액을 초과하지 않는 한도에서 부담한 의무를 이행할 책임이 있다. (민법 §1088 ①)

해석 사례

구분	내 용
채무부담 유증	채무부담 조건 유증은 상속세과세가액 및 상속공제한도 적용시 그 채무를 차감하여 계산(재산-3553, 2008.10.31.)
✪유언 없는 유증	민법상 적법한 유언절차 등에 의하지 않고 상속인 외의 자가 상속재산을 취득하는 경우 : 상속인 ⇨ 상속세 과세 & 상속인 외의 자 ⇨ 증여세 과세 (재산상속 46014-1329, 2000.11.4.)
연대납부 의무	상속인과 수유자는 상속세를 연대하여 납부할 의무가 있는 것이며, 한도 내에서 다른 상속인이 납부해야 할 상속세를 대신 납부한 경우 증여세가 부과되지 않는 것임. (서면상속증여 2019-2248, 2020.2.6.)

민법

제1074조(유증의 승인, 포기) ① 유증을 받을 자는 유언자의 사망 후에 언제든지 유증을 승인 또는 포기할 수 있다.
② 전항의 승인이나 포기는 유언자의 사망한 때에 소급하여 그 효력이 있다.

제1075조(유증의 승인, 포기의 취소금지) ① 유증의 승인이나 포기는 취소하지 못한다.
② 제1024조 제2항의 규정은 유증의 승인과 포기에 준용한다.

제1089조(유증효력발생 전의 수증자의 사망) ① 유증은 유언자의 사망 전에 수증자가 사망한 때에는 그 효력이 생기지 아니한다.
② 정지조건 있는 유증은 수증자가 그 조건성취 전에 사망한 때에는 그 효력이 생기지 아니한다.

제1090조(유증의 무효, 실효의 경우와 목적재산의 귀속) 유증이 그 효력이 생기지 아니하거나 수증자가 이를 포기한 때에는 유증의 목적인 재산은 상속인에게 귀속한다. 그러나 유언자가 유언으로 다른 의사를 표시한 때에는 그 의사에 의한다.

▶ 유증은 언제든지 포기할 수 있고, 포기 후 취소하지 못한다.

상속세 및 증여세법 제2조 [정의]

1. "상속"이란 「민법」 제5편에 따른 상속을 말하며, 다음 각 목의 것을 포함한다.
   가. 유증(遺贈)
   나. 「민법」 제562조에 따른 증여자의 사망으로 인하여 효력이 생길 증여(상속개시일 전 10년 이내에 피상속인이 상속인에게 진 증여채무 및 상속개시일 전 5년 이내에 피상속인이 상속인이 아닌 자에게 진 증여채무의 이행 중에 증여자가 사망한 경우의 그 증여를 포함한다. 이하 "사인증여"(死因贈與)라 한다)

▶ 유증은 유언자의 단독행위지만 사인증여는 계약(수증자의 승낙 필요)이다.

손자에게 상속하면

구분	내 용
상속인 외의 자	법적으로 상속인은 배우자와 직계비속만 해당되고 그 외의 자는 상속인 외의 자가 된다. 따라서 손자는 **상속인 외의 자**에 해당되어(대습상속은 제외) 상속재산을 상속받을 권리가 없다. 따라서 손자에게 상속하고자 할 경우 유언으로 상속(유증)받게 할 수 있다.
유언 없는 상속	유언 없이 상속인 외의 자(손자 등)가 상속을 받으면 상속인이 상속받아 그 재산을 상속인 외의 자에게 증여한 것으로 본다. 따라서 상속인에게 상속세를 상속인 외의 자에게는 증여세가 부과되므로 주의하여야 한다.
연대납부의무	상속인과 수유자(유증을 받은 자)는 각자가 받은 재산을 한도로 상속세를 연대하여 납부할 의무가 있다. 따라서 다른 상속인이 대신 납부해도 증여세가 부과되지 않는다.
세대생략 할증과세	상속인이나 수유자가 피상속인의 자녀가 아닌 직계비속이면 30% 할증 과세한다.[39] (단, 미성년자가 20억원 초과하여 상속받는 경우에는 40% 할증)
상속공제 종합한도액	상속인 외의 자에 대한 유증은 상속공제 한도액 계산에서 차감되므로 주의가 필요하다.
손자상속이 유리한 조건	보통 **10억원 이하**의 상속재산일 경우 상속공제에서 유증가액은 차감되므로 불리하다. 피상속인이 고액자산가이거나 상속인(자녀)이 상속을 받지 않아도 될 정도로 재산이 많다면 손자가 상속받는 게 유리하다.

사례

[사례 1] 손자에게 유증

-할아버지의 상속세 과세표준이 100억원-손자에게 20억원을 유증한 경우

구분	상속세		증여세	
	유증 ○	유증 ×	구분	증여
과세표준	10,000,000,000	10,000,000,000	증여가액	2,000,000,000
산출세액	4,540,000,000	4,540,000,000	증여공제	50,000,000
할증세액(30%)	272,400,000	0	과세표준	1,950,000,000
결정세액	4,812,400,000	4,540,000,000	결정세액	620,000,000
신고세액(3%)	144,372,000	136,200,000	신고세액	18,600,000
납부세액	**4,668,028,000**	**4,403,800,000**	**납부세액**	**601,400,000**
차액	-337,172,000	5,005,200,000		

39) 이는 상속인들이 절세방안으로 활용한다는 걸 간접적으로 보여준다.

해설

[유증 효과]

부(父)상속 후 증여		손자 유증	
할아버지	상속재산 110억원	할아버지	상속재산 110억원
상속공제	10억원	상속공제	10억원
상속세	44억원	상속세	47억원
세후재산	66억원	세후재산	63억원
증여(부→손자)재산	20억원	※ 연대납부의무 활용	
증여세	6억원	⇔ 유증과 증여는 별개	
세후재산	14억원	(10년 내 별도 증여 가능)	
세후 재산		세후 재산	
부(父)	46억원	부(父)	43억원
손자	14억원	손자	20억원*

* 일반 증여의 경우 30억원을 증여해야 세후 20억원(증여세 약 10억원)이 됨.

[사례 2] 부부 사이가 좋지 않은 경우

상속재산 10억원, 아들과 딸이 상속받기를 원한다면
방안 1. 배우자와 이혼하는 방안
방안 2. 유증을 통해 사녀에게 상속

구 분	배우자 이혼(방안1)	유증하는 경우(방안2)
상속세 과세가액	10억원	10억원
상속 공제	5억원	10억원
과세표준	5억원	0
산출세액	0.9억원	0

▶ 배우자 유류분 10억원 × 3/7 × 1/2 ≒ 2.1억원은 해결되지 않는다.
(자식 몫까지 차지하려고 소송하는 부모가 있을까?)

[사례 3] 유증을 포기하는 경우(B가 보험금 수령 포기)

A(피상속인) – 계약자(피보험자) 종신보험, B(A의 동생) – 수익자
– A가 처(C)와 자녀(D, E)를 동생(B)에게 돌봐줄 것을 부탁하고 사망
– 상속재산 10억원 미만이나 B가 보험금 수령하면 상속세 납부

해설

B가 받는 보험금을 세법에서는 유증으로 본다. B는 상속인 외의 자에 해당되므로 보험금만큼 상속공제가 적용되지 않는다.

이때 B가 유증을 포기할 경우

1. 민법(§1090)에 따르면 상속인에게 귀속되므로 상속공제한도가 적용되지 않아 상속세를 납부하지 않게 된다.
2. B의 유증 포기로 C, D, E간 협의에 의하여 최초로 상속재산을 분할하는 경우에는 증여세가 과세되지 않는다.[40)]

[사례 4] 영리법인에 유증한 경우

사실관계

- 피상속인 상속세 과세표준 100억원(상속재산 110억원 - 상속공제 10억원)
- 피상속인이 영리법인에 20억원을 유증
- 주주(아들 1%, 손자 25%, 손녀 25%, 며느리 49%)

구분	상속세		법인세	
	유증 ×	유증 ○	구분	자산수증이익
과세표준	10,000,000,000	10,000,000,000	과세소득	200,000,000
산출세액	4,540,000,000	4,540,000,000	자산수증이익	2,000,000,000
(-)상속세 상당액		(-)825,000,000[41)]		
신고세액공제	136,200,000	111,450,000	과세표준	2,200,000,000
납부세액	4,403,800,000	3,603,550,000	수증이익법인세	380,000,000
		추가납부세액	지방소득세	38,000,000
아들		6,250,000	납부세액	418,000,000
손자		156,250,000		
손녀		156,250,000		
총납부세액		3,922,300,000	4,340,300,000	
차액	63,500,000	⇨ 주주구성에 따라 절세규모가 달라진다.		

40) 서면4팀-537, 2005.4.11.

41) 4,540,000,000 × 20억원(자산수증이익)/110억원(상속세 과세가액) ≒ 825백만원

해설

피상속인이 영리법인에 유증한 재산에 대하여 영리법인은 자산수증이익으로 법인세가 과세되므로 상속세는 면제된다. 다만, 영리법인이 면제받은 상속세 상당액은 그 영리법인의 주주가 **상속인 및 직계비속인 경우에 한하여** 상속세를 부담하여야 한다. (상증법 §3의2 ②)

> [영리법인이 받았거나 받을 상속재산에 대한 상속세 상당액－(영리법인이 받았거나 받을 상속재산 × 10%)] × 상속인과 그 직계비속의 주식 또는 출자지분의 비율

- 상속세 추가납부세액

  아들 : (825,000,000－20억원 × 10%) × 1% ＝ 6,250,000

  손자 · 손녀 : (825,000,000－20억원 × 10%) × 25% ＝ 156,250,000
- 향후 영리법인 주식 양도시 취득가액에 가산됨. (소득세법 시행령 §163 ⑩)[42]

  예 [손자] : 20억원 × 25% ＝ 5억원 ⇨ 주식 취득가액에 가산

42) 영리법인이 유증받은 상속재산 × 직계비속 지분율

06 가업상속공제로 상속세 걱정 끝?

가업승계는 대부분 거래하는 세무사들을 통해 해결하므로 여기서는 꼭 알아야 할 사항만 언급하기로 한다.

가업승계 제도

[가업승계 과세특례와 가업상속공제 대상 요건 비교]

<table>
<tr><th colspan="2">구 분</th><th>가업승계 과세특례</th><th>가업상속공제</th></tr>
<tr><td rowspan="10">사전요건</td><td>개인법인</td><td>법인만 가능</td><td>개인사업자, 법인 모두 가능</td></tr>
<tr><td>업종</td><td>제조업 등 상증법령 별표 업종</td><td>제조업 등 상증법령 별표 업종</td></tr>
<tr><td>규모</td><td>중소기업, 중견기업</td><td>중소기업, 중견기업</td></tr>
<tr><td>경영기간</td><td>10년 이상 계속 가업 경영</td><td>10년 이상 계속 가업 경영</td></tr>
<tr><td>지 분 율</td><td>최대주주 등 지분 40% 이상
10년 이상 보유</td><td>최대주주 등 지분 40% 이상
10년 이상 보유</td></tr>
<tr><td rowspan="2">증여자 / 피상속인</td><td>증여자 거주자 & 최대주주</td><td>피상속인 거주자, 최대주주 등</td></tr>
<tr><td>• 증여자 나이 60세 이상 부모</td><td>• 가업 영위 50% 이상 대표 재직
• 10년 이상 대표 재직
• 상속개시일 소급하여 10년 중 5년 이상 대표 재직</td></tr>
<tr><td rowspan="2">수증인 / 상속인</td><td>18세 이상 거주자인 자녀</td><td>18세 이상 상속인(상속인 배우자)</td></tr>
<tr><td>–</td><td>상속개시 전 2년 이상 가업종사</td></tr>
<tr><td colspan="3"></td></tr>
<tr><td rowspan="8">사후관리요건</td><td rowspan="3">가업승계 요건</td><td>공동 승계 가능</td><td>공동상속 가능</td></tr>
<tr><td>신고기한 내 가업 종사</td><td>신고기한 내 임원 취임</td></tr>
<tr><td>증여 후 3년 이내 대표이사 취임</td><td>신고기한부터 2년 이내 대표취임</td></tr>
<tr><td>자산유지</td><td>×</td><td>자산 5년 내 40% 이상 처분 제한</td></tr>
<tr><td>가업종사 의무</td><td>• 1년 이상 휴업 or 폐업하지 않을 것
• 수증인 5년간 대표이사
• 5년간 주 업종(대분류) 유지</td><td>• 1년 이상 휴업 or 폐업하지 않을 것
• 상속인 5년간 대표이사 유지
• 5년간 주 업종(대분류) 유지</td></tr>
<tr><td>지분유지</td><td>수증인 지분 5년간 유지</td><td>상속인 상속지분 5년간 유지</td></tr>
<tr><td>근로자 유지 의무</td><td>×</td><td>5년간 정규직근로자 전체평균 90% or 총급여액 전체 평균 90%</td></tr>
<tr><td>혜택배제</td><td>탈세(3억원+30%, 5억원), 회계부정(자산 5%)으로 징역형 or 벌금형 선고*</td><td>탈세(3억원+30%, 5억원), 회계부정(자산 5%)으로 징역형 or 벌금형 선고</td></tr>
</table>

구 분	가업승계 과세특례	가업상속공제
납부유예	선택 가능(중소기업)	선택 가능(중소기업)
연부연납	20년(10년 거치 10년 납부) 적용	15년 적용

* 2024.1.1. 이후 증여분부터 적용(증여일 전 10년 이내, 증여일부터 5년 이내 기간 한정)

가업상속공제

가업상속공제 대상 요건에 맞다면 가업영위기간에 따라 최고 300억원에서 600억원까지 상속세 과세가액에서 공제하므로 웬만한 규모의 기업의 상속세 문제는 해결된다. 따라서 대부분의 CEO들은 가업을 물려주면 세금이 없다고 생각하는데 몇 가지 놓치는 게 있다.

사업무관자산

가업상속 재산가액

"가업상속 재산가액"이란 다음 각 호의 구분에 따라 가업 상속인이 받거나 받을 상속재산의 가액을 말한다. (상증령 §15 ⑤)

1. 개인 : 가업에 직접 사용되는 토지, 건축물, 기계장치 등 사업용 자산의 가액에서 해당 자산에 담보된 채무액을 뺀 가액
2. 법인 : 주식 등의 가액 × (1 − 법인의 총자산 중 사업무관자산이 차지하는 비율[43])

사업무관자산

가. 「법인세법」 제55조의2에 해당하는 자산 → 비사업용토지, 주택 등

나. 「법인세법 시행령」 제49조에 해당하는 자산 및 타인에게 임대하고 있는 부동산(부동산에 관한 권리를 포함한다) → 업무와 관련 없는 자산

다. 「법인세법 시행령」 제61조 제1항 제2호에 해당하는 자산 → 대여금

라. 과다보유현금[상속개시일 직전 5개 사업연도 말 평균 현금(요구불예금 및 취득일부터 만기가 3개월 이내인 금융상품을 포함한다)보유액의 100분의 150을 초과하는 것을 말한다]

43) 사업무관자산 가액(상속개시일 현재 평가액)/법인의 총 자산가액(상속개시일 현재 평가액)

마. 법인의 영업활동과 직접 관련이 없이 보유하고 있는 주식 등, 채권 및 금융상품 (라목에 해당하는 것은 제외한다)

» 대개의 법인은 임대 부동산, 대여금(가지급금), 금융상품 등을 보유하고 있다. 따라서 사업무관자산 비율만큼 가업상속공제를 받지 못하므로 실제 납부해야 할 상속세는 생각보다 많을 수 있다. 그러므로 **사업무관자산**을 줄이는 노력이 필요하다.

양도소득세 이월과세

[제8장 자본이득세는 이미 시행되고 있다]에서 자세히 다룬다.

유류분

가업승계제도가 많이 홍보되어 기업을 운영하는 고령의 CEO들은 대부분 알고 있다. 가업상속공제를 받으면 상속세는 큰 부담 없으므로 가업을 이어받을 상속인만 결정하면 된다고 생각하는 경우가 있다.

회사가 두 곳 이상이라든지 형제(남매)간 공동 경영을 할 수 있으면 문제없지만, 가업(공장)은 아들에게 물려주고 나머지 재산을 딸에게 물려준다고 할 경우 유류분을 고민해 봐야 한다. 재산이 많아 딸에게도 가업에 해당하는 규모만큼 물려줄 수 있다면 문제없지만, 대부분의 상속재산이 가업 재산이라면 상속인 간 분쟁의 소지가 있다.[44)]

[사례]

1. 상속인 : 아들, 딸
2. 상속재산 : 주택 10억원, 가업재산 100억원, 예금 등 10억원
3. 상속재산 분할 : 주택(딸), 가업(아들), 예금(딸)

상속인	법정상속분	실제상속분	유류분	부족액
아들	60억원	100억원		
딸	60억원	20억원	30억원	10억원

▶ 유류분 반환은 원물 반환이 원칙이다. 주식을 반환해야 할 수 있다.

44) 유언장 작성은 필수다. 유언장이 없는 경우 법정상속분으로 나누게 될 것이다.

퇴직금

오랜기간 사업을 영위해 온 법인의 경우 대표자의 퇴직금이 거액일 수 있다. 퇴직금은 간주상속재산이므로 가업상속공제 대상이 아니다. 사업무관비율은 상속개시일 현재를 기준으로 판단하므로 법인의 현금보유가 과다하다면 퇴직금을 정산(퇴사)할 필요가 있다.

만약, 퇴직금이 십억원 이상이라면 높은 상속세율을 적용받을 가능성이 크다. 이때 퇴직금을 포기(퇴직금을 포기하면 결국 회사에 이득이 되고 궁극적으로 주주인 상속인들이 혜택을 보게 되므로)하는 경우가 있을 수 있는데 이에 대해 신중한 접근이 필요하다.

해석 사례

구분	내 용
유한책임회사	가업상속공제 대상 주식등에는 유한책임회사의 출자지분이 포함되며, 유한책임회사의 업무집행자를 대표이사로 보아 가업상속공제 규정을 적용하는 것임. (서면법규재산 2019-2914, 2022.5.31.)
10년 미만 보유주식	가업상속에 해당하는 법인의 주식 중 피상속인이 직접 10년 미만 보유한 주식도 가업상속공제 가능(기획재정부조세법령-10, 2022.1.6.)
지분양도	공동으로 가업상속공제를 받은 상속인이 상속개시일로부터 5년 이내 공동으로 가업상속공제를 받은 다른 상속인에게 상속받은 가업상속법인의 주식 등을 양도하여 지분이 감소한 경우, 상속세가 추징되는 것임. (서면법규재산 2022-1704, 2023.9.1.)
업종 변경	표준분류표상 동일한 대분류 내의 업종 변경은 가업을 유지한 것으로 인정(상증령 §15 ③ (1) 나목) 동일한 대분류 내의 업종 변경이 아닌 경우 업종 변경 후 최초로 재화 또는 용역을 개시한 날부터 10년의 요건을 판단하는 것임. (기준법령해석재산 2015-227, 2015.10.28.)
일부자산 제외	개인사업자로서 제조업에 사용하던 건물 등 일부 사업용 자산을 제외하고 법인전환을 하였다 하더라도, 법인전환 후에 가업의 영속성이 유지되는 경우 피상속인이 개인사업자로서 가업을 영위한 기간을 포함하여 가업경영기간을 계산하는 것임. (기획재정부 재산세제과-725, 2019.10.28.)
상속인 겸업	'상속인의 가업 종사여부'는 전적으로 가업에만 종사한 경우 뿐 아니라 겸업의 경우에도 그 가업의 경영과 의사결정에 있어서 중요한 역할을 담당하였다면 '상속인이 가업에 직접 종사한 경우'에 포함된다고 해석해야 할 것(서울행법 2014구합59832, 2015.4.16.)

구분	내 용
사원용 아파트	법인이 보유하는 임직원 등에게 임대하는 사원용 아파트와 해당 법인기업이 자금확보를 위하여 해당 금융상품을 금융기관 등에 담보로 제공하여 질권 등이 설정된 금융상품은 사업무관자산에 해당하는 것임. (기준법령해석재산 2016-138, 2016.10.25.) * 임직원 임대주택은 사업용자산으로 봄. (25년 시행령 개정)
금융상품	법인이 보유하고 있는 만기가 3개월 이내인 금융상품은 현금에 포함하여 과다보유현금 해당 여부를 판단하는 것이며, 만기가 3개월 초과하는 금융상품은 사업무관자산에 해당하는 것임. (서면상속증여 2018-2569, 2018.10.31.)
보험	보험 가입일부터 상속개시일까지 쟁점보험을 영업에 사용한 사실 등이 확인되지 않는 점, 쟁점보험의 보험금 지급사유에 대표이사의 퇴직이 명시되어 있지 않으므로, 가업법인이 대표이사의 퇴직금을 지급하기 위한 목적으로 쟁점보험에 가입한 것으로 보기도 어려운 점 등에 비추어 쟁점보험의 장부가액을 사업무관자산으로 봄. (조심 2021중2868, 2021.7.28.)
가지급금	특수관계인에게 해당 법인의 업무와 관련 없이 지급한 가지급금은 사업무관자산에 해당하는 것임. (서면법령해석재산 2020-2768, 2020.10.15.)
퇴직금 포기	퇴직금을 포기한 경우 포기 시점에 퇴직금을 지급한 것으로 보아 퇴직소득세를 원천징수하고, 법인은 임원 퇴직금 한도액까지 손금산입하고 포기한 퇴직금은 익금산입함. (서이 46012-12368, 2020.12.30.)
	법인 정관의 임원퇴직금지급규정에 따라 지급 결정된 대주주인 임원의 퇴직금을 수령 포기할 경우 퇴직금 포기시 퇴직금을 수령한 것으로 보아 동 포기금액에 대해서 퇴직소득세를 원천징수하는 것이며, 임원 퇴직금 한도를 재계산하는 것이 아님.[45](서면원천 2021-6635, 2023.2.9.)
	피상속인이 2010.11.30. 쟁점 퇴직금을 포기한 후 5년 이내인 2011.5.27. 상속이 개시되었고, ○○은 이에 대하여 채무면제이익으로 회계처리한 이상, ○○이 당해 채무의 면제로 얻은 이익은 피상속인이 상속인이 아닌 자에게 증여한 재산가액으로 봄이 타당함.[46](조심 2013서2501, 2013.9.16.)

✔ 가업상속공제로 상속세 걱정이 끝나지 않으므로 계속 상속설계를 검토해야 한다.

45) 임원 퇴직소득 한도를 초과하여 근로소득세 과세에 해당하는 퇴직금을 포기한 경우-당초정에 따른 임원 퇴직금으로 원천징수하고 세후 퇴직금을 상속재산으로 본다.

46) 법인은 상속인 외의 자에 해당하므로 5년 이내 증여재산으로 보아 상속세합산 과세

07 기타 (단기 재상속, 비과세, 고액상속인)

상속재산을 많이 받은 상속인이 질병 등으로 단기에 사망하면 재상속으로 인해 상속세 부담이 늘어나지 않을까 고민하는 경우가 있다. 상속세법은 단기 재상속세액공제로 이 문제를 해소하는 데 그 내용을 살펴본다. 또한, 비과세되는 상속재산과 고액상속인 사후관리 제도에 대해 간단히 살펴보기로 한다.

단기 재상속세액공제

의의

단기 재상속에 대한 세액공제제도는 단기간에 상속이 반복됨으로써 상속재산의 가치가 갑자기 감소하는 것을 방지하기 위한 것으로서, 상속세를 부과할 상속이 개시한 후 10년 이내에 다시 상속이 개시되었을 때에는 전의 상속세가 부과된 상속재산 중 재상속분에 대한 전의 상속세 상당액을 상속세 산출세액에서 공제하도록 하는 제도이다.[47]

예를 들면, 상속이 개시되어 배우자에게 상속된 재산에 대하여 상속세가 부과되고, 10년 이내에 배우자가 다시 사망한 경우, 동일 재산에 대하여 다시 상속세를 부담하게 되는 문제를 해소하거나 완화하기 위하여 그 재상속이 개시되는 기간에 따라 상속세 산출세액 중에서 일정한 금액을 공제하게 된다.

내용

단기 재상속에 대한 세액 공제(상증법 §30)
1. 10년 이내 전에 상속세 부과된 상속재산이 재상속 된 경우
2. 재상속분의 전의 상속세 상당액*을 상속세 산출세액에서 차감
$$\text{* 전의 상속세 산출세액} \times \frac{\text{재상속분의 재산가액} \times \dfrac{\text{전의 상속세 과세가액}}{\text{전의 상속재산가액}}}{\text{전의 상속세 과세가액}} \times \text{공제율}$$
• 공제율 : 1년 이내 100%부터 매년 10%씩 차감
3. 한도 : 상속세 산출세액 – 증여세액공제 – 외국납부세액

47) 대법원 2010두16059, 2011.2.10.

대법원 2002두11196(2004.7.9.)

여기서 재상속분에 대한 상속세과세가액은 재상속 당시의 재산가액이 아니라 전 상속 당시 재산가액에다가 전의 상속재산가액 중에서 전의 상속세과세가액이 차지하는 비율을 곱하는 방법으로 산출하게 되는 것이며

위의 산식에서 전의 상속재산가액에는 피상속인의 생전 증여재산이나 법률상 상속재산으로 간주하여 상속세과세가액에 산입되는 재산가액 등도 모두 포함하여야 하는 것이다.

사례

남편 A
2023.6.25. 사망
재산 30억원(금융재산 10억원 포함) 채무 2억원
상속인 배우자, 자녀 2명

배우자 B
암 투병 중
남편 사망 당시 본인 재산 10억원(금융재산 5억원 포함)[48]
상속인 자녀 2명

Q B씨 5년 이내 사망한다고 할 경우, B는 A씨 상속재산을 얼마나 상속받는 게 좋은가?

1안. 법정상속분(3/7)만큼 상속(채무 2억원 승계)받고 상속세는 대신 납부
→ 12억원 실제상속

2안. 본인 소유재산이 많으므로 상속받지 않는다.

3안. 상속세 납부액만큼만 상속받아 연대납부하여 본인 상속분을 최소화
→ 5억원 상속

[A씨 상속세]

구 분	1안	2안	3안
상속재산가액	30억원	30억원	30억원
상속세과세가액	28억원	28억원	28억원
배우자상속공제	12억원	5억원	5억원
일괄공제	5억원	5억원	5억원
금융재산상속공제	2억원	2억원	2억원

48) 계산의 편의를 위해 재산가치 상승은 미고려

구 분	1안	2안	3안
과세표준	9억원	16억원	16억원
산출세액	2.1억원	4.8억원	4.8억원

▶ 3안은 2안과 납부세액은 같으나 배우자가 상속받은 재산으로 상속세 납부하므로 배우자 B의 재산은 증가하지 않는다.

[B씨 상속세]

구분	1안	2안	3안
재상속분의 재산가액	12억원	0	5억원
상속세과세가액	20억원[49)]	10억원	10억원
일괄공제	5억원	5억원	5억원
금융재산상속공제	1억원	1억원	1억원
과세표준	14억원	4억원	4억원
산출세액	4억원	0.7억원	0.7억원
단기재상속세액공제	① 0.5억원	×	② 0.5억원
납부세액	3.5억원	0.7억원	0.2억원

① 2.1억원 × [(12억원 × 28억원 / 30억원) / 28억원] × 60% = 50,400천원 ≒ 0.5억원
② 4.8억원 × [(5억원 × 28억원 / 30억원) / 28억원] × 60% = 48,000천원 ≒ 0.5억원

[A + B]

구분	1안	2안	3안
A의 상속세	2.1억원	4.8억원	4.8억원
B의 상속세 산출세액	4억원	0.7억원	0.7억원
단기재상속세액공제	0.5억원	×	0.5억원
B의 납부세액	3.5억원	0.7억원	0.2억원
A+B의 납부세액	5.6억원	5.5억원	5.0억원

▶ 단기재상속세액공제로 상속세 납부세액의 차이가 거의 없음을 알 수 있다. 가장 유리한 3안은 상속세 납부액만큼 상속받아 연대납부의무하면 절세됨을 의미한다.

---

49) 본인 재산 10억원 + A로부터 상속받은 재산 12억원 - 상속세 납부액 2억원=20억원

[사례]에서 B의 재산을 20억원으로 가정할 경우

[B씨 상속세]

구분	1안	2안	3안
재상속분의 재산가액	12억원	0	5억원
상속세과세가액	30억원[50]	20억원	20억원
일괄공제	5억원	5억원	5억원
금융재산상속공제	1억원	1억원	1억원
과세표준	24억원	14억원	14억원
산출세액	8억원	4억원	4억원
단기재상속세액공제	① 0.5억원	×	② 0.5억원
납부세액	7.5억원	4.0억원	3.5억원

① 2.1억원 × [(12억원 × 28억원 / 30억원) / 28억원] × 60% = 50,400천원 ≒ 0.5억원
② 4.8억원 × [(5억원 × 28억원 / 30억원) / 28억원] × 60% = 48,000천원 ≒ 0.5억원

[A+B]

구분	1안	2안	3안
A의 상속세	2.1억원	4.8억원	4.8억원
B의 상속세 산출세액	8억원	4.0억원	4.0억원
단기재상속세액공제	0.5억원	×	0.5억원
B의 납부세액	7.5억원	4.0억원	3.5억원
A+B의 납부세액	9.6억원	8.8억원	8.3억원

▶ 이 경우에도 3안이 가장 유리하다. 특히, 배우자의 재산이 피상속인보다 많다면 납부세액의 차이가 커 짐을 알 수 있다.

※ 단기 재상속 세액공제로 일정 구간까지는 세 부담 차이가 크지 않음을 알 수 있다. 그러나 배우자(B)의 상속세 과세표준이 피상속인보다 많을 경우, 세 부담 차이가 크므로 피상속인(A)의 상속세만큼만 상속받는 게 유리하다.

절세 tip

단기 재상속이 예상되는 경우 사전증여 고민해 보라. (122P)

50) 본인 재산 20억원 + A로부터 상속받은 재산 12억원 - 상속세 납부액 2억원=30억원

비과세[51]되는 금양임야 및 묘토

구분	내 용
취지	금양임야는 선조의 분묘를 설치하여 이를 수호하기 위하여 벌목을 금지하고 나무를 기르는 임야를 의미하며, 묘토는 분묘의 수호 또는 관리나 제사의 재원이 되는 토지로서 특정 분묘에 딸린 것을 말한다. 금양임야와 묘토를 상속세 비과세 대상으로 규정하고 있는 취지는 일가의 제사를 계속하기 위한 재산을 승계할 경우 이를 일반 상속재산과 구별되는 특별재산으로 보아 상속세 과세대상에서 제외함으로써 금양임야 등을 분묘의 제사를 주재하는 상속인에게 귀속시키기 위함이다.[52]
비과세	Min [① (금양임야 9,900㎡ + 묘토 1,980㎡), ② 2억원] [53]
해석	[제사 주재자] ① 공동상속인들 사이의 협의 ⇨ ② 특별한 사정이 있지 않은 한 망인의 장남(장남이 사망한 경우 장손자) ⇨ ③ 아들이 없는 경우 망인의 장녀 순[54] [묘토인 농지] • 납세자가 신청한 순으로 600평 이내 적용[55] • 직접 자경하지 않아도 묘토에 해당[56]

✔ 비과세되는 금양임야를 감정평가 받으면 추후 양도할 때 양도소득세 절세할 수 있다.

51) 국가가 처음부터 조세에 대한 채권을 포기하여 상속세 과세를 원천적으로 배제(비과세)하는 것으로 비과세 받은 상속재산에 대하여는 상속개시일 이후 별도로 사후관리를 하지 않는다.

52) 대법원 1994.10.14 선고, 94누4059.

53) 상속세 및 증여세법 시행령 제8조 ③

54) 대법원 2007다27670, 2008.11.20.

55) 묘토 여부의 판단은 피상속인이 선대의 제사를 주재한 사실이 있는지의 여부, 그 피상속인이 소유한 **농지**가 가까운 거리에 있으면서 그 농지에서 수확된 농산물로 선대의 제사, 구정, 한식, 중추절에 조상을 기리는 제에 올리는 제사용품을 장만하는 데 사용되는지의 여부, 그러한 농지를 피상속인의 제사를 주재할 상속인에게 상속되었는지의 여부에 따라 가려져야 할 것이다. 묘토는 어느 특정 필지에만 한정되어 있는 것이 아니라 여러 필지의 농지 중에서 납세자가 신청한 묘토의 순으로 600평 이내에서 적용하는 것이 타당하다. (심사상속 2008-24, 2009.3.10.)

56) 묘토란 제사를 주재하는 자에게 상속되는 토지이면 족하고, 그 취지상 반드시 제주가 **직접 자경하는 것을 전제로 하지도 않으며** 분묘수호를 위해 필요한 토지라면 묘토에 해당하다. (대법원 39다24568, 1993.9.24.)

고액상속인 사후관리

구분	내 용
취지	상속세의 부과는 상속개시 당시의 현황에 의하여 부과된다. 그러나 피상속인이 주식 등의 재산을 상속개시 전에 타인 명의로 분산시켜 놓거나 은닉하였다가 상속 후에 상속인의 소유로 환원함으로써 조세를 포탈할 수 있게 된다. 이와 같이 성실하지 아니한 상속세 과세표준신고에 대하여 상속개시 후에 재산의 증가 상태를 사후관리 한다는 것을 사전에 예고함으로써 성실한 납세의무를 이행하도록 유도하기 위한 규정이다.
사후 관리	세무서장 등은 결정된 상속재산의 가액이 30억원 이상인 경우로서 상속개시일로부터 5년이 되는 날까지 상속인이 보유한 부동산·주식, 그 밖의 주요 재산이 크게 증가한 경우 당초 상속세 결정시 탈루·오류가 있는지 여부를 조사하게 된다. 이 경우에 상속인이 그 증가한 재산의 자금출처를 대통령령이 정하는 바에 의하여 입증한 경우에는 그러하지 아니하다. (상증법 §76 ⑤)
주요재산의 범위	상속인이 보유한 주요 재산은 부동산·주식·금융재산·서화·골동품·기타 유형재산과 무체재산권 등을 말한다. (상증령 §78 ③)
조사대상 기준	상속인이 보유하는 주요 재산의 가액이 상속개시일부터 조사기준일(5년이 되는 날)까지의 경제상황 등의 변동 등에 비추어 보아 정상적인 증가 규모를 현저하게 초과하였다고 인정되는 경우로서 그 증가 요인이 객관적으로 명백하지 아니한 경우에 한한다. (상증령 §78 ④)
자금출처 입증방법	상속인이 그 증가한 재산에 대한 자금출처가 불분명한 경우란 다음에 열거한 내용에 의해 입증된 금액의 합계액이 증가한 재산가액에 미달하는 경우를 말한다. (상증령 §78 ⑤, §34 ①) 다만, 입증되지 아니한 금액이 당해 증가한 재산가액의 100분의 20에 상당하는 금액과 2억원 중 적은 금액에 미달하는 경우는 제외한다. ① 신고하였거나 과세(비과세, 감면 포함)받은 소득금액 ② 신고하였거나 과세받은 상속 또는 수증재산의 가액 ③ 재산을 처분한 대가로 받은 금전이거나, 부채를 부담하고 받은 금전으로 당해 재산의 취득에 직접 사용한 금액

» 상속세와 증여세에는 왜 지방세가 없을까?

상속세나 증여세 신고를 하다 보면 납세자가 가끔 "지방세 납부서는 왜 안주냐"고 묻는다. 왜 그럴까? 모든 세금은 법으로 정해 납부하므로 당연히 법에 규정이 있다.

상증법 마지막 조문인 제86조에 관련 조항이 있다.

상속세 및 증여세법 제86조 [부가세 부과금지]

지방자치단체나 그 밖의 공공단체는 상속세 또는 증여세의 부가세를 부과할 수 없다.

제6장

증여세 절세 핵심

01 가족법인을 활용하라

어느 정도 고정적인 수입이 들어오고 본인들의 재산이 축적된 경우 자녀들에게 부를 이전해 주고자 하는 성향을 띠게 된다. 특히 부동산임대업을 영위하려고 할 때 필자는 가족법인을 설립할 것을 권한다.

왜 가족법인인가

과거 부모 세대는 앞만 보고 열심히 달려 상속이나 증여를 고민하지 않은 경우가 대부분이다. 1차 베이비붐 세대(50년대생)들이 이런 준비를 하지 않고 사망하자 거액의 상속세를 부담하는 모습을 지켜본 40~50대들은 미리 준비해야겠다는 생각을 당연히 가진다. 또한, 현재 사업이 성숙단계에 접어들었다고 보는 사장님들의 경우 나이가 들어감에 따라 확장보다 물려주는 데 더 관심을 가지는 것도 인지상정일 듯하다.

고소득 전문직이나 자영업자의 경우 본인 소유 재산이 많아 추후 상속세율이 50%를 넘길 가능성이 크다. 이때 본인 명의로 부동산임대업을 하면 세부담이 너무 커 임대 실익이 거의 없을 정도다. 차라리 배우자나 자녀들의 지분이 많은 가족법인을 만들면 분산으로 인한 절세효과를 도모할 수 있다.

필자는 많은 사장님들의 로망이 임대업을 영위하며 편안하게 사는 거라는 말을 종종 듣는다. 조그마한 상가부터 꼬마빌딩 등 어느 정도 규모가 있는 건물을 취득하여 임대할 경우 가족법인을 만드는 것은 절세에 도움이 되는 방안으로 생각된다. **모든 법인의 형태에 활용할 수 있으나**(의료업은 영리법인이 안 되므로 제외) 특히, 임대업은 가업승계 대상 업종이 아니라 세제 혜택이 없으므로 유용한 방안이라 생각한다.

임대업 법인

예 50억원 상당의 빌딩을 취득하려고 할 때 배우자나 자식들이 일정 지분을 가진 법인을 만들면 임대소득에 따른 세 부담이 절감되고 향후 부동산 가치가 상승할 때 본인 명의로 취득하는 것보다 유리하다.

가정

임대료 취득가액의 6%, 건물 내용연수 40년, 4인 가족으로 25% 균등 지분

구분	개 인		법 인	
	사업소득	임대소득합산	법인소득	배당소득
취득가액		50억원		1인당 20백만원
임대수입		300,000,000	300,000,000	
감가상각		125,000,000	125,000,000	
세금공과		25,000,000	25,000,000	
소득금액	500,000,000	150,000,000	150,000,000	
종합소득	500,000,000	650,000,000		
소득공제	10,000,000	10,000,000		타 금융소득 0
과세표준	490,000,000	640,000,000	150,000,000	15.4% 원천징수
산출세액	170,060,000	232,860,000	28,500,000	11,200,000
지방세	17,006,000	23,286,000	2,850,000	1,120,000
부담세액	187,066,000	256,146,000	31,350,000	12,320,000
추가부담세액		69,080,000	43,670,000	
건강보험료(7%)		10,500,000		

▶ 임대소득 1.5억원 증가에 부담(건강보험료 포함) 증가액 약 8천만원으로 부담률 50% 넘음.

※ 사업소득, 배당소득 및 다른 금융소득 유무에 따라 세부담 산정은 달라질 수 있다.

* 25년부터 성실신고대상법인(임대업 법인 등)의 경우 19% 세율 적용

기본 개념

절세의 원리는 분산이다.

본인의 재산과 소득이 많은 상태에서 다시 본인 명의로 부동산을 취득하여 임대업 영위할 경우 부담률이 50%를 넘지만, 법인으로 취득할 경우, 당장의 세부담은 적다. 또한 임대소득 중 본인 지분을 제외한 나머지가 가족에게 이전되어 궁극적으로 상속세를 절세할 수 있게 된다.

이 경우 50억원을 어떻게 조달하느냐가 관건이다. 대개 은행 대출로 일부 자금을 조달하고 나머지는 본인 자금이 투입된다. 일단, 50억원을 본인 자금으로 조달한다고 가정해 보자.

"50억원이나 되는 거액을 법인에 무상으로 대여할 경우 문제가 되지 않을까?"라는 의문을 가질 것이다. 여기서부터 세무 문제를 검토해야 한다.

관련 법령

상속세 및 증여세법 제45조의5 [특정법인과의 거래를 통한 이익의 증여의제]

① 지배주주와 그 친족(이하 이 조에서 "지배주주 등"이라 한다)이 직접 또는 간접으로 보유하는 주식보유비율이 100분의 30 이상인 법인(이하 이 조 및 제68조에서 "특정법인"이라 한다) 이 지배주주의 특수관계인과 다음 각 호에 따른 거래를 하는 경우에는 거래한 날을 증여일로 하여 그 특정법인의 이익에 특정법인의 지배주주 등의 주식보유비율을 곱하여 계산한 금액을 그 특정법인의 지배주주 등이 증여받은 것으로 본다.

1. 재산 또는 용역을 무상으로 제공받는 것

상속세 및 증여세법 제45조의5 [특정법인과의 거래를 통한 이익의 증여의제]

⑤ 법 제45조의5 제1항을 적용할 때 특정법인의 주주등이 증여받은 것으로 보는 경우는 같은 항에 따른 증여의제이익이 1억원 이상인 경우로 한정한다.

해석 사례

구분	내 용
부당행위계산	거주자가 특수관계자인 법인에게 금전의 무상대여로 인하여 발생하는 이자소득에 대하여는 부당행위계산의 대상이 되지 아니하는 것임. (소득-1390, 2009.9.9., 서면1팀-521, 2008.4.15., 재경부 소득세제과 46073-123, 2001.6.16.)
증여의제	특정법인과 거래를 통한 이익의 증여의제 규정에 따른 증여이익 과세대상 판단 시 수증자별 연도별로 증여이익이 1억원 이상인 경우로 한정하여 증여세가 과세되고 그 거래일부터 소급하여 1년 이내에 동일한 거래 등이 있는 경우에는 각각의 거래 등에 따른 이익별로 합산하여 1억원 이상인지 여부를 판단하는 것임. (서면상속증여 2018-2262, 2018.8.14.)
가수금	법인이 대표이사로부터 받은 가수금은 회계상 부채에 해당하는 것으로 증여세 과세대상에 해당하지 않는 것임.[1] (서면상속증여 2017-3583, 2018.5.18.)

1) 법인이 대표에게 무상으로 빌리게 되어 이자비용을 지급하지 않은 만큼 법인소득이 증가하여 법인세를 더 내게 되므로 증여세 과세대상 아님.

[사례] 서면상속증여 2018-2262(2018.8.14.)

• 법인 A의 주주구성은 아래와 같음.

주주	갑	을	병	정	무	합계
관계	본인	아들	딸	처남	조카	
지분	30%	23.25%	23.25%	20%	3.5%	100%

• 甲은 법인A에 40억원을 빌려주고 이자를 받지 않고 있음.
• 甲이 특정법인인 법인A에 위와 같이 무상대출한 경우 금전무상 대출 등에 따른 이익의 증여 규정을 준용하여 증여이익을 계산한 금액 아래와 같을 때 증여세 과세대상은

(단위 : 천원)

수증자	2022년	2023년	2024년	2025년
을	42,780	42,780	42,780	42,780
병	42,780	42,780	42,780	42,780
정	36,800	36,800	36,800	36,800
무	6,440	6,440	6,440	6,440
합계	128,800	128,800	128,800	128,800

을, 병, 정의 경우 합산하면 1억원이 넘어가지만 1년 이내 증여이익은 1억원 미만이다. 따라서 증여세 과세대상이 아니다.

요 약

• 개인 간의 무상대출은 상증법 제**41**조의**4**를 적용한다. 법인에 무상대여하는 경우는 상증법 제**45**조의**5**를 적용한다.

• 법령해석 사례에 따르면 개인이 무상으로 특수관계법인에게 대여할 경우 이자소득(대여자 입장)이 아니고 증여도 아니라고(법인 입장) 해석한다.

• 궁극적으로 특정법인의 주주가 혜택을 보게 되므로 아래 요건에 해당될 경우 증여세 과세대상이다.

① 증여의제이익 = (특정법인이 얻은 증여재산가액 – 법인세 상당액) × 지배주주 등 주식보유비율
② 각 주주의 증여이익 1억원 이상
③ 증여세 과세한도 : 주주에게 직접 증여한 경우의 증여세 상당액 – 법인세 상당액

사례

[사례] 가족법인 설립

- 4인 가족(A, B, C, D) 지분 25%로 균등, 자본금 1억원 E 법인 설립
- 임대용 부동산 50억원 취득
- A개인 자금 50억원을 법인에 무상대여하는 경우

해설

구분	내 용
E (법인) 입장	A로부터 빌린 50억원은 부채(가수금)로 처리한다. 세법이 정한 적정 이자율에 따른 이익을 산정해 보면 2억 3천만원(50억원 × 4.6%)이다. 법인은 2억 3천만원의 이자를 지급하지 않은 만큼 법인의 소득이 증가하여 법인세를 더 납부하게 된다.
A (대여자) 입장	이자를 받지 않아도 과세 문제없다. (이자소득은 부당행위계산 대상 아님) 50억원은 가수금(부채)로 처리되므로 추후 법인의 자금이 있으면 언제든지 회수 가능하다.
B, C, D (주주) 입장	2억 3천만원의 이자를 지급하지 않은 혜택은 궁극적으로 주주에게 돌아간다. 상증법 제45조의5에 규정에 따라 과세요건 해당 여부를 검토하면 된다. (→ 규정이 없으면 포괄주의 때문에 판단하기 어렵다)

개별주주 등이 얻는 이익 산정(A는 제외)[2]

지분이 25%로 균등하므로 2억 3천만원 × 25%=57,500,000으로 1억원 미만이므로 증여세 과세대상이 아니다. (1년 단위로 계산)

- 이론적으로 1억원 / 4.6% × 25% = 8,695,652,173원까지는 증여세 과세대상이 아니다.[3]
  (검증) 8,695,000,000×4.6% = 399,970,000×25% = 99,992,500 〈 1억원 (과세 ×)

» **주의 사항**

본인이 사망할 경우 상증법 제41조의4(금전 무상대출) 규정이 적용되어 사전증여로 보아 상속세 과세대상 재산에 합산(상속인 외의 자에 대한 사전증여로 상속개시일로부터 5년 이내)된다. 그러므로 70대 이상은 위 방법을 택할 때는 주의해야 한다.

---

2) A도 주주이므로 본인이 본인에게 증여할 수는 없다.

3) 법인세부담액을 차감하는 것이 정확한 계산방법이나 약식으로 계산함.

조심 2022서2030, 2022.9.7.

상증세법 제43조 제1항에서 하나의 증여에 대하여 둘 이상 동시에 적용되는 경우에는 그 중 이익이 가장 많게 계산되는 것 하나만을 적용하도록 규정하고 있고 이에 따라 처분청은 증여이익이 많게 계산된 상증세법 제41조의4를 적용하여 과세한바, 상증세법 제43조 제1항은 수증자가 주주인지, 법인인지에 따라 달리 적용하여야 하는 것은 아닌 것으로 보이는 점, 이 건 처분의 근거가 되는 상증세법 제13조 제1항 제2호는 상속인이 아닌 자의 범위를 한정하고 있지 않고 특히 영리법인을 제외한다는 취지를 규정하고 있지도 않는 점, 상증세법 제4조 제3항에서 「법인세법」에 따른 법인세가 부과되는 경우에는 증여세를 부과하지 아니한다고 규정한 것은 수증재산이 익금에 산입되어 법인세 과세대상이 됨에 따른 이중과세를 방지하기 위함인바, 위 규정이 영리법인에 대한 사전증여재산을 상속세과세가액에서 제외해야 한다는 근거가 될 수 없는 점, (서울고등법원 2015.11.11. 선고 2015누30175 판결, 참조) 쟁점 금전무상대출이익은 합산배제 증여재산에 해당하지 아니하는 점, 처분청은 쟁점 금전무상대출이익을 상속세과세가액에 가산하면서 이에 대한 증여세 산출세액을 차감하여 이중과세라 볼 수 없는 점, 상속세과세가액에 합산하여 상속세를 부담하게 되었다 하더라도 청구인들이 추가로 부담하게 되는 세액은 이러한 합산과세로 인한 누진분 뿐으로 상증세법 제4조 제3항에 따라 법인세가 부과되는 경우 영리법인인 경우 증여세를 부과하지 않는다고 규정하였다 하여 반드시 다른 정책 목표인 상속세 누진과세의 적용을 배제하는 혜택을 주어야 하는 것으로는 볼 수 없는 점(서울행정법원 2010.7.23. 선고 2010구합11658 판결 참조) 등에 비추어 처분청이 피상속인이 특수관계 법인에게 금전을 무상으로 대여한 것으로 보아 상증세법 제41조의4를 적용하여 그 이자 상당액을 상속세 과세가액에 가산하여 이 건 상속세를 부과한 처분은 달리 잘못이 없다고 판단(조심 2018서4408, 2019.3.5. 같은 뜻임)된다.

예 증여이익 10억원이면 30% 세율 적용하지만, 10억원을 합산한 상속세율 구간이 50%라면 세율 차이(20%) 구간(초과누진)만큼 상속세 추가납부하게 된다.

» 60대 이하

60대 이하의 경우 기대여명 수명이 많으므로 당장 문제가 되지는 않을 것이다. 그러나 불의의 사고로 증여 이익이 상속재산에 합산될 경우 상속세 부담이 증가할 수 있다. 이러한 리스크를 줄이려면 본인을 피보험자로 하는 정기보험(배우자가 납부)을 가입하는 걸 고려해 볼 수 있을 것이다. 정기보험료를 기간 리스크 대비를 위한 부대비용으로 생각하면 실익이 있는 것으로 판단된다.

절세 tip

가족법인을 통해 소득과 재산을 분산하라.

02 나는 유한회사 전도사

유한회사란?

대개 사람들은 법인이라고 하면 주식회사를 떠 올린다.

우리나라의 경우 99%(?) 가량이 주식회사로 법인 설립하고 있는 것으로 추정된다. 그런데 사실 주식회사는 상장회사 정도 되는 규모에 적합한 회사다. 가족이나 동업자 몇 명이 모여 법인을 만들 때 적합한 법인 형태는 유한회사다.

[유한회사와 주식회사의 비교]

구 분	유한회사	주식회사
출자자	1인 이상 유한책임사원	1인 이상 주주
출자	1구좌 100원 이상 균일	1주 100원 이상 균일
현물출자	검사인에 의한 조사절차 없음	검사인의 조사(상법 §299)
의결권	1좌 1의결권(변경 가능)	1주 1의결권
자본금	자본금 한도 없음	자본금 한도 없음
이사	1인 이상	1인 이상 (자본금 10억원 이상 3명)
이사회	없음	필수 기관(이사 3인 이상인 경우)
대표이사	임의기관(없어도 됨)	이사 2인 이상 경우 가능
감사	임의기관(없어도 됨)	1인 이상(자본금 10억원 미만은 임의)
증권	발행 불가	발행 가능
사채발행	불인정	인정
출자지분양도	자유(정관에 제한 둘 수 있다)	자유
총회	사원총회	주주총회
임원임기	제한 없음	3년 이내
대차대조표공고	필요 없음	결산 때마다 필요
외부감사	〈직전 사업연도말 기준〉 자산총액 500억원 이상 매출총액 500억원 이상 다음 5개 중 3개 이상 충족 ① 자산총액 120억원 이상 ② 부채총액 70억원 이상 ③ 매출액 100억원 이상	〈직전 사업연도말 기준〉 자산총액 500억원 이상 매출총액 500억원 이상 다음 4개 중 2개 이상 충족 ① 자산총액 120억원 이상 ② 부채총액 70억원 이상 ③ 매출액 100억원 이상

구 분	유한회사	주식회사
	④ 종업원 100명 이상 ⑤ 사원(출자) 50명 이상	④ 종업원 100명 이상
기업규모	중소기업에 적합	대기업에 적합
책임	간접, 유한책임	간접, 유한책임
세법상 취급	법인	법인

≫ 유한회사의 특색[4)]

① 유한회사는 폐쇄적 · 비공개적이다.
 - 지분에 대한 증권발행이 금지, 사채발행 금지, 대차대조표의 공고는 필요하지 않다.

② 유한회사에서는 설립 절차나 회사의 관리 운영 절차가 간편하다.
 - 이사의 수 · 임기에 제한 없고(이사회 제도가 없다), 감사는 임의 기관이다.
 - 사원총회는 필요 기관이지만 그 소집 절차가 간편하다.

③ 유한회사 사원은 그가 가진 출자좌 수에 따라 지분을 가진다.

유한회사 연혁

유한회사는 독일에서 처음 시행된(1892년) 제도로 가족기업이 많은 유럽의 상황을 잘 대변해 준다. 우리나라의 근대 법률은 과거 일제 강점기 때 일본에서 도입된 연유로 대륙법계다. 특히 일본은 메이지 유신 때 근대화를 위해 외국의 법률을 참고하여 법률을 만들었는데 당시 비스마르크 집권 시기의 프로이센 법률을 가장 선호했다. 이런 연유로 일본이 해양 국가이지만 대륙법 계통의 법률체계를 가지게 되었다. 식민지 지배를 거친 우리나라도 자연스럽게 대륙법 계통의 법률체계를 가지게 된 것이다.[5)]

---

4) 김은기, 신회사법 이론과 실무, 2012년, 693P.

5) 현행 우리 상법은 구상법의 골격을 유지하면서 다만 이사회 제도나 수권자본제도와 같은 영미법상의 제도를 일부 도입한 것이 특징인데, 구상법은 1899년에 제정된 일본상법전을 의용한 것이다. 1899년의 상법전은 1861년 제정된 일반독일상법전과 1897년에 제정된 독일제국상법전의 초안을 참조하여 만들어진 것으로 알려지고 있다. 그렇다면 일본상법전은 독일법의 영향을 강하게 받았을 것이고, 이러한 태도는 우리 상법에도 그대로 이어졌을 것으로 추측된다. (송호영, 법인론, 2013년, 127P)

▌유한회사 역사[6)]

(1) 독일[7)]

유한회사는 실제적인 경제적 수요를 고려하여 1892년에 독일에서 소수인에 의한 중소기업이 유한책임의 이점을 이용할 수 있는 회사 형태를 새로이 고안하였는데 이것이 바로 유한회사인 것이다. 유한회사는 오늘날 독일에서는 가장 지배적인 기업형태가 되고 있다. 우리나라 상법의 유한회사법은 독일의 유한책임회사법을 모방한 것이다.

(2) 기타의 국가

1925년에 프랑스법에 유한회사제도가 도입되면서 거의 모든 유럽대륙과 남미제국에 확산되어 오늘날 유한회사제도를 도입하고 있는 국가는 70여 개국에 달하고 있다.

▌10년 전 에피소드

10여 년 전 필자는 기장업체들이 외형이 커지면서 외부감사를 받는 경우를 보면서 이런 업체들은 사실 외부감사를 받을 이유가 없다고 생각했다. 그래서 실상을 파악해 보니 한국에 진출한 외국계 기업들 대부분이 유한회사 형태로 운영되고 있었다. 애플코리아, 마이크로소프트, 루이비통 이름만 들어도 알 수 있는 거대 기업들도 한국법인은 유한회사로 운영하는데 아주 소규모 기업들이 주식회사로 운영하는 아이러니한 상황을 보며 "왜 이렇게 됐을까?" 생각해 보게 되었다.

보통 법인을 설립하면 법무사 사무소에 의뢰하는데 이때 특별한 이유 없이 관행적으로 주식회사 형태로 설립한 게 가장 큰 이유로 생각된다.
지금도 유한회사 설립한다고 하면 법무사 사무소에서는 이상하다는 반응을 보인다.
유한회사를 굳이 권할 이유가 없어서인지 몰라도 주위의 법무사들 대부분은 법인 설립한다고 하면 **자연스레 주식회사 설립을 추진**한다.
그 당시 전자공시시스템을 통해 창원 시내 업체들 감사보고서를 통해 감사를 굳이 받을 필요가 없어 보이는 업체들에 공문을 보냈다. 반응이 거의 없었다. 수많은 광고 전단지처럼 대표에게 전달되지 않은 것 같았다. 납세자를 접촉하기가 참 어렵다는 걸 배웠다. 답답해서 회사에

---

6) 최기원, 신회사법론, 2012년, 976면

7) 독일은 전통적으로 중소기업들이 강한 나라로 알려져 있다. 독일의 중소기업이 강한 이유는 여러 가지가 있겠지만, 이 원인 중 하나는 독일의 중소기업들이 대부분 유한회사형태를 취하고 있다는 점이다. 독일의 경우 2009년 현재 1,155,955개의 유한회사가 존재하며, 2006년 기준으로 독일의 유한회사 수는 1,043,640개인 반면에 주식회사는 15,242개에 불과하다. 따라서 독일의 주식회사 수는 유한회사 수의 약 1.5%에 불과하다. 독일의 글로벌 자동차 회사인 폭스바겐사도 1985년까지는 유한회사 형태를 취했으며, 125년 된 세계적 기업 보쉬(Bosch)사도 현재까지 유한회사형태를 취하고 있다. 따라서 독일의 중소기업들이 강하다는 것은 독일 유한회사들의 경쟁력이 좋다는 것과 동일한 의미로 해석할 수 있다. 이처럼 독일에서 유한회사 수가 압도적으로 많은 이유는 유한회사의 출자자의 변동이 어려워 가족 중심의 회사운영이 가능하며, 근로자경영참여방식으로 널리 알려진 공동결정제도를 적용받지 않고, 주식회사보다 설립 및 운영이 용이하기 때문인 것으로 알려져 있다. (2012 정책 제안 유한회사, 상속승계 가능해야 - 전삼현)

전화해 봤지만, 사장님들과 통화하지 못하고 대부분 창구에서 거절 당하기 일쑤였다. 전화 온 한군데에서는 그런 사례가 있느냐고 질문하셨다.
그때 '**사례를 만드는 게 중요하다**는 걸 깨달았다.'
모 회계사가 전화로 "분식회계로 감사 안 받게 해주겠다는 거냐! 사기 치지 말라"는 식으로 말해 황당하기도 했다. 결국 별 소득 없이 마무리됐다.
대신 필자가 기장하는 업체를 **유한회사로 조직변경하여** 외부감사 문제를 해결했다.
원래 있는 형태를 고치는 건 거부감이 생긴다는(원래 사람은 바꾸기를 싫어하니) 걸 깨닫고 **처음부터 유한회사를 설립하는 게 최선이라는 결론**을 내렸다.
이후 항상 법인 설립하는 분께 유한회사 제도를 설명하며 유한회사 전도사를 자처한다. 대부분 내 설명을 듣고 유한회사로 설립하지만, 간혹 모양새가 이상하다며 주식회사로 설립하는 경우도 보게 된다. (주식회사가 왠지 있어 보인다는 말과 함께~)
틀에서 벗어나는 게 쉬운 일이 아니다.

유한회사 실익

유한회사와 주식회사는 세무신고 상 아무런 차이가 없다.

1. 중소규모 법인에게 적합하다.
2. 임원 등기를 3년마다 하지 않아도 된다.
   » 정관에 임원의 임기를 정하지 않아야 하므로 설립 시 정관 내용 꼭 체크 필요(주의)
3. 대차대조표 공고 의무가 없다.
   실무적으로 대부분의 소규모 주식회사도 대차대조표 공고를 하지 않지만, 이는 상법위반이고 과태료 부과대상이다.[8](실제 부과되는 경우는 드물다)
4. 외부감사 받아야 하는 조건도 유리하다.
   일부 회사는 외부감사를 받지 않기 위해 유한책임회사[9]로 조직변경하는 경우도 있다.
5. 개인기업 현물출자 법인전환시 검사인 조사절차가 없다.

---

8) 제449조(재무제표 등의 승인·공고)
③ 이사는 제1항의 서류에 대한 총회의 승인을 얻은 때에는 지체없이 대차대조표를 공고하여야 한다.
제635조(과태료에 처할 행위) ① 회사의 ~~ 이사~~
다음 각 호의 어느 하나에 해당하는 행위를 한 경우에는 500만원 이하의 과태료를 부과한다. 다만, 그 행위에 대하여 형(刑)을 과(科)할 때에는 그러하지 아니하다.
1. 이 편(編)에서 정한 등기를 게을리한 경우
2. 이 편에서 정한 공고 또는 통지를 게을리하거나 부정(不正)한 공고 또는 통지를 한 경우

9) 2011년 개정 상법에 의하여 신설된 제도로 내부적으로 조합의 실체를 가진 인적조합이면서, 대외적으로 사원 전원이 유한책임을 지는 형태의 회사이다.

» 실제 사례

상가 신축 분양을 하시는 사장님이 내 설명을 듣고 유한회사로 설립하였다. 상가 분양이 안 돼 자산과 부채가 주식회사였다면 외부감사 대상이지만, 유한회사라 감사를 받지 않았다. 이후 분양이 안 돼 임대업으로 전환한 지금까지 외부감사를 받지 않고 있다. 결국 최소 1억원의 감사수수료를 아낀 것이다.

이런 설명을 듣고도 나는 주식회사가 왠지 폼 난다고 하면 더 이상 말하지 않겠다. (애플, 루이비통, 마이크로소프트, 샤넬도 한국에서는 유한회사인데?)

[외국계 기업 회사형태]

유한회사	유한책임회사
애플코리아 구글코리아 한국마이크로소프트 루이비통코리아 샤넬코리아 에르메스코리아 나이키코리아 넷플릭스코리아 한국코카콜라 한국맥도날드	아마존웹서비스(AWS)코리아 이베이 구찌 코리아 보네카베네타코리아 발렌시아가코리아 네슬레코리아 아디다스코리아 월트디즈니컴퍼니코리아 웨일코코리아

[유한책임회사]

설립	**1인 이상의 사원**으로 정관 작성 & 재산 출자하여 설립
정관	정관에 다른 규정이 없으면 **총사원의 동의**로 정관변경
대표	**업무집행자**(사원 또는 사원이 아닌 자 가능)
책임	사원의 책임은 그 출자금액을 한도로 유한책임
입퇴사	**사원**의 입퇴사는 정관변경 사항
의결권	**1인 1의결권**[10]
배당	사원의 출자가액에 비례하여 배당
감사	**외부감사 의무 없음**

10) 주식회사나 유한회사와 달리 모든 **사원(주식회사의 주주개념)**은 머릿수에 따른 의결권을 가진다. 즉, 얼마를 출자했는지와 상관없이 사원 1명당 의결권 1개다. (→ **활용 방안** 고민해 보시라)

조직변경

조직변경이란 회사가 그 법인격의 동일성을 유지하면서 법률상의 조직을 변경하여 다른 종류의 회사가 되는 것이다. 이는 기존회사를 다른 회사로 변경하는 경우에 기존회사를 해산하고 다른 종류의 회사를 설립하는 번잡함과 경제적 부담을 줄이기 위한 기업유지 정신을 반영한 것이다.[11)]

유한책임회사 또는 유한회사에서 주식회사로 변경	○	상법 §287의43, §607
주식회사에서 유한책임회사 또는 유한회사로 변경	○	상법 §287의43, §604
유한회사에서 유한책임회사로 변경 (반대의 경우)	×	

☞ 유한회사가 유한책임회사로 변경하려면 주식회사로 조직변경 뒤 유한책임회사로 조직 변경하여야 한다.

tip

부동산임대업법인이 대출로 건물을 취득하여 자산과 부채규모가 외부감사 대상이 된 경우 조직변경을 활용하라.

11) 안강현, 기업법, 2024, 121P.

03 가업승계증여특례는 활용 가치가 있는가?

가업승계제도에는 가업상속공제와 가업승계증여특례제도가 있다.

가업상속공제란?

» 10년 이상 경영한 가업을 상속하는 경우 경영기간에 따라 최대 600억원까지 상속공제해 주는 제도입니다.

어떠한 혜택이 있나요?

• 최대 600억원까지 상속재산에서 공제합니다.

가업영위기간	공제한도
10년 이상 20년 미만	300억원
20년 이상 30년 미만	400억원
30년 이상	600억원

아래의 요건을 충족해야 공제가능 합니다.

• 피상속인(사망자) 요건
① 최소 10년 이상 기업을 경영하며 대표이사로 재직
② 기업의 지분을 40%(상장사 20%) 이상 보유
* 개인기업, 법인기업 가능
• 상속인 요건
① 상속개시 전 2년 이상 가업종사
② 상속세 신고기한까지(6개월) 임원으로 취임
③ 신고기한부터 2년 이내 대표 취임

✓ 다만 승계 이후 5년간은 아래의 요건을 지켜야 합니다.

※ 요건을 지키지 못하는 경우 공제받았던 상속세에 이자까지 납부해야 합니다.
① 가업용 자산을 40% 이상 처분하면 안됩니다.
② 대표이사 등으로 종사하며 가업을 경영해야 합니다.
③ 상속받은 주식의 지분을 유지해야 합니다.
④ 5년간 정규직 근로자수 평균과 총급여액이 기준 고용인원(기준 총급여액)*의 90% 이상 유지해야 합니다.
* 상속개시일 직전 2개 사업연도의 평균

가업승계 증여세 과세특례란?

» 경영자인 부모가 자녀에게 가업을 살아 생전에 낮은 세율로 증여할 수 있도록 도와주는 제도입니다.

어떠한 혜택이 있나요?

• 일반증여와 비교하여 공제액이 크고, 세율이 낮습니다.

구 분	증여공제	세 율
일반적인 증여	5천만원	10~50%
증여세 과세특례	10억원	10~20%

• 최대 600억원까지 저율과세(10~20%)합니다.
① 130억원 이하 : [재산가액 - 10억원] × 10%
② 130억원 초과 : [재산가액 - 130억원] × 20%] + [(130억원 - 10억원] × 10%]
* 한도는 가업영위기간에 따라 다름(가업상속공제 참조)

아래의 요건을 충족해야 공제가능 합니다.

아래의 요건을 충족해야 특례적용 가능합니다.
• 증여자(부모) 요건
① 최소 10년 이상 기업을 경영
② 기업의 지분을 40%(상장사 20%) 이상 보유
* 개인기업은 적용 불가능합니다.
• 수증자(18세 이상 자녀) 요건
① 증여세 신고기한까지(3개월) 가업에 종사
② 증여일로부터 3년 이내 대표 취임

✓ 다만 승계 이후 5년간은 아래의 요건을 지켜야 합니다.

※ 요건을 지키지 못하는 경우 일반적인 증여세율을 적용한 증여세에 이자까지 납부해야 합니다.
① 증여받은 주식의 지분을 유지해야 합니다.
② 대표이사 등으로 종사하며 가업을 경영해야 합니다.

※ 2024.1.1. 이후 10% 낮은 세율로 과세하는 구간을 60억원에서 120억원으로 확대

가업승계 증여세 과세특례(조특법 §30의6)

구분	내 용
혜택	일정한 요건에 해당하는 경영자가 살아생전에 주식을 증여하는 데 주식평가액이 130억원 이하인 경우 10%, 130억원 초과하는 부분에 대해서는 20%의 세율로 증여세를 납부하는 혜택을 부여한다. 가업승계자(수증자)가 2인 이상인 경우 주식 등을 증여받고 가업을 승계한 거주자가 2인 이상인 경우에는 각 거주자가 증여받은 주식등을 1인이 모두 증여받은 것으로 보아 증여세를 부과한다.
유의사항	① 증여세 과세특례가 적용된 주식 등은 추후 증여자가 사망할 때 상속세 과세가액에 합산된다. 이때 합산되는 가액은 증여일 현재를 기준으로 평가한 가액이 된다. (→사후 정산) ② 증여세 과세특례가 적용된 주식 등에 대해 상속공제 한도가 적용되지 않으므로 각종 상속공제가 가능하다. ③ 증여세 과세특례가 적용된 주식 등에 대한 증여세액은 상속세 산출세액에서 공제한다. 이 경우 공제할 증여세액이 상속세 산출세액보다 많은 경우 그 차액에 상당하는 증여세액은 환급하지 아니한다. ④ 증여세 과세특례가 적용된 주식 등과 일반 증여재산 합산과세 배제한다. ⑤ 창업자금에 대한 증여세 과세특례와 중복 적용 배제한다.
사후관리	수증자는 증여일로부터 5년간 증여받은 지분을 유지하고 대표이사로서 가업을 경영하여야 한다. 사후관리 위반 시 해당 가업주식가액을 일반 증여재산으로 보아 일반 증여세율(10%~50%)을 적용하여 이자 상당액과 함께 증여세를 납부하여야 한다

합산과세 배제

동일인으로부터 증여받은 증여세 과세특례가 적용된 주식 등의 가액은 그 주식 등의 가액대로 합산과세(몇 회에 걸쳐 증여받는 경우)하며, 증여세 과세특례가 적용되지 아니하는 일반 증여재산은 구분하여 일반 증여재산대로 합산과세한다.

그러나 가업의 승계에 대한 증여세 과세특례를 적용받은 후 사후관리 위반으로 증여세를 부과하는 경우에는 동일인으로부터 증여받은 다른 증여재산가액을 가산하여 과세함에 유의하여야 한다.[12]

12) 서면법령해석재산 2019-1464, 2021.10.28.

해석 사례

구분	내 용
사후관리위반	가업의 승계에 대한 증여세 과세특례를 적용받은 후 사후관리 위반으로 증여세를 부과하는 경우에는 동일인으로부터 증여받은 다른 증여재산가액을 가산하여 과세하며, 신고세액공제는 적용하지 않는 것임.[13] (서면법령해석재산 2019-1464, 2021.10.28.)
증여특례 후 가업상속공제	증여자의 소유 주식 100%를 증여(특례 적용)하여 상속 당시 증여자가 주식을 소유하지 않아도 가업상속공제가 적용됨. (서면상속증여 2015-2568, 2016.3.22.)

가업승계 증여세 과세특례 실익

구 분	내 용
장 · 단점	[장점] 가업상속공제 받은 주식을 양도하는 경우 **취득가액은** 피상속인의 취득가액이므로 **상속세는 줄어드나 양도소득세 부담은 많아지는 데 반해, 가업승계에 대한 증여세 과세특례는 승계받은 주식을 양도하는 경우** 증여 당시 평가액이 취득가액이 되므로 양도소득세가 줄어든다. [단점] 가업승계 증여세 과세특례를 적용받은 주식은 무조건 상속재산에 합산되어 상속세가 과세되고 이미 납부한 증여세는 환급되지 않는다는 점이다.
가업 상속 공제	가업승계 증여세 과세특례를 적용받고 상속이 개시되는 경우 상속재산의 가액에 가산하는 해당 주식의 증여재산의 가액은 증여일 현재의 시가에 따르고, 가업승계 증여세 과세특례 대상 주식 증여 후 사망한 경우 조특령 제27조의6 제9항 각 호의 요건[14]을 모두 갖춘 경우에는 가업상속공제를 적용한다.

---

13) 대개 증여 특례를 고민할 때 놓치기 쉬운 부분으로 해당 기업의 자산 중 사업과 무관한 자산(부동산 임대, 현금 과다 보유 등)은 특례 혜택을 적용받을 수 없다. 따라서 일반 증여세를 납부하게 된다. 이 점을 놓치고 진행하다 보면 기존 증여재산과 합산하여 예기치 않은 증여세를 부담하는 경우가 생길 수 있으니 유의해야 한다.

14) ⑨ 법 제30조의6 제1항에 따른 증여세 특례대상인 주식 등을 증여받은 후 상속이 개시되는 경우 상속개시일 현재 다음 각 호의 요건을 모두 갖춘 경우에는 「상속세 및 증여세법」 제18조의2 제1항에 따른 가업상속으로 보아 관련 규정을 적용한다. (2023.2.28. 개정)

1. 「상속세 및 증여세법」 제18조의2 제1항 각 호 외의 부분 전단에 따른 가업상속에 해당할 것. (해당 요건 중 매출액 평균금액은 법 제30조의6 제1항에 따라 주식 등을 증여받은 날이 속하는 사업연도의 직전 3개 사업연도의 매출액 평균금액을 기준으로 판단하며, 법 제30조의6에 따라 피상속인이 보유한 가업의 주식 등의 전부를 증여하여 「상속세 및 증여세법 시행령」 제15조 제3항 제1호 가목의 요건을 충족하지 못하는 경우에는 상속인이 증여받은 주식 등을 상속개시

실익 판단

구분	내 용
가업상속공제	[적용받는 경우] 사후관리기간이 각각 5년 이상이므로 총 10년간 사후관리 요건을 지켜야 한다. 미래가 불확실한 상황에서 10년은 상당히 긴 기간으로 볼 수 있다. 따라서 업황이 불투명 하거나 보유 부동산의 가치 상승이 기대되지 않는 경우 실익이 크지 않을 수 있다. 특히, 기업가치가 하락한 경우 상속세를 초과하여 낸 증여세는 환급되지 않으므로 불리할 수 있다. [적용 안 받는 경우] 증여자 사망시 증여받은 주식은 상속세 과세가액에 합산된다. 따라서 업황이 좋거나 부동산의 가치가 증가할 것으로 예상될 경우 빨리 과세특례를 받는 게 유리하다. [※ 향후 주식가치 증가가 예상되고 가업상속공제 한도(600억원)를 초과하는 규모의 법인도 증여특례가 유리하다.]
사업무관자산	사업무관자산 비율이 높은 경우 당장 부담할 증여세가 많을 수 있다. 사업무관자산 규모를 점차 축소하고 가업상속공제를 받는 게 유리할 수 있다. (사업무관자산 축소가 어렵거나 늘어날 가능성이 큰 경우 증여특례가 유리할 수 있다)
잉여금	증여자가 가업 이외의 다른 재산이 많아서 최고 상속세율이 적용될 것으로 예상된다면 자녀들에게 미리 재산을 이전하는 게 유리하다. 이때 법인이 배당할 수 있는 잉여금이 많다면 가업승계 증여세 과세특례는 적은 증여세를 부담하고 재산을 이전할 수 있는 좋은 방안이 될 수 있다.
상속인 분쟁방지	특정 상속인에게 기업을 물려줄 예정이라면 다른 상속인과의 분쟁을 예방하기 위해 미리 증여해 줄 필요가 있다. 증여 후 수증자가 회사를 성장시킨다면 기여분이 인정될 가능성이 크므로 유류분 해결에도 도움이 될 수 있다.

일 현재까지 피상속인이 보유한 것으로 보아 같은 목의 요건을 적용한다) 다만, 「상속세 및 증여세법 시행령」 제15조 제3항 제1호 나목은 적용하지 아니한다. (2023.2.28. 개정)

3. 수증자가 증여받은 주식 등을 처분하거나 지분율이 낮아지지 아니한 경우로서 가업에 종사하거나 대표이사로 재직하고 있을 것

사례

[사례 1] 사업무관자산 비율이 감소하는 경우

(가정) A사 지분 100%(1주당 평가액 @1,000,000 주식 수 10,000주)
사업무관자산비율 30% 가업승계 증여특례 적용
20년 후 상속개시 – 주당 평가액 @2,000,000 (사업무관자산비율 20%)
* 가업주식 외 다른 재산은 없고, 상속공제 10억원

구 분	증여특례		
	특례 적용	일반(사업무관자산)	
증여재산가액	70억원	30억원	
증여공제	(10억원)	(0.5억원)	
과세표준	60억원	29.5억원	
세율	10%	40%	
산출세액	6억원	10.2억원	
신고세액공제(3%)	–	≒(0.3억원)	
납부세액	6억원	9.9억원	
총 납부세액	15.9억원		
구 분	① 가업상속공제 ○	② 가업상속공제 ×	③ 가업상속공제만 적용
총 상속재산	70억원	70억원	200억원
상속공제	(10억원)	(10억원)	(10억원)
가업상속공제	(60억원)		(160억원) – 80% 적용
과세표준	0억원	60억원	30억원
세율		50%(누진공제 4.6억원)	40%(누진공제 1.6억원)
산출세액	–	25.4억원	10.4억원
증여세액공제	(6억원)	(6억원)	–
신고세액공제		≒(0.6억원)	≒(0.3억원)
납부세액	환급 ×	18.8억원	10.1억원
총부담세액	① 15.9억원	② 34.7억원	③ 10.1억원

☞ 사업무관자산 비율이 없거나 앞으로 줄어든다면 가업상속공제를 받는 게 유리하다. 증여특례 적용 후 가업상속공제를 받지 않으면(②) 세부담이 늘어난다. (사후정산)

[사례 2] 사업무관자산 비율이 증가하는 경우

(가정) A사 지분 100%(1주당 평가액 @1,000,000 주식 수 10,000주)
사업무관자산비율 10% 가업승계 증여특례 적용
20년 후 상속개시 - 주당 평가액 @2,000,000 (사업무관자산비율 30%)
* 가업주식 외 다른 재산 30억원, 상속공제 10억원

구분	증여특례		
	특례 적용	일반(사업무관자산)	
증여재산가액	90억원	10억원	
증여공제	(10억원)	(0.5억원)	
과세표준	80억원	9.5억원	
세율	10%	30%	
산출세액	8억원	2.25억원	
신고세액공제(3%)	-	≒(0.07억원)	
납부세액	8억원	2.18억원	
총 납부세액	10.18억원		
구분	① 가업상속공제 ○	② 가업상속공제 ×	③ 가업상속공제만 적용
총 상속재산	120억원(90억+30억)	120억원	230억원
상속공제	(10억원)	(10억원)	(10억원)
가업상속공제	(63억원[15])		(140억원) - 70% 적용
과세표준	47억원	110억원	80억원
세율	50%(누진공제4.6억)	50%(누진공제 4.6억원)	50%(누진공제 4.6억원)
산출세액	18.9억원	25.4억원	35.4억원
증여세액공제	(8억원)	(8억원)	-
신고세액공제	≒(0.32억원)	≒(0.52억원)	≒(1.06억원)
납부세액	10.58억원	16.88억원	34.34억원
총부담세액	① 20.76억원	② 27.06억원	③ 34.34억원

☞ 대부분 당장 납부하는 세금이 많고, 상속세법이 개정될 수도 있다는 생각에 증여특례를 활용할 생각을 하지 않는다. 당장 납부하는 세금에 얽매이지 않는다면 **대분류 업종 변경, 사업무관자산비율, 연부연납(배당금 활용), 양도소득세 이월과세** 등을 고려하면 증여특례 활용가치가 있다고 생각한다.

15) 90억원 × [1 - 30%(사업무관자산비율)] - 서면상속증여 2021 - 7549(2022.8.17.)

04 재산 취득자금 출처조사를 대비하라

재산(부동산 등)을 취득할 때 자금출처 조사가 문제 될 수 있다. 최근 법 개정으로 향후 자금출처 조사가 강화될 것으로 예상되므로 잘 대비해야 한다.

재산 취득자금의 증여추정(상증법 §45)

구분	내 용
취지	미성년자나 소득원이 없는 배우자 등이 부동산 등을 취득하면 자력으로 취득하였는지 여부를 조사하게 된다. 이 과정에서 자금출처에 대한 입증책임과 입증 방법을 둘러싸고 납세자와 갈등이 생긴다. 이러한 분쟁의 소지를 사전에 방지하기 위하여 재산을 취득한 자의 직업·연령·소득 및 재산상태 등으로 볼 때 재산을 자력으로 취득하였다고 인정하기 어려운 경우에는 해당 재산의 취득자가 재산취득 자금을 증여받아서 취득한 것으로 추정하여 증여세를 과세하게 된다.
대상	① 재산을 자력으로 취득하였다고 인정하기 어려운 경우 ② 채무를 자력으로 상환하였다고 인정하기 어려운 경우 ③ 실명이 확인된 계좌에 보유하고 있는 재산[16]
증여 추정	재산을 취득한 자나 채무를 상환한 자가 다음과 같은 방법에 의하여 입증된 금액의 합계액이 취득재산가액 또는 채무의 상환금액에 미달하는 경우에는 재산의 취득자 또는 채무를 상환한 자가 그 취득자금 또는 그 상환자금을 증여받은 것으로 추정한다. (상증령 §34 ①) ① 신고하였거나 과세(비과세나 감면받은 경우 포함)받은 소득금액 ② 신고하였거나 과세 받은 상속 또는 수증재산의 가액 ③ 재산을 처분한 대가로 받은 금전이나 부채를 부담하고 받은 금전으로 해당 재산의 취득 또는 해당 채무의 상환에 직접 사용한 금액
적용 배제	취득자금 등에 대한 증여추정을 적용할 때 취득재산의 가액 또는 채무의 상환자금 중 입증되지 아니하는 금액이 취득재산의 가액 또는 채무의 상환금액의 100분의 20에 상당하는 금액과 2억원 중 적은 금액에 미달하는 경우에는 제외한다. (상증령 §34 ①, 단서)

16) 실명이 확인된 계좌에 보유하고 있는 재산은 명의자가 재산을 취득한 것으로 추정하는 것이나 명의자가 차명재산임을 입증하는 경우에는 그러하지 않는 것으로 귀 질의가 이에 해당하는지는 사실 판단할 사항입니다. (서면상속증여 2017-3206, 2018.7.20.) 만약, 차명계좌에 해당하는 경우에는 금융실명법 위반으로 인한 추가적인 형사처벌 또는 과태료가 부과될 수 있다.

◙ 자금출처로 인정되는 금액(상증통 45-34…1)

① 본인 소유재산의 처분사실이 증빙에 따라 확인되는 경우 그 처분금액(그 금액이 불분명한 경우에는 법 제60조부터 제66조까지에 따라 평가한 가액)에서 양도소득세 등 공과금 상당액을 뺀 금액

② 기타 신고하였거나 과세받은 소득금액은 그 소득에 대한 소득세 등 공과금 상당액을 뺀 금액

③ 농지경작소득

④ 재산취득일 이전에 차용한 부채로서 영 제10조 규정의 방법에 따라 입증된 금액. 다만, 원칙적으로 배우자 및 직계존비속 간의 소비대차는 인정하지 아니한다.

⑤ 재산취득일 이전에 자기재산의 대여로서 받은 전세금 및 보증금

⑥ ①부터 ⑤까지 이외의 경우로서 자금출처가 명백하게 확인되는 금액

[자금출처로 인정되는 금액 및 증빙서류]

구 분	자금출처로 인정되는 금액	증빙서류
근로소득	총급여액 - 원천징수세액	원천징수영수증
원천징수소득	총지급액 - 원천징수세액	원천징수영수증
사업소득	소득금액 - 소득세 상당액	소득세신고서
차입금	차입금액	부채증명서
임대보증금	보증금 또는 전세금	임대차계약서
보유재산 처분액	처분가액 - 양도소득세 등	매매계약서

» 증여추정 적용 제외기준[17)]

미입증 금액 〈 Min [① 취득재산가액(채무상환금액) × 20%, ② 2억원]

◙ 증여추정 배제기준

취득자금 또는 상환자금이 직업, 연령, 소득, 재산 상태 등을 고려하여 국세청장이 정한 아래 금액 이하인 경우 증여추정 규정을 적용하지 않는다. (상증령 §45 ③)

---

17) 증여추정 제외기준에 해당하는지 여부는 재산취득 또는 채무상환이 있을 때마다 그 해당 여부를 판단한다. (서일 46014-10766, 2003.6.12.)

그러나 아래 금액 미만이더라도 취득가액 또는 채무상환금액이 타인으로부터 증여받은 사실이 확인될 경우에는 증여세 과세대상이 된다. 이 경우에는 증여사실을 과세관청이 입증해야 한다.[18)]

[증여추정 배제기준]

구분	취득재산		채무상환	총액한도
	주택	기타재산		
30세 미만	5천만원	5천만원	5천만원	1억원
30세 이상	1.5억원	5천만원	5천만원	2억원
40세 이상	3억원	1억원	5천만원	4억원

해석 사례

구분	내 용
임대 보증금	공동으로 취득하는 토지와 건물을 임대하고 수령한 임대보증금으로 당해 재산의 취득자금으로 사용한 경우 자금출처로서 인정되는 임대보증금의 귀속은 실지 임대차계약 내용에 따라 그 귀속을 판정하는 것이며, 공동취득자 중 1인만이 임대차계약을 체결한 경우 당해 임대보증금은 임대차계약의 당사자에게 귀속되는 것으로 하는 것임.[19)] (서면4팀-1314, 2005.7.25.)
예금이체	과세관청에 의하여 증여자로 인정된 자 명의의 예금이 인출되어 납세자 명의의 예금계좌 등으로 예치된 사실이 밝혀진 이상 그 예금은 납세자에게 증여된 것으로 추정되며 입증책임은 납세자에게 있음. (⇨ 예금은 입금된 순간 증여로 추정하므로 주의!) (대법원 2020두33411, 2020.4.29.)
부부간 자금거래	사회통념상 부부간에는 이자를 정하지 아니하거나 차용증이 없는 금전거래가 충분히 발생할 수 있어 보이므로 쟁점 금액은 증여라기보다는 부부의 공동생활과정에서 상호간 자금충당의 편의상 이루어진 금전소비대차로 보는 것이 합리적인 점 등에 비추어 배우자에게 사전증여한 것으로 보아 상속세 부과한 것은 잘못임. (⇨ 단순 자금거래라면 증여세 과세 ×) (조심 2020전1883, 2021.10.14.)
카드사용 대금차감	취득자금의 출처로 인정하는 '신고하였거나 과세받은 소득금액'을 산정함에 있어 원고가 같은 기간 동안 지출한 것으로 보이는 금액 중 일부를 공제하고 나머지 금액만을 취득자금의 출처로 인정한 처분은 위법함. (서울고법 2021누43950, 2021.12.24.)

18) 상속세 및 증여세 사무처리규정 제42조 [재산취득자금 등의 증여추정 배제기준]

19) 추후 임대보증금은 임대차계약 당사자의 자금으로 반환해야 함.

심사증여 2010-42, 2010.6.7.

청구인은 쟁점금액은 차○○의 가사도우미로 일하면서 매월 받기로 한 150만원을 20여년간 지급받지 아니하였다가 차○○로부터 일시에 지급받은 것이라고 주장하고 있으므로 이에 대하여 살펴본다.

청구인은 차○○를 위하여 가사노무를 제공한 대가로 쟁점금액을 받았다는 사실에 대한 입증자료로 차○○의 사실확인서를 제출하였으나 이는 객관적인 증빙으로 볼 수 없으며, 청구인이 20여년간 일체의 대가를 받지 아니하고 근로를 제공하였다고 보기 어려운 점, 청구인이 쟁점금액을 수취한 후 근로소득으로 종합소득세 신고를 하지 아니한 점, 청구인이 차○○의 며느리인 점 등에 비추어 쟁점금액을 근로의 대가로 볼 수 없다 할 것이므로, 쟁점금액을 차○○가 증여한 것으로 보아 한 이 건 처분은 정당하다.

▶ 필자가 상속세 신고를 하면서 배우자가 실제 근무했는데 4대 보험 때문에 근로소득 신고를 전혀 하지 않아 배우자 보유 재산을 사전증여로 신고할 수밖에 없었던 경우가 있었다.
세무서에서 인정하는 자금출처를 만들어 두는 게 중요함을 보여준다.

증여자 특정

2022.1.1. 이후 증여자를 특정하지 않아도 과세 가능

기획재정부재산-200, 2021.3.5.

상증법 §45에 따라 직업, 연령, 소득 및 재산상태 등으로 볼 때 재산취득자금의 출처에 대해 소명하지 못하여 증여받은 것으로 추정하는 경우

○ '증여자'의 특정이 과세요건에 해당하는지 여부
- (1안) 증여자를 특정하여야 과세가능
- (2안) 증여자를 특정하지 않아도 과세가능

[회신] 귀 청의 질의에 대해서는 제2안이 타당합니다.

▶ 기획재정부와 국세청은 2022.1.1. 이전에도 증여자를 특정하지 않아도 과세할 수 있다고 해석해 왔으나 아래 대법원판결과 상충 됨.

대법원 2008두20598, 2010.7.22.

완전포괄주의 과세제도와 재산취득자금의 증여추정 규정에 따른 과세요건에 관한 증명책임의 소재나 범위와는 직접 관련이 있다고 보기 어려운 점, 개정 후 법 제2조 제1항은 개정 전 법과 마찬가지로 '타인의 증여로 인하여 증여재산이 있는 경우에는 그 증여재산에 대하여 증여세를 부과한다'고 규정하고 있을 뿐만 아니라 개정 후 법 제4조 제4항 단서도 개정 전 법과 마찬가지로 증여자의 연대납세의무 제외 대상에 개정 후 규정을 포함시키지 아니함으로써 개정 후 규정이 적용되는 경우에도 여전히 증여자의 존재를 전제로 하고 있는 점 등을 고려하면, 위와 같은 개정이 있었다고 하여 재산취득자의 직계존속이나 배우자 등에게 재산을 증여할 만한 재력이 있다는 점에 관한 과세관청의 증명책임이 소멸되었다고 볼 것은 아니다.

그럼에도 원심은 이와 달리 개정 후 법에 의하여 완전포괄주의 과세방식이 도입되고 개정 후 규정에서 '다른 자로부터'라는 문구가 삭제된 후에는 과세관청이 증여자나 구체적인 증여사실을 증명할 필요 없이 그 재산의 취득자금을 증여받은 것으로 추정할 수 있다고 전제한 다음, 원고가 2001년경부터 2005년경까지의 소득액이 연 1,000만원 내외이고 달리 이 사건 부동산 취득자금을 취득할 만한 자력이 없다고 보인다는 이유만으로 과세관청이 원고의 직계존속이나 배우자 등에게 증여할 만한 재력이 있는지를 증명하였는지 여부에 관하여 나아가 살펴보지 아니한 채 이 사건 처분이 적법하다고 판단하고 말았으니, 이러한 원심판단에는 재산취득자금의 증여추정에 있어서 증명책임의 소재나 범위에 관한 법리를 오해하여 필요한 심리를 다하지 아니함으로써 판결에 영향을 미친 위법이 있다.

▶ 증여자(재력)의 존재를 입증할 책임이 과세관청에 있다는 판결에 따라 국세청은 누구한테 취득자금을 받았는지 입증해야 했지만, 아래와 같이 세법 개정을 통해 입증책임이 없게 함으로써 앞으로 과세 강화가 예상된다.

☞ 합산배제 되므로 이를 역으로 활용하는 게 유리할 수도 있다.

상속세 및 증여세법 제4조의 2 [증여세 납부의무]

⑥ 증여자는 다음 각 호의 어느 하나에 해당하는 경우에는 수증자가 납부할 증여세를 연대하여 납부할 의무가 있다. 다만, ~~~~ 제42조의3, 제45조, ~~~~에 해당하는 경우는 제외한다. (2021.12.21. 단서개정)

상속세 및 증여세법 제47조 [증여세 과세가액]

① 증여세 과세가액은 증여일 현재 이 법에 따른 증여재산가액을 합친 금액[제31조 제1항 제3호, ~~~~ 제45조 ~~~~ 규정에 따른 증여재산(이하 "합산배제증여재산"이라 한다)의 가액은 제외한다]에서 그 증여재산에 담보된 채무(~생략~)로서 수증자가 인수한 금액을 뺀 금액으로 한다. (2021.12.21. 개정)

▶ 대법원판결에 언급된 연대납부의무 대상에서 제외하고 합산배제증여재산으로 규정

합산과세 배제 및 연대납세의무 적용 제외

합산배제증여재산에 해당하는 경우 증여자를 특정하지 않아도 증여세를 과세할 수 있으며, 동일인으로부터 10년 이내 다른 증여가 있는 경우에도 합산과세되지 않는다. (상증법 §47 ①, ②) 또한 증여세 과세표준도 증여추정재산가액에서 3천만원을 공제한 금액이 된다. 부과된 증여세에 대하여 수증자가 납부할 능력 등이 없는 경우에도 증여자는 연대납부할 의무가 없게 된다. (→ 증여자를 특정하지 않으므로 당연하다)

특정금융거래 정보

특정금융거래 정보 자료란 국세청에 제공하는 다음 자료를 말한다.

고액현금거래보고 제도[20)]

고액현금거래보고 제도(Currency Transaction Report, CTR)는 금융회사 등이 일정금액 이상의 현금거래를 FIU에 보고토록 한 제도이다. 동일 금융회사에서 동일인의 명의로 1거래일 동안 1천만원 이상의 현금이 입금되거나 출금된 경우[21)] 거래자의 신원과 거래일시, 거래금액 등 객관적 사실을 전산으로 자동 보고토록 하고 있다.

도입 목적

객관적 기준에 의해 일정 금액 이상의 현금거래를 보고토록 하여 불법자금의 유출입 또는 자금세탁이 의심되는 비정상적 금융거래를 효율적으로 차단하려는데 목적이 있다.

의심거래보고 제도

의심거래보고 제도(Suspicious Transaction Report, STR)란, 금융회사 등이 금융거래(카지노에서의 칩교환 포함)와 관련하여 수수한 재산이 불법재산이라고 **의심되는 합당한 근거**가 있거나 금융거래의 상대방이 자금세탁행위나 공중협박자금조달행위를 하고 있다고 **의심되는 합당한 근거**가 있는 경우 이를 금융정보분석원장에게 보고토록 한 제도이다. (→ 주관적 판단)

① 의심거래보고의 대상 및 미보고 시 제재

보고대상	불법재산, 자금세탁행위, 공중협박자금조달행위 의심되는 합당한 근거가 있는 경우
미보고	관련 기관 및 임직원 시정명령과 과태료(3천만원 이하) 부과 상대방과 공모한 경우 6개월 내 영업정지처분 가능
허위보고	1년 이하의 징역 또는 1천만원 이하의 벌금

② 의심거래보고 정보의 법집행기관에 대한 제공

불법거래 또는 자금세탁행위와 관련된 거래라고 판단되는 때 검찰청 · 경찰청 · 국세청 · 관세청 · 금융위원회 등 법집행기관에 제공 → 법집행기관은 거래내용을 조사 · 수사하여 조치

20) 금융정보분석원 자료 참조

21) 2006년에 제도 도입 당시는 보고 기준금액을 5천만원이었으나, 2008년 3천만원, 2010년 2천만원, 2019년 7월부터는 1천만원으로 단계적으로 인하하여 운영

사례

[사례 1] 취득 자금의 입증 금액에 따른 증여세 과세여부

재산취득가액	입증금액	미입증금액	증여추정대상	증여추정가액
7억원	① 6.0억원	1억원	제외	
9억원	② 7.0억원	2.0억원	대상	2.0억원
15억원	③ 13.5억원	1.5억원	제외	
20억원	④ 17.0억원	3.0억원	대상	3.0억원

해설

① : 증여추정 배제기준 Min(① 7억원 × 20% = 1.4억원, ② 2억원) ∴ **1.4억원**
→ 입증하지 못한 금액 1.0억원은 1.4억원에 미달하므로 증여추정 제외
② : 증여추정 배제기준 Min(① 9억원 × 20% = 1.8억원, ② 2억원) ∴ **1.8억원**
→ 입증하지 못한 금액 2.0억원은 1.8억원 이상이므로 증여추정 적용
③ : 증여추정 배제기준 Min(① 15억원 × 20% = 3.0억원, ② 2억원) ∴ **2.0억원**
→ 입증하지 못한 금액 1.5억원은 2.0억원에 미달하므로 증여추정 제외
④ : 증여추정 배제기준 Min(① 20억원 × 20% = 4.0억원, ② 2억원) ∴ **2.0억원**
→ 입증하지 못한 금액 3.0억원은 2.0억원 이상이므로 증여추정 적용

[사례 2] 수차례에 걸쳐 재산 등을 취득한 경우

사례	재산취득 및 채무상환일자	취득금액	소명금액	미소명금액	소명률	증여추정 여부	증여추정 금액
①	2017.8.25.	12억원	9.9억원	2.1억원	82.5%	○	2.1억원
②	2020.3.15.	8억원	6.5억원	1.5억원	81.3%	×	0
③	2023.4.17.	3억원	2.1억원	0.9억원	70%	○	0.9억원
	합 계	23억원	18.5억원	4.5억원	80.4%		3억원

해설

재산취득자금 증여추정 규정은 재산취득 또는 채무상환이 있을 때마다 그 해당 여부를 판단하는 것으로 10년간 취득한 재산 등의 누적 금액을 기준으로 판단하는 것이 아님을 유의해야 한다.[22] (→ 미소명금액 4.5억원이 증여가액이 아니라 3억원이 증여가액)

[사례 3] 아파트 취득자금에 대한 자금출처 소명
갑(대학원 재학 중)이 실질 소유자로서 서울 소재 아파트(125㎡)를 취득하였으며, 매매가액은 8억원에 취득세, 등록세 등 취득부대비용이 5천만원 정도 소요되었다.[23] 이에 대하여 관할 세무서에서 취득자금에 대한 자금출처의 소명을 요구하자 다음과 같이 소명하였다. ① 남편으로부터 받은 생활비를 아껴서 저축한 갑 명의의 예금 4천만원 ② 남편으로부터 대학원 교육비로 받은 금액으로 예금한 3천만원 ③ 취득한 당해 아파트를 담보로 갑의 명의로 대출받은 2억원 (이자는 남편이 부담) ④ 대학원에서 받은 장학금으로 예금해 놓은 2천만원 (단, 학자금은 남편이 모두 부담함) ⑤ 남편이 취득자금 중 3억원을 부담하였으나 증여세를 신고한 사실이 없다. ⑥ 사망한 아버지로부터 상속받은 재산을 처분하여 예금한 2억원 (상속세 신고함) ⑦ 어머니로부터 차입한 금전 5천만원 (차용증 無, 이자지급도 하지 아니함)

해설

1. 자금출처로 인정되는 금액 : 2억 2천만원 (④+⑥)
2. 증여추정가액 : 6억 3천만원(→ 남편 : 5억 8천만원, 어머니 : 5천만원)

구 분	취득자금 인정여부	해 설
①	×	생활비 또는 교육비의 명목으로 취득한 재산의 경우에도 당해 재산을 예·적금하거나 주식, 토지, 주택 등의 매입자금 등으로 사용하는 경우에는 증여세가 비과세되는 생활비 또는 교육비로 보지 않는다. (상증통 46-35…1 ①)
②	×	
③	×	본인 명의로 대출을 받은 경우에도 그 이자 및 원금의 부담자가 따로 있는 경우(남편)에는 부동산 취득자가 사실상의 채무자가 아니므로 취득자금의 출처로서 인정되지 않는다.
④	○	장학금은 증여세가 비과세되는 재산으로 장학금으로 부동산을 취득한 사실을 입증하는 경우에는 취득자금의 출처로서 인정된다.
⑤	×	신고하거나 과세받은 재산이 아니므로 자금출처로 인정되지 않는다.
⑥	○	신고한 상속재산의 가액은 취득자금의 출처로 인정된다.
⑦	×	자금을 차입한 사실이 이자 및 원금변제에 관한 증빙 등에 의하여 확인되는 경우에 한하여 취득자금의 출처로서 인정된다.

▶ 증여자(남편과 어머니)로부터 10년 이내 증여받은 재산이 없다면, 증여재산공제(6억원과 5천만원)로 실제 과세되는 증여세는 없다.

---

22) 재산취득자금 등의 80% 상당액 이상을 소명함으로써 증여추정규정을 적용하지 않는 상속세 및 증여세법 규정은 재산취득 또는 채무상환이 있을 때마다 그 해당 여부를 판단하는 것임. (서일 46014-10766, 2003.6.12.)

23) 취득자금 소명대상 재산은 당해 재산의 취득에 소요된 일체의 비용을 말하는 것으로 취득세와 등록세 등 취득부대비용을 포함한다.

05 부담부증여는 이럴 때 효과 있다

자녀들의 취득 자금이 부족한 경우 보증금이나 부채를 안고 부동산을 증여하는 경우가 있다. 증여세 부담이 많은 경우 부담부증여를 활용하게 된다.

부담부증여

구 분	내 용
의의	부담부증여란 부동산 등 재산을 증여할 때 **증여일 현재 증여재산에 담보된 전세 보증금이나 주택담보대출과 같은 채무를 포함해서 부를 이전하는 것**을 말한다. 증여자의 채무를 수증자가 인수하는 조건이므로 채무만큼 유상으로 양도된 것과 같으므로 증여자에게 양도소득세가 과세되고, 수증자(증여받은 자)의 경우 증여재산 중 인수한 채무를 차감하여 증여세를 납부하게 된다. 따라서 양도소득세가 증여세보다 적거나 없는 경우 절세수단으로 활용 가치가 있다.
요건	(아래 요건을 모두 충족) ① **증여일 현재** 증여재산에 담보된 채무가 있어야 한다. 그 채무에는 증여자가 당해 재산을 타인에게 임대한 경우의 당해 임대보증금을 포함한다. ② 증여재산에 담보된 그 채무가 **반드시 증여자의 채무(실질 채무)**이어야 한다. 만일, 제3자 또는 수증자 본인 등의 채무에 해당하는 경우에는 부담부증여로 인정되지 않는다. ③ 그 증여자의 채무를 **수증자가 반드시 인수**하여야 한다. 채무자 명의만을 수증자의 명의로 변경하는 것이 아니라 증여일 이후 실제로 수증자가 채무자가 되어 그의 자금출처가 확인되는 자금으로 이자 및 원금을 변제해야 한다. 만일 소득이 전혀 없는 미성년자나 전업주부 또는 노모 등에게 증여하는 경우로서 당해 재산에 담보된 채무에 대한 채무자 명의를 그 미성년자 등의 명의로 변경하는 경우에도 그 채무에 대한 이자 및 원금의 변제능력이 없는 경우에는 부담부증여로 인정되지 않는다.

해석 사례

구 분	내 용
1세대 1주택 부담부증여	직계존비속간 증여의 경우 당해 증여재산에 담보된 채무로서 증여자의 채무를 수증자가 인수한 사실이 입증된 때에는 증여재산의 가액에서 그 채무액을 공제한 가액을 증여세 과세가액으로 하는 것이며, 그 채무액에 상당하는 부분에 대하여는 양도소득세가 과세되는 것이나, 당해 증여재산이 1세대 1주택에 해당하는 경우에는 양도소득세가 과세되지 아니하는 것임. (재삼 46014-2338, 1997. 10.1.)

구 분	내 용
고가주택	고가주택의 판정은 주택(그 부수 토지 포함)의 전체이전, 일부이전, 부담부증여 이전 등 이전방식에 관계없이 1주택의 전체가액을 기준으로 판정하는 것이므로 1주택을 부담부증여 이전하는 경우 고가주택 판정은 당해 주택의 증여가액에 의하는 것입니다. (서면4팀-1692, 2007.5.16.)
일시적 2주택	일시적으로 1세대 2주택이 된 경우 다른 주택을 취득한 날로부터 1년 이내에 종전주택을 동일세대원이 아닌 자에게 부담부증여한 경우에도 같은 법 시행령 제155조 제1항에 의하여 1세대 1주택의 비과세특례를 적용할 수 있음. (서면4팀-1993, 2004.12.7.)
동일 세대원	국내에 1주택을 소유한 거주자가 다른 주택을 취득하고 종전의 1주택을 동일세대원에게 부담부증여 한 경우에는 1세대 1주택 비과세특례가 적용되지 아니하는 것임. (서면5팀-1191, 2007.4.11.)

» 일시적 2주택 부담부증여

구 분	동일세대원인 경우	동일세대원 아닌 경우
비과세	×	○

▶ 일시적 2주택이 된 경우 독립세대인 자녀에게 종전주택을 3년 이내(현행법) 양도하면 비과세 특례를 적용받을 수 있으므로 활용 가치가 높다.

기획재정부조세법령-696, 2022.6.29.

「상속세 및 증여세법」 제47조 제1항에 따라 증여세 과세가액은 증여재산가액을 합친 금액에서 그 증여재산에 담보된 채무로서 수증자가 인수한 금액을 차감하는 것으로, 그 증여재산에 담보되지 않은 채무는 차감하지 않는 것입니다.[24)]

24) 국세청 해석사례집
부담부증여는 통상 직계존속이 자녀에 대한 편법증여 수단으로 활용되고 있는 것이 현실이며
- 부동산에 직접 담보된 채무 외의 일반채무(특히 사인간 채무)는 채무의 존재여부에 대한 입증이 어렵고, 실무적으로 그 사후관리도 쉽지 않은 측면이 있으며
- 조세회피 등 목적으로 악용되는 사례가 많은 점을 감안하여 가급적 적용 범위를 최소화할 필요가 있으므로(2002년 간추린 개정세법)
- 수증자가 재산을 증여받으면서 증여재산 외의 부동산에 담보된 채무 및 일반채무를 함께 인수하더라도 해당 채무가액은 증여재산가액에서 차감하지 않는 것임.

사례

- 주택 시가 5억원(전세보증금 3억원)
- 취득가액 3억원(필요경비 포함)
- 부모(1세대 2주택), 자녀(무주택 독립세대)

Q 10년 보유한 위 주택을 자녀에게 부담부증여 하면 절세되는가?

1안. 시가 5억원 주택을 단순 증여하는 경우(자녀 부담)

증여세	취득세[25]
7,760만원	2,000만원
[(5억원 - 5천만원)×20% - 1천만원] × (1 - 3%)	시가 인정액의 4%

2안. 자녀에게 부담부증여하는 경우

증여세(자녀 부담)	취득세[26](자녀 부담)
1,940만원	1,130만원
[(2억원 - 5천만원)×20% - 1천만원]×(1 - 3%)	증여부분 2억원×4% + 양도분 3억원×1.1%

---

25) 지방세법 제10조의2 [무상취득의 경우 과세표준(2021.12.28. 신설)]
① 부동산 등을 무상취득하는 경우 제10조에 따른 취득 당시의 가액(이하 "취득당시가액"이라 한다)은 취득시기 현재 불특정 다수인 사이에 자유롭게 거래가 이루어지는 경우 통상적으로 성립된다고 인정되는 가액(매매사례가액, 감정가액, 공매가액 등 대통령령으로 정하는 바에 따라 시가로 인정되는 가액을 말하며, 이하 "시가인정액"이라 한다)으로 한다. (2021.12.28. 신설)
② 제1항에도 불구하고 다음 각 호의 경우에는 해당 호에서 정하는 가액을 취득당시 가액으로 한다. (2021.12.28. 신설)
1. 상속에 따른 무상취득의 경우 : 제4조에 따른 시가표준액 (2021.12.28. 신설)
2. 대통령령으로 정하는 가액(시가표준액 1억원) 이하의 부동산 등을 무상취득(제1호의 경우는 제외한다)하는 경우 : 시가인정액과 제4조에 따른 시가표준액 중에서 납세자가 정하는 가액 (2021.12.28. 신설)
3. 제1호 및 제2호에 해당하지 아니하는 경우 : 시가인정액으로 하되, 시가인정액을 산정하기 어려운 경우에는 제4조에 따른 시가표준액 (2021.12.28. 신설)
⑥ 제7조 제11항 및 제12항에 따라 증여자의 채무를 인수하는 부담부증여의 경우 유상으로 취득한 것으로 보는 채무액에 상당하는 부분(이하 이 조에서 "채무부담액"이라 한다)에 대해서는 제10조의3에서 정하는 유상승계 취득에서의 과세표준을 적용하고, 취득 물건의 시가인정액에서 채무부담액을 뺀 잔액에 대해서는 이 조에서 정하는 무상취득에서의 과세표준을 적용한다. (2021. 12.28. 신설)

26) 증여부분은 시가의 4%, 증여자가 다주택자이고, 조정대상지역 내에 시가표준액 3억원 이상인 주택을 증여한다면 12.4%(전용면적 85㎡ 초과는 13.4%)

구분	양도소득세(부모 부담)	비 고
양도가액(채무부담액)	3억원	
취득가액	1.8억원	당초 취득가액 × 채무부담액 / 시가
양도차익	1.2억원	
장기보유특별공제	0.24억원	양도차익의 20%
양도소득	96백만원	
양도소득세	(약)18백만원	
지방세	1.8백만원	
납부세액	19.5백만원	

[비교분석표]

구분	1안 (일반증여)	2안 (부담부증여)	
		1세대 1주택	그 외
증여세	7,760만원(자녀)	1,940만원(자녀)	1,940만원(자녀)
취득세	2,000만원(자녀)	1,130만원(자녀)	1,130만원(자녀)
양도소득세	-	-	1,950만원(부모)
총 부담세액	9,760만원	3,070만원	5,020만원
아들 부담액	9,760만원	3,070만원	3,070만원

▶ 부담부증여가 절세효과와 세부담 분산효과(부모 · 자녀)가 있다. 만약, 부모가 1세대 1주택인 경우 양도소득세 비과세로 절세효과가 더 커짐을 알 수 있다. 아울러 사전증여로 상속세 절세를 기대할 수 있다.

» 2023.2.28. 이후 양도분부터 증여재산가액을 보충적 평가액(기준시가)로 평가한 경우 취득가액도 기준시가로 평가하도록 개정되어 세부담이 증가할 수 있으므로 유의하여야 한다.

절세 tip

양도소득세가 적거나 비과세되는 경우 부담부증여를 검토해 보라.

06 교차증여로 절세할 수 있다?

가끔 필자에게 증여자별 수증자별 증여세 과세원칙을 이용한 교차증여에 대해 문의하는 경우가 있다. 이론적으로 그럴싸해 보이나 낭패 보는 수가 있으므로 주의해야 한다.

교차증여

구분	내 용
의의	교차증여란 두 사람 이상의 증여자가 두 사람 이상의 수증자에게 나누어 증여하는 것을 말한다. 증여자별 수증자별 증여세 과세원칙을 이용하여 증여액을 분산시킴으로써 초과누진세를 피해 절세할 수 있다는 개념이나 실질과세원칙이 적용될 수 있으므로 신중한 접근이 필요하다.
실질 과세 원칙	• 실질과세의 원칙은 **법률상의 형식(=과세 대상의 외형)과 그 경제적인 실질이 서로 다른 경우 경제적인 실질에 따라 과세하는 원칙**을 말한다. • 실질과세의 원칙은 헌법상의 기본이념인 평등의 원칙을 조세법률관계에 구현하기 위한 실천적 원리로서, 조세의 부담을 회피할 목적으로 과세요건사실에 관하여 실질과 괴리되는 비합리적인 형식이나 외관을 취하는 경우에 그 형식이나 외관에 불구하고 실질에 따라 담세력이 있는 곳에 과세함으로써 부당한 조세회피행위를 규제하고 과세의 형평을 제고하여 조세정의를 실현하고자 하는 데 주된 목적이 있다.[27] • 국세기본법 제14조 ① 과세의 대상이 되는 소득, 수익, 재산, 행위 또는 거래의 귀속이 명의(名義)일 뿐이고 사실상 귀속되는 자가 따로 있을 때에는 사실상 귀속되는 자를 납세의무자로 하여 세법을 적용한다. ② 세법 중 과세표준의 계산에 관한 규정은 소득, 수익, 재산, 행위 또는 거래의 명칭이나 형식과 관계없이 그 실질 내용에 따라 적용한다. ③ 제3자를 통한 간접적인 방법이나 둘 이상의 행위 또는 거래를 거치는 방법으로 이 법 또는 세법의 혜택을 부당하게 받기 위한 것으로 인정되는 경우에는 그 경제적 실질 내용에 따라 당사자가 직접 거래를 한 것으로 보거나 연속된 하나의 행위 또는 거래를 한 것으로 보아 이 법 또는 세법을 적용한다.

27) 대법원 2008두8499, 2012.1.19.

사례

대법원 2015두46963, 2017.2.15.

---

[1] 구 상속세 및 증여세법(2013.1.1. 법률 제11609호로 개정되기 전의 것) 제2조 제4항, 제3항에 의하여 당사자가 거친 여러 단계의 거래 등 법적 형식이나 법률관계를 재구성하여 직접적인 하나의 거래에 의한 증여로 보고 증여세 과세대상에 해당한다고 하려면, 납세의무자가 선택한 거래의 법적 형식이나 과정이 처음부터 조세회피의 목적을 이루기 위한 수단에 불과하여 재산 이전의 실질이 직접적인 증여를 한 것과 동일하게 평가될 수 있어야 하고, 이는 당사자가 그와 같은 거래형식을 취한 목적, 제3자를 개입시키거나 단계별 거래 과정을 거친 경위, 그와 같은 거래 방식을 취한 데에 조세부담의 경감 외에 사업상의 필요 등 다른 합리적 이유가 있는지 여부, 각각의 거래 또는 행위 사이의 시간적 간격, 그러한 거래 형식을 취한 데 따른 손실 및 위험부담의 가능성 등 관련 사정을 종합하여 판단하여야 한다.

[2] 甲 주식회사의 주주들이며 <u>남매 사이인 乙과 丙 및 丙의 배우자</u>가 각자 소유 중인 甲 회사 주식을 乙은 丙 부부의 직계비속들에게 丙 부부는 乙의 직계비속들에게 교차증여하자 과세관청이 실질은 각자가 자신의 직계비속들에게 직접 증여한 것으로 보아 乙 및 丙 부부의 직계비속들에게 증여세 부과처분을 한 사안에서, 乙과 丙 부부는 각자의 직계비속들에게 甲 회사 주식을 증여하면서도 증여세 부담을 줄이려는 목적 아래 그 자체로는 합당한 이유를 찾을 수 없는 교차증여를 의도적인 수단으로 이용한 점 등을 고려하여, 그러한 교차증여를 구 상속세 및 증여세법(2013.1.1. 법률 제11609호로 개정되기 전의 것) 제2조 제4항에 따라 실질에 맞게 재구성하여 乙과 丙 부부가 각자의 직계비속들에게 직접 추가로 증여한 것으로 보아 증여세를 과세할 수 있다고 한 사례.

▶ 세무사의 조언에 따라 단순 절세 목적으로 같은 회사 주식을 교차증여한 사례에 대해 증여세 과세 여부를 판단하는 기준을 제시하였다.

증여세 과세요건

① 거래가 조세회피 목적을 위한 수단에 불과하고 직접 증여한 것과 동일할 것

② 거래의 목적과 경위, 거래 방식이 합리적 이유가 없을 것

③ 거래의 시간적 간격이 없을 것

④ 손실 및 위험부담의 가능성이 없을 것

Q 다른 회사 주식(또는 부동산)이고 교차증여가 수년의 시간적 간격이 있는 경우 증여세가 과세될까?

법규-529, 2012.5.14.

[사실관계]

- A와 B는 각각 비상장법인 XX(주)의 주주이며, A는 B의 처남으로 특수관계자에 해당
- 2010.12.30. A는 28,000주를, B는 38,840주를 증여함에 있어 아래 표와 같이 각각 본인의 자녀와 조카에게 교차하여 증여함.

소유		증여		최종 취득 주식 수
A소유 28,000주	→	A의 자녀 갑 6,000주 A의 자녀 을 6,000주	⇨	A의 자녀 갑 14,000주 A의 자녀 을 14,000주
	⇨	B의 자녀(7인) 16,000주		
B소유 38,840주	⇨	A의 자녀 갑 8,000주 A의 자녀 을 8,000주		
	→	B의 자녀(7인) 22,840주		B의 자녀(7인) 38,840주

- 「상증법」상 증여세가 증여자별 수증자별로 과세되므로 서로 교차하여 증여함으로써 아래와 같이 총 377백만원(수증자 1인 기준 188백만원)의 증여세액 감소
- A와 B는 주식증여에 따른 주식증여계약서 작성시 증여일자, 증여자, 수증자, 주식발행회사명, 주식의 종류, 주당 액면금액, 주식의 수를 기재하고, 증여자와 수증자가 날인하였으나, 주권발행번호는 기재되지 아니하였음.
- 납세자는 부동산임대법인·비상장법인으로서 주식을 발행한 사실이 없으며, 따라서 주식을 인도하지 않았음.

[질의 내용]

특수관계자인 A와 B가 같은 법인의 비상장주식을 증여함에 있어 각각의 자녀에게 일정한 주식을 서로 교차하여 증여한 경우 '제3자를 통한 간접적인 방법이나 둘 이상의 행위나 거래를 거치는 방법으로 증여세를 부당하게 감소시킨 경우'에 해당하는지 여부

회신

특수관계자인 A와 B가 동일한 법인의 비상장주식을 자녀 등에게 증여함에 있어 A가 B의 자녀에게 일정한 비상장 주식을 증여하고 B가 A의 자녀에게 일정한 비상장 주식을 증여한 경우, 이러한 행위를 통하여 증여세를 부당하게 감소시킨 것으로 인정되는 경우에는 「상속세 및 증여세법」 제2조 제4항의 '제3자를 통한 간접적인 방법이나 둘 이상의 행위 또는 거래를 거치는 방법'에 해당하는 것으로, 귀 과세자문이 이에 해당하는지는 당사자 간의 증여계약의 내용·둘 이상 증여 행위 또는 거래의 상호 관련성 등의 사실관계에 따라 판단할 사항입니다.

▶ 증여세 과세대상으로 해석하면서도 종합하여 판단할 여지를 두었다.

컨설팅 피해사례

최근 보험 가입하는 조건으로 무분별한 절세 마케팅이 성행하고 있다. 아래 판례는 잘못된 컨설팅으로 납세자가 피해를 볼 수 있다는 걸 보여주는 사례라 소개한다.

[사실관계]

- 갑 법인(1991.5.1. 설립) 대표 'A'지분 100% 소유(발행주식 40,000주)
- 을 법인(2005.6.27. 설립 - 동종업종) 대표 'B'지분 100% 소유(발행주식 40,000주)
- A와 B는 부부관계
- 2019년 4월경 OO공제조합이 실시한 "가업승계 노하우"라는 강의를 듣고, 컨설팅 전문가(D)의 조언에 따라 교차증여→주식양도→가지급금상환→자기주식 소각 등 일련의 계획을 수립 및 추진[28)]
- 2019.7.25. 주식 교차증여

증여주식	증여자	수증자	주식 수	주당 평가액	증여재산가액	증여세
갑 법인	A	B	12,000	81,853	982,236,000	66,447,200
을 법인	B	A	16,000	53,212	851,392,000	40,278,400

- 2019.9.18.~10.27.
  A와 B는 수증 주식을 갑과을 법인에 양도하여 위 대금 수령
- 2019.9.30.~2020.3.30.
  위 대금으로 증여세 납부 및 가지급금 상환
- 2019.12.19. 갑, 을 법인 임시주주총회 필의도 주식소각[29)]

주식변동 세무조사(2021.9.9.~2021.11.26.)

'증여-양도-소각'이라는 3단계에 걸친 일련의 주식거래 과정이 실질적으로는 각 청구인이 원래 보유하던 주식을 발행 법인이 직접 소각한 하나의 자본거래에 해당하는 것으로 보아 2022.2.3. 의제배당소득으로 과세 결정

- A 의제배당소득(81,853 - 10,000)×12,000주 = 862,236,000
  → 종합소득세 **355,065,490**원(가산세 **69,931,182**원 포함) 부과
- B 의제배당소득(53,212 - 10,000)×12,000주 = 691,392,000
  → 종합소득세 **273,498,490**원(가산세 **54,572,006**원 포함) 부과

28) D에게 컨설팅 대가로 OO생명보험주식회사의 연금성 보험(보험료: 월 1,300만원 상당)에 가입
29) 이후 A는 갑법인 잔여 주식 일부를, B는 을법인 잔여 주식 일부를 자녀들에게 증여함.

[감사원 심사 2022-413, 2023.8.10.]

① 납세자 주장	② 감사원 판단
거래흐름	거래흐름

① 납세자 주장 — 거래흐름

구분	갑법인	을법인
주주	A(1.2억원)	B(1.6억원)
교차증여	B(9.8억원)	A(8.5억원)
주식 양도	B → 법인 (9.8억원)	A → 법인 (8.5억원)
가지급금 상환	A → 법인	B → 법인
주식소각	9.8 - 9.8=0	8.5 - 8.5=0

② 감사원 판단 — 거래흐름

구분	갑법인	을법인
주주	A(1.2억원)	B(1.6억원)
증여 ×		
주식 양도	A → 법인 (9.8억원)	B → 법인 (8.5억원)
가지급금 상환	A → 법인	B → 법인
주식소각	9.8 - 1.2=8.6	8.5 - 1.6=6.9

주장내용	판단
① 주식의 교차증여, 주식의 양도, 소각거래를 통해 재무구조가 개선된 가업을 자녀들에게 승계하는데 목적이 있다. ② 주식 매각대금이 수증자에게 각각 귀속되었고, 청구인들은 주식매각대금으로 가지급금을 상환하여 청구인들의 자산가치가 증가하였다. ③ 교차증여가 「상속세 및 증여세법」 제2조에 따른 증여에 부합한다.	① 재무구조개선이 목적이라면 보유하던 주식을 각자 소유하던 법인에 매각하면 됨. ② 청구인의 가지급금 상환(부채감소)과 주식감소(자산감소)로 자산가치 증가 없음. ③ 조세회피목적 외 다른 목적을 인정하기 어려우므로 증여를 부인한 처분청의 판단에 잘못이 없음.

결 론
거래의 실질은 갑법인은 A로부터, 을법인은 B로부터 주식소각 목적으로 취득한 후 소각하는 하나의 자본거래 절차를 수행한 것이라고 봄이 타당하다. 따라서 A와 B의 당초 주식 취득가액을 초과하는 주식매각대금은 의제배당소득으로 과세한 처분은 잘못이 없다.

☞ 당시(2019년) **교차증여를 실질에 맞게 재구성할 수 있다는 대법원 판례**가 이미 있음에도 불구하고 이런 거래를 추진한 것은 절세를 너무 쉽게 생각한 게 아닌가 싶다. 이 건은 배우자 증여 후 소각의 경우 대금이 수증자에게 귀속되었다면 의제배당으로 과세할 수 없다는 대법원판결(2024두24659, 2024.9.12.)과는 결을 달리한다고 생각한다.

Q 시차를 두고 소각했다면 증여로 인정받을 수 있을까?

07 국세청의 팩트체크

자녀가 대출받고 부모가 대신 상환해 주면 세금없이 증여가 가능하다?

» 미디어 내용

- 채권자나 제3자가 채무을 없애주거나 대신 갚아 줄 경우 채무자는 감소된 채무만큼을 증여받은 것과 마찬가지이므로 증여세가 과세되는데, 이를 '채무면제에 따른 증여세'라고 함. 채무면제에 따른 증여세는 연대납세의무가 적용되지 않는 점을 이용하면 자녀에게 증여세 없이 현금을 증여할 수 있음.
- 돈을 갚을 능력이 없는 자녀가 부모의 재산을 담보로 은행에서 대출을 받고, 부모가 대신 대출금을 갚는다면 자녀는 채무면제에 따른 증여세를 납부해야 되는데 자녀는 세금을 낼 돈이 없고, 채무면제에 따른 증여세는 연대납세의무가 없으므로 부모도 증여세를 낼 필요가 없음.

(팩트체크)

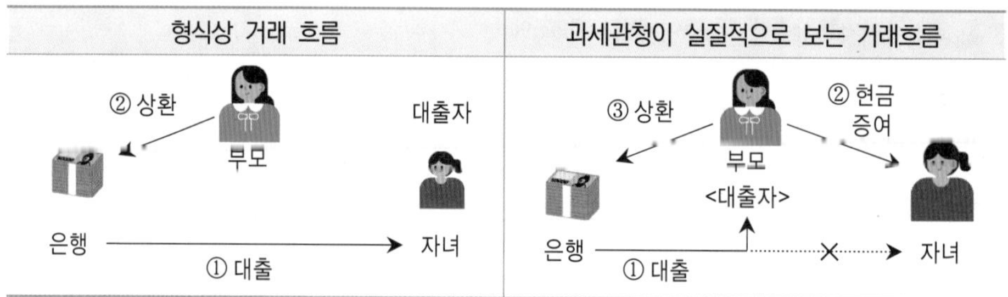

- 미디어 내용대로 부모가 담보제공, 이자지급, 원금상환 등을 한 경우에는 형식상 자녀의 대출이라 하더라도 실질적으로 부모의 대출로 봅니다.
  다시 말해, 처음부터 자녀가 아니라 부모가 은행에서 대출을 받은 것과 같습니다. 그리고 그 대출금을 자녀에게 현금 증여한 것에 해당합니다. '채무면제에 따른 증여세'와 달리 현금을 증여할 때는 연대납세의무가 있으므로, 자녀가 세금 낼 돈이 없으면 부모가 대신 증여세를 내야 합니다.
- 그리고 미디어에서 설명하지 않은 것이 있는데 미디어 내용대로 할 경우 자녀는 체납자가 된다는 점입니다. 국세청은 지속적으로 체납자의 월급, 사업이익 등 재산을 파악하여 납부하지 못한 세금을 징수한다는 점을 유념하여야 합니다.

(해 설)

채무면제에 따른 증여(상증법 §36)

구 분	내 용
취지	타인이 지고 있는 채무를 면제·인수하거나 대신 변제해 주는 것은 민법상의 증여에 해당하지 않으나[30] 타인에게 재산을 무상으로 이전하는 것과 동일한 효과가 발생한다. 이와 같이 채무면제 등이 타인에게 **재산을 무상으로 이전한 것과 동일한 효과가 있으므로** 증여세를 과세하는 것이다.
과세 대상	채권자로부터 채무를 면제받거나 제3자로부터 채무의 인수 또는 변제를 받은 경우에는 그 면제, 인수 또는 변제를 받은 날을 증여일로 하여 그 면제 등으로 인한 이익에 상당하는 금액을 그 이익을 얻은 자의 증여재산 가액으로 한다.
증여세 면제 (수증자)	수증자에게 증여세를 납부할 능력이 없음에도 증여세를 부과할 경우 **필요 이상의 경제적 고통을 줄 수 있는 점** 등을 감안한 것으로 그 면제 여부의 판단기준은 **수증자에게 증여세를 납부할 능력이 있는지 여부**이다.[31]
연대 납부 의무	증여자는 원칙적으로 수증자가 납부할 증여세에 대하여 연대납세의무를 진다. 그러나 채무면제 등에 따른 증여의 경우 수증자가 증여세를 납부할 능력이 없다고 인정되어 그에 상당하는 증여세의 전부 또는 일부를 면제받은 때에는 **증여자는** 면제받은 증여세에 대하여 연대하여 납부할 의무를 지지 않는다.

해석 사례

구 분	내 용
이혼위자료	남편을 대신하여 시어머니가 며느리에게 이혼위자료로 부동산을 증여한 경우 남편이 그의 어머니로부터 그 부동산의 가액에 상당하는 위자료 채무를 인수(변제)받은 것으로서 남편에게 증여세가 과세됨. (재산-453, 2012.12.20.)

30) 민법상의 증여는 당사자 일방이 무상으로 재산을 상대방에 수여하는 의사를 표시하고 상대방이 이를 승낙함으로써 그 효력이 생긴다. (민법 §554)

31) 조심 2012서3341(2013.1.23.)

Q1. 국세청 안내를 자세히 설명해 달라

A 국세청의 설명은 부모가 담보를 제공하고 자녀가 대출을 받은 경우 부모가 대출을 받아 자녀에게 현금을 증여한 것으로 보아 부모에게 연대납세의무를 지우겠다는 것이다. 그러나 자녀가 본인의 재산이나 신용으로 대출을 받아 사업 등을 영위하다 채무를 변제하지 못하여 부모가 대신 변제한 경우로서 자녀가 증여세를 납부할 능력이 없는 경우 증여세를 면제하고 부모에게도 연대납세의무를 지우지 않는다.

Q2. 채무를 어떤 식으로 변제하여야 하나?

» **아버지 빚 100억원 갚아준 박세리…'의외의 복병' 터졌다 – 2024.6.23.(한국경제)**

☞ 채무변제에 따른 증여세 과세문제 발생

현금증여 후 부(父)가 변제	채무자에게 직접 변제한 경우
증여세 연대납부의무 ○	증여세 연대납부의무 ×

A 국세청 안내처럼 박세리가 현금을 증여하고 아버지가 그 금전으로 채무를 변제한 경우에는 수증자가 무재산자로서 증여세를 납부할 능력이 없는 경우에도 증여세가 면제되지 아니하며, 이 경우 박세리가 증여세를 납부해야 한다. **현금증여는 민법상 증여로서 증여자에게 연대납부의무를 부여하고 있기 때문이다.** 따라서 채무를 박세리가 직접 변제해야 증여세 과세문제가 생기지 않는다는 점에 유의하여야 한다.

신혼부부가 축의금으로 주택을 구입해도 세금상 문제없다?

» **미디어 내용**

결혼 축의금은 증여세가 부과되지 않으므로 축의금으로 신혼집 등 자산을 구입하여도 증여세 문제가 없음.

(팩트체크)

- 축의금은 무상으로 받는 금전이지만 통상적인 수준으로 받은 축의금에 대해서 증여세가 과세되지 않습니다. 또한, 결혼할 때 부모가 결혼당사자에게 구입해 주는 일상적인 혼수용품에 대하여는 증여세가 과세되지 않습니다.
- 하지만, 통념적이지 않은 수준의 축의금, 사치용품, 주택, 자동차 등은 과세되는 재산입니다.
- 한편, 축의금으로 자산을 구입할 때에는 신중해야 합니다. 누구에게 귀속된 축의금으로 자산을 구입하였는지에 따라 증여세가 과세될 수 있기 때문입니다.
- 판례는 결혼당사자(신랑, 신부)와의 친분관계에 따라 결혼당사자에게 직접 건네진 것이라고 볼 수 있는 부분은 결혼당사자에게 귀속되고, 나머지는 전액 혼주인 부모에게 귀속된다고 판단하고 있습니다.
- 신혼부부가 자신들에게 귀속된 축의금으로 자산을 취득하는 것은 아무 문제가 없지만, 혼주에게 귀속된 축의금으로 자산을 구입하는 경우에는 부모로부터 현금을 증여받은 것으로 보아 증여세가 부과될 수 있습니다.

  * 다만, 상속세 및 증여세법 제53조에 의해 직계존속으로부터 받은 재산으로 10년간 5천만원까지 증여세가 공제되므로, 결혼 전에 증여받은 재산이 전혀 없다면 결혼할 때 5천만원까지는 증여해도 과세되지 않음.

- 마지막으로, 축의금으로 자산을 취득할 계획이 있다면 결혼당사자와의 친분관계에 따라 결혼당사자에게 직접 건네진 것이 확인될 수 있도록 방명록 등을 잘 보관하는 것이 좋습니다.

(해 설)

비과세 증여재산(상증법 시행령 §35)

> **상속세 및 증여세법 시행령 제35조 (비과세되는 증여재산의 범위 등)**
> ① 법 제46조 제5호에서 "대통령령으로 정하는 것"이란 다음 각 호의 어느 하나에 해당하는 것으로서 해당 용도에 직접 지출한 것을 말한다.
> 3. 기념품 · 축하금 · 부의금 기타 이와 유사한 금품으로서 통상 필요하다고 인정되는 금품
> 4. 혼수용품으로서 통상 필요하다고 인정되는 금품

해석 사례

구분	내 용
혼수용품	**혼수용품은 일상생활에 필요한 가사용품에 한하며, 호화 · 사치용품이나 주택 · 차량 등을 포함하지 아니함.** (서면인터넷방문상담4팀 - 1642 , 2005.9.12.)
부의금	부의금은 피상속인(사망자)에게 귀속되는 재산이 아니므로 상속세 과세 대상이 아니고 사회통념상 인정되는 금품은 증여세 비과세 대상임. (서면4팀 - 358, 2005.03.10.)[32]
결혼 축의금	청구인에게 귀속되는 축의금이 확인되지 아니하는 이상 결혼 축의금은 자금출처로 인정 안 됨. (조심 2008서0806, 2009.4.30.)
	결혼 축의금은 결혼 당사자에게 직접 건네진 것이라고 볼 부분을 제외한 나머지는 전액 혼주인 부모에게 귀속된다. (서울고법 2008누22831, 2010.2.10.)

32) * 증여세 비과세 여부는 부의금의 총액을 기준으로 판단하는 것이 아니고 부의금을 지급한 자 별로 사회통념상 인정되는 금품인가를 판단하는 것이므로 부의금의 총액이 많다 하여 증여세를 과세하는 것도 아님.

보험은 이렇게 활용하라

01. 보험 일반 상식
02. 보험과 상속·증여세
03. 보험은 이렇게 활용하라
04. Q & A
05. 경영인(CEO) 정기모임 왜 이렇게 시끄러운가?

01 보험 일반 상식

보험 하나 없는 집은 찾기 힘들 것이다. 필자도 관련 자격증(CFP)을 보유하고 있지만 보험회사별로 상품이 너무 다양해 장・단점을 명확히 파악하진 못한다. 우선 보험 일반 상식을 설명한다.

보험 일반

용어정리

- **보험계약자**

  보험회사와 계약을 체결하는 상대방 당사자로서, 보험계약자의 자격에는 제한이 없고 자연인이든 법인이든 무관하다.

- **피보험자**

  인(人)보험(생명보험, 상해보험)에서는 생명이나 신체에 관하여 보험사고의 대상이 되는 자[1], 손해보험에서는 피보험이익의 주체로서 보험금청구권자를 말한다.

- **보험수익자**

  보험수익자는 인(人)보험인 경우에 해당되는 보험계약의 요소로서, 보험금 지급사유가 발생한 때에 보험회사로부터 보험금을 지급받게 되는 사람을 말한다.

- **보험사고**

  계약상 보험회사가 보험금 지급을 약속한 사고(피보험자의 생존・사망・상해・질병・수술・만기・연금 개시 등)를 말한다.

보험의 종류(보험업법 §2)

가. 생명보험상품 : 위험보장을 목적으로 사람의 생존 또는 사망에 관하여 약정한 금전 및 그 밖의 급여를 지급할 것을 약속하고 대가를 수수하는 계약으로서 대통령령으로 정하는 계약

나. 손해보험상품 : 위험보장을 목적으로 우연한 사건(다목에 따른 질병・상해 및 간병은 제외한다)으로 발생하는 손해(계약상 채무불이행 또는 법령상 의무불이행으로 발생하는 손해를 포함한다)에 관하여 금전 및 그 밖의 급

1) 법인・단체・만 15세 미만자・심신상실자・심신박약자는 피보험자가 될 수 없다.

여를 지급할 것을 약속하고 대가를 수수하는 계약으로서 대통령령으로 정하는 계약

다. 제3보험상품 : 위험보장을 목적으로 사람의 질병·상해 또는 이에 따른 간병에 관하여 금전 및 그 밖의 급여를 지급할 것을 약속하고 대가를 수수하는 계약으로서 대통령령으로 정하는 계약

> **» 보험업감독규정**
>
> 1-2조 (정의)
>
> "보장성보험"이란 기준연령 요건에서 생존시 지급되는 보험금의 합계액이 이미 납입한 보험료를 초과하지 아니하는 보험을 말하며, "순수보장성보험'이란 생존시 지급되는 보험금이 없는 보장성보험을 말하고 "그 밖의 보장성보험"이란 순수보장성보험을 제외한 보장성보험을 말한다.
>
> "저축성보험"이란 보장성보험을 제외한 보험으로서 생존시 지급되는 보험금의 합계액이 이미 납입한 보험료를 초과하는 보험을 말한다.

보장성보험			저축성보험		
생명보험	손해보험	제3보험	금리형	투자실적형	연금보험
정기보험 종신보험 생사혼합보험 기타	재산보험 장기손해보험 배상책임보험 자동차보험	상해보험 질병보험 실손의료비 보험 장기간병보험 장해소득보상 보험	공시이율형 유니버셜보험	변액보험 변액유니버셜 보험	금리형 투자실적형

보험료

① 순보험료(위험보험료 + 저축보험료)

- 위험보험료(사망보험금 등 보험사고 발생시 지급 재원이 되는 보험료)
- 저축보험료(만기생존보험금, 해약환급금 등의 재원이 되는 보험료)

\+

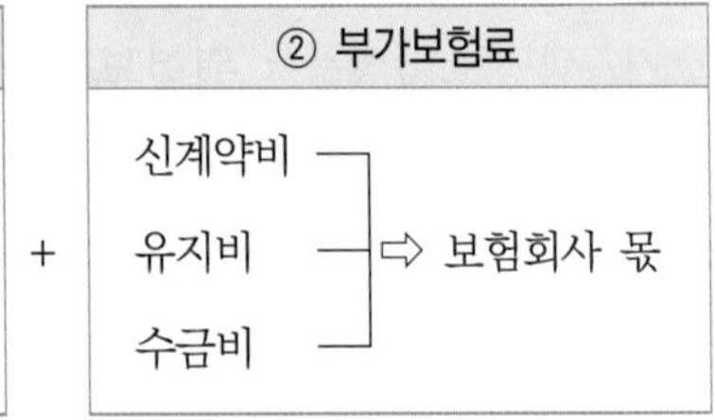

⇨ 일반적으로 보험계약은 최소 10년짜리 계약을 한다고 생각하는 게 좋다. **부가보험료**와 **위험보험료** 때문에 중도해지할 경우 손해를 보게 되므로 신중하게 판단하여야 한다.

보험과 소득세

보험 관련 세금

구분	보장성보험	저축성보험
내용	만기환급금[2] ≤ 납입보험료	만기환급금 > 납입보험료
상품	종신보험, 정기보험, 암보험 등	연금보험, 저축보험, 변액보험 등
세금	비과세	보험차익 이자소득세 과세(원칙)
		일정 요건 해당되면 비과세(예외)

저축성보험 비과세 요건

월적립식	① 최초 납입일부터 만기일 또는 중도해약일까지 기간이 10년 이상 ② 납입기간이 5년 이상 월적립식 계약 ③ 매월납입하는 기본보험료가 균등하고, 기본보험료의 선납기간이 6개월 이내 ④ 매월 납입하는 보험료 합계액이 150만원 이하(연 1,800만원 이내)
일시납	① 최초 납입일부터 만기일 또는 중도해약일까지 기간이 10년 이상 ② 가입한 모든 저축성보험의 납입보험료 합계액*이 1억원 이하 (* 월적립식 저축성보험과 종신형 연금보험의 보험료는 제외) ③ 10년이 경과하기 전에 확정형 연금으로 분할하여 지급받지 않을 것
종신형 연금	① 55세 이후부터 사망 시까지 연금으로 지급 받을 것 ② 사망시 보험계약 및 연금재원이 소멸할 것[3] ③ 계약자, 피보험자, 수익자가 동일할 것 ④ 최초 연금지급개시 이후 사망일 전까지 중도해약 할 수 없을 것 ⑤ 매년 수령하는 연금액이 연금 수령 한도(최대 3배수)를 초과하지 않을 것

▶ 종신보험은 보장성보험으로 종신형 연금과 다르다.

---

2) 보장성보험은 보험기간 중 사고, 상해, 질병 등을 보장하는 것이 주요 목적이므로 상해나 질병 발생 시 납입보험료보다 보험금이 많은 게 당연하다. 세법은 보험의 명칭 여하에 불구하고 보험 만기(생존시)에 지급받는 환급금이 납입보험료보다 적거나 같은 경우 보장성보험으로 본다는 뜻이다.

3) 보증기간은 피보험자의 기대여명 연수 이내에서 정해야 하며, 피보험자가 사망한 다음에도 보증기간이 남아 있으면 보증기간이 종료될 때 보험계약과 연금재원이 소멸해야 한다.

보험금은 고유재산

대법원 2019다300934 (2023.6.29.)

가. 생명보험은 피보험자의 사망, 생존, 사망과 생존을 보험사고로 하는 보험이다.

생명보험의 보험계약자가 스스로를 피보험자로 하면서 자신이 생존할 때의 보험수익자로 자기 자신을, 자신이 사망할 때의 보험수익자로 상속인을 지정한 후 그 피보험자가 사망하여 보험사고가 발생한 경우, 이에 따른 보험금청구권은 상속인들의 고유재산으로 보아야 하고 이를 상속재산이라고 할 수는 없다. [대법원 2000다31502 (2001.12.28.) 등 참조] 상속인들은 보험수익자의 지위에서 보험자에 대하여 보험금 지급을 청구할 수 있고 이러한 권리는 보험계약의 효력으로 당연히 생기는 것이기 때문이다. [대법원 2001다65755 (2001.12.24.) 등 참조]

보험계약이 피보험자의 사망, 생존, 사망과 생존을 보험사고로 하는 이상 이는 생명보험에 해당하고, 그 보험계약에서 다액인 보험료를 일시에 납입하여야 한다거나 사망보험금이 일시 납입한 보험료와 유사한 금액으로 산출되도록 설계되어 있다 하더라도 특별한 사정이 없는 한 생명보험으로서의 법적 성질이나 상속인이 보험수익자 지위에서 취득하는 사망보험금청구권의 성질이 달라지는 것은 아니다.

나. 앞서 본 사실관계를 이러한 법리에 비추어 살펴본다.

위 보험계약은 보험자가 보험수익자에게 매월 생존연금을 지급하다가 만기가 도래하면 만기보험금을 지급하고 만기가 도래하기 전에 피보험자가 사망하면 사망보험금을 지급하는 내용이므로 사람의 사망과 생존 모두를 보험사고로 하는 생명보험계약에 해당하는데, 피보험자가 만기까지 생존할 경우 납입보험료 상당액을 만기보험금으로 지급하도록 약정되어 있으므로 보험자는 일시 납입된 보험료 중 상당 부분을 적립금으로 계상해 두어야 하지만, 만기 이전에도 생존연금을 지급해야 하므로 재원 마련을 위해 적립금을 운용할 수 밖에 없고, 만기 이전에 피보험자가 사망한 경우 당시까지 적립금으로 계상된 금액뿐만 아니라 일정 액수를 더하여 사망보험금을 지급하게 되므로 사망보험금이 납입보험료와 액수가 유사하게 산출된다 하여 피상속인의 생전 보유 재산인 보험료 납입 재원과 동일한 것이라고 평가하기는 어렵고, 생명보험계약으로서의 법적 성질이 달라진다고 보기도 어려울 뿐만 아니라, 위 보험계약에 따른 사망보험금청구권은 甲의 사망이라는 보험사고가 발생하여 보험수익자로 지정된 丙 등이 보험계약의 효력에 따라 고유한 권리로 취득한 것이지 甲으로부터 상속한 것이 아니므로, 丙 등이 위 보험계약에 따라 사망보험금을 수령한 행위는 고유재산인 자신들의 보험금청구권을 추심하여 만족을 얻은 것으로 보아야 하고, 상속재산에 대한 처분행위로 평가할 수는 없는데도, 이와 달리 본 원심판단에 법리오해의 잘못이 있다고 한 사례

» 사실관계

- 2008년 피상속인 채무확정 판결 : 3,000만원(1998년 빌림)+지연손해금
- 2012년 피상속인 삼성생명보험과 상속연금형 즉시연금보험 계약 체결 (만기 10년) 보험료 1억원 일시 납입 → 생존연금 수령
- 2015년 피상속인 사망
- 2016년 상속인 보험 잔액 38,376,556원 수령
- 2017년 한정승인신청 수리심판(재산목록에 쟁점 보험금 기록하지 않음)
- 2018년 채권자 소송(보험금 상속재산으로 수령 행위는 법정단순승인 사유 해당)

판결의 의의(대법원 보도자료)

- 종래 대법원은 이 사건 보험계약과 유사한 상속종신형 즉시연금보험계약(① 생존연금, ③ 사망보험금이 있으나, ② 만기보험금이 없음)이 생명보험계약임을 전제로 판단한 바 있음. [대법원 2017다235647 (2018.7.12.)] 또한 보험수익자인 상속인들이 피상속인의 사망을 보험사고로 하여 취득하는 생명보험금청구권은 피상속인으로부터 상속받은 재산이 아니라 상속인들이 보험수익자 지위에서 보험계약의 효력에 따라 취득하는 고유재산이라는 점도 여러 차례 판시한 바 있음. [대법원 2001다65755 (2001.12.24.) 등 참조]
- 이 판결은 상속연금형 즉시연금보험계약도 피보험자의 사망 또는 생존 모두를 보험사고로 하여 상법상 생명보험계약에 해당한다는 점과, 그 보험계약의 보험수익자로 지정된 상속인들이 취득하는 사망보험금청구권은 보험금이 일시 납입 보험료와 유사하게 산출되더라도 원칙적으로 상속인들의 고유재산이라는 점을 최초로 명시함.

02 보험과 상속 · 증여세

일반적으로 본인의 생전 사고보상을 위해 가입한 보험은 상속세나 증여세와는 관련이 없다. 상속세나 증여세와 관련된 보험은 주로 종신보험이나 연금보험이다. 보험 관련 상속세 · 증여세에 대해 살펴본다.

보험금 과세

구분	내 용
의의	보험금이란 보험사고나 소정의 손해가 발생한 때에 보험자가 보험계약자에게 지급하는 금전을 말한다. 보험금은 생명보험의 경우에 보험금 수령인에게 지급되고, 손해보험의 경우에는 원칙적으로 피보험자에게 지급된다. 이때 지급되는 보험금은 보험금 수령인과 보험료 납부자가 서로 다른 경우에 보험금 수령인은 보험료의 부담도 없이 보험금 상당액을 무상으로 취득하는 결과가 되므로 무상으로 취득한 보험금에 대해서 증여세를 과세하게 된다.
증여세 과세	연금으로 보험금을 수령하는 경우 즉시연금보험 등 연금 수령자와 보험료 불입자가 다른 경우에는 연금지급이 개시된 때에 연금 수령자에게 증여세가 과세된다. 이 경우 증여재산가액은 보험회사와의 약정에 의하여 연금을 받을 기간 등에 따라 상속세 및 증여세법 시행령 제62조에 따른 유기정기금 또는 종신정기금 평가방법에 따라 평가한 가액이 된다. 보험료 납부자와 보험금 수령자가 다른 경우로서 생명보험과 손해보험의 보험사고가 발생하면 보험금 상당액에 대해서는 보험금 수령인에게 **증여세를 과세**한다. 상해보험 보험금에 대한 증여세의 과세는 생명보험이나 손해보험을 대상으로 하지만 상해보험은 포함되지 아니한다. 손상된 신체의 복원에 소요된 실비정산 성격의 보험금이므로 그 실질이 치료비 등에 해당되어 상속세 및 증여세법 제46조 제5호[4]에 의하여 비과세하기 때문이다.
상속세 과세	» 간주상속재산으로 상속세 과세대상임을 3장에서 설명했다. 보험수익자 수익자는 보험계약자가 보험계약을 체결할 때 지정하는데, 보험계약자 자신이나 타인이 될 수도 있다. 보험의 수익자가 타인인 경우에는 보험계약자가 보험수익자를 지정하거나 변경할 수 있다. 피보험자의 사망을 보장하는 보험의 경우 보험수익자를 지정하지 않으면 피보험자의 법정상속인이 보험수익자가 된다.

4) 사회통념상 인정되는 이재구호금품, 치료비, 피부양자의 생활비, 교육비, 그 밖에 이와 유사한 것으로서 대통령령으로 정하는 것

[생명보험 및 손해보험의 보험금에 대한 상속세 · 증여세 과세유형]

구분	보험료불입자	보험계약자	피보험자	보험금수익자	보험사고	과세
1	부	부	부	자녀	부 사망	상속세
2	부	부	모	자녀	모 사망	증여세
3	부	자녀	부	자녀	부 사망	상속세
4	자녀	자녀	부 · 모	자녀	부 · 모 사망	과세안됨
5	부 · 모	부 · 모 · 자녀	부 · 모 · 자녀	자녀	연금지급개시	증여세
6	자녀*	자녀	자녀	자녀	연금지급개시	증여세
7	자녀*	자녀	부 · 모	자녀	부 · 모 사망	상속세

* 보험계약상 보험료 불입자는 자녀이나 사실상 부 · 모로부터 증여받은 재산으로 보험료 불입함.

법령

상속세 및 증여세법

제8조 [상속재산으로 보는 보험금]

① 피상속인의 사망으로 인하여 받는 생명보험 또는 손해보험의 보험금으로서 피상속인이 보험계약자인 보험계약에 의하여 받는 것은 상속재산으로 본다.

② 보험계약자가 피상속인이 아닌 경우에도 피상속인이 실질적으로 보험료를 납부하였을 때에는 피상속인을 보험계약자로 보아 제1항을 적용한다.

제34조 [보험금의 증여]

① 생명보험이나 손해보험에서 보험사고(만기보험금 지급의 경우를 포함한다)가 발생한 경우 해당 보험사고가 발생한 날을 증여일로 하여 다음 각 호의 구분에 따른 금액을 보험금 수령인의 증여재산가액으로 한다.

1. 보험금 수령인과 보험료 납부자가 다른 경우(보험금 수령인이 아닌 자가 보험료의 일부를 납부한 경우를 포함한다) : 보험금 수령인이 아닌 자가 납부한 보험료 납부액에 대한 보험금 상당액
2. 보험계약 기간에 보험금 수령인이 재산을 증여받아 보험료를 납부한 경우 : 증여받은 재산으로 납부한 보험료 납부액에 대한 보험금 상당액에서 증여받은 재산으로 납부한 보험료 납부액을 뺀 가액

② 제1항은 제8조에 따라 보험금을 상속재산으로 보는 경우에는 적용하지 아니한다.

제46조 [비과세되는 증여재산]

다음 각 호의 어느 하나에 해당하는 금액에 대해서는 증여세를 부과하지 아니한다.

8. 장애인을 보험금 수령인으로 하는 보험으로서 대통령령으로 정하는 보험[5]의 보험금

5) 소득세법에 따른 장애인에 해당하는 자를 수익자로 한 보험의 보험금을 말한다. 이 경우 비과세되

[증여재산가액]

구 분	내 용
납부자 ≠수령인	보험금 × $\frac{\text{보험금 수령인 이외의 자가 납부한 보험료}}{\text{납부한 보험료 총 합계액}}$
납부자 =수령인	$\left(\text{보험금} \times \frac{\text{재산을 증여받아 납부한 보험료}}{\text{총 납부한 보험료}}\right)$ - 재산을 증여받아 납부한 보험료

[사례]

- 보험계약 2020.2.1. 체결 (계약자 & 수익자 아들, 피보험자 父)
  ▸ 2020.3.1. 아들은 父로부터 증여받은 5천만원 보험료 불입
- 2024.11.28. 보험사고 발생 (불입한 총보험료 1억원)
- 2024.12.1. 보험금 2억 5천만원 수령

☞ 증여시기 : 2024.11.28.
증여재산 가액 : (2억 5천만원 x 0.5억원/1억원) - 5천만원 = 75백만원
증여세 과세가액 : 50백만원(현금 증여) + 75백만원 = 125백만원

해석 사례

구분	내 용
공제금	노란우산 공제부금은 상증법 제8조의 상속재산으로 봄. (서면상속증여 2022-1356, 2022.8.1.)
보험사고	생명보험 또는 손해보험에 있어서 보험금 수령인과 보험료 납부자가 다른 경우 보험사고[6]가 발생한 때에 보험료 납부자가 보험금 상당액을 보험금 수령인에게 증여한 것으로 보는 것이나, 보험사고가 발생하지 않은 경우에는 동 규정이 적용되지 않는 것임. (재산-545, 2011.11.22.)
장애인 보험	비과세되는 보험금은 불입한 보험료가 아닌 보험사고(만기보험금 지급의 경우 포함)가 발생한 경우에 지급받는 보험금을 말하는 것으로서 연간 4천만원을 한도로 하는 것임. (재산-429, 2009.10.9.)
계약자 변경	상속형 즉시연금보험의 연금지급 개시 전에 연금보험의 계약자 및 수익자를 타인으로 변경한 경우 그 타인이 증여받은 재산가액은 즉시연금보험의 약관에 의하여 산출되는 해지환급금 상당액임. (기획재정부재산-929, 2018.10.26.)

는 보험금은 연간 4천만원을 한도로 한다. (상증령 §35 ⑥)

6) 보험사고에는 만기 지급도 포함된다.

구분	내 용
이혼한 경우	피상속인에게 귀속되는 보험금을 지급받을 수 있는 권리를 보험계약의 수익자로 지정한 자가 상속받은 것으로 보아 상속세를 과세하는 것이며, 보험계약의 수익자가 상속인 이외의 자(이혼한 배우자)인 경우 상속인이 아닌 자가 유증 받은 것으로 보는 것임. (서면상속증여 2021-1004, 2021.5.26.)
즉시 연금 보험	거주자 甲이 즉시연금보험에 가입하고, 그 연금지급이 개시되어 보험수익자인 乙이 매월 연금을 수령하다가 甲이 사망함에 따라 상속이 개시되는 경우 乙이 상속개시 전까지 수령한 연금은 유기정기금의 평가방법으로 평가한 가액을 증여재산으로 보아 증여세를 부과하고, 해당 증여재산가액은 甲의 상속세 과세가액에 가산하는 것입니다. 또한, 해당 보험계약은 甲의 상속재산으로서 상속개시 당시의 해지환급금 상당액으로 평가하며, 乙이 상속개시 이후 수령한 연금에 대한 과세는 상속재산에 관한 분할 등 내용에 따라 판정하는 것임. (사전법령해석재산 2019-378, 2021.1.19.)

▶ 저축성보험(연금보험 등)은 계약자 변경일을 증여일로 하여 증여세 과세한다.

헌재 2007헌바137 (2009.11.26)

본래 피상속인의 사망으로 인하여 지급받는 생명보험금은 보험금수취인이 보험계약의 효력에 따라 취득하는 고유재산으로 민법상의 상속재산은 아니다. 그러나 피상속인이 실질적으로 보험료를 지불하고 그의 사망을 원인으로 일시에 무상으로 수취하는 생명보험금은 유족의 생활보장을 목적으로 피상속인의 소득능력을 보충하는 금융자산으로서의 성격도 지니고 있는 등 그 경제적 실질에 있어서는 민법상의 상속재산과 다를 바 없다. 따라서 이를 상속재산으로 의제하여 과세하는 것은 인위적인 상속세 회피를 방지하고 과세형평 및 실질과세의 원칙을 실현하기 위해 필요한 것이다. 만약 이와 같은 생명보험금에 상속세를 부과하지 않는다면 죽음을 앞두고 있거나 필연적으로 죽음을 맞이할 수밖에 없는 피상속인으로서는 재산을 상속재산으로 남길 것이 아니라 재산의 일부나 전부를 처분하여 이를 생명보험금의 형태로 상속인이 취득할 수 있도록 함으로써 고율의 누진세제가 적용되는 상속세를 회피할 수도 있을 것이다.

따라서 이 사건 법률조항은 법률상의 형식과 경제적 실질이 서로 부합하지 않는 경우에 그 경제적 실질을 추구하여 그에 과세함으로써 과세형평과 실질과세의 원칙을 실현함과 아울러 인위적인 상속세 회피를 방지하기 위한 것으로서, 그 입법목적의 정당성이나 방법의 적절성이 인정된다.

이 사건 법률조항은 의제조항의 입법형식을 취하여 생명보험금을 상속재산으로 의제하였더라도 단순히 조세회피방지만을 목적으로 한 행정편의주의적인 입법이라기보다는 실제로 상속과 동일한 경제적 효과를 가져오는 생명보험금에 대하여 이를 상속재산으로 의제하여 상속세를 과세함으로써 과세형평 및 실질과세의 원칙을 실현하기 위한 불가피한 조치일 뿐 아니라, 앞서 본 바와 같이 상속세 부과로 인한 납세의무자의 부담이 다른 과세수단에 비하여 과도하다고 보기도 어렵고, 이를 완화하는 제도적 장치까지 마련하고 있는 점 등까지 아울러 고려하면, 이 사건 법률조항이 실질과세의 원칙을 실현하고 상속세 회피행위를 방지함으로써 얻을 수 있는 공익이 보험금수취인이 상속세의 납세의무자로서 부담하는 경제적 불이익에 비하여 적지 아니하므로, 피해의 최소성 및 법익균형성의 원칙에도 어긋난다고 보기는 어렵다.

03 보험은 이렇게 활용하라

보험을 잘 활용하면 여러모로 유용하다. 대표적인 활용 방법과 시중에 판매되는 상품을 소개하기로 한다.

보험 활용

정기보험과 종신보험

생명보험은 고객의 사망에 따른 위험에 대비한 상품이다. 대표적으로 정기보험과 종신보험이 있다. 정기보험이 특정 기간만 보장을 제공하는 데 비해 종신보험은 피보험자가 언제 사망하던지 보험가입금액을 사망보험금으로 지급하는 상품이다. 일반적으로 단기 목적에는 정기보험이 사용되고, 장기목적에는 종신보험이 사용된다.

[종신보험과 정기보험 비교]

구 분	종신보험	정기보험
보장 금액	계약시 정한 가입금액	
보장 기간	계약 이후 피보험자 사망시까지	계약자가 정한 기간까지 (10년, 20년 / 75세, 80세)
납입보험료	정기보험보다 비쌈	종신보험보다 저렴
해약환급금	경과기간에 따라 증가	없거나 매우 적음
특 약	50~80개 -장해 : 재해장해, 고도장해 -진단 : 암, 뇌출혈 / 뇌졸증 / 뇌경색, 심근경색 / 심장질환 -수술 : 질병 및 재해, 암, 특정질병 -암입원, 암통원, 골절, 항암치료 등	10개 -장해 : 재해장해, 고도장해 -진단 : 암, 뇌출혈, 심근경색 -수술 : 질병 및 재해

요즘 보험상품이 너무 다양해 고객이 제대로 판단하기 어려운 게 사실이다. 필자는 무슨 이름이 붙든 보험은 보험일 뿐이라고 생각한다. 아무리 다양한 기능이 있더라도 결국 보험에 가입하는 이유는 사고보장이다. 보험 본연의 기능에 충실한 게 좋은 상품이라는 생각이다.

개인적으로 보험의 기능(사고보장)에 충실한 게 **정기보험**이라 생각한다. 정기보험은 소득은 적은데 높은 보장을 원하는 사람에게 아주 유용하다. 충분한 재산이 있다면 본인의 사망 후 가족을 걱정할 이유가 없을 것이다. 충분한 재력이 있어 보험가입금액이 보장되기를 원하면 종신보험[7)]으로 가입하면 된다. 잘 비교해 본인의 상황에 맞는 보험 가입을 하기 바란다.

생명보험

교차 보험(맞벌이 부부)

생명보험은 상속세 납부 재원 마련에 도움이 되는 금융상품이다. 거액의 상속세가 예상되는 고소득자의 경우 부부가 서로를 피보험자로 하는 생명보험을 가입하면 유용하다. 예를 들어 남편이 고소득 전문직이나 사업을 하여 재산이 많고, 아내가 근로소득이나 다른 소득이 있다면 아내가 남편을 피보험자로 하고 본인이 계약자 및 수익자로 하는 보험을 가입하여 불입한다. 추후 남편 사망시 수령하는 보험금은 상속세 과세대상이 아니다. 이 보험금을 상속세 납부 재원으로 활용하는 것이다. 남편은 반대(아내를 피보험자)로 가입하면 된다.

장애인 보험

» **장애인**

① 장애인복지법에 따른 장애인
② 장애아동 복지지원법에 따른 장애아동 중 발달재활서비스를 지원받고 있는 사람
③ 국가유공자 등 예우 및 지원에 관한 법률에 의한 상이자
④ 지병에 의해 평상시 치료를 요하고 취학, 취업이 곤란한 상태에 있는 자

자녀가 장애가 있다면 그 자녀를 보험수익자로 하는 보험계약의 보험금은 연간 4,000만원 한도 내에서 비과세 되므로 유용하다.

상속인이 어떤 경우에도 보험금을 탈 수 있기를 바랄 경우

대법원판결(2019다300934, 2023.6.29.)에서 보듯이 보험금은 수익자의 고유재산이다. 피상속인의 빚 때문에 상속포기나 한정승인한 경우에도 보험금은 안전하게 상속인에게 지급 가능하다. 사망보험금으로 피상속인의 채무를 상환할 의무도

7) 보험을 유지할 수 있다면(해지하지 않는다면) 상속세 재원마련 방안으로 유용하다.

없다. 따라서 피상속인이 리스크가 큰 사업을 하는 등 미래가 불확실한 경우 본인 유고시 상속인의 생활보장을 원하는 경우 보험은 유용하다.

보험상품

손자녀를 수익자로 한 보험[8)]

시중의 보험회사에서 판매하는 상품으로 호응이 좋다고 해 소개한다.

3대 자산 이전 플랜

1. 계약자를 조부, 피보험자를 부모, 수익자를 손자로 설정 종신보험체결
2. 조부 유고시 손자로 계약자 변경 할증된 상속세 부담
   - 종신보험 평가액은 불입보험료에 이자상당액을 더한 금액
     이때 순금융재산의 20%(금융재산 상속공제)
   - 세대생략할증과세 산출세액의 30%(40%)
   - 상속세는 연대납부의무에 따라 부모가 납부
   - 손자로의 계약자 변경을 위해 유언장 작성(유류분 검토 필요)
3. 부모 사망시 손자가 사망보험금 수령
4. 계약자와 수익자 = 손자, 피보험자 = 부(모)로 설정된 계약은 상속세 ×
   손자는 상속세 걱정 없이 자산 물려받게 됨.

▶ 기본 컨셉은 제5장 '유증을 알아야 절세할 수 있다'와 같다.

상속세 재원마련

법인 종신보험 활용법[9)]

1. 계약자와 수익자 = 법인, 피보험자 = 대표이사
2. 대표이사 사망 → 법인 사망보험금 수령
   → 대표이사 보유주식 상속
3. 상속받은 주식 일부(상속세 예상액) → 법인에 양도(자기주식 취득)
   ※ 6개월 이내 양도시 '양도가액=취득가액'→ 양도소득세 0
4. 법인 사망보험금으로 대가 지급 → 상속인 수령 후 상속세 납부
5. 법인이 취득한 자기주식은 소각

▶ 제8장 '자기주식 취득은 어떻게 활용되나'에서 다룬다.

---

8) 조영호외 9, 보험절세모음.zip. 맑은 샘, 220P
9) 조영호외 9, 보험절세모음.zip. 맑은 샘, 224P

수익자 지정

상속인 간 분쟁 예방

수익자를 특정 상속인으로 지정하면 다른 상속인의 동의 여부와 관계없이 지정상속인에게 지급 가능하다. 지정된 상속인이 보험금을 수령하는 것은 보험수익자 고유의 권리에 따라 보험금을 취득하는 것으로(⇒ 수익자의 고유자산) 민법상 상속재산에 해당하지 않는다.[10] 이때 지급받는 생명보험금은 민법에 따른 협의분할 대상이 아니므로, 공동상속인 간의 자의적인 협의분할에 의하여 지정수익자 외의 자가 분배받는 경우 증여세가 과세되므로 주의를 요한다.[11]

유류분

대법원 2020다247428 (2022.8.11.)

---

[1] 법정상속분의 2분의 1을 유류분으로 갖는 배우자나 직계비속이 공동상속인으로서 유류분권리자가 되리라고 예상할 수 있는 경우에, 제3자에 대한 증여가 유류분권리자에게 손해를 가할 것을 알고 행해진 것이라고 보기 위해서는, 당사자 쌍방이 증여 당시 증여재산의 가액이 증여하고 남은 재산의 가액을 초과한다는 점을 알았던 사정뿐만 아니라, 장래 상속개시일에 이르기까지 피상속인의 재산이 증가하지 않으리라는 점까지 예견하고 증여를 행한 사정이 인정되어야 하고, 이러한 당사자 쌍방의 가해의 인식은 증여 당시를 기준으로 판단하여야 하는데, 그 증명책임은 유류분반환청구권을 행사하는 상속인에게 있다.

[2] 피상속인이 자신을 피보험자로 하되 공동상속인이 아닌 제3자를 보험수익자로 지정한 생명보험계약을 체결하거나 중간에 제3자로 보험수익자를 변경하고 보험회사에 보험료를 납입하다 사망하여 그 제3자가 생명보험금을 수령하는 경우, 피상속인은 보험수익자인 제3자에게 유류분 산정의 기초재산에 포함되는 증여를 하였다고 봄이 타당하다. 또한 공동상속인이 아닌 제3자에 대한 증여이므로 민법 제1114조에 따라 보험수익자를 그 제3자로 지정 또는 변경한 것이 상속개시 전 1년간에 이루어졌거나 당사자 쌍방이 그 당시 유류분권리자에 손해를 가할 것을 알고 이루어졌어야 유류분 산정의 기초재산에 포함되는 증여가 있었다고 볼 수 있다.

이때 유류분 산정의 기초재산에 포함되는 증여 가액은 피상속인이 보험수익자 지정 또는 변경과 보험료 납입을 통해 의도한 목적, 제3자가 보험수익자로서 얻은 실질적 이익 등을 고려할 때, 특별한 사정이 없으면 이미 납입된 보험료 총액 중 피상속인이 납입한 보험료가 차지하는 비율을 산정하여 이를 보험금액에 곱하여 산출한 금액으로 할 수 있다.

▶ 공동상속인을 보험수익자로 지정하는 것은 유류분 산정의 기초재산에 포함되는 증여에 해당하므로 유류분 해결책이 될 순 없다. (공동상속인이 아닌 제3자가 보험수익자인 경우 유류분 침해를 입증하기 어려울 수 있다)

---

10) 대법원 2001다 65755 (2001.12.24.), 대법원 2000다31502 (2001.12.28.)

11) 사전법령해석재산 2014-20405 (2015.7.13)

04 Q & A

Q1. 오래된 보험을 국세청에서 어떻게 알 수 있나?

A 상증법 제82조에 보험업자의 지급명세서 제출 의무가 있어 국세청은 그 자료를 다 파악하고 있다. 2014년부터 명의변경의 경우에도 제출하게 하여 증여세를 과세할 근거는 다 마련되어 있다고 보면 된다.

[보험자료 수집확대(상증법 §82)]

종 전	개 정
□ 보험업자가 지급명세서를 제출하여야 하는 경우 • 생명 · 손해보험의 보험금을 지급할 때 〈신 설〉	□ 지급명세서 또는 명의 변경 내용 제출 ① (좌동) ② 생명 · 손해보험의 명의변경을 취급하는 경우

➡ 개정이유 : 증여세를 적시에 과세할 수 있도록 보험업자의 지급명세서 제출 의무 보완

■ 명의변경 보험금 신고 누락 주의

상속개시 당시 피상속인 명의의 보험금만 신고하고 상속개시 전 상속인 명의로 변경한 보험금은 신고 누락하는 경우가 있는데, 명의변경 자료가 국세청에 보고되므로 세무조사 과정에서 밝혀지게 된다.

이때 사전증여재산에 해당하면 증여세 및 상속세가 과세되므로 누락되지 않도록 주의하여야 한다.

Q2. 보험 가입 후 15년이 지나면 증여세 과세하지 못한다고 하던데...

A 간혹 보험은 국세청에서 파악을 못 해 과세 안 된다는 잘못된 정보를 듣는다. 보험금의 증여 시점은 보험사고가 발생한 때이다. 따라서 보험계약 시점이 아니라 보험금을 수령하는 때에 증여로 보게 되므로 15년 전 계약이라도 과세 된다. 잘못된 정보다.

Q3. 자녀를 수익자로 하는 보험 가입하여 10년 동안 불입했다면?

A 보험금은 증여 시점이 사고가 발생한 때(또는 만기 지급일)이므로 증여시기가 도래하지 않았다. 따라서 보험 만기 지급 전 해약하고 보험금 납입자(부모)가 해약환급금을 회수하면 증여로 볼 수 없다. 다른 증여재산 여부 등을 고려하여 어떻게 할지 선택해야 할 것이다.

Q4. 보험금을 협의분할 할 수 있나?

사전법령해석재산 2014 – 20405 (2015.7.13.)

[사실관계]

- 피상속인은 생전에 생명보험을 계약하면서 보험계약자와 피보험자를 피상속인으로 하고, 수익자를 아들로 지정함.
- 질의자는 피상속인의 배우자이며, 아들 명의로 지급 예정인 보험금을 공동상속인 간 협의분할 대상으로 보고 상속세 신고기한 이내에 배우자의 계좌에 전액 입금하는 경우
  - 해당 보험금을 배우자가 실제 상속받은 금액으로 보아 배우자 상속공제를 적용받고자 함.

[질의내용]

- 민법상 협의 분할 대상 자산이 아닌 보험금을 협의분할하여 배우자의 상속재산으로 할 경우 배우자 상속공제를 적용받을 수 있는지 여부

회신

귀 사전답변 신청의 사실관계와 같이, 보험계약자인 피상속인의 사망으로 인하여 수익자로 지정된 상속인(이하 "지정수익자"라 함)이 지급받는 생명보험금은 수익자의 고유재산에 해당하여 민법에 따른 협의분할 대상이 아니므로, 공동상속인 간의 자의적인 협의분할에 의하여 지정수익자 외의 자가 분배받은 경우에는 증여세가 과세되는 것입니다.

- 협의분할이란 피상속인의 고유재산을 대상으로 공동상속인 간 상속지분을 분할하는 것을 의미하므로 협의분할 대상은 민법상 상속재산에 한정되는 것으로 보아야 하고,
  - 수익자가 아들로 지정된 보험금은 상속인인 아들의 고유재산이 되는 것이므로 협의 분할 대상이 될 수 없음.
- 본 건의 사실관계와 같이 상속인인 아들 을이 수익자로 지정되어 수령한 보험금 전액을 피상속인의 배우자가 수령한 경우
  - 해당 금액은 배우자가 피상속인 갑으로부터 상속받은 재산으로 볼 수 없고, 배우자가 아들로부터 증여받은 재산에 해당함.

A 위 사례는 아들이 받아야 하는 보험금을 배우자 상속공제를 늘리기 위해 배우자가 받으려고 한 경우로 **배우자 상속공제는 커녕 오히려 증여세만 부과되는 결과를 초래**하므로 상속재산 협의분할 시 상당한 주의를 요한다.

» 실제 지정수익자가 '배우자'인 보험금 3억원을 자녀 두 명과 함께 1억원씩 협의분할 한 사안에 대해 국세청 감사에 지적되어 증여세 과세 쟁점이 발생한 사례가 있다.

Q5. 상속인 외의 자가 보험금을 수령할 경우

A 보험금의 수익자가 상속인이 아닌 경우 유증(사인증여)을 받은 것으로 보아 상속세 납부할 의무가 있다. 이때 보험금만큼 상속공제 한도가 줄어들게 되어 상속세 납부금액이 늘어나고, 할증과세(손자가 수익자인 경우) 되므로[12] 주의를 요한다.

제5장 – 05 – 유증을 알아야 절세할 수 있다. [사례 3 유증을 포기하는 경우]를 통해 설명해 보자.

- 보험금 5억원(보험수익자 피상속인 동생) · 상속재산 5억원 · 배우자 있다고 가정

구 분	유증을 받은 경우	유증을 포기한 경우
상속세과세가액	10억원	10억원
상속공제	5억원	10억원
과세표준	5억원	0
산출세액	0.9억원	0

» 상속인 외의 자에게 유증한 경우 상속공제 한도에서 차감하므로 상속세를 납부하게 되나, 유증을 포기하면 상속인이 상속받게 되므로 상속세를 납부하지 않게 된다.

Q6. 자녀를 보험계약자로 한 생명보험금은 자녀가 받아도 상속세가 없다?

구 분	보험계약자	보험금 수령인	과세여부
CASE 1	아버지	자녀	상속세 ○
CASE 2	자녀	자녀	상속세 ×

12) 서일 46014 – 11366, 2003.10.1.

A • 보험료 납부자 ≠ 보험금 수령인

☞ 보험계약자를 자녀로 하여도 아버지가 실제로 보험료를 납부하였을 때에는 아버지의 사망으로 인하여 받는 보험금은 상속재산에 포함된다. (상증법 §8 ②)[13)]

• 보험료 납부자 = 보험금 수령인

☞ 소득 있는 자녀가 아버지 사망시 보험금을 받을 수 있는 보험에 가입하고, 보험료를 직접 납부하였을 경우 지급받는 보험금은 상속재산에 포함되지 않는다. 이때 상속인 명의의 계좌로 납부하였더라도 보험금을 납부할 능력이 있고 자금출처입증이 되어야 한다.[14)]

절세 tip

실제로 아버지가 보험료를 납부하면서 자녀가 보험료를 납부한 것처럼 위장하는 방식으로 상속세를 줄일 수 있다고 홍보하는 경우가 있는데, 이는 절세가 아닌 명백한 탈세다. 상속세 조사 등을 통해 의도적인 탈세가 밝혀지면 더 큰 부담이 될 수 있으니 유의하여야 한다.[15)]

---

13) 재산세과-256, 2010.4.29.

14) 쟁점보험료가 청구인 명의의 쟁점계좌에서 자동이체 되어 납부되었다 하더라도 청구인 가족의 생활비 등 지출을 위한 쟁점계좌에 입금된 현금에 대한 자금출처가 구체적·객관적으로 입증되는 등 특별한 사정이 없는 한, 피상속인이 쟁점보험료를 납입한 것으로 보는 것이 합리적인 점 등에 비추어 쟁점보험금은 상속재산으로 봄. (조심 2021부3012, 2021.10.12.)

15) 국세청 상속·증여세 팩트체크

05 경영인(CEO) 정기보험 왜 이렇게 시끄러운가?

경영인 정기보험이 말도 많고 탈도 많은 것 같다. 현재까지 진행되어 온 경영인 정기보험에 대해 살펴보고 독자들의 현명한 판단을 기대해 본다.

보도자료

다시 대한민국! 새로운 국민의 나라

보도 시점 2024. 9. 25.(수) 12:00　　배포 2024. 9. 25.(수) 10:00

부당이익을 누려온 리베이트 탈세자,
끝까지 추적하여 불공정의 고리를 끊겠습니다!

- 리베이트 제공한 건설사, 의약품 업체, 보험중개 업체 등 47개 업체 세무조사 실시
- 리베이트 수수한 건설 발주처, 의료인, **CEO보험 가입 사주일가**도 끝까지 찾아 과세

국세청 보도자료 요약

세무조사 내용

□ 주요 탈루혐의

- ㈜E는 중소법인에게 **경영인정기보험**(일명 CEO보험)을 **중개 판매하는 업체**로,
  - 해당 보험에 가입하면 고액의 보험료를 법인비용으로 처리하여 **법인세 부담도 줄고**, 일부는 모집수당으로 돌려받아 자녀에게 **합법적**으로 **증여**할 수 있다고 **홍보**하면서 **탈세를 조장**
- 실제로, **보험**에 **가입한 중소법인**의 **특수관계자**(사주 본인, 배우자, 자녀 등)를 ㈜E의 **보험설계사**인 것처럼 **거짓 등록**한 후 **모집수당**을 지급하는 방식으로 **리베이트 제공**
  - **가입법인 사주**의 10대 및 **20대 자녀**를 보험설계사로 등록하여 각각 약 1억원의 **모집수당**을 **리베이트**로 **지급**하거나,
  - **가입법인 사주**의 2~**30대 자녀 4명**을 모두 보험설계사로 등록하여 각각 수억원의 **모집수당**을 **리베이트**로 **지급**하고,
  - ㈜EEE는 해당 **모집수당**으로 **지급**한 **비용 수십억원**을 정상적인 인건비인 것처럼 처리하여 **법인세 탈루**

- 이 외에도, ㈜EEE는 **사주일가**에게 업계 평균의 3~4배에 달하는 **과다보수**를 지급하거나, **가공인건비**를 지급하는 방식으로 **법인자금**을 **유출**

□ 조사방향

- **불법 리베이트 지출액**을 확인하여 ㈜EEE에 대해 **법인세**를 **과세**하고, 리베이트를 수취한 **중소법인 사주일가**에게 정당한 몫의 **소득세**를 **부과**

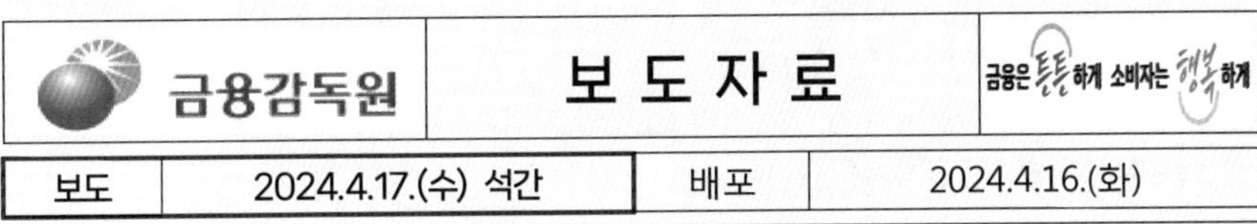

보도	2024.4.17.(수) 석간	배포	2024.4.16.(화)

경영인정기보험 관련 불완전판매 우려 및 불건전 영업행위에 대한 소비자 경보 발령

▣ 소비자경보 2024 - 17호			
등급	주의	경고	위험
대상	금융소비자 일반		

금융감독원 보도자료 요약

경영인정기보험 상품 개요

(개요) **법인**의 **임원**을 **피보험자**로 하여 **사망보험금** 등을 **지급**하는 **보장성보험**

(특징) **해약환급금**이 **보험기간 중 증가**하다가 **일정시점 이후 감소**하며 **만기환급금** 등이 **없도록** 상품 **설계**

- **임원 퇴직** 시 **수익자**를 **변경**하여 **퇴직금**으로 **활용**하거나, **사망** 시 법인이 보험금을 수령하여 **유족보상금** 등으로 지급 **가능**

소비자 경보사항

① 경영인정기보험은 은행의 예·적금과 같은 저축상품이 아니라 "법인CEO의 사망을 보장"하는 보장성 보험상품입니다.

② 경영인정기보험을 절세목적으로 가입하는 것은 적합하지 않습니다.

법인이 납부한 보험료는 세법에서 정하는 요건 등을 충족하는 경우에만 제한적으로 비용(손금) 인정받을 수 있고, 향후 해약환급금 등을 수령하면 법인세 등이 부과되므로 절세 상품에 적합하지 않을 수 있음.

※ **보험회사** 안내자료에도 비용(손금) 인정 세무처리와 관련하여 **고객**이 **세무사**와 **상의**하여 **결정**하여야 하며 **그 책임은 고객에게 귀속된다고 명시**

③ 보험설계사가 거액의 금전 지급을 약속하며 보험 가입을 권유하는 경우 주의하시기 바랍니다.

◈ 보험업법은 **특별이익 제공**을 행위를 **금지**하고 있으며 이를 요구하여 수수(收受)한 피보험자도 처벌[16]받을 수 있습니다.

◈ 보험모집 자격이 없는 무자격자(법인 CEO의 자녀)가 보험을 모집하는 경우 보험업법에 따라 처벌[17]받을 수 있습니다.

④ 법인 컨설팅의 대가로 경영인정기보험의 가입을 권유하는 경우 각별히 주의하시기 바랍니다.

중소기업을 운영하는 E씨는 인터넷을 검색하던 중 중소기업 경영컨설팅을 해준다고 홍보하는 ◇◇경영컨설팅에 **컨설팅 상담**을 **신청**하였다. ◇◇경영컨설팅은 **보험**에 **가입**하면 **컨설팅**을 **무료**로 **제공**하겠다고 제안하였고, E씨는 월보험료 100만원인 **경영인정기보험**에 **가입**하였다.

이후 6개월간 보험료를 납입하던 E씨는 **컨설팅**이 **불필요**하다고 느껴 **보험계약**을 **해지**하였으나, **단기 계약 해지**로 총 납입보험료 600만원 중 30만원만 돌려받는 등 큰 손해를 보게 되었다. 거기다 E씨가 보험계약을 해지하자 ◇◇경영컨설팅은 그동안 진행한 **컨설팅 용역**에 **대가**로 700만원을 청구하였고, 이를 납부하지 않을 경우 **손해배상**을 **청구**하겠다고 내용증명을 보내왔다.

☞ 보험가입시 컨설팅계약서를 별도로 작성하는 경우 **위약금 조항**에 유의

쟁점

1. 경영인정기보험료가 비용처리(손금산입) 가능한가
2. 절세효과는 있는가
3. 영업방식(리베이트, 컨설팅 대가)은 문제없나

16) 보험업법 제202조 제3호 : 제98조에서 규정한 금품 등을 제공한 자 또는 이를 **요구**하여 **수수한 보험계약자** 또는 **피보험자**는 3년 **이하의 징역** 또는 3**천만원 이하의 벌금**에 처한다.

17) 보험업법 제204조 제1항 제2호 : 제83조 제1항을 위반하여 모집을 한 자는 1**년 이하의 징역** 또는 1**천만원 이하의 벌금**에 처한다.

쟁점별 주장

구분	보험업계
손금산입 요건	• 대법원판결로 불입시점에 전액 손금산입 가능하다. 과거에는 주로 사업 관련성에 포커스를 맞추어 보험가입 이유(사망)와 목적(퇴직금재원마련)등을 주주총회(이사회) 결의로 남기고, 특정인만 가입한 이유 등을 보완해야 된다는 식으로 제시하였다. 현재는 대법원판결로 손금산입은 인정된다고 보아 별도의 보완 절차가 필요 없고, 단지 경영인(회사 의사결정에 중대한 영향을 미치는 임원 포함)의 사망보장(보험의 본질에 충실)이 핵심이고, 퇴직금이나 상속세 재원 마련은 장점을 부각하는 과정에서 부차적으로 설명하는데 그치고 있다.
절세효과	• 절세효과 크다 이익이 많이 나는 법인의 경우 당장 납부하는 법인세를 줄일 수 있고 법인세 감소액만큼의 현금 활용 가치까지 고려하면 절세효과가 크다. 또한, 보험금 해지시 익금산입되는 보험금 수령액을 상여금이나 퇴직금으로 지급하면 손금처리가 가능하므로 절세효과를 유지할 수 있다.
영업방식	• 고객에게 다양한 선택의 기회를 부여한다.

구분	세무업계
손금산입 요건	• 대법원판결은 손해배상판결이지 손금산입에 대한 판결이 아니다. 따라서 **법인세법상 손금요건을 갖추었는지**로 별도로 판단하여야 한다. 과거(현재 일부) FP들이 주로 퇴직금 재원마련 목적이나 상속세 재원마련 목적이라고 홍보하는 과정에서 퇴직금 재원 마련을 왜 경영인정기보험으로 해야 하는지 납득하지 못한 측면이 있다. 즉, 퇴직금재원마련이 목적이라면 **DC형 퇴직연금이 더 좋은 대안**일 수 있다. (DC형 퇴직연금은 경영인정기보험처럼 납부한 연도에 전액 손금산입 가능하고, 회사의 자금사정에 따라 납부액을 조절할 수도 있다) 또한, 엄격히 해석하면 법인의 손비로 인정받기 위해서는 사업 관련성뿐만 아니라 **통상성**[18]도 있어야 되는데, 경영인정기보험이 다른 법인도 동일한 상황에서 지출하였을 것으로 인정되는 비용인지 여전히 의문을 가지고 있는 것이다.
절세효과	• 과세이연일 뿐이다. 당장 납부하는 법인세는 줄어들지만 해약하면 보험금 수령액 전체가 이익(익금)으로 계산되므로 법인세 부담이 줄어들지 않고 오히려 늘어날 가능성도 있다. 이 해약환급금을 상여금(지급기준을 초과하는 경우 손금불산입된다[19])이나 퇴직금으로 지급하면 근로소득세나 퇴직소득세를 납부하게 되므로 결국 절세효과는 상쇄되는 것이다.
영업방식	• 불완전판매가 성행한다.

18) '일반적으로 용인되는 통상적인 비용'이란 납세의무자와 같은 종류의 사업을 영위하는 다른 법인도 동일한 상황 아래에서는 지출하였을 것으로 인정되는 비용을 의미하고, 그러한 비용에 해당하

쟁점 1. 손금산입 요건

법인세법 제19조(손금의 범위)

② 손비는 이 법 및 다른 법률에서 달리 정하고 있는 것을 제외하고는 그 법인의 **사업과 관련하여** 발생하거나 지출된 손실 또는 비용으로서 **일반적으로 인정되는 통상적인 것**이거나 **수익과 직접 관련된 것**으로 한다.

손금요건 ⇨ ① 사업관련성+통상성[20] OR ② 수익관련성

해석 사례[21]

국세청 해석	법원의 판단
기획재정부법인-306, 2015.4.20. 내국법인이 퇴직기한이 정해지지 않아 퇴직시점을 예상할 수 없는 임원(대표이사 포함)을 피보험자로, 법인을 계약자와 수익자로 하는 보장성보험에 가입하여 사전에 **해지환급금**을 산정할 수 없는 경우, 법인이 납입한 보험료 중 만기환급금에 상당하는 보험료 상당액은 자산으로 계상하고, 기타의 부분은 이를 보험기간의 경과에 따라 손금에 산입하는 것임. 법규법인 2013-397, 2013.10.24. 내국법인이 임원(대표이사 포함)을 피보험자로 계약자와 수익자를 법인으로 하는 보장성보험에 가입한 경우, 법인이 납입한 보험료 중 만기환급금에 상당하는 보험료 상당액은 자산으로 계상하고 기타의 부분은 이를 보험기간의 경과에 따라 손금에 산입하는 것이나, 귀 세법해석 사전답변 신청내용과 같이, 임원의 정년퇴직 후의 기간까지를 보험기간으로 하	서울고법 2014나47797, 2015.8.21. ① 이 사건 보험금은 **만기환급금이 없는 정기생명보험으로서 순수 보장성 보험에 해당**하는 점, ② 비록 이 사건 보험이 해약환급금은 인정되고 그 비율 또한 보험기간의 경과별로 정하여져 있기는 하나, 해약환급금이 보험기간 중 계속하여 적립되는 것이 아니라 보험기간 중 일정한 시점까지는 적립되다가 그 이후부터는 점차 감소하여 만기에는 해약환급금이 0원이 되는, 다시 말하여 해약환급률이 최고인 시점까지 해지를 하여야만 누적된 해약환급금의 지급가능성이 100% 확실할 뿐 해약환급률이 최고인 시점까지 해지를 하지 않은 경우에는 그 이후부터 누적된 **해약환급금이 점차적으로 감소하다가 결국 소멸하는 구조**로 되어 있고, 그에 따라 이 사건 보험의 보험료는 **만기환급금이 존재하는 종신보험의 보험료에 비하여 상대적으로 매우 저렴한 금액**으로 되어 있는 점, ③

는지 여부는 지출의 경위와 목적, 형태, 액수, 효과 등을 종합적으로 고려하여 객관적으로 판단하여야 할 것인데, 특별한 사정이 없는 한 **사회질서에 위반하여 지출된 비용**은 여기에서 제외되며, 수익과 직접 관련된 비용에 해당한다고 볼 수도 없다. (대법원 2009.11.12 선고 2007두12422 판결, 대법원 2015.1.15. 선고 2012두7608 판결, 대법원 2017.10.26. 선고 2017두51310 판결 등)

19) 서면법인 2020-953(2020.8.28.)

20) 법인세법상 손금은 사업관련성과 통상성을 동시에 갖춘 것이거나, 수익관련성의 요건을 갖춘 것으로 봄이 상당하다. (대법원 2011두19383, 2011.11.24.)

21) 국세청 해석이나 판결에서 언급하고 있는 순수보장성보험은 보험업 규정에 따른 용어다.

국세청 해석	법원의 판단
고 만기환급금이 없는 종신보험상품을 계약한 내국법인이 피보험자인 임원의 정년퇴직시점에는 고용관계가 해제됨에 따라 해당 보험계약을 해지할 것으로 사회통념 및 건전한 상관행에 비추어 인정되는 경우에는 납입보험료 중 정년퇴직시의 해약환급금에 상당하는 적립보험료 상당액은 자산으로 계상하고, 기타의 부분은 손금에 산입하는 것이며, 정년퇴직 전에 피보험자인 임원이 퇴직하여 해약하는 경우로서 지급받는 해약환급금과 자산으로 계상된 적립보험료 상당액과의 차액은 해약일이 속하는 사업연도의 소득금액 계산시 익금 또는 손금에 산입하는 것임.	특히 이 사건 보험계약의 피보험자인 C, D, E는 원고의 대표이사를 번갈아 가며 맡아오고 있는 원고의 임원으로서 그 정년 또한 전혀 정하여져 있지 아니하여, 장차 이 사건 보험계약이 중도에 해지될 것인지 여부, 중도에 해지된다면 어느 시점에 해지될 것인지가 확실하게 예정되어 있다고 보기 힘든 점 등에 비추어 볼 때, 이 사건 보험의 경우 **납입보험료 전액이 비용의 성질을 가지고 있다고 보는 것이 타당하지, 그 중 해약환급금 상당액만큼은 비용이 아니라 자산의 성질을 가지고 있다고 보는 것은 타당하다고 보기 어렵다.** 따라서 이 사건 보험계약에 따라 **납입한 보험료 전액은 해당 납입연도에 바로 손금으로 처리하는 것이 가능하다** 할 것이다
서면법인 2018-1779, 2018.7.18.	대법원 2015다56147, 2018.8.30.
내국법인이 **대표이사**를 **피보험자**로 하고 **계약자**와 **수익자**를 **법인**으로 하는 **보장성보험**에 가입한 경우, (중략) 대표이사의 **퇴직기한**이 **정해지지 않아** 사전에 해지환급금을 산정할 수 없어 만기환급금에 상당하는 보험료 상당액이 **없는 경우**에는 내국법인이 **납입한 해당 보험료**를 보험기간의 경과에 따라 **손금에 산입**하는 것이며, 상기 보장성보험의 **해약**으로 **지급**받는 해약환급금은 **해약**일이 속하는 **사업연도**의 소득금액 계산 시 **익금에 산입**하는 것입니다. ✔서면법인 2020-936(2020.3.20.)-같은 뜻.	원고가 피고 B가 설명한 대로 납입한 보험료 전액을 손금으로 처리하였고, 이에 대하여 세무처리가 잘못되었다는 이유로 과세처분을 받은 적도 없다는 등의 사정을 들어 피고 B에게 **설명의무 위반**이 있었다고 단정하기 어렵다고 판단한 원심 판단 (서울고법 2014나47797, 2015.8.21.)에 보험계약 체결에 있어서의 고객보호의무 내지 설명의무 등에 관한 법리를 오해한 잘못이 없다.

☞ 국세청은 법인이 피보험자를 퇴직 시점을 예상할 수 없는 임원(대표이사 포함) 또는 종업원으로, 수익자를 법인으로 하여 보장성보험과 저축성보험에 가입한 경우, 납입한 보험료 중 만기환급금 상당액은 자산으로 계상하고, 기타의 부분은 이를 보험기간의 경과에 따라 손금에 산입한다고 해석해 왔다. 서면법인 2018-1779, 2018.7.18. 예규 이후 대법원판결과 같은 취지로 해석하고 있는 것으로 보인다.

대법원 판결에 대해 보험료의 손금 산입 여부를 직접 쟁점으로 삼아 판단한 것이 아니라 **보험설계사의 설명의무 위반**에 대한 판단이어서 문제된 보험료의 손금 산입 여부에 대한 대법원의 입장을 명확하게 알 수 없지만, 원심은 **순수 보장성 보험의 보험료**는 납입연도에 전액 손금으로 보는 것이 타당하지, 그 중 해약환급금 상당액을 자산으로 보는 것은 타당하지 아니하며,

중도해지시 해약환급금은 익금 산입하는 것이라고 판단하였고, 대법원판결은 원심 판결을 그대로 유지하였다는 점에서 **대법원도 원심판결과 동일한 입장**을 취한 것으로 해석한다.[22)]

회계처리

현재 경영인정기보험과 관련한 회계처리방법에 대한 해석은 따로 없는 것으로 확인된다.

변액연금보험 회계처리에 대한 해석이 그나마 참고할 수 있는 해석이다.

> **[GKQA 08 – 009] 변액연금보험 회계처리에 대한 질의(2008.2.26.)**
> 변액연금보험의 납입액 중 **보장성보험료와 사업비에 관련되는 부분은 영업외비용으로 회계처리**하고, 나머지 부분은 유가증권 이외의 **투자자산**으로 인식합니다. 인식된 투자자산은 매 회계기간 말에 해약환급금으로 평가하며, 그 평가손익은 영업외손익으로 회계처리하되 회계기간의 납입액 중 영업외비용으로 인식되는 금액에 가감하여 표시할 수 있습니다.

☞ 법원의 해석이 경영인정기보험을 순수보장형 보험으로 판단하므로 보장성보험료에 관련된 부분은 영업외비용으로 회계처리 하라는 기존의 해석에 따른다면 전액 비용처리하는 것으로 판단된다.

⇨ 회계처리기준이 전액 비용처리한다면 세무조정 사항은 없게 된다.

법인이 납부하는 보험료의 손금산입

구 분		세무처리
보장성보험	만기환급금 ○	보험료 중 만기환급금 상당액 자산처리, 기타 손금 처리
	만기환급금 ×	**보험료 전액 손금 처리**
저축성보험	만기환급금 ○	보험료 중 만기환급금 상당액 자산처리, 기타 손금 처리
수익자	법인	손금 처리
	종업원	근로소득
	임원	상여(급여기준 초과분 손금불산입)
사업관련성	통상적인 것	손금 처리

22) 유철형의 판세 3, 2019년

[경영인 정기보험]

구 분	여부	비 고
만기환급금이 없는 보장성보험	○	처음부터 만기환급금 없는 상품으로 설계
법인이 수익자	○	상품 가입시 법인이 수익자로 계약
사업과 관련한 통상적 비용	△	사업관련성 & 통상성을 갖춘 것인지 애매

▶ 경영인정기보험이 통상적 비용으로 볼 수 있는지 의문이 제기된다. 이는 일부 보험회사의 경영인정기보험 상품설명서를 보더라도 알 수 있다.

» 세법이 요구하는 요건을 충족시 납입기간 동안 납입보험료의 전부 또는 일부에 대해서 손비 인정을 받을 수 있습니다.

법인계약 혹은 계약자를 법인으로 전환한 계약에 한하여 세법이 요구하는 요건을 충족하는 경우, 보험료 납입기간 동안 납입보험료의 전부 또는 일부에 대하여 손비인정을 받을 수 있습니다. 단, 손금산입의 시기와 범위는 각 회사의 사정을 고려하여 고객이 담당 세무사와 상의하여 결정하여야 하며, 그 책임은 고객에게 귀속됩니다.

1. 계약자인 법인이 사망보험금 또는 해약환급금을 수령하는 경우에는 관련 세법에 의거하여 세금이 부과될 수 있습니다.
2. 손비처리와 관련된 내용은 법인세법을 적용하며, 상품과 관련된 내용 이외 세법 적용과 관련된 내용은 향후 세법 개정, 과세관청의 해석 등에 따라 달라질 수 있으므로, 회계 및 세무처리 방법은 전문가와의 상담 하에 진행하시기 바랍니다. – 교보 경영인정기보험 –

쟁점 2. 절세효과

절세효과는 데이터만 주어진다면 숫자로 비교해 볼 수 있다. 상황에 따라 다르겠지만 왜 세무업계에서 부정적으로 보는지에 대한 비교표를 작성해 본다.

– 가정 : 월납 **500**만원 경영인정기보험, **10**년 뒤 **6**억원 수령, 세액감면 및 공제 미고려

구분	과표구간 2억원 이하		과표구간 2억원 초과	
	보험료 불입	보험해약	보험료 불입	보험해약
손금(익금)산입액	–60,000,000	600,000,000	–60,000,000	600,000,000
법인세율	9%	19%	19%	19%
법인세	–5,400,000	94,000,000[23)]	–11,400,000	114,000,000
지방세	–540,000	9,400,000	–1,140,000	11,400,000
계	–5,940,000	**103,400,000**	–12,540,000	**125,400,000**

구분	과표구간 2억원 이하		과표구간 2억원 초과	
	보험료 불입	보험해약	보험료 불입	보험해약
10년 누계	-59,400,000	**불리**	-125,400,000	**과세이연**
적금불입 이자증가	이자 증가액을 고려한다면 2억원 초과 구간은 약간의 효과 발생			

과표구간 2억원 이하의 경우 불리하고 과표구간 2억 초과하는 구간에서는 동일함을 알 수 있다. 매년 법인세 절세액을 적금으로 가입한다고 가정하더라도 **2억원 이하 구간에서는 불리**하다.

다만, 과표구간 2억원 이하의 법인에서는 월납 **5**백만원을 부담하기도 힘들고 보험사도 재정심사(회사가 보험료를 부담할 능력이 있는지 점검)를 하므로 사례처럼 단순 비교는 어렵다.

쟁점 3. 영업방식은 문제 없는가

금융감독원과 국세청의 보도자료에 보듯이 편법적인 방법으로 리베이트를 제공하거나 컨설팅 대가로 보험을 가입하는 등 **불완전판매**가 이루어지는 것은 문제가 많다.

경영인 정기보험이 불완전판매가 일어나는 주요 이유로

첫째, 저축상품이 아니라 **보장성 보험상품이다.**
둘째, 절세목적으로 가입하는 것은 적합하지 않다.
셋째, 보험설계사가 거액의 금전 지급을 약속하며 보험 가입을 권유하는 것은 불법이다.
넷째, 컨설팅의 대가로 경영인정기보험의 가입을 권유하는 경우 각별히 주의해야 한다.

를 들고 있다. 특히 세 번째 경우는 불법이 자행되는 심각한 문제가 있어 국세청에서 이번에 문제 삼은 것이다.

23) 2억원 × 9% + 4억원 × 19% (보험금수령액 외 다른 소득이 없다고 가정하여 보수적으로 계산)

[CEO보험 리베이트 주요 사례]

1 [본인 및 배우자] 가입법인 사주 본인 · 배우자를 설계사로 허위등록하여 모집수당 지급
• 가입법인 사주 **본인**을 설계사로 등록하여 **수억원**의 **모집수당 지급** • 가입법인 사주의 **배우자**를 설계사로 등록하여 **수억원**의 **모집수당 지급** • 가입법인 사주의 **사실혼 관계자**를 설계사로 등록하여 **약 1억원**의 **모집수당 지급**
2 [자 녀] 가입법인 사주의 자녀를 설계사로 허위등록하여 모집수당 지급
• 가입법인 사주의 **자녀 4명**을 설계사로 등록하여 **각 수억원**의 **모집수당 지급** • 가입법인 사주의 **10대, 20대 자녀**를 설계사로 등록하여 **각 1억원**이 넘는 **모집수당 지급**
3 [기 타] 가입법인 사주의 형제자매 등을 설계사로 허위등록하여 모집수당 지급
• 가입법인 사주의 **부친**을 설계사로 등록하여 **수억원**의 **모집수당 지급** • 가입법인 사주의 **형제**나 **처제**를 설계사로 등록하여 **각 1억원 상당의 모집수당 지급**

보험업계에서 경영인정기보험의 본래 목적보다 '높은 환급률'이나 '절세효과' 등 **장점(고객이 보는 이득)**만 부각하고 과다한 판매수당을 지급하여 불완전판매를 부추기는 영업 형태가 성행하고 있다는 게 문제다.[24)]

그럼 왜 이런 영업형태로 이루어지고 있는건지, 어떻게 이 상품이 유지되는 건지에 대한 생각이 필요하다. 보험은 최소 10년 이상의 장기계약이다. 그러나 현실적으로 그 계약을 유지하는 비율이 생각보다 높지 않다.

[보험 유지율]

유지율 현황 (단위 : %)

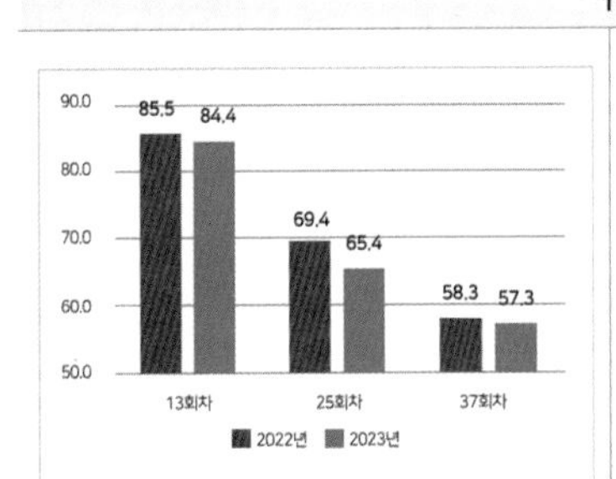

('23년 기준)

구분	1년 (13회차)	2년 (25회차)	3년 (37회차)	4년 (49회차)	5년 (61회차)
생보	83.2	60.7	53.5	49.6	39.8
손보	86.3	71.6	62.0	54.4	43.8
전체	84.4	65.4	57.3	51.8	41.5

(출처 : 금융감독원)

통계에서 보듯이 5년 이상 유지하는 보험이 50%도 되지 않는 상황에서 보험

24) "보험하나 들고, 4,500만원 돌려 받아"...말 많은 'CEO 보험' 대체 뭐길래. 매일경제(2024.10.31.)

회사에서 상품을 설계할 때 유지율을 고려할 것이고, 보험계약이 체결된 이후 법인 CEO라는 고객 풀(pool)이 늘어나는 효과를 기대한 측면이 강해 보인다.

판단

쟁점1 - 손금산입 요건

법조계에 따르면 대법원의 판결에 세금과 관련된 부분이 있다면 그것은 형사사건이나 민사사건 여부를 불문하고 판단을 거쳤다고 보면 된다고 한다. 따라서 일부 세무업계에서 법인세법상 손금산인 요건을 갖추었는지 별도 판단하여야 한다고 주장하는 것은 맞지 않는 것으로 보인다. 통상성에 대한 문제는 제기될 수 있으나 국세청에서 새로운 논리로 경영인정기보험을 과세하겠다는 예규나 행정절차(과세 후 소송절차를 밟거나 세법을 개정)를 거치지 않는다면 **대법원의 판단에 따라야 한다**고 본다. 대법원 판례와 같은 취지의 한국회계기준의 해석이 나온다면 더 이상 쟁점이 될 사항은 없을 것으로 본다.

> **» 퇴직금 지급**
>
> 퇴직금 마련 목적의 경영인정기보험은 논리적으로 설득하기 어렵다. 왜냐하면 퇴직금을 지급하려면 **임원이 퇴사해야** 하는 - 퇴직금 중간정산 사유에 해당되지 않을 가능성이 크므로 - 빈서토롬이 생기고, **DC형 퇴직연금**을 활용하면 경영인정기보험과 같이 불입연도에 손금산입되는데(회사의 자금 사정에 따라 불입 금액도 조정가능) 굳이 경영인정기보험 가입할 이유가 없어 보인다. 사고보장기능이 있다고 하지만, 이 또한 다른 보험상품으로 보완할 수 있다.[25] 그리고 법인세법(시행령 §44의2)과 통칙[26]에 따르면 **퇴직금 지급목적**으로 경영인정기보험을 가입했다면 **손금불산입**되는 것을 보여진다.

쟁점2 - 절세효과

절세라기 보다는 과세이연이라는 표현이 더 적절해 보인다. 경영인정기보험의 목적이 사망보장이므로 절세효과를 보고 상품을 가입하는 것은 주객이 전도된 것이다. 과세이연은 부수 효과로 보아야 한다.

과거 CEO 퇴직플랜이라는 명목으로 정관으로 대표자 퇴직금을 보통 5배율을

25) 현재 보험업계에서는 공식적으로는 퇴직금 마련 목적은 언급하지 않는다고 한다.

26) [19-19…8 보험료의 손금산입 범위]
임원 또는 직원의 퇴직급여를 지급하기 위하여 불입하는 보험료 중 영 제44조의2 제2항부터 제4항에 따라 손금에 산입하는 것 외의 보험료는 이를 손금에 산입하지 아니한다.

적용하는 게 당연시 되자 국세청에서 2배율을 초과하는 퇴직금을 근로소득세로 과세한 법개정을 한 사례에 비추어 과도한 절세효과 부각은 도움이 되지 않을 수 있다.

쟁점3 – 영업방식

판매수당이나 리베이트 등으로 과다한 사업비가 지출되는 것은 궁극적으로 보험가입자들이 피해를 보게 되고 상품이 장기적으로 유지되기 힘들게 할 것이다.

최근 보험업계에 따르면 경영인정기보험이 월 300억원이 입금되는 거대 시장이 되었다고 한다. 경쟁이 치열해 환급률도 5년에서 7년 사이 98% 가까이 되고, 다양한 옵션기능을 통해 더한층 진화한 경영인정기보험을 내놓고 공격적으로 영업을 하고 있다. 소비자에게 다양한 선택의 기회를 줄 수 있다면 좋은 현상이다. 하지만 소비자를 현혹하여 불완전판매하거나 범법자를 만드는 판매 형태는 지양해야 한다. 특히, 손금처리가 되지 않는 개인사업자에게까지 판매하는 것은 불완전판매에 해당한다.

결론

경영인정기보험의 3가지 쟁점 사항을 정리해 보면 다음과 같다.

① 법 개정이 없는 한 대법원판결로 보험료 불입시점에 손금산입이 되는 것으로 판단된다.

② 보험가입으로 과세이연된다고 봐야 한다.

③ 영업방식이 고객과 세무사들에게 보험에 대해 부정적 인식을 심어주는 가장 큰 문제로 보인다.

보험업계에서는 **상품의 장점(사고보장 · 손금산입 · 옵션기능)만 부각하지 말고 단점(해지시 과세 또는 손실)도 함께 고객에게 설명하여 불완전판매**가 되지 않도록 노력하여야 한다. 편법적인 방법으로 영업할 경우 장기적으로 보험업계에 대한 신뢰가 저하되어 보험업 생태 자체를 무너뜨릴 수 있으므로 자체적인 정화가 필요해 보인다.

세무업계에서는 보험은 문제가 있다는 막연한 생각보다 **왜 문제가 될 수 있는**

지에 대해 자신의 의견을 고객에게 설명할 수 있어야 한다.

경영인정기보험 시장 규모가 엄청나게 증가하고 있는 상태에서 더 이상 나는 책임지지 못한다며 모른 체 할 순 없다. 거래처에서 경영인정기보험을 가입한 경우 어떻게 세무처리할 것인지 결정해야 한다. 특히, 회계감사를 받는 법인의 경우 세무조정 사항까지 결정해야 한다.

모든 것은 질문으로 시작된다. 소비자(법인)는 왜 이 상품이 필요한지에 대해 먼저 고민이 있어야 할 것이다. 세금을 안 내겠다고 필요 없는 상품을 살 수는 없지 않겠는가? 앞에서 살펴봤지만 **보험의 본질은 사고보장을 위한 상호부조다. 한마디로 십시일반이다.**

보험회사에서 상품을 내놓을 때 통계자료를 활용하는 건 기본이다. 자료에서 살펴보듯이 5년간 유지율이 절반도 되지 않는다는 건 그 해지율 때문에 상품이 유지되고 사고보장을 받는다는 뜻이다. 이른바 **대수의 법칙이 작용**하는 것이다. 통계를 무시해선 안 된다. 보험은 장기상품이므로 내가 중도해지 당사자가 될 수 있다는 사실을 염두에 두고 신중히 판단하여야 한다.

» 대수의 법칙

어떤 사건의 발생확률은 관찰의 횟수를 늘려가면 일정한 발생확률이 나오는데 이를 대수의 법칙이라 한다. 따라서 보험제도의 운영을 위해서는 동일한 성질의 위험을 가진 다수의 가입자가 존재해야만 하고, 그 가입자 수가 많을수록 보험단체의 안정성도 높아지게 된다.

[금융감독원의 조치]

<table>
<tr><td rowspan="6">2024년</td><td>4월</td><td>소비자경보 발령</td><td rowspan="3">자체
시정
조치</td></tr>
<tr><td rowspan="2">10월</td><td>불건전 영업행위 점검결과 발표</td></tr>
<tr><td>▪ 2023.10월~2024.3월 4개 GA 현장검사
<table><tr><th>구 분</th><th>위반계약</th><th>위반금액</th></tr><tr><td>수수료 부당 지급</td><td>550건</td><td>72억원</td></tr><tr><td>특별이익 제공</td><td>59건</td><td>6억원</td></tr></table></td></tr>
<tr><td rowspan="3">12월
23일
시행</td><td>경영인의 근무가능 기간 고려한 보험기간
설정 → 90세까지로 제한</td><td rowspan="3">감독
행정</td></tr>
<tr><td>개인(개인사업자) 가입 금지</td></tr>
<tr><td>차익거래 유인 요소 억제한 설계 → ① 유지보너스 금지, ② 10년 이후 보험금 체증 5~10%, ③ 보험계약 전 기간 환급률 100% 이내 설계</td></tr>
</table>

최근(2024.12.23.) 금융감독원은 보험업계에 자체시정을 권고하였으나 영업 현장에서 절세효과를 강조하고, 중도해지 차익을 내세우는 불완전 판매가 지속되자 경영인정기보험 상품구조 개선방안에 따른 감독행정에 나선다고 밝혔다.[27]

금융감독원의 개선방안은 필자가 정리한 문제가 대부분 시정된 것으로 판단된다. 이번 조치로 2025년부터 정기보험의 개념에 충실한 보험이 출시 – 만기 90세까지 보장되고 환급률은 100% 미만으로 설계되는 반면, **보험료는 대폭 줄어듦** – 되고, 필요하다고 판단하는 법인만 가입할 것으로 보여 시장이 줄어들 것으로 예상된다. 어찌 보면 보험업계가 자체 정화 기회를 놓쳐버리고 스스로 황금알을 낳는 거위의 배를 갈라 버린 게 아닐까 싶다. 과유불급이요 기본에 충실한 게 중요함을 보여주는 사례라 하겠다.

향후 경영인정기보험 상품이 어떤 진화의 과정을 거치게 될지, 소비자의 반응과 보험업계의 대응은 어떨지 자못 궁금하다.

27) 불완전판매 온상 '경영인정기보험' 손질---과도한 환급 막는다. 2024.12.24. 파이낸셜뉴스

제8장

지식은 어떻게 세상과 연결되는가

01 유류분 위헌 판결이 가업승계에 미치는 영향
02 취득세는 얼마나 내야하고 줄일 방법은 없을까?
03 유산취득세가 도입되면 상속세의 근간이 바뀐다
04 자본이득세는 이미 시행되고 있다
05 자기주식 취득은 어떻게 활용되나
06 업종전환 함부로 하면 가업승계 지장 생긴다
07 세법 개정되면 가족법인은 이제 무용지물?

01 유류분 위헌 판결이 가업승계에 미치는 영향

유류분 위헌판결이 향후 유류분 해결에 어떤 실마리를 줄지 살펴본다.

헌재 결정

» 2020헌가4 등

헌법재판소는 2024.4.25. 재판관의 일치된 의견으로, ① 피상속인의 형제자매의 유류분을 규정한 민법 제1112조 제4호를 단순위헌으로 결정하고, ② 유류분상실사유를 별도로 규정하지 아니한 민법 제1112조 제1호부터 제3호 및 기여분에 관한 민법 제1008조의2를 준용하는 규정을 두지 아니한 민법 제1118조는 모두 헌법에 합치되지 아니하고 2025.12.31.을 시한으로 입법자가 개정할 때까지 계속 적용된다는 결정을 선고하였다[위헌 및 헌법불합치].

내용	판단		효력
형제자매 유류분	위헌	▶	즉시 발생
유류분 상실 사유 無	헌법불합치		25.12.31.까지
기여분의 고려 조항 無	헌법불합치		25.12.31.까지

유류분산정 기초재산		내 용	판결
증여재산	상속인 외	상속개시 전 1년 이내 증여재산만 포함 단, 쌍방이 손해를 가할 것을 알고 한 증여는 시점에 관계없이 포함	합헌 (반대의견 4명)
	상속인	증여시점에 관계없이 포함	합헌 (반대의견 4명)
사망당시 상속재산		상속인 중 유류분 상실사유 無	헌법불합치 (25.12.31. 신설)
기여분		상속인 중 특별한 기여자가 있는 경우 **유류분산정 기초재산에서 차감 규정 無**	헌법불합치 (25.12.31. 개정)
(−) 채무			

● 유류분 조항별 구분

조항	내용	결정
민법 제112조	-형제자매의 유류분을 규정한 제4호 ⇨ **위헌** -유류분상실사유를 규정하지 아니한 입법부작위(제1호부터 제3호) ⇨ **헌법불합치**	**재판관 전원일치**
	-피상속인의 직계비속과 배우자의 유류분이 동일한 것을 포함(제1호 및 제2호)하여 유류분권리자와 유류분이 획일적인 부분 ⇨ **합헌**	합헌[다수의견(7인)]/위헌[별개의견(2인)]
민법 제113조	-피상속인이 행한 증여를 유류분 산정 기초재산에 산입(제1항) ⇨ **합헌** -조건부권리 또는 불확정한 권리에 대한 감정인 평가(제2항) ⇨ **합헌**	재판관 전원일치 (보충의견은 제1항에 대해 입법 촉구)
민법 제114조	-상속개시 전의 1년 간에 행한 증여만 유류분 산정 기초 재산에 산입(전문) ⇨ **합헌**	재판관 전원일치
	-당사자 쌍방의 해의에 의한 증여는 1년 전에 한 것도 유류분 산정 기초재산에 산입(후문) ⇨ **합헌**	합헌[법정의견(5인)]/위헌[반대의견(4인)]
민법 제115조	-유류분 반환의 범위 및 원물반환원칙(제1항) ⇨ **합헌** -수증자 또는 수유자가 수인인 경우 각자의 유증가액 비례로 반환(제2항) ⇨ **합헌**	재판관 전원일치 (보충의견은 제1항에 대해 입법 촉구)
민법 제116조	-유증반환 후 증여반환 청구 ⇨ **합헌**	재판관 전원일치
민법 제118조	-대습상속에 관한 민법 제1001조와 제1010조를 유류분에 준용 ⇨ **합헌**	재판관 전원일치
	-공동상속인 중 특별수익자의 상속분을 규정한 민법 제1008조를 유류분에 준용 ⇨ **합헌**	합헌[법정의견(5인)]/위헌[반대의견(4인)]
	-기여분에 관한 제1008조의2를 유류분에 준용하는 규정을 두지 아니한 입법부작위 ⇨ **헌법불합치**	**재판관 전원일치**

관련법령(민법)

제1112조(유류분의 권리자와 유류분) 상속인의 유류분은 다음 각 호에 의한다.

1. 피상속인의 직계비속은 그 법정상속분의 2분의 1
2. 피상속인의 배우자는 그 법정상속분의 2분의 1
3. 피상속인의 직계존속은 그 법정상속분의 3분의 1
4. 피상속인의 형제자매는 그 법정상속분의 3분의 1 (위헌)

제1113조(유류분의 산정) ① 유류분은 피상속인의 상속개시시에 있어서 가진 재산의 가액에 증여재산의 가액을 가산하고 채무의 전액을 공제하여 이를 산정한다.
② 조건부의 권리 또는 존속기간이 불확정한 권리는 가정법원이 선임한 감정인의 평가에 의하여 그 가격을 정한다.

제1114조(산입될 증여) 증여는 상속개시 전의 1년간에 행한 것에 한하여 제1113조의 규정에 의하여 그 가액을 산정한다. 당사자 쌍방이 유류분권리자에 손해를 가할 것을 알고 증여를 한 때에는 1년 전에 한 것도 같다.

제1115조(유류분의 보전) ① 유류분권리자가 피상속인의 제1114조에 규정된 증여 및 유증으로 인하여 그 유류분에 부족이 생긴 때에는 부족한 한도에서 그 재산의 반환을 청구할 수 있다.
② 제1항의 경우에 증여 및 유증을 받은 자가 수인인 때에는 각자가 얻은 유증가액의 비례로 반환하여야 한다.

제1116조(반환의 순서) 증여에 대하여는 유증을 반환받은 후가 아니면 이것을 청구할 수 없다.

제1118조(준용규정) 제1001조, 제1008조, 제1010조의 규정은 유류분에 이를 준용한다.

제1008조(특별수익자의 상속분) 공동상속인 중에 피상속인으로부터 재산의 증여 또는 유증을 받은 자가 있는 경우에 그 수증재산이 자기의 상속분에 달하지 못한 때에는 그 부족한 부분의 한도에서 상속분이 있다.

제1008조의2(기여분) ① 공동상속인 중에 상당한 기간 동거·간호 그 밖의 방법으로 피상속인을 특별히 부양하거나 피상속인의 재산의 유지 또는 증가에 특별히 기여한 자가 있을 때에는 상속개시 당시의 피상속인의 재산가액에서 공동상속인의 협의로 정한 그 자의 기여분을 공제한 것을 상속재산으로 보고 제1009조 및 제1010조에 의하여 산정한 상속분에 기여분을 가산한 액으로써 그 자의 상속분으로 한다.

헌법불합치 이유

유류분 상실사유

피상속인을 장기간 유기하거나 정신적 · 신체적으로 학대하는 등의 패륜적인 행위를 일삼은 상속인의 유류분을 인정하는 것은 일반 국민의 법 감정과 상식에 반한다고 할 것이므로, 민법 제1112조에서 유류분상실사유를 별도로 규정하지 아니한 것은 불합리하다.

기여분 고려

민법 제1118조는 기여분에 관한 민법 제1008조의2를 유류분에 준용하는 규정을 두고 있지 않아서, 피상속인을 오랜 기간 부양하거나 상속재산 형성에 기여한 기여상속인이 그 보답으로 피상속인으로부터 재산의 일부를 증여받더라도 해당 증여 재산은 유류분 산정 기초재산에 산입되므로, 기여상속인은 비기여상속인의 유류분 반환청구에 응하여 위 증여재산을 반환하여야 하는 부당하고 불합리한 상황이 발생하게 된다.

최근 대법원은 기여상속인이 피상속인으로부터 기여에 대한 대가로 받은 생전증여를 특별수익에서 제외할 수 있다고 판시하여, (대법원 2022.3.17. 선고 2021다230083, 230090 판결) 유류분 산정 기초재산에 산입되지 않을 수 있는 가능성을 열어 놓기는 하였으나, 위 판결만으로는 기여분에 관한 민법 제1008조의2를 유류분에 준용하는 효과를 거두고 있다고 평가하기는 어렵다.

주목할 점

입법개선 촉구

민법 제1113조 제1항은 구체적 사정을 고려하지 아니한 채 증여이기만 하면 유류분 산정 기초재산에 산입하고 있다. 그 결과 피상속인이 공익단체에 증여를 한 경우 또는 **피상속인이 자신의 가업승계를 위하여 가업의 지분을 증여한 경우까지도 유류분 산정 기초재산에 산입**하여 유류분 반환의 대상이 되도록 함으로써 궁극적으로 피상속인의 정당한 의사에 정면으로 배치되고, 공익에도 반하는 문제가 발생할 수 있다.

민법 제1115조 제1항은 유류분 반환시 원물반환을 원칙으로 하고 있다. 이러한 원물반환 원칙 때문에 유류분 반환청구의 대상이 부동산인 경우 매우 복잡한 법률관계를 발생시키고, 당사자 사이의 다툼의 심화로 법원의 심리가 지연되는 등의 부작용을 초래할 수 있다. 아울러 피상속인이 자신의 재산을 공익단체에 기부하거나 **가업승계를 목적으로 자신의 주식을 증여한 경우 수증자로 하여금 원물로 반환하도록** 함으로써 일방적으로 피상속인의 의사를 좌절시키고 공익에 반하는 결과를 초래할 수 있게 된다.

재판관 4인의 반대의견

- 공동상속인 외의 제3자가 유류분권리자에 대한 해의를 가지고 피상속인으로부터 증여를 받은 경우 그 시기를 불문하고 해당 증여를 모두 유류분 산정 기초재산에 산입되도록 하고(민법 제1114조 후문), **공동상속인**이 피상속인으로부터 특별수익으로서 증여를 받은 경우에도 민법 제1114조를 배제하여 **그 시기를 불문**하고 해당 증여를 모두 유류분 산정 기초재산에 산입되도록 함으로써, 유류분반환의무자가 반환하여야 하는 재산의 규모가 지나치게 확대되어 유류분반환의무자에게 과도한 부담을 초래하게 된다.

  특히, 증여재산의 가액은 원칙적으로 상속개시 당시를 기준으로 산정하므로 물가상승률이나 부동산 시가상승률 등에 따라서 수증자는 증여 당시 재산의 가액보다 훨씬 더 많은 가액의 증여재산을 반환하여야 하는 불합리한 결과가 발생하게 된다.
- 피상속인이 수십 년 전에 유효하게 행한 증여도 그 실질적인 효과가 부인됨으로써 법적 안정성이 크게 위협받게 되고, 한때 피상속인이 가진 재산에 대하여 상속의 기대를 가지고 있었을 뿐이던 유류분권리자의 이익을 위하여 이미 해당 물건을 장기간 적법하게 보유해 온 수증자 또는 그로부터 물건을 이전받은 제3자의 이익과 법적 안정성을 일방적으로 희생시키는 것은 형평에도 어긋난다.
- 외국 입법례를 보아도, 유류분 산정 기초재산에 산입되는 증여의 범위를 상속개시 전 10년(독일 · 일본), 상속개시 전 5년(스위스), 상속개시 전 2년(오스트리아) 등으로 제한하고 있다.

시사점

유류분 상실 사유 신설

- 신설된 민법 제1004조의2(**상속권 상실 선고)가 참고 될 만하다**.
  1. 피상속인에 대한 부양의무(미성년자에 대한 부양의무로 한정한다)를 중대하게 위반한 경우
  2. 피상속인 또는 그 배우자나 피상속인의 직계비속에게 중대한 범죄행위(제1004조의 경우는 제외한다)를 하거나 그 밖에 심히 부당한 대우를 한 경우

기여분이 향후 유류분 소송의 핵심 사안이 될 것

- 기여의 정도와 범위를 인정받기 위한 자료 축적이 필요하고, 재산적 기여의 경우 특별한 기여를 인정받기 위해서는 기업의 경우 의사결정에 참여(임원)하거나 대표로 취임할 필요가 있다. (직원으로 장기간 근무한 경우는 기여로 보기 어렵다)

가업승계증여특례로 주식 이전한 경우

- 가업승계증여특례를 적용받아 지분을 이전한 경우, 유류분산정 기초재산에 포함되고, 원물(주식)로 반환하여야 하는 문제가 존재함을 알 수 있다. 조속한 입법이 이루어진다면 유류분 해결의 실마리가 될 수도 있다.

유류분 산정 기초재산에 포함되는 증여의 범위

- 9명의 재판관 중 4명이 불합리하다고 판단했다는 것은 해당 조항이 문제가 많다는 것에 공감대가 형성되고 있어 향후 민법이 개정될 가능성이 있거나 위헌판결이 날 가능성이 크다는 것을 시사한다. 외국 입법례나 현행 상속세법의 **10년(상속인 외의 자 5년)** 이내 사전 증여재산만 합산한다는 규정을 참고하여 개정될 가능성이 있다.

사례 연구

» 서정진 셀트리온 회장 혼외자 등장에 복잡해진 승계 방정식(2023.5.8.) – 시사저널

서회장은 현재 그룹 지주사인 셀트리온홀딩스지분 97.19%를 보유하고 있다. 이를 법정상속분 비율(배우자 1.5 : 자녀 1)로 상속할 경우 서 회장의 부인 박경옥 씨는 셀트리온홀딩스지분 26.51%를, 서진석 셀트리온·셀트리온제약 이사회 의장과 차남인 서준석 셀트리온헬스케어 이사회 의장 등 두 아들과 두 혼외 자녀는 각각 17.67%씩을 받게 된다. 만일 서 회장의 두 아들이 향후 경영권 분쟁을 벌이게 될 경우 혼외자들이 캐스팅보트 역할을 맡는 상황도 연출될 수 있는 셈이다.

업계에서는 서 회장의 의중에 따라 두 아들에게만 셀트리온홀딩스 지분을 넘길 수 있다는 분석도 나온다. 이 경우 혼외자인 두 딸은 유류분 반환청구 소송에 나설 수 있다. 그러면 두 딸은 최소한 상속법이 정한 상속분의 절반은 받을 수 있다. 서 회장의 보유 주식 가치가 약 7조 6,000억원 규모로 추산된다는 점을 감안하면, 두 딸은 각각 6,000억원 이상 규모의 지분을 받게 된다는 계산이 나온다.

구분	당 초		변 경	
	법정상속분	상속재산	법정상속분	유류분
배우자	3/7	3조 26백억원	3/11	
아들1	2/7	2조 17백억원	2/11	
아들2	2/7	2조 17백억원	2/11	
딸1			2/11	1/11(6,900억원)
딸2			2/11	1/11(6,900억원)

☞ 셀트리온그룹 차원에서 이걸 어떻게 풀어나가는지 지켜보면 유류분 해결의 실마리를 찾을 수 있지 않을까?

Q 셀트리온처럼 대기업이 아니라 중소기업의 경우 어떻게 해결할까?

A 사생활이 관련된 경우, 아무데나 찾아가 상담하기 어렵다. 인터넷 검색을 해도 단편적인 정보만 주어진다. 그런 정보를 엮어서 실행가능한 지식을 찾는 과정은 본인이 먼저 고민해야 한다. 그리고 나름 정리한 내용으로 부족한 부분은 전문가를 통해 채워야 한다. 아래는 참고용으로 그 과정을 한번 정리해 본 내용이다.

[유류분 해결 사고모형]

유류분 산정

먼저 재산을 파악하고 유류분이 얼마나 되는지 산정해 본다.

유류분 산정(민법 §1113)	상속 당시의 상속재산+증여재산−채무액

유류분이 많은 경우 제일 먼저 생각하는 게 재산을 미리 증여해 줄 궁리를 하므로 관련 법을 확인해 본다. **(유언장 작성은 필수)**

법령 확인

산입되는 증여	상속인 외의 자 (민법 §1114)	**상속개시 전 1년 내 증여 합산(원칙)** 쌍방이 손해를 가할 것을 알고 증여한 때는 산입(기간 상관 없음)
	상속인(민법 §1118)	모든 증여가 산입대상

법령 확인 결과 상속인 증여는 대책이 될 수 없음을 알게 되고, 상속인 외의 자(손자 · 며느리 · 사위 · 법인 등)에게 증여하는 방법을 고민하게 된다.
쌍방이 손해를 가할 것을 알고 증여한 때가 무슨 뜻인지 판례로 확인한다.

판례 확인

대법원 2020다247428(2022.8.11.)

당사자 쌍방이 증여 당시 증여재산의 가액이 증여하고 남은 재산의 가액을 초과한다는 사정을 알았던 사정뿐만 아니라, 장래 상속개시일에 이르기까지 피상속인의 재산이 증가하지 않으리라는 점까지 예견하고 증여를 행한 사정이 인정되어야 하고, 이러한 당사자 쌍방의 가해의 인식은 증여 당시를 기준으로 판단하여야 하는데, 그 증명책임은 유류분 반환청구권을 행사하는 상속인에게 있다.

피상속인은 보험수익자인 제3자에게 유류분 산정의 기초재산에 포함되는 증여를 하였다고 봄이 타당하다. 또한, 공동상속인이 아닌 제3자에 대한 증여이므로 보험수익자를 그 제3자로 지정 또는 변경한 것이 상속개시 전 1년간에 이루어졌거나 당사자 쌍방이 그 당시 유류분권리자에 손해를 가할 것을 알고 이루어졌어야 유류분산정 기초재산에 포함되는 증여가 있었다고 볼 수 있다.

실행

유류분 완전 해결책은 없으나 최소한의 금액으로 줄일 방법은 스스로 찾을 수 있다. 법령해석에 따른 실행 여부는 본인이 판단하여야 한다.

Q1. 손자, 며느리에게 혼외자가 있다고 이야기하며 증여하는 경우가 얼마나 될까?

Q2. 자식에게 가업승계증여특례를 할 경우 기여분은 인정될 수 있을까?

예 2024년에 가업승계증여특례(지분 父→子로 이전, 子 대표 취임)
2024년 주식평가액 50억원 ⇨ 상속개시일 주식평가액 100억원
주식 이전 후 증가한 50억원은 기여분인가?
☞ 개정된 민법이 어떤 영향을 미칠지 궁금하다

※ 매매할 경우 유류분 산정에서 제외된다.

02 취득세는 얼마나 내야하고 줄일 방법은 없을까?

부동산을 상속(증여)받으면 취득세를 납부해야 한다.

취득세가 얼마나 되는지, 절세방법이 있는지 알아보자.

취득세[1)]

구 분	내 용
의의	재화의 이전이라는 사실 자체를 포착하여 그 담세력을 인정하고 부과하는 유통세의 일종으로 취득자가 재화를 사용·수익·처분함으로써 얻을 수 있는 이익을 포착하여 부과하는 것이 아니라, 과세대상 물건의 취득행위라는 사실이 존재함으로써 발생하는 행위세다.
특징	① 거래세 : 부동산을 거래하는 단계에서 세금 매김 ② 시점 과세 : 특정 시점을 기준으로 과세 ③ 일회성 : 한 번 발생했다 소멸하는 일회성 세금 ④ 신고·납부 : 납세의무자가 신고·납부해야 하는 세금 ⑤ 도세 : 과세권자(특별시장, 광역시장, 도지사)
취득[2)]	**사실상의 취득행위 & 형식상의 취득행위**
종류	① 승계취득 : 유상(매매·교환·분할 등) 무상(상속, 증여, 기부 등) ② 원시취득 : 간척, 신축, 증축 등 ③ 간주취득 : 지목변경, 개수, 과점주주 주식취득 등
과세대상 납세의무자	부동산, 차량, 회원권 등을 취득한 자
⇩ 이하 무상승계 기준	
취득시기	원칙 : 계약일(상속 또는 유증 개시일) [계약 해제된 경우 취득으로 보지 않는다]
과세표준	원칙 : 시가 인정액(알 수 없는 경우 시가표준액) **예외(시가표준액 적용)** : ① **상속** ② **시가표준액 1억원 이하 부동산 무상취득**(시가인정액과 시가표준액 중 납세자 선택 가능)

1) 강진철, 지방세 실무해설과 사례, 2024.

2) '취득'이란 취득자가 실질적으로 완전한 내용의 소유권을 취득하는가의 여부와 관계없이 소유권이전의 형식에 의한 취득의 모든 경우를 포함한다. (대법원 2000두7896, 2002.6.28.)

취득세율(2025년)

[일 반]

구분		과세표준	면적	취득세	농특세	교육세	합계
유상취득	주택	6억원 이하	85㎡ 이하	1%		0.1%	1.1%
			85㎡ 초과	1%	0.2%	0.1%	1.3%
		6억원 초과 9억원 이하*	85㎡ 이하	1%~3%		0.1~0.3%	1.1~3.3%
			85㎡ 초과	1%~3%	0.2%	~0.3%	1.1~3.5%
		9억원 초과	85㎡ 이하	3%		0.3%	3.3%
			85㎡ 초과	3%	0.2%	0.3%	3.5%
	주택 외(토지, 상가, 공장 등)			4.0%	0.2%	0.4%	4.6%
	농지	신규		3.0%	0.2%	0.2%	3.4%
		2년 이상 자경자 취득		1.5%	–	0.2%	1.7%
무상취득		**상속**		2.3%	0.2%	0.06%	2.56%
		*** 2년 이상 자경(상속인) 상속**		1.15%	–	0.06%	1.21%
	증여	비영리사업자		2.8%	0.2%	0.16%	3.16%
		주택(조정지역&시가표준액 3억원 이상)		12%	1.0%	0.4%	13.4%**
		그 외		3.5%	0.2%	0.3%	4.0%
	상속	일반		2.8%	0.2%	0.16%	3.16%
원시취득(신축)				2.8%	0.2%	0.16%	3.16%
공유물 분할				0.3%	0.2%	0.06%	0.56%

* [(취득당시가액 × 2 ÷ 3억원) − 3] × 1/100

** 1세대 1주택자(증여자 기준)가 소유한 주택을 배우자 또는 직계존비속이 무상취득하는 경우 제외

[취득세 중과세율(다주택자, 법인)]

구분	유상취득					무상취득 (3억원 이상)
	1주택	2주택	3주택	4주택	법인	
조정지역	1~3%	8%	12%	12%	12%	12%
비조정지역	1~3%	1~3%	8%	12%	12%	3.5%

지방교육세 : 중과분(8%, 12%) 모두 0.4%
농어촌특별세 : 8% 중과분 0.6%, 12% 중과분 1%

* 현재 조정지역은 강남, 서초, 송파, 용산

[주택 상속 취득세율]

구분	면적	취득세	농특세	교육세	합계	비고
1가구 1주택*	85㎡ 이하	0.8%	–	0.16%	0.96%	무주택자 상속
	85㎡ 초과	0.8%	0.2%	0.16%	1.16%	
	85㎡ 이하	2.8%	–	0.16%	2.96%	유주택자 상속
	85㎡ 초과	2.8%	0.2%	0.16%	3.16%	

* 상속인을 기준으로 판단(고급주택 제외)

납세의무자

상속

상속(피상속인이 **상속인에게 한 유증 및 포괄유증과 신탁재산**의 상속을 포함한다)으로 인하여 취득하는 경우에는 상속인 각자가 상속받는 취득물건(지분을 취득하는 경우에는 그 지분에 해당하는 취득물건을 말한다)을 취득한 것으로 본다. (지방세법 §7 ⑦)

배우자, 직계존비속 간 취득

배우자 또는 직계존비속의 부동산 등을 취득하는 경우에는 증여로 취득한 것으로 본다. 다만 대가를 지급한 사실이 입증되는 경우에는 유상취득으로 본다. (지방세법 §7 ⑪)

부담부증여

그 **채무액**에 상당하는 부분은 부동산 등을 유상으로 취득하는 것으로 본다. (지방세법 §7 ⑫)

협의 재분할로 당초 상속분을 초과하여 취득한 경우

각 상속인의 상속분이 확정되어 **등기 등이 된 후**, 그 상속재산에 대하여 공동상속인이 협의하여 **재분할**한 결과 특정 상속인이 당초 상속분을 초과하여 취득하게 되는 재산가액은 그 재분할에 의하여 상속분이 감소한 상속인으로부터 증여받아 취득한 것으로 본다. 다만, 6개월 말일 이내에 재분할에 의하여 취득과 등기를 모두 마친 경우 또는 법원의 판결에 의하여 상속재산에 변동이 있는 경우는 증여취득으로 보지 않는다. (지방세법 §7 ⑬)

협의 재분할로 과세되는 경우		취득세
상속세 신고기한(6개월 말일) 이후 재분할	상속등기 ○	○
상속세 신고기한 이내 재분할	상속등기 ×	○

신고 및 납부

구 분	납부 기한(지방세법 §20 ①)
일반 취득	과세물건을 취득한 날부터 60일 이내
무상취득(상속 제외) · 부담부증여	취득일이 속하는 달의 말일부터 3개월
상속	상속개시일이 속하는 달의 말일부터 6개월 (외국에 주소를 둔 상속인 있는 경우 9개월)

유증과 사인증여의 경우

포괄유증만 상속으로 규정 (지방세법 §7 ⑦) 하고 있으므로 특정유증과 사인증여[3]는 취득일(사망일)부터 **3**개월 말일까지 신고하여야 함에 주의

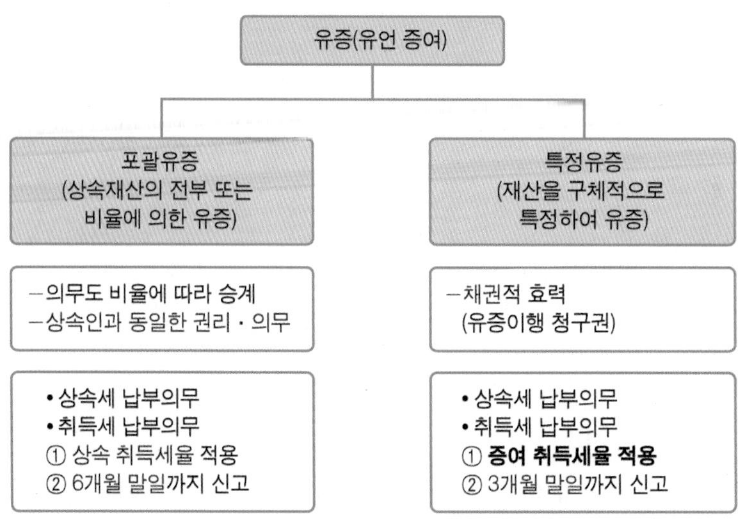

3) 상속인 아닌 자가 사인증여로 취득세 과세물건을 취득한 경우 '상속 이외의 무상으로 인한 소유권의 취득'에 해당 (**대법** 2013두6138, 2013.10.11.)

⁘ 무상취득 과세표준 적용 요령

[법령해석사례]

구분	해 석	설 명
포괄 유증	• 유증이 포괄적 유증인가 특정유증인가는 유언에 사용한 문언 및 그 외 제반 사정을 종합적으로 고려하여 탐구된 유언자의 의사에 따라 결정되어야 하고, 유언공정증서 등에 유증한 재산이 개별적으로 표시되었다는 사실만으로는 특정유증이라고 단정할 수는 없고 상속재산이 모두 얼마나 되는지를 심리하여 다른 재산이 없다고 인정되는 경우에는 이를 포괄적 유증이라고 볼 수도 있다. (대법원 2000다73445, 2003.5.27.) • "포괄유증"은 피상속인으로부터 상속인에게 한 포괄유증을 말하는 것이 아니라 피상속인이 상속인이 아닌 자에게 한 포괄유증을 말한다. (지방세심사2007-465, 2007.8.27.) • 이 건 부동산에 대하여 청구인에게 일정비율(쟁점 부동산)을 유증하였고, 쟁점 부동산은 바로 망 O명의에서 청구인 명의로의 소유권이전 등기절차가 완료되었으므로 이 건 유증은 포괄유증에 해당된다고 보아야 하겠고, 수유자가 상속재산을 동일한 비율로 유증받지 아니하였다고 하여 달리 볼 수는 없다. (조심 2011지462, 2012.6.18.) • 청구인은 망인으로부터 상속재산을 일정 비율로 유증받은 것이 아니라서 이 건 부동산을 특정유증 받은 것으로 보이므로 무상취득 세율을 적용한 것은 잘못이 없다 할 것이고, 그 취득일로부터 60일 이내에 취득세를 신고·납부하지 아니하였으므로 이에 대한 가산세를 부과한 처분도 잘못이 없다. (조심 2017지200, 2017.6.1.)	**포괄유증** 비율 상속 상속 세율 6개월 말일 까지 신고 **특정유증** 특정 상속 증여 세율 3개월 말일 까지 신고 (2022년부터) 기한 경과시 가산세 부과
유언 대용 신탁	• 「지방세법」 제7조 제7항은 '신탁재산의 상속'은 법문 그대로 신탁재산을 '상속'받는 경우를 의미할 뿐만 아니라, 상속을 받을 권리가 없는 상속인이 아닌 자가 신탁재산을 '상속' 받는다는 것은 그 자체로 모순이므로 이러한 경우는 상정할 수도 없다. • 이 사건에서 위탁자는 상속개시 당시 쟁점 부동산 뿐만 아니라 다른 토지 등을 소유하고 있었으므로, 청구인은 쟁점 부동산을 특정유증에 의하여 취득한 것이라고 봄이 타당하다. • 유언대용신탁을 상속재산에 포함하여 상속세를 부과하도록 개정이 되었으나, 「지방세법」은 유언대용신탁을 상속으로 보도록 개정을 한 사실이 없으므로, 법문대로 해석하여야 한다. (조심 2023지4100, 2023.12.27.)	상속인이 아닌 자가 유언대용신탁을 받는 경우 무상취득으로 보아 증여 취득세율을 납부하여야 한다.

절세 사례

1가구 1주택 상속

- **상속으로 인한 1가구 1주택의 취득은 특례세율(0.8%) 적용**(지방세법 §15 ①)
- **1가구 1주택의 범위**(지방세법 시행령 §29)

① 법 제15조 제1항 제2호 가목에서 "대통령령으로 정하는 1가구 1주택"이란 **상속인**(재외국민은 제외)과 같은 법에 따른 세대별 주민등록표에 함께 기재되어 있는 가족(동거인은 제외[4])으로 구성된 1가구[5]가 국내에 1개의 주택[고급주택은 제외한다]을 소유하는 경우를 말한다.
② 제1항을 적용할 때 1주택을 여러 사람이 공동으로 소유하는 경우에도 공동소유자 각각 1주택을 소유하는 것으로 보고, 주택의 부속토지만을 소유하는 경우에도 주택을 소유하는 것으로 본다.
③ 제1항 및 제2항을 적용할 때 1주택을 여러 사람이 공동으로 상속받는 경우에는 지분이 가장 큰 상속인을 그 주택의 소유자로 본다. 이 경우 지분이 가장 큰 상속인이 두 명 이상일 때에는 지분이 가장 큰 상속인 중 다음 각 호의 순서에 따라 그 주택의 소유자를 판정한다.
1. 그 주택에 거주하는 사람
2. 나이가 가장 많은 사람

광주고법 2014누5421, 2014.8.28. ⇨ 대법원 2014두42377, 2015.1.15. 확정

① 소득세법 제89조에서는 '1가구'와 달리 '1세대'라는 용어를 사용하고 있고, 같은 법 시행령 제154조 제1항에서는 '1세대'를 "거주자 및 그 배우자가 그들과 동일한 주소 또는 거소에서 생계를 같이 하는 가족과 함께 구성하는 1세대"라고 규정하고 있으므로, '1가구'는 '1세대'와는 다른 용어인 점, ② 조세감면 요건 규정 가운데 명백히 특혜규정이라고 볼 수 있는 것은 엄격하게 해석하는 것이 조세공평의 원칙에 부합하는 점 등에 비추어 보면, 위 규정에서 말하는 '1가구'는 동일 세대에서 생계를 같이하는 경우로 한정하여 축소 해석할 수는 없고, 법문언대로 **'세대별 주민등록표에 기재되어 있는 세대주와 그 가족'으로 엄격하게 해석**하여 세대별 주민등록표의 기재에 따라 획일적으로 판단하여야 할 것이다.

원고가 동생과 생계를 같이 하지 않았다는 사정만으로 이 사건 부동산의 취득이 '1가구 1주택'의 취득에 해당한다고 할 수는 없다.

4) 청구인 세대별 주민등록표에 세대원(처남)으로 기재되어 있다 하더라도 생계를 함께하지 않는 동거인으로 보는 것이 타당하다 할 것이다. (조심 2023지807, 2024.4.24.)

5) 상속인의 배우자, 상속인의 미혼인 30세 미만의 직계비속 또는 상속인이 미혼이고 30세 미만인 경우 그 부모는 각각 상속인과 같은 세대별 주민등록표에 기재되어 있지 아니하더라도 같은 가구에 속한 것으로 본다.

Q 1. 부친 소유주택에 살던 딸인데 혜택 볼 수 있나요

[상황] 상속인은 배우자(처)와 아들(2주택 소유) · 딸(무주택)

A (피상속인 거주 주택)		B (딸 거주 주택)		
	단독 상속		1/2	1/2

[판단]

- 상속으로 인한 취득 중 1가구 1주택의 취득(지방세법 §15 ①)
  ☞ 상속으로 인한 취득이므로 상속인 기준으로 1가구 1주택 여부 판단
  ⬇ 배우자가 무주택 상속인인 경우 ⇨ A주택은 1가구 1주택 O
- 공동상속의 경우
  ☞ 지분이 가장 큰 상속인이 두 명이므로 거주한 사람 소유 주택으로 본다. (지방세 시행령 §29 ③)
  ⬇ 딸이 거주자 ⇨ B주택은 1가구 1주택 O
  ∴ B주택 전체에 대해 특례세율 (0.8%) 적용 가능

✔ 조심 2023지5603, 2024.5.29.

Q 2. 상속받는 주택이 2채인데도 혜택을 볼 수 있나요

[상황] 상속인은 배우자(처)와 아들로 둘 다 무주택자

A		B		
	단독 상속		공동 상속 4/10	6/10

[판단]

- 상속으로 인한 취득 중 1가구 1주택의 취득(지방세법 §15 ①)
  ☞ 상속으로 인한 취득이므로 상속인 기준으로 1가구 1주택 여부 판단
  ⬇ 아들이 무주택 상속인인 경우 ⇨ A주택은 1가구 1주택 O
- 공동상속의 경우
  ☞ 지분이 가장 큰 상속인을 그 주택의 소유자로 봄. (지방세 시행령 §29 ③)
  ⬇ 모친이 소유자 ⇨ 모친 무주택자이므로 1가구 1주택 O

✔ 조심 2021지1903, 2022.1.12.
청구인은 무주택 상태에서 상속이 개시됨에 따라 쟁점 주택의 전체 지분과 쟁점 상가주택의 소수지분을 동시에 상속받은 경우이므로 쟁점 주택에 대해서는 상속으로 인한 **1가구 1주택 특례세율**을 적용하는 것이 타당하다.

Q 3. 소수 지분주택을 보유한 상태에서 상속받은 경우

[상황] 상속인은 배우자(처)와 아들로 둘 다 무주택자

A(10년 전 부친 사망 공동상속)		B(남편 사망 단독 상속)	
	 소수 지분		 거주 주택

[판단]

• 기존 공동소유 주택(A) 각각 1주택 소유로 봄. (지방세 시행령 §29 ②)

  ❶ 공동소유 주택은 각각 1주택을 소유한 것으로 본다고 하므로 무주택자가 아니라서 혜택(특례세율 적용)을 볼 수 없는 것처럼 읽힌다.

  ❶ 부친의 사망으로 법정 지분대로 상속받았고, 거주하지도 않고 있는 소수지분 때문에 1가구 1주택이 아니라고 하니 억울하다.

  ❶ 다시 꼼꼼히 읽어보니 1주택을 공동으로 상속받은 경우 지분이 가장 큰 상속인의 주택으로 본다는 규정 (시행령 §29 ③)이 자신에게도 해당될 것 같다는 생각이 든다.

  ☞ 관련 사례를 찾아보니 1가구 1주택에 해당되는 걸 확인하다. O

  ☑ 상속취득이 아닌 경우 1가구 1주택이 아니다.

✔ 조심 2017지564(2018.5.15.)

'상속으로 인한 1가구 1주택 취득에 대한 특례세율' 규정의 입법취지는 무주택자가 상속을 원인으로 주택을 취득하여 1주택이 된 경우 그 취득이 상속이라는 특수성을 감안하고 무주택 상속인의 주거안정을 도모하는 데에 있다 할 것이므로 종전 주택을 소유하고 있는 상태에서 상속으로 또 하나의 주택을 취득하게 되는 경우에는 그 특례세율을 배제하되, 여러 사람이 공동으로 상속을 원인으로 취득한 주택이 소수 지분인 경우에는 소유권 행사 등을 함에 있어 제한 등이 따르므로 실질적인 주택의 소유자로 보지 않겠다는 것이다.

이 건 주택의 상속취득일 현재 기존주택을 공동상속으로 소수지분만 소유하고 있는 경우에 해당하여 결국 이 건 주택과 주택으로 보지 않는 '상속을 원인으로 취득한 기존 주택 부속토지의 소수지분' 소유자에 해당되므로 1가구 1주택의 특례세율 적용대상자라 할 것이다.

Q 4. 재분할 협의한 경우 혜택을 볼 수 있나요

[상황] 상속인은 배우자(처)와 아들 · 딸 (상속개시일 2021.4.29.)

A(피상속인 거주주택)		B(임대주택)	
	2021.9.27. 상속등기		2021.9.27. 상속등기
	2021.10.6. 재협의분할 A주택 처, B주택 아들		2021.10.7. 경정등기

Q. A주택이 1가구 1주택에 해당할까?

[판단]

사실 확인	법령 확인	해석[6]
21.9월 시청 문의 2주택 상속도 1가구 1주택 적용 가능 → A & B주택 배우자 명의 등기 → 적용되지 않아 협의 재분할 → 특례적용 신청	지방세법 제7조 ⑦, ⑬ 제15조의3 ① 제20조	① 소유권 이전 시점에 취득세 납세의무 성립 ② 재분할협의 경정등기는 별도의 취득 ③ 잘못된 안내는 사유 ×

[의견] 개인적으로 법원의 판단이 필요하다고 생각한다

• 지방세법 제7조 제13항을 요약하면 **상속등기 후** 공동상속인이 협의하여 재분할 결과

당초 상속분 초과 취득 ⇨ 다른 상속인으로부터 증여받은 것으로 봄
단, 신고기한 내에 재분할 취득 & 등기를 마친 경우 증여로 보지 않음.

사례의 경우 신고기한 내 재분할 및 등기를 마쳤으므로 새로운 취득으로 보기는 어렵다. 관련 지방세 해석[7]도 있으므로 경정등기가 새로운 취득으로 본다는 해석은 문제가 있어 보인다.

유통세(행위세)라는 취득세의 특징에 비추어 상속개시일에 취득세 납세의무가 성립되었고 이미 상속등기가 이루어졌으므로 소급하여 소멸되거나 원인무효로 볼 수 없다는 처분청의 주장은 일면 수긍되나, **취득세율 적용이 잘못**된 것까지 적용되는지는 의문이다.

tip

주택 상속의 경우 등기하기 전 신중히 판단하여 결정해야 한다.

---

6) 2021.9.27. 쟁점 부동산을 상속으로 취득하고, 청구인 명의로 소유권 이전등기를 하였으므로 이때 쟁점 부동산에 대한 취득세 납세의무가 성립한 것이고, 「지방세법」 제7조 제13항에서 재분할하여 특정 상속인의 지분이 증가되는 경우 이를 증여에 의한 취득으로 본다고 규정하고 있어 재분할협의에 따라 쟁점 · 주택의 명의가 OO로 경정등기된 것은 별도의 취득으로 보아야 하는 점, 담당공무원의 잘못된 안내는 정당한 사유에 해당한다고 보기 어려워 처분청의 처분은 달리 잘못이 없다고 판단된다. (조심 2022지44, 2022.12.2.)

7) 상속등기 후 상속에 대한 신고 · 납부 기한인 6개월 이내에 재분할하여 지분이 증가하는 경우는 취득세 과세대상에 해당되지 않음. (서울세제-8860, 2015.6.1.)

03 유산취득세가 도입되면 상속세 근간이 바뀐다

다음의 기사나 사설을 보며 안목을 길러보자.

[미디어 내용]

2024.9.10. 한국경제신문 당정 모두 "상속세, 내년 유산취득세로 전환"…野도 "검토해보자"	2024.9.17. 노컷뉴스 상속세 개정하자더니 유산취득세…여소야대 피하는 꼼수?
유산취득세 전환은 현행 상속세 체계의 틀을 바꾸는 큰 폭의 제도 개편이다. ~~최 부총리도 9일 기자간담회에서 "유산취득세는 각 상속인이 취득한 상속재산을 기준으로 과세하기에 **'상속인별 과세표준' 산정**이 핵심"이라며 "우리 **민법과 재산분할 관행**을 검토하고 실제 분할 결과를 최대한 반영하는 방법을 검토 중"이라고 말했다. 최 부총리는 상속인별 공제에 대해서는 일괄공제(5억원)를 폐지할 필요가 있고, 배우자·자녀 등 상속인별 공제를 따로 설정해야 한다고 설명했다.	어차피 유산취득세로 대대적인 개편을 벌이려는 정부가 굳이 올해 상속세 개정을 따로 추진한 이유를 놓고, 여소야대 국면을 피해 '부자감세'를 달성하려는 꼼수라는 말도 나온다. ~~어차피 유산취득세를 도입하면 폐지되는 일괄공제 기준은 제쳐두면, **관건은 자녀 공제금액을 상향조정하는 방안**이다. 그런데 유산취득세 개별 공제 방식의 주요 기준점이 될 자녀공제를 10배나 상향한 채로 유산취득세를 도입하면, 감세 효과가 과도하게 커질 수 있다는 지적이다.
2024.9.11. [사설] 한국경제신문 정부, 유산취득세 추진…70년 낡은 상속세제 뜯어고쳐야	2024.9.10. [사설] – 매일경제신문 상속받은 만큼 세금내는 유산취득세, 미룰 이유 없다
유산세 방식은 1950년 상속세법 도입 이후 74년째 유지되고 있는 한국 상속세제의 골간이다. ~~ 유산취득세는 크게 세 가지 측면에서 유산세보다 합리적이다. 첫째 납세자의 부담 능력에 맞게 과세하는 응능(應能)부담의 원칙에 부합한다. 둘째 과세체계 합리화다. 상속세와 유사한 세금인 증여세는 이미 유산취득세 형태를 취하고 있다. 셋째 국제 추세다. OECD 회원국 중 상속세가 있는 나라 23개국에서 유산세를 채택하고 있는 나라는 한국·미국·영국·덴마크 등 4개국뿐이다. ~~ 유산취득세는 이념이 아니라 **공정성의 문제다**. '부자 감세'라는 편협한 논리에서 벗어나 과세 공평성과 합리성, 국제 흐름, 출산 장려 등 큰 시각에서 접근해야 한다.	납세자가 자기 부담 능력에 맞게 세금을 낼 수 있고, 상속인들 사이의 재산 분할을 촉진해 부의 집중 억제에도 도움이 되는 유산취득세 전환을 미룰 이유가 없다. ~~ 물가가 1997년 이후 2배 오르고 주택 가격도 같은 기간 2.2배 상승하면서 집 한 채만 가진 중산층도 과세 대상이 된다는 점을 감안하면 상속세는 더 이상 부자들만 내는 세금도 아니다. ~~ 유산취득세가 도입되면 **상속세 과세 대상자가 현행 부과 방식에 비해 3배 이상 늘어난다. 세무 집행 부담과 비용도 증가할 수밖에 없다. 세수 감소도 염려되는 것도 사실이다.** 하지만 24년째 변동이 없는 낡은 상속세 체계를 개편해 경제에 활력을 불어넣어야 한다.

한편, 정부는 상속세과세를 유산취득세 방식으로 전환하고 인적공제 확대 등 개편을 추진한다고 '2025년 경제정책방향'을 발표(2025.1.2.)했다.

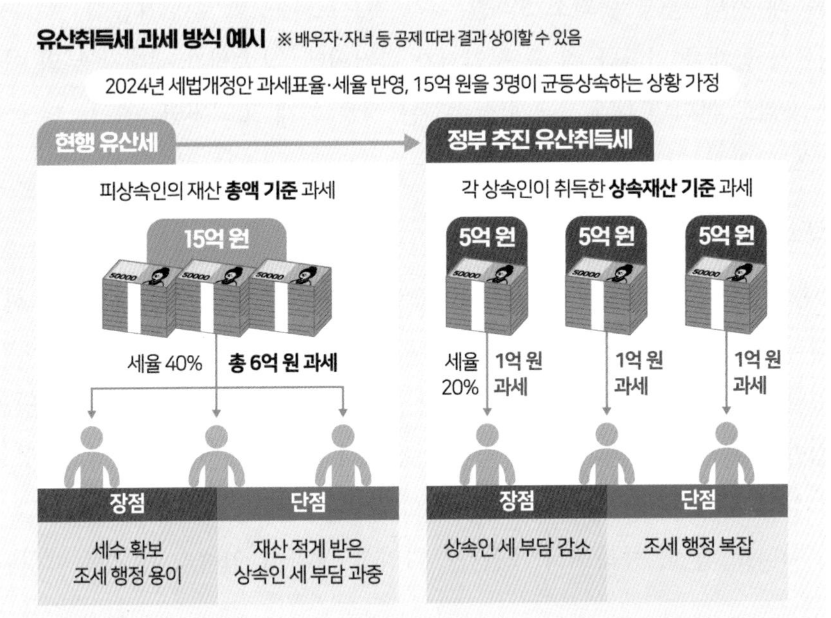

왜 유산취득세인가?

신문 사설에 그 이유를 잘 설명하고 있다.

첫째, 유산세 과세방식의 최대 문제점은 담세력(세금부담 능력)을 고려하지 않는다는 것이다. 즉 상속인별로 취득한 상속재산에 대해 상속세를 부과하지 않으므로 **상속재산을 많이 받은 자가 상속공제 혜택을 보게 되고 연대납부의무는 상속인 공동이 지는 구조**라 응능부담 원칙에 부합하지 않는 것이다.

둘째, 재산의 무상이전에 대해 부과하는 상속세와 증여세 중 증여세는 수증자 기준으로 세금을 부과해 유산취득세 방식으로 과세하면서 상속세만 유산세 방식을 채택한 불합리한 과세체계를 합리화해야 한다는 것이다.

셋째, 이런 이유로 세계 대부분 국가에서 유산취득세 방식을 취하고 있다는 것이다.

덧붙여 상속세의 주요 명분 중 하나가 부의 집중 완화인데 유산세 방식에서는 부를 분산할 동기가 없다는 점 등이 사유로 꼽힌다.

상속인별 과세표준 산정

일괄공제는 폐지되고 대신 상속인별 공제를 따로 설정한다. 기사나 정부입장을 볼 때 자녀 공제는 **최소 5억원**은 될 것으로 예상할 수 있다.

배우자 공제를 얼마나 해 줄 것인지가 관건인데, 상속세가 세대간 부의 이전에 대한 과세로 본다면 배우자에게 상속되는 경우 현재 30억원의 한도를 더 늘리는 방향으로 가지 않을까 생각된다.

상속세 신고

상속인별로 세금을 납부하는 구조이므로 현재 피상속인 관할 세무서에 신고하는 방식이 상속인 관할 세무서에 각 상속인별 신고하는 체계로 바뀐다는 걸 알 수 있다. 따라서 상속세 **신고인원이 3배 이상(현재 가족 구조상 상속인 3명 이상이 일반적임)** 늘게 된다. 상속인 각자가 신고하는 구조에서 불화가 있을 경우 상속세 신고가 엉뚱하게 될 수도 있고(상호 검증), 과세관청 입장에서는 관할 세무서를 어디로 할지, 중복조사 조율 등 다양한 상황이 연출될 것으로 예상할 수 있다.

추정상속재산과 사전증여재산

피상속인이 2년 이내 5억원(1년 이내 2억원) 이상 인출한 재산이 소명되지 않을 경우 추정상속재산으로 보아 과세하는 데, 유산취득세 방식에서도 적용된다면 상속세 부담은 상속인별 취득재산 비율로 안분할 것으로 예상된다.

상속인에 대한 사전증여재산은 문제 되지 않으나, 상속인 외의 자에 대한 사전증여재산에 대한 상속세를 누가 부담할지 쟁점이 될 가능성이 크다.

연대납부의무는 어떻게 될까?

관련법령

민법 제266조(공유물의 부담) ① 공유자는 그 지분의 비율로 공유물의 관리비용 기타 의무를 부담한다.

민법 제1006조(공동상속과 재산의 공유) 상속인이 수인인 때에는 상속재산은 그 공유로 한다.

상속세 및 증여세법 제3조의 2(상속세 납부의무)
③ 제1항에 따른 상속세는 상속인 또는 수유자 각자가 받았거나 받을 재산을 한도로 연대하여 납부할 의무를 진다.

국세기본법 제25조(연대납세의무) ① **공유물(共有物)**, 공동사업 또는 그 공동사업에 속하는 재산과 관계되는 국세 및 강제징수비는 공유자 또는 공동사업자가 연대하여 납부할 의무를 진다.[8)]

국세기본법 제25조의 2(연대납세의무에 관한 「민법」의 준용) 이 법 또는 세법에 따라 국세 및 강제징수비를 연대하여 납부할 의무에 관하여는 「민법」 제413조부터 제416조까지, 제419조, 제421조, 제423조 및 제425조부터 제427조까지의 규정을 준용한다.

유산취득세로 바뀌면 연대납부의무는 어떻게 될지는 여러 가지 고려할 사항이 많아 보인다.

현행 상속세법 체계에서 **연대납부의무는 절세에 필수적**이다. 피상속인 재산에 대해 상속세가 부과되므로 연대납부의무를 지우는 것은 당연하다.

근거는 **민법** 제**266**조, 제**1006**조에 있으며, 대법원은 공유물에 연대납세의무를 지우는 것은 **조세실질주의 원칙에 따라 합리적**이라고 해석하였다.[9)]

유산취득세가 도입되면 연대납부의무도 폐지된다는 의견도 있으나 개인적으로 **추정상속재산의 상속인 부담 문제, 위장분할** 등 유산취득세 도입의 부작용과 국세기본법 제**25**조의2 [연대납세의무에 관한 「민법」의 준용]에서 보듯이 **조세채권 확보**를 위한 측면 등 여러 가지 사정을 고려할 때 민법이 개정되지 않는 한 폐지하기는 어려울 것으로 판단된다.

---

8) 국세기본법 제3조에 따라 연대납부의무는 상속세법을 적용한다.

9) 통상 공유물이나 공동사업에 관한 권리의무는 공동소유자나 공동사업자에게 실질적, 경제적으로 공동으로 귀속하게 되는 관계로 담세력도 공동의 것으로 파악하는 것이 조세실질주의의 원칙에 따라 합리적이기 때문에 조세채권의 확보를 위하여 그들에게 연대납세의무를 지우고 있는 것이다. (대법원 98두2222, 1999.7.13.)

〔 사례 분석 〕

상속세는 얼마나 줄어드나

가정 : 상속인 3명 배우자공제 30억원, 금융재산 10억원, 법정지분 상속

➪ 일괄공제 5억원 폐지 ⇔ 자녀공제 1인당 5억원

유산세 방식		유산취득세 방식			
구분	금액	구분	배우자	아들	딸
상속재산	100억원	상속재산	4,285,714,285	2,857,142,857	2,857,142,857
배우자공제	30억원	인적공제	3,000,000,000	500,000,000	500,000,000
일괄공제	5억원	기타?			
금융재산공제	2억원	?			
과세표준	63억원	과세표준	1,285,714,286	2,357,142,857	2,357,142,857
(×) 세율	50%	(×) 세율	40%	40%	40%
(−) 누진공제	4.6억원	(−) 누진공제	160,000,000	160,000,000	160,000,000
산출세액	26.9억원	산출세액	354,285,714	782,857,142	782,857,142
		합계	20억원 (약 7억원 감소)		

가족 수에 따른 세부담 차이

단독상속		상속인 2인		상속인 4인	
구분	배우자	배우자	아들1	배우자	아들1(기준)
상속재산	100억원	6,000,000,000	4,000,000,000	3,333,333,333	2,222,222,222
배우자공제	30억원	3,000,000,000	500,000,000	3,000,000,000	500,000,000
과세표준	68억원	3,000,000,000	3,500,000,000	333,333,333	1,722,222,222
(×) 세율	50%	40%	50%	20%	40%
(−) 누진공제	4.6억원	160,000,000	460,000,000	10,000,000	160,000,000
산출세액	29.4억원	1,040,000,000	1,290,000,000	56,666,666	528,888,888
3명					1,586,666,664
합계		2,330,000,000		1,643,333,330	

☞ 상속인이 많을수록 세금이 줄어든다. (➪ 저출산 대책?)

고액 자산가가 혜택을 많이 볼까

유산세 방식		유산취득세 방식			
구분	금액	구분	배우자	아들	딸
상속재산	490억원	상속재산	210억원	140억원	140억원
배우자공제	30억원	인적공제	30억원	5억원	5억원
일괄공제	5억원	기타?			
금융재산공제	2억원	?			
과세표준	453억원	과세표준	180억원	135억원	135억원
(×) 세율	50%	(×) 세율	50%	50%	50%
(−) 누진공제	4.6억원	(−) 누진공제	4.6억원	4.6억원	4.6억원
산출세액	221.9억원	산출세액	85.4억원	62.9억원	62.9억원
		합계	211.2억원 (약 10.7억원 감소)		

☞ 상속재산이 390억원이 늘어도 감소되는 세액은 약 4억원 정도로 크지 않다. 공제되는 항목과 금액에 따라 차이는 있겠지만, 세율이 인하되지 않는 한 고액자산가들은 여전히 절세방법을 고민하게 될 것으로 예상된다.

부작용

유산취득세 도입으로 세수가 감소되는 건 상식으로 받아들여진다.

유산취득세의 가장 큰 부작용은 **위장분할**이다. 상속인 간에는 위장분할을 통해 절세하려는 동기가 발생할 수밖에 없는 구조다. 특히, 배우자공제를 활용하여 최대한 공제 받고 실제 상속은 자식들이 받아 사용한다면 과세관청의 행정력이 이를 밝히기는 어려울 것이다.

또한, 상속인이 많을수록 절세하는 구조이므로 **손자, 사위, 며느리, 법인 등에 상속재산을 분산**시키려는 의도를 갖게 된다.

사전증여의 실익은 없어지는가?

유산세 과세방식에서는 피상속인의 재산이 많을수록 세부담이 늘어나기 때문에 사전증여를 통해 재산을 분산시키는 효과(자산 유동화 효과)가 발생한다. 유산취득세 방식은 사전증여할 동기가 크지 않을 가능성이 있다.

유산세 방식		유산취득세 방식			
구분	금액	구분	배우자	아들	딸
상속재산	140억원	상속재산	60억원	40억원	40억원
배우자공제	30억원	인적공제	30억원	5억원	5억원
일괄공제	5억원	기타?			
금융재산공제	2억원	?			
과세표준	103억원	과세표준	30억원	35억원	35억원
(×) 세율	50%	(×) 세율	40%	50%	50%
(−) 누진공제	4.6억원	(−) 누진공제	1.6억원	4.6억원	4.6억원
산출세액	46.9억원	산출세액	10.4억원	12.9억원	12.9억원
		합계	36.2억원 (약 10.7억원 감소)		

사전 증여		유산취득세 방식			
구분	금액	구분	배우자	아들	딸
증여재산	35억원	상속재산	45억원	30억원	30억원
배우자공제	6억원	인적공제	30억원	5억원	5억원
과세표준	29억원	과세표준	15억원	25억원	25억원
(×) 세율	40%	(×) 세율	40%	40%	40%
(−) 누진공제	1.6억원	(−) 누진공제	1.6억원	1.6억원	1.6억원
산출세액	10억원	산출세액	4.4억원	8.4억원	8.4억원
유산세방식 상속세	29.4억원[10]	합계	31.2억원 (5억원 감소)		

☞ 유산세 방식에서 사전증여를 할 경우 7.5억원(46.9억원 − 10억원 − 29.4억원) 감소하는 반면, 유산취득세 방식에서는 5억원이 감소하여 절세액은 줄어드나 여전히 절세효과는 생긴다. ⇨ 절세의 원리는 분산이다.

⁘ 전망

유산취득세가 도입되면 사전증여의 동기가 많이 줄어들고 부를 미리 이전하는 걸 등한시 하는 − 재산의 이전에 부정적 인식이 아직도 많은 상태라 자신이 죽고 나서 알아서 정리하라고 하는 피상속인 많은 게 현실 − 결과가 초래될 여지가 있다. 제도의 도입에 따른 시장의 선택(인간의 심리)이 어떻게 될지 궁금하다. 사전증여에 따른 실익도 줄어 **100**억원 이하의 자산가들은 사전증여를 하지 않을 가능성이 크다고 예상해 본다.

---

10) (140억원 − 35억원) − (37억원) = 68억원 × 50% − 4.6억원 = 29.4억원

04 자본이득세는 이미 시행되고 있다

장기적으로 상속세를 폐지하고 자본이득세로 전환해야 한다는 기사가 뜨고 있다. 자본이득세가 어떤 세금인지 알아보자.

자본이득세

자본이득세는 상속재산을 매각할 때 발생한 이익에 대해 과세한다는 것으로 일종의 이월과세(나중에 낸다)에 해당한다.

다음 기사를 보면서 안목을 키워보자.

» **"상속세 개편, 유산취득세 · 자본이득세 투트랙으로" [매일경제 2024.9.17.]**

자본이득세는 어떤 것인가.

"기업을 물려받았어도 기업을 팔지 않은 경우에는 세금을 내지 않다가 파는 시점에 세금을 내는 것이다. 현행 상속세에서는 대주주 할증을 포함해 최고 60%를 세금으로 내야 하는데 그러려면 기업을 팔아야 한다. 그러나 기업을 유지하는 동안에는 세금을 내지 않다가 지분을 파는 시점에 세금을 내도록 하자는 것이 자본이득세다. OECD 국가 중 7개국이 이를 도입했다.

경영 유지 기간에는 세금을 내지 않아도 되니, 어떻게 하면 기업을 잘 운영해 나갈지 고민하게 되기 때문에 훨씬 더 좋은 방식이라고 생각한다. 비상장기업의 경우 기존 제도에서는 가치를 얼마로 매길지 평가의 문제가 있었는데 자본이득세는 그런 문제도 없다."

사고모형을 통해 생각을 정리해 보자.

자본이득세가 시행된다면?

왜(why)	도입 목적이 뭔가?
효과(effect)	자본이득세가 도입되면 어떤 효과가 있을까?
과세방법(how)	매각차익 산정과 세율은 어떻게 하는가?
판단행동(action)	도입이 가능한가? 나는 어떻게 행동해야 하나?

아래 내용은 필자의 뇌피셜로 작성한 것이다. 미디어의 내용을 어떻게 해석할지를 보여주는 참고용으로 보기 바란다.

도입 이유

자본이득세가 시행이 되면 상속세는 폐지되는 것인가?

동일 재산에 다른 세금을 중복을 매길 수 없으니 결국 자본이득세는 상속세 폐지를 위한 전단계로 볼 수 있다.

상속세 폐지라고 굳이 언급하지 않는 건 오해(?)의 소지(부자 감세)를 일으키지 않겠다는 것으로 보인다.

시행 효과

상속받을 때 내지 않으니 일단 당장 세부담은 없고 추후 매각하면 매각 대금으로 세금을 내니 상속세 재원 마련 문제는 걱정할 필요가 없어진다. 기업을 물려받는 측면에서 보면 유럽처럼 100년 기업도 탄생할 수 있을 것이다. 그런데 세금 한 푼 안 내고 대대로 부를 물려주는 것에 대한 사회적 합의 도출이 가능할까? 예를 들어 삼성전자 이건희 회장 사망시 자본이득세가 시행되고 있었다면 국민이 납득할 수 있을까?

과세 방법

매각차익에 과세하므로 크게 보면 양도소득의 한 형태라 볼 수 있다.

그렇다면 매각차익 산정은 현재 시행되는 양도소득세 방식을 따른다고 보면 되고, 세율 또한 양도소득세율을 따른다고 볼 수 있다. 장기간 미납부한 부분에 대해 추가 세부담을 시킬 수 있을 것이고 입법의 재량에 해당한다고 본다.

판단

재계(대기업/중소기업)에서 요구하는 사항을 정부에서 수용해 주는 의도가 있어 보인다. 대기업들이 상속세 때문에 경영자가 죽으면 국영기업이 된다고 하는데 기업 측면에서는 환영할 일이다. 그러나 수 조원을 물려받으면서 세금 한푼 내지 않는다면 일반 국민들이 동의하기 어려워 보인다. 또한, 기업이 아닌 부동산 등을 물려받을 때도 자본이득세를 시행하기에는 그 명분이 없어 보이는 측면도 있다. 따라서 도입은 장기적 과제로서 사회적 합의가 필요한 사항으로 판단된다.

한편으론, 기업의 존속이 국가 경제에 미치는 영향을 고려하면 어느 정도 타협점이 필요한 것도 사실이다. 그래서 그 대상을 축소해서 사실상 자본이득세가 시행되고 있다.

자본이득세는 이미 시행되고 있다.

가업상속공제 제도를 다시 살펴보면, 일정 요건에 해당하는 기업을 상속받는 경우 상속공제 혜택을 부여하고 사후관리 기간을 넘겨 가업을 운영할 경우 혜택받은 상속세는 더 이상 추징하지 않는다. 그럼, 세금은 더 이상 없는 걸까? 상속받은 기업을 매각할 때 양도소득세를 내게 된다. 이게 지금까지 말한 자본이득세와 같은 맥락이다.

개인기업(이월과세)

가업상속공제 대상 자산 중 가장 큰 비중을 차지하는 것은 보통 부동산이다. 가업상속공제를 받은 후 사후관리기간이 경과한 부동산을 매각할 때 실질적으로 세금 정산이 일어난다.

개인(양도소득세)

가업상속공제가 적용된 재산을 양도할 경우 취득가액은 아래와 같이 계산한다.

» 소득세법 제97조의2[11] 요약

① 피상속인의 취득가액 × 해당 자산가액 중 가업상속공제적용률
② 상속개시일 현재 해당 자산가액 × (1 - 가업상속공제적용률)

▶ **취득가액은 ①과 ②를 합한 금액으로 한다.**
※ 가업상속공제적용률 = 가업상속공제금액 ÷ 가업상속재산가액

---

11) 소득세법 제97조의 2 [**양도소득의 필요경비 계산 특례**]
④ 「상속세 및 증여세법」 제18조의2 제1항에 따른 공제(이하 이 항에서 "가업상속공제"라 한다)가 적용된 자산의 양도차익을 계산할 때 양도가액에서 공제할 필요경비는 제97조 제2항에 따른다. 다만, 취득가액은 다음 각 호의 금액을 합한 금액으로 한다.

[사례] 제조업을 영위하는 부친으로부터 상속받은 A는 가업상속공제를 받은 후 5년 뒤 공장을 매각하려고 한다. 이때 양도소득세 계산은?

(가정) 부친 20년 전 10억원에 공장취득, 상속개시 당시 평가액 50억원, 양도가액 60억원, 가업상속공제적용률 90%

(취득가액) ① 10억원 × 90% + ② 50억원 × 10% = 14억원

구 분	가업상속 받은 경우	가업상속 받지 않은 경우
양도가액	60억원	60억원
취득가액	**14억원**	**50억원**
양도차익	46억원	10억원
장기보유특별공제	13.8억원(30%)	1억원(10%)
과세표준	32.2억원	9억원
산출세액	약 13.8억원	약 3.4억원
지방세	약 1.4억원	약 0.34억원
합계	약 15.2억원	약 3.7억원

▶ 양도소득세를 약식 계산한 것으로 가업상속공제 받은 경우 취득가액이 부친이 취득한 가액으로 계산하게 되어 양도소득세를 약 11.5억원 더 납부하게 된다.

법인기업

법인세

법인인 경우 [사례]에서 취득가액 자체가 장부가액으로 관리된다. 취득가액 10억원으로 가정(감가상각 미고려)하면 **50**억원(**60**억원 − **10**억원)이 자산처분이익으로 계산된다. 이 처분이익에 대해 법인세를 **10.5**억원[세율 **21%**(지방세 포함) 가정]을 납부하게 된다.[12)]

---

1. 피상속인의 취득가액(제97조 제1항 제1호에 따른 금액) × 해당 자산가액 중 가업상속공제가 적용된 비율(이하 이 조에서 "가업상속공제적용률"이라 한다)
2. 상속개시일 현재 해당 자산가액×(1 − 가업상속공제적용률)

12) 개인보다 적다고 생각할지 모르지만, 세금 납부 후 개인 자금으로 만드는 과정에서 배당소득세나 근로소득세를 납부하게 되므로 차이가 사례보다 크지 않다.

법인 매각(주식 매도)

국세청이 설명하고 있는 내용을 통해 주식 매각시 양도소득세 산정 방법에 대해 살펴본다.

참고 **기업상속공제재산에 대한 양도소득세 이월과세 도입**(소득세 §97의2, 상증령 §15 ㉑)

○ **(도입취지)** 상속인이 가업상속공제를 적용받은 재산을 추후 양도하는 경우 피상속인 보유기간 중 발생한 재산가치 상승분(자본이득)에 대해서는 양도소득세가 과세되지 않는 문제가 있어 이월과세 도입

• 양도소득세 계산 시 취득가액은 상속개시 당시 시가로 계산

父(피상속인) 주식 취득시	父(피상속인) 사망시	子(상속인) 주식양도시
1억원	100억원 ※ 가업상속공제 70억원	150억원 ※ 주식양도차익 50억원

* 가업상속공제 70억원은 상속세 과세가액에서 차감되고

** 50억원(150억원 - 100억원)에 대해서만 주식 양도세를 부담

○ **(적용방법)** 가업상속공제를 적용받아 상속세가 과세되지 않은 재산에 대해서는 피상속인의 당초 취득가액을 기준으로 양도차익을 계산하여 피상속인의 자본이득에 대해 과세

- 적용대상: 가업상속공제가 적용된 토지, 건물, 주식 등
- 취득가액: 피상속인의 취득가액

○ **(적용사례)**

가업상속공제를 적용받은 재산분에 대해서는 피상속인의 취득당시 취득가액으로, 가업상속공제를 적용받지 않은 재산분에 대해서는 상속개시일 현재 시가 등(상증법에 의해 평가한 가액)을 취득가액으로 하여 양도차익을 계산

피상속인 취득가액(10억원)	상속개시일 현재 시가(100억원)	상속인 양도가액(120억원)
[양도차익 구성]	← 피상속인분 양도차익 → 90억원(100 - 10)	← 상속인분 양도차익 → 20억원(120 - 100)

※ 가업상속공제분은 가업상속재산가액의 100%(100억원)으로 가정하면 100억원에 대한 이월과세 적용 시 양도차익 : 110억원(①+②)

① 피상속인 보유기간 중 양도차익 : 90억원 × 100% = 90억원

② 상속인 보유기간 중 양도차익 : 20억원

○ **(적용시기)** 2014.1.1. 이후 가업상속공제를 적용받는 재산분부터 적용

기업 설립	① 가업 상속	② 기업 매각
자본금 1억원	주식평가 100억원	150억원
	⇨	⇨
출자	상속세 0 (가업 100%)	양도차익(?)

구분	가업상속 받은 경우	가업상속 받지 않은 경우
양도가액	150억원	150억원
취득가액	1억원	100억원
필요경비[13]	1억원	1억원
과세표준	148억원	49억원
세율	25%	25%
산출세액	36억 85백만원	12억 10백만원
지방세	약 3억 68백만원	1억 21백만원
합계	약 40억 53백만원	13억 31백만원

시사점

자본이득세 과세방식에 따르면 결국 상속세율 구간과 양도소득세율 구간 차이에 따라 절세 여부가 달라진다. 일반적으로 **상속세율 구간이 40% 이상인 경우** 가업상속공제를 받는 게 유리하다.[14]

사례 1 - 법인기업

① 가정 : 주식 매각

- 자본금 1억원 설립, 주식평가액 10억원, 가업 외 상속재산 10억원
- 5년 뒤 주식평가액 15억원

② 가정 : 주식 매각

- 자본금 1억원 설립, 주식평가액 10억원, 가업 외 상속재산 15억원
- 5년 뒤 주식평가액 15억원

13) 증권거래세 0.35% + 기타비용(수수료) 가정 / 계산의 편의를 위해 기본공제(2.5백만원)는 생략
14) 누진공제액 등을 고려할 때 상속세율 30% 구간까지는 가업상속공제를 받지 않는 게 유리할 수 있다.

구분	가업상속 ○		가업상속 X	
	①	②	①	②
상속과세가액	2,000,000,000	2,500,000,000	2,000,000,000	2,500,000,000
일반상속공제	1,000,000,000	1,000,000,000	1,000,000,000	1,000,000,000
가업상속공제	1,000,000,000	1,000,000,000	–	–
과세표준	0	500,000,000	1,000,000,000	1,500,000,000
세율	0%	20%	30%	40%
누진공제액		10,000,000	60,000,000	160,000,000
산출세액	0	90,000,000	240,000,000	440,000,000
납부세액		87,300,000	232,800,000	426,800,000
양도가액	1,500,000,000	1,500,000,000	1,500,000,000	1,500,000,000
취득가액	100,000,000	100,000,000	1,000,000,000	1,000,000,000
양도차익	1,400,000,000	1,400,000,000	500,000,000	500,000,000
양도소득세	335,000,000	335,000,000	110,000,000	110,000,000
지방세	33,500,000	33,500,000	11,000,000	11,000,000
합계	368,500,000	368,500,000	121,000,000	121,000,000
총부담세액	368,500,000	455,800,000	353,800,000	547,800,000

사례 2 – 개인기업

개인의 경우 부동산 형태로 양도하게 되므로 일반 양도소득세율(6%~45%)이 적용되나, 장기보유특별공제가 되므로 법인과 마찬가지로 일반적으로 40% 구간에서 가업상속공제를 받는 게 유리하다.

〈가정〉 사례1 가정에서 – 부친 20년 전 1억원에 공장취득으로 가정하고 나머지는 동일 가정

구분	가업상속 ○		가업상속 X	
	①	②	①	②
상속과세가액	2,000,000,000	2,500,000,000	2,000,000,000	2,500,000,000
일반상속공제	1,000,000,000	1,000,000,000	1,000,000,000	1,000,000,000
가업상속공제	1,000,000,000	1,000,000,000	–	–
과세표준	0	500,000,000	1,000,000,000	1,500,000,000
세율	0%	20%	30%	40%

구분	가업상속 ○		가업상속 X	
	①	②	①	②
누진공제액		10,000,000	60,000,000	160,000,000
산출세액	0	90,000,000	240,000,000	440,000,000
납부세액		87,300,000	232,800,000	426,800,000
양도가액	1,500,000,000	1,500,000,000	1,500,000,000	1,500,000,000
취득가액	100,000,000	100,000,000	1,000,000,000	1,000,000,000
양도차익	1,400,000,000	1,400,000,000	500,000,000	500,000,000
장기보유공제	420,000,000[15)]	420,000,000	50,000,000	50,000,000
과세표준	980,000,000	980,000,000	450,000,000	450,000,000
세율	42%	42%	40%	40%
산출세액	375,660,000	375,660,000	154,060,000	154,060,000
지방세	37,566,000	37,566,,000	15,406,000	15,406,000
합계	413,226,000	413,226,000	169,466,000	169,466,000
총부담세액		500,526,000	402,266,000	596,266,000

☞ 단순비교는 어려우나 개인기업의 부동산 양도보다 법인의 주식 양도가 세부담이 적을 수 있음을 알 수 있다.

개인기업의 법인전환

10년 이상 영위한 개인기업을 자녀에게 생전에 가업승계를 시키려면 법인만 가능하다. 이때 사업양수도나 현물출자의 방법으로 법인전환하여 부동산(공장 등)을 이전하는 경우 양도소득세 이월과세를 적용받을 수 있다. 이월된 양도소득세는 이를 양수한 법인이 양도할 때 납부하게 된다.
이 법인의 주식을 자녀에게 가업승계증여특례로 증여하는 경우 사후관리 위반(5년 이내 50% 이상의 법인 주식을 처분)에 해당되지 않아 양도소득세를 추징하지 않는다.

15) 피상속인 취득일 기준으로 보유기간 계산(소득세법 §95 ④ 단서)

납부유예제도

2023년부터 가업상속공제 또는 가업승계(주식) 증여세 과세특례를 적용받지 않은 '중소기업'에 한하여 상속인(수증자)이 상속재산(수증 주식)을 처분(양도 · 상속 · 증여)할 때 세금을 납부하는 제도가 신설되었다.

자본이득세의 일종으로 볼 수 있다.

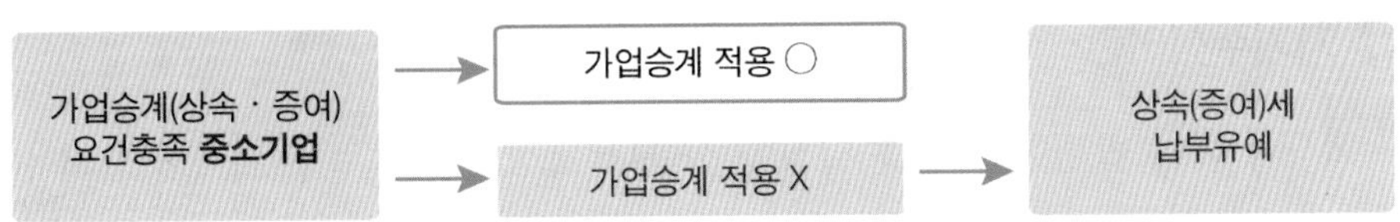

$$\text{* 납부유예 가능세액} = \text{상속(증여)세 납부세액} \times \frac{\text{가업승계 재산가액}}{\text{총 상속(증여)재산가액}}$$

구 분		납부유예제도
적용 대상		중소기업 限
가업승계 재산 가액		한도 無
신청 및 허가		세무서장 허가 (담보제공)
사후관리	기간	5년
	업종 유지	제한 없음
	고용 및 총급여액 유지	5년 평균 70% 이상
	지분 유지	지분 유지

☞ 대분류 외 업종 변경을 고려하거나 고용유지가 어려운 경우 활용 가능

05 자기주식 취득은 어떻게 활용되나

근래 자기주식 취득을 통해 절세하려는 경우가 많이 늘고 있다. 어떤 매커니즘으로 절세되는지 알아보자.

자기주식이란

회사가 이미 발행한 주식을 일정한 사유나 특정 목적으로 재취득하여 보유하고 있는 주식(자기주식)으로 보통 자사주라 부른다.

2011.4.14. 회사는 **상법 제341조**에 따라 자기의 명의와 계산으로 일정한 금액 범위 내에서 법에서 정한 방식으로 자기주식을 취득할 수 있도록 개정되었다. 또한 자기주식의 처분기한을 없앰으로써 자기주식의 취득은 종전에 비하여 비교적 자유롭게 되었다.

기업회계기준

자기주식은 법인의 보유 의도와는 관계없이 미발행주식과 같이 **자본조정계정**으로 하여 **주주지분의 차감 항목**으로 회계처리 하도록 규정하고 있다.

자기주식 취득에 대한 세법해석[16)]

목적		소득구분	해석	세율
일시보유 (매매)	⇨	**양도소득**	자산거래	3억원 이하 20%, 3억원 초과 25% (지방세 별도)
소각 (자본감소)	⇨	**배당소득**	자본거래 (출자금 환급)	누진세율 6%~45% (지방세 별도)

16) 법인이 자기주식을 매입하는 경우 당해 법인에게 주식을 양도하는 주주의 소득이 양도소득에 해당하는지 배당소득에 해당하는지 여부는 그 거래의 실질내용에 따라 판단하는 것으로서, 그 매매가 **단순한 주식매매인 경우에는 양도소득에 해당**하는 것이나, **주식소각이나 자본감소 절차의 일환인 경우에는 배당소득(의제배당)**에 해당하는 것입니다. (서면1팀-177, 2005.2.3.)

✓ **문제**

- 비상장주식은 사실상 매매목적의 취득이 인정받기 어렵다.
- 소각할 경우 배당소득세로 종합과세되어 세부담이 크다.

컨설팅 ↔ 국세청 대응

- 배우자 간 증여는 6억원(10년간)까지는 증여세가 없다는 점을 활용하여 **배우자에게 증여 후 소각하는 방식으로 세금 부담없이 법인자금을 회수하는 컨설팅을 하게 된다.**
- 국세청은 배우자 증여 후 즉시 소각한 사례에서 실질과세원칙을 근거로 배우자에게 증여한 거래를 배제하고 증여자가 직접 법인에서 소각대금을 받은 것으로 보아 배당소득세를 과세한 사례가 계속 발생해 왔다.

쟁점 정리

국세청 주장	납세자 주장
배우자에게 증여한 후 즉시(수개월) 소각한 것에 대해 실질과세 원칙을 적용하여 실제 본인이 배당받은 것과 같은 것으로 보아 과세	절세방안의 일환으로 증여하고, 이후 소각 대금이 배우자에게 귀속되었다면 과세불가
[승소 이유] - 소각대금이 **증여자**에게 귀속 (가지급금 해결에 사용) - 상법의 절차를 지키지 않음 - 주식증여의 별다른 사업상 목적 없음 - 배우자증여공제 한도 감소는 현실화 되지 않은 손실	[승소 이유] - 소각대금이 **수증자**에게 귀속 - 주식증여는 납세자 선택 사항으로 세부담이 없다는 사정만으로 비합리적 형식이라 단정할 수 없음. - 배우자증여공제액 혜택을 못받는 손실 감수한 결과
서울행법 2023구합60162(2024.4.5.) 부산지법 2023구합20158(2023.7.13.) 울산지법 2022구합570(2023.9.7.)	서울행법 2023구합74345(2024.5.30.) 서울행법 2023구합68845(2024.5.24.) 수원고법 2023누14332(2024.4.5.)⇨확정

확정 : 대법원 2024두24659, 2024.9.12.

조심 2023서6845(2024.6.3.)

이 건의 일련의 행위 또는 거래는 법률상 유효하게 성립된 것으로 가장행위로 단정할 근거가 없고, 그 절차가 위법하다고 보기 어려운 점, 자녀들의 주식양도대금이 증여자인 청구인에게 반환되거나 청구인의 이익을 위하여 사용하였음이 객관적으로 확인되지 아니하고 이에 대하여는 처분청과 다툼이 없는 점, 그 밖에 청구인의 경우 고령자여서 자신이 사망한 후 상속재산 분쟁, 경영권 승계 문제 등에 관심이 커서 **조세회피목적 외에 다른 경제적 목적이 존재**하였을 것으로 보이는 바, 청구인이 세법규정이나 세법상 허용되는 제도 등을 활용하여 세금을 절약할 수 있는 범위 내에서 자녀들에게 쟁점 주식을 증여한 것을 이례적이라고 보기는 어렵고, 처분청과 같이 이 건 거래를 주식소각 후 현금증여 거래로 재구성할 경우 청구인과 자녀들이 부담하는 세액이 쟁점 주식가액 대비 지나치게 과중하다 할 수 있는 점 등에 비추어 이 건 처분은 잘못이 있는 것으로 판단됨

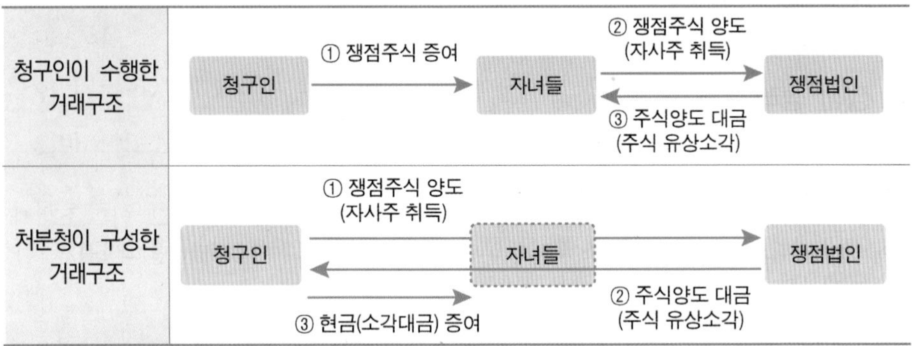

☞ 대법원 판결과 조세심판원 판결로 어느 정도 쟁점이 정리된 것으로 보인다.
(∵조세심판원에서 납세자가 승소하면 국세청은 항소 못함)

증여자 의제배당으로 과세 되지 않기 위한 요건

① 자기주식 취득 및 소각에서 상법상 적법절차를 거칠 것
② 소각 대금이 수증자(배우자)에게 귀속될 것
③ 거래 목적과 경위, 거래방식이 합리적 이유가 있을 것 (부수적)

이월과세 적용(국세청 대응)

2025.1.1. 이후 배우자 등에게 주식 증여하는 때는 수증자가 증여받은 때로부터 **1년 이내 양도할 경우 양도소득세 계산시 증여자의 당초 취득가액**을 적용한다. (**➪ 소각 – 배당소득 – 은 종전과 변동 없다)**

사 례

① 홍길동 2014년 1억원을 출자하여 주주 1인 회사를 설립하다. (액면가액 1만원, 발행주식 1만주)
② 은행에서 10억원을 차입하여 사무실을 취득하다.
③ 10년동안 매년 세후 9천만원의 순이익을 내고(➪ 이익잉여금 9억원), 예금으로 보유하다.
④ 이익잉여금(예금 보유)이 과다하여 상법상 절차를 거쳐 자기주식 5천주를 5억원(주식평가액)에 취득하다.
⑤ 홍길동의 연간 근로소득금액은 1억원이다.

사기주식 취득 전

재무상태표			
자산	10억원(예금)	부채	10억원
		자본금	1억원
	10억원(건물)	이익잉여금	9억원

* 부채비율 : 100% [10/(1+9)]

⇨

취득 후

재무상태표			
자산	5억원(예금)	부채	10억원
		자본금	1억원
		자본조정	**-5억원**
	10억원(건물)	이익잉여금	9억원

* 부채비율 : 200% [10/(1-5+9)]

자기주식 취득분 세금 계산

양도소득(매매)으로 볼 경우		배당소득(소각)으로 볼 경우	
양도가액	500,000,000	매도대금수령액	500,000,000
취득가액	50,000,000	주식취득가액	50,000,000
필요경비(증권거래세)	1,750,000	의제배당액	450,000,000
과세표준	448,250,000	근로소득금액	100,000,000
세율	25%	세율	40%
산출세액	97,062,500	산출세액	160,120,000
지방세	9,706,250	지방세	16,012,000
합계	**106,768,750**	합계	**176,132,000**

☞ 배당소득으로 보게 되면 부담이 약 1억원[17]이 증가함을 알 수 있다.

17) 건강보험료 35,640,000 (24년 요율 약 7.92%) 포함

배우자 증여 후 소각할 경우

배우자 증여		회사에 매도		자기주식 소각
주식 5억원		5억원		5억원
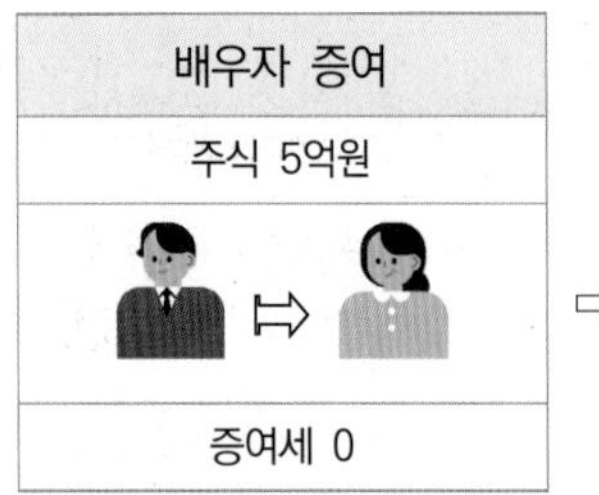	⇨		⇨	
증여세 0		세금 0		의제배당액(5억원 - 5억원=0)

☞ 취득한 해와 소각한 해가 다를 경우 의제배당이 생길 수 있다.

이익소각

회사가 배당가능이익의 범위 내에서 취득한 자기주식을 소각하는 것을 말한다. 법정자본금의 감소는 없으나[18], 주식 수가 감소하고 이익잉여금이 줄어들어 결국 자본이 감소되는 효과를 가져온다.

자기주식 취득 후

재무상태표

자산	5억원(예금)	부채	10억원
		자본금	1억원
		자본조정	- 5억원
	10억원(건물)	이익잉여금	9억원

* 부채비율 : 200% [10/(1 - 5+9)]

⇨

이익소각 후

재무상태표

자산	5억원(예금)	부채	10억원
		자본금	1억원
	10억원(건물)	이익잉여금	**4억원**

* 부채비율 : 200% [10/(1+4)]

이익소각도 '주식의 소각'에 해당 ➪ 소각은 배당이다

상법 제343조(주식의 소각) ① 주식은 자본금 감소에 관한 규정에 따라서만 소각(消却)할 수 있다. 다만, 이사회의 결의에 의하여 회사가 보유하는 자기주식을 소각하는 경우에는 그러하지 아니하다.

소득세법 제17조(배당소득) ② 제1항 제3호에 따른 의제배당이란 다음 각 호의 금액을 말하며, 이를 해당 주주, 사원, 그 밖의 출자자에게 배당한 것으로 본다.

1. 주식의 소각이나 자본의 감소로 인하여 주주가 취득하는 금전~~ (➪개인주주의 경우)

법인세법 제16조(배당금 또는 분배금의 의제) ① 다음 각 호의 금액은 다른 법인의 주주 또는 출자자(이하 "주주등"이라 한다)인 내국법인의 각 사업연도의 소득금액을 계산할 때 그 다

18) 자본금 유지가 필요한 건설회사의 경우 이익소각을 통한 가지급금 해결에 유용하다.

른 법인으로부터 이익을 배당받았거나 잉여금을 분배받은 금액으로 본다.
1. 주식의 소각, 자본의 감소, 사원의 퇴사·탈퇴 또는 출자의 감소로 인하여 주주등인 내국법인이 취득하는 금전~~~ (➪ 법인주주의 경우)

서울고법 2015누67474, 2016.10.5. ➪ 대법원 2016두56998, 2017.2.23. 확정

이익소각도 법인세법상 '주식의 소각'에 해당하며, 이 경우 의제배당으로 보아 과세할 때 '주식을 취득하기 위해 사용한 금액을 초과하는 금액'만 과세대상임

이익소각과 유상감자

구분	이익소각	유상감자
내용	배당가능 범위 내 취득한 자기주식 소각	주주에게 대금을 지급하고 회사 주식을 감소
효과	① 주식 수 감소 ② 자본 감소 ③ 부채비율 증가	① 주식 수 감소 ② 법정자본금 감소 ③ 부채비율 증가
절차	① 채권자 보호절차 × ② 이사회 결의(상법 §343)	① 채권자 보호절차[19] ○ (상법 §439) ② 주주총회 특별결의(상법 §438)
소득	의제배당(배당소득)	의제배당(배당소득)

활용

1. 상속세 납부 재원

상속재산 : 상장법인주식 평가액 30억원(이익잉여금 10억원),
부동산 - 15억원, 예금 - 5억원
상속인 : 배우자, 아들, 딸

구 분	금액	구분	금액
상속세과세가액	50억원	양도가액	10억원
상 속 공 제	11억원	취득가액	10억원
과 세 표 준	39억원	배당소득	0
산 출 세 액	14.9억원	0	
납 부 세 액	(약) 14.5억원		

19) 채권자에게 결의일로부터 2주 이내 감자에 이의가 있을 경우 1월 이상의 정해진 기간 이내 이의를 제출할 것을 공고하여야 한다. (상법 §232)

☞ **상속세 납부재원이 약 10억원이 부족하다.** 이 경우 상속받는 주식을 상속개시일부터 6개월 이내 소각 목적으로 양도하는 경우 양도소득(배당소득)이 0이 되어 추가 세부담 없이 상속세 납부재원을 마련할 수 있다. (제7장, 308p)

2. 법인의 유동자금 활용

- 회사 자금을 활용해 자녀에게 주택마련자금 5억원을 주는 경우
- 본인이 회사에서 배당받아 자녀들에게 주는 경우와 증여 후 소각 비교

주식증여 후 소각		본인 배당 후 증여			
주식증여	금액	배당	금액	현금증여	금액
증여가액	5억원	배당금액	5억원	증여가액	5억원
증여재산공제	5천만원	근로소득금액(가정)	2억원	증여재산공제	5천만원
과세표준	4.5억원	종합소득	7억원	과세표준	4.5억원
산출세액	0.8억원	산출세액(배당분)	약 1.6억원	산출세액	0.8억원
세후 가처분소득	약 4.2억원	세후 가처분 소득			2.6억원

☞ 조심 2023서6845(2024.6.3.)가 이 사례에 해당한다.[20)]

[법령해석사례]

구분	해 석	설 명
소득구분	주식의 매도가 자산거래인 주식 양도에 해당하는지 또는 자본거래인 주식소각이나 자본 환급에 해당하는지는 법률행위 해석의 문제로서 거래의 내용과 당사자의 의사를 기초로 판단해야 하지만, 실질과세의 원칙상 단순히 계약서의 내용이나 형식에만 의존할 것이 아니라, 당사자의 의사와 계약체결의 경위, 대금의 결정방법, 거래의 경과 등 거래의 전체 과정을 실질적으로 파악하여 판단해야 한다. 부동산임대업용 토지 매각대금으로 아무런 처분대책 없이 자기주식 취득하고, 소각 때까지 (1년 3개월) 처분을 위하여 노력하지 않아 매매거래가 아니라 자본거래에 해당 (대법원 2016두49525, 2019.6.27.)	- 2011.1.12. 임시주주총회 57억원(지분 49.8%)에 자기주식 취득 - 2012.4.5. 임시주주총회 자기주식 소각결의 - 2012.5.10. 자본감소등기 ☞ 자기주식을 취득한 전후 그 처분에 관한 아무런 대책도 세우지 않았던 점과 처분 노력을 하지 않은 점 등을 중시하여 자기주식 취득이 자본감소 절차의 일환으로 이루어진 것이라고 판단. ✓ 배당소득 수입시기는 소각결의일 (2012.4.5.) 기지급한 57억원은 업무무관가지급금[21)]

20) 부동산임대업 법인의 주식을 증여 후 소각한 건으로 '실질과세원칙'과 '이익소각'에 대한 개념을 이해하고 절세 아이디어를 얻는 데 도움이 되니 판례문을 찾아 전체 내용을 읽어보길 권한다.

구분	해 석	설 명
배당가능 이익	상법상 자기주식 취득 목적 통지를 누락한 것은 당연무효에 해당하지 않으며, 배당가능이익을 재원으로 한다는 것의 의미는 차입금으로 자기주식을 취득하는 것이 허용되지 않는다는 것을 의미하지는 않음. (대법원 2017두63337, 2021.7.29.) **사실관계** - 2012.10.23. 이사회결의 - 2012.10.23. 주주통지(자기주식 취득의 목적, 주식 1주를 취득하는 대가로 교부할 금전의 산정 방법, 양도의 대가로 금전 등을 교부하는 시기를 누락) - 2013.11.27. 10억원 (신용대출 받은 자금) 자기주식 취득	- 법인이 모든 주주들에게 자기주식 취득의 통지를 하였다면 비록 자기주식 취득과 관련한 **일부 사항을 통지에서 누락하였다고 하더라도 자기주식 취득을 무효라고 볼 수 없다**. - 배당가능이익의 의미와 관련하여 회사가 당기에 배당할 수 있는 한도를 의미하는 것이지 회사가 보유하고 있는 특정한 현금을 의미하는 것이 아니다. 따라서 차입금으로 자기주식을 취득하는 것이 가능하다.

[자기주식의 취득절차]

구 분	내 용	조문(상법)
이사회 소집	이사회소집통지서 발송(안건 자기주식취득 건) - 개최 1주일 전 감사 및 이사 전원의 동의로 언제든지 개최 가능	법 §390 ③ 법 §390 ④
이사회개최	자기주식취득결의, 임시주총 소집결의	법 §362
임시주총소집	임시주주총회 소집통지서 발송 - 총회 2주일 전 총주주 동의로 생략 가능(막도장 가능)	법 §363 ①
임시 주주총회 결의	주주총회의 보통결의(출석한 주주의 의결권의 과반수와 발행주식 총수의 4분의 1 이상의 수로서 결의하는 것) 1. 취득할 수 있는 주식의 종류 및 수 2. 취득가액의 총액의 한도 3. 1년을 초과하지 아니하는 범위에서 자기주식을 취득할 수 있는 기간 주총의사록을 작성할 경우 공증 받아 입증 서면 결의서로 대체 가능(총주주의 동의) 인감도장 날인 및 인감증명서 첨부(3개월 이내 것)	법 §341 ②
이사회소집	이사회소집통지서 발송(자기주식 취득 건) - 개최 1주일 전 감사 및 이사 전원의 동의로 언제든지 개최 가능	법 §390

21) 자기주식 취득을 매매로 거래한 후 의제배당으로 보게 되면 이미 지급한 주식대금은 업무무관가지급금이 되어 인정이자 상당액을 법인세로 과세하고 개인주주는 상여(배당)처분되어 소득세를 내게 된다.

구 분	내 용	조문(상법)
결산	**주주총회 개최 전 기준 결산**	
이사회 결의 (주총결의)	• 다음 사항을 결정(이사회 없으면 주주총회 결의) 1. 자기주식 취득의 목적 2. 취득할 주식의 종류 및 수 3. 주식 1주를 취득하는 대가로 교부할 금전이나 그 밖의 재산의 내용 및 그 산정 방법 4. 주식 취득의 대가로 교부할 금전 등의 총액 5. 20일 이상 60일 내의 범위에서 주식양도를 신청할 수 있는 기간 6. 양도신청기간이 끝나는 날부터 1개월의 범위에서 양도의 대가로 금전 등을 교부하는 시기와 그 밖에 주식 취득의 조건	영 §10 1호
주주에 대한 양도 통지 및 공시	양도신청기간이 시작하는 날의 2주 전까지 각 주주에게 **회사의 재무 현황, 자기주식 보유 현황 및 이사회 결의사항을 서면**으로 또는 각 주주의 동의를 받아 전자문서로 통지	영 §10 2호
	양도 신청 기간 (20～60일 내)	
주주의 양도신청	양도하려는 주주(양도 여부는 전적으로 주주의 의사에 달려있음)는 양도신청기간이 끝나는 날까지 양도하려는 주식의 종류와 수를 적은 **서면으로 주식양도를 신청**	영 §10 3호
계약의 체결	양도 신청 주주와 회사의 주식 취득 계약 체결	영 §10 4호
대금의 지급	양도신청기간 종료 후 1개월 내 매매대금 지급	영 §10 1호
서류의 비치	자기주식을 취득한 회사는 지체 없이 취득 내용을 적은 자기주식 취득내역서를 **본점에 6개월간 비치**(언제든지 열람가능, 등본이나 사본 교부청구 가능	영 §9 ②
세금신고	양도소득세 및 증권거래세 분기 말 **2개월 이내** 신고·납부	

☆ 3인 이상의 이사가 있어야 이사회가 성립됨(상법 §383)에 주의

[고려아연 사건]

① 회사측	② MBK측
고려아연과 베인캐피탈이 10월 4일부터 23일까지 진행한 고려아연 자기주식취득 공개매수 청약 결과 발행주식의 총 11.26%에 해당하는 233만 1,302주가 청약했다.	MBK · 영풍 연합의 공개매수 장점은 시기가 빠르다는 점이다. 이날(10월 14일) 공개매수가 마감되는 MBK · 영풍 연합과 달리 고려아연의 자사주 공개매수는 이달 23일에야 끝난다.
고려아연은 이번 공개매수를 통해 매입하는 자사주를 모두 소각해 주주가치를 제고하겠다고 약속한 바 있다.	고려아연의 자사주 공개매수 이점은 가격이다. MBK · 영풍 연합이 제시한 주당 공개매수 가격(83만원)보다 고려아연이 제시한 자사주 공개매수 가격(89만원)이 더 높다.

세금(국세청 주식과 세금)

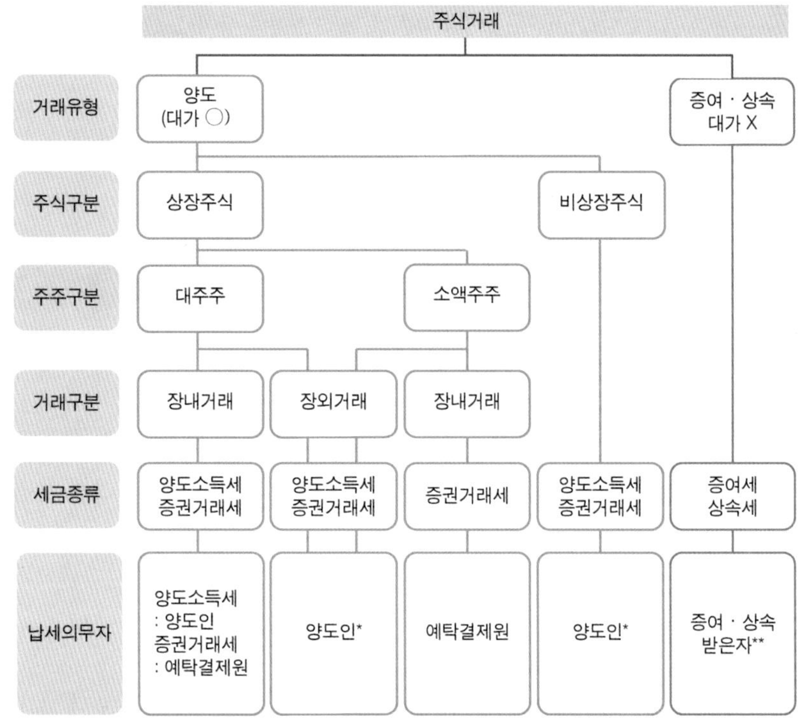

배당소득세	양도소득세
∵ 소각	소액주주도 과세

☞ 공개매수는 장외거래로 양도소득세나 배당소득세가 과세된다. 금융소득종합과세(배당소득)까지 고려하면 MBK의 매수조건이 유리할 가능성이 크다.

06 업종전환 함부로 하면 가업승계 지장 생긴다

가업승계 증여특례 혜택이 많아져 적용을 고민하는 경우가 많아지고 있다. 가업상속을 받을 수 있는데 굳이 세금을 내면서 증여해야 할지 애매할 수 있고, 미래의 상황과 연결되기 때문에 명확하기 유불리를 따지긴 어렵다. 다음 사례는 업종변환 했다가 낭패 볼 수도 있음을 보여준다. 그동안 언급한 상속 증여 지식을 종합하여 판단하여야 하는 사안이다.

> **“어린이 줄자 ‘유치원 → 요양원’ 전환 증가세…5년새 56% 늘어” 연합뉴스**
> 출산율이 낮아짐에 따라 어린이집이나 유치원, 산후조리원 등이 노인 장기요양기관으로 바뀌는 사례가 꾸준히 증가하는 것으로 나타났다.
> ~(2024.10.8.)

사고모형을 통해 생각을 정리해 보자.

유치원 → 요양원 전환하면 가업승계는 어떻게 되나?

왜	저출산으로 운영 불가 → 가업상속 무의미
대책	요양원 전환 → 가업승계 방안
검토	관련 법령 검토
결정	최선(안) 도출

연결하고 조합하라

하늘 아래 새로운 건 없다고 한다. 창의성은 연결하고 조합하는 데서 나온다. 저출산 고령화가 현실로 닥친 상황에서 최선의 방안을 찾아 살아갈 궁리를 하는 게 당연하다. 신문 기사와 경험(시행착오)을 토대로 그동안 배운 지식이 어떻게 활용하는지 **종합사례**로 풀어 본다. 정보가 지식이 되고 지식이 부(富)로 연결되는 과정을 통해 절세 아이디어를 얻는 계기가 되기를 바란다.

종합사례

[사연]

유치원을 25년간 운영해 온 조수민은 원아 모집이 힘들어 유치원을 폐원하고 요양원으로 업종을 변경할 예정이다. 남편과 결혼한 아들과 딸(35세)이 있는데 본인 나이(65세)도 있고, 추후 상속을 생각해 요양원은 딸(성혜원)이 운영했으면 하는 바람이다. 업종을 변경하는 시점에 딸에게 재산을 증여하고 싶은데 세금이 많이 나올까 걱정이다.

재산 현황		법률 검토		절세방안
 인테리어 & 설비 10억원	⇨	소득(법인)세법 상증세법 조세특례제한법	⇨	세금계산 자금조달 운영방안

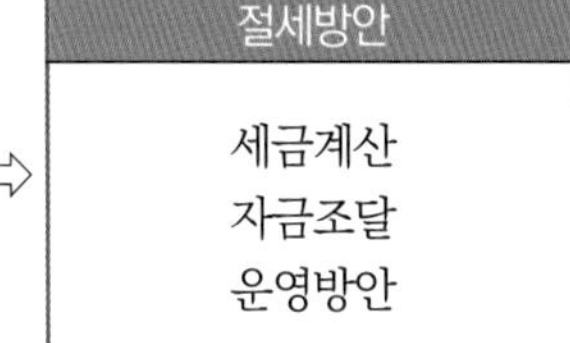

[재산평가]

1순위	시가원칙	매매 · 감정가액 없음. (매도 희망가 30억원)
2순위	유사사례가액	특수용도 부동산으로 확인 안 됨
3순위	기준시가	토지개별공시지가 12억원, 건물기준시가 8억원 ⊙

☞ 시가나 유사사례가액 확인 안 되므로 기준시가 적용(제3장 · 04, 131P)

개인재산 현황

증여자	수증자
아파트 5억원, 예금 5억원	자금출처 5억원, 마이너스대출 2억원

목표	1. 최선의 방안 찾기 2. 요양원 운영을 통한 딸의 소득 발생
검토	• 유치원 증여시 세금 • 인테리어 비용(10억원) 조달 : 유치원 담보대출 + 사업자금대출 등 • 절세 방안

세법검토

① 증여세 계산

구 분	토지+건물 증여	토지+건물+인테리어
증여재산 가액	2,000,000,000	3,000,000,000
증여재산공제	50,000,000	50,000,000
과세표준	1,950,000,000	2,950,000,000
세율	40%	40%
누진공제	160,000,000	160,000,000
산출세액	620,000,000	1,020,000,000
신고세액공제	18,600,000	30,600,000
납부세액	601,400,000	989,400,000
판단	자금출처 초과	세금 多(실행 불가)

② 절세방안

건물 저가양수도

세부담이 과다하므로 건물만 증여하는 방안 검토
토지 무상사용에 따른 증여이익(제3장 · 06, 140P) → 13억원 이하 증여세 ×

1. 증여와 저가 양수(제4장 · 09, 187P) 비교
   - (시가 − 대가) ＞Min(시가의 30% or 3억원) 이므로 5.6억원까지 가능
     자금출처 확인되는 자금 5억원이므로 부족한 자금 마이너스 내출
     ➤ 소유권 이전 후 건물 담보대출 or 마이너스 대출
   - 양도소득세 부당행위계산 부인(제4장 · 09, 188P) (∵ 시가 5% 이상 차이)

2. 세부담 비교

구 분	저가양도	구 분	건물만 증여
양도가액	800,000,000	증여재산 가액	800,000,000
취득가액(환산)	500,000,000	증여재산공제	50,000,000
필요경비(개산)	15,000,000	과세표준	750,000,000
양도차익	285,000,000	세율	30%
장기보유특별공제	85,500,000	누진공제	60,000,000
양도소득금액	199,500,000	산출세액	165,000,000
기본공제	2,500,000	신고세액공제	4,950,000
과세표준	197,000,000	납부세액	160,050,000
산출세액	54,920,000		

구 분	저가양도	구 분	건물만 증여
지방세	5,492,000		
납부세액(합계)	60,412,000	절세액	△99,638,000
납세의무자	조수민(모)		성혜원(딸)

☞ 절세와 함께 세부담(양도소득세)도 모친이 하므로 채택 ○

인테리어 및 설비자금 10억원

자금조달 방안

1. 부동산담보대출

은행에서 감정평가를 할 경우 시가 적용 가능성 ➞ 증여세 과세표준 증가
건물 자체만으로는 10억원 대출받을 수 없다.

2. 모 소유 토지 담보대출

타인의 부동산을 무상으로 담보로 이용한 경우(제3장 · 06, 141P)
→ 토지 감정평가(20억원 가정)의 50% 대출가정 - 10억원 대출(이자율 3.7%)
10억원 × (4.6% - 3.7%) = 9백만원 (증여세 과세 ×) → 채택 ○
▸ 1천만원 미만이어야 하므로 1천만÷10억원=1% 이내 이자율 가능
10억원 × (4.6% - 3.5%)=11백만원 (증여세 과세 ○) → 채택 ×

➤ 보통 기준시가가 시가의 60%~70% 수준임.
→ 토지를 증여할 경우 : 국세청 감정평가 의뢰(제5장 · 02, 207P) 가능성 ○
→ 토지를 증여하지 않는 경우 : 국세청 감정평가 의뢰 ×

3 증여특례 적용 여부

가업승계증여특례(조특법 §30의6)

개인기업은 적용 불가(제5장 · 06, 241P) → 채택 ❎

창업자금증여특례(조특법 §30의5) [제4장 · 10]

1. 요양원 창업해당 업종 여부

창업업종확인(조특법 §6)
③ 창업중소기업과 창업벤처중소기업의 범위는 다음 각 호의 업종을 경영하는 중소기업으로 한다.
12. 사회복지 서비스업

한국표준산업분류표	사회복지서비스업	87111(노인요양복지시설)

요양원 창업 업종 ○

2. 양도소득세 과세대상이 아닌 재산 → **부동산(유치원 자체) 제외**

↳ (제4장 · 10, 193P) → ∴ **현금증여** ○

모친의 현금이 5억원과 부친의 현금 5억원 증여 → **증여세 5천만원**[22)]

3. 사후관리 주의

10년 이내 폐업 또는 휴업 → **일반 증여세+이자상당액 납부**

4. 상속재산 합산

증여인 사망시 상속세 과세가액에 가산 → **부 · 모 각각 증여 유리**[23)] (분산하라!)

[채택(안)]

건물만 저가양수
매매가액 : 5.6억원(딸이 부담)
양도소득세 : 0.6억원(모친 부담)

\+

창업자금증여특례
부와 모 각각 5억원씩 증여
증여세 : 0.5억원(딸 부담)

 ☒ 노인복지법 검토

» 요양원 설립 요건

노인복지법 시행규칙

제20조(노인의료복지시설의 설치신고 등) ① 법 제35조 제2항에 따라 노인의료복지시설을 설치하려는 자는 별지 제16호서식의 노인의료복지시설 설치신고서(전자문서를 포함한다)에 다음 각 호의 서류(전자문서를 포함한다)를 첨부하여 특별자치시장 · 특별자치도지사 · 시장 · 군수 · 구청장에게 제출해야 한다.

1. 설치하려는 자가 법인인 경우에는 정관 1부
2. 위치도 · 평면도 및 설비구조내역서 각 1부
3. 입소보증금 · 이용료 기타 입소자의 비용부담 관계서류 1부
4. 사업계획서(제공되는 서비스의 내용 및 의료기관과의 연계에 관한 사항을 포함한다) 1부
5. 시설을 설치할 토지 및 건물의 소유권을 증명할 수 있는 서류(노인요양공동생활가정, 입소자로부터 입소비용의 전부를 수납하여 운영하려는 노인요양시설 및 보건복지부장관이 지정하여 고시하는 지역에 설치하는 입소자 30명 미만의 노인요양시설의 경우에는 사용권을 증명할 수 있는 서류로 갈음할 수 있으며, 특별자치시장 · 특별자치도지사 · 시장 · 군수 · 구청장이 「전자정부법」 제36조 제1항에 따른 행정정보의 공동이용을 통하여 소유권 또는 사용권에 대한 정보를 확인할 수 있는 경우에는 그 확인으로 첨부서류를 갈음한다) 각 1부

※ 토지와 건물 확보 조건 (소유자 다르면 불가)[24)]→ 건물만 증여 불가

22) [10억원(부모 동일인) -5억원] × 10%

23) 부와 모의 상속재산 규모(상속세율 차이)에 따라 단독 상속이 유리한 경우도 있다.

토지 · 건물 증여 또는 매매	증여세 과다, 자금부족으로 불가 ➜ 채택 ☒
모(부동산 제공) + 딸(인테리어비용 & 노무출자) 동업 가능 여부 검토	부동산 사용권 출자로 양도소득세, 증여세, 소득세(부당행위) 문제 해결 (제3장 · 06, 143P) 관할구청 동업 불가(소유와 경영분리) 통보 → 채택 ☒

4 가업상속공제 [제5장 · 06]

1. 유치원 가업상속공제 대상 여부 확인

가업상속공제 적용받는 업종 (상증령 §15 ①) ➜ 공제대상 업종 ○

파. 교육서비스업(85)	교육서비스업(85) 중 유아 교육기관(8511)
하. 사회복지 서비스업(87)	사회복지서비스업 전체

2. 업종 변경(유치원 → 요양원) 해도 공제 가능한지 확인

상증법 시행령 제15조 제3항 나목

나. 법 제18조의2 제1항 각 호 외의 부분 전단에 따른 가업(이하 "가업"이라 한다)의 영위기간[별표에 따른 업종으로서 「통계법」 제22조에 따라 통계청장이 작성 · 고시하는 **표준분류(이하 "한국표준산업분류"라 한다)상 동일한 대분류 내의 다른 업종으로 주된 사업을 변경하여 영위한 기간은 합산한다**] 중 다음의 어느 하나에 해당하는 기간을 대표이사(개인사업자인 경우 대표자를 말한다)로 재직할 것

종 전	변 경	대분류
파. 교육서비스업(85)	하. 보건업 및 사회복지서비스업(86~87)	
85110(유아교육기관)	87111 (노인요양복지시설)	파 ➜ 하 (합산 ×)

☞ 유치원운영 기간 합산하지 못하므로 피상속인이 10년 이상 요양원을 영위하여야 함.[25]

3. 상속개시 전 2년 이상 가업 종사 (상속인)

4. 사후관리 주의

5년간 자산유지+가업종사+지분유지+고용유지

---

24) 토지와 건물 소유자가 다를 경우 해당 건물에 요양시설을 설치할 수 없다는 법제처의 해석이 나왔다. (2021.7.9. 데일리메디 기사)

25) 피상속인이 가업을 영위하다 주된 업종을 변경한 경우 가업영위기간이 10년인지 여부는 업종 변경 후 최초로 재화 또는 용역을 개시한 날부터 10년의 요건을 판단하는 것임. (기준법령해석재산 2015-227, 2015.10.28.)

가업상속공제
• 모친이 계속 10년 이상 운영 (가업승계 증여특례 불가)
• 장점 요양원에 대한 상속세 無 당장 납부하는 세금 無 세법 개정으로 혜택 증가 가능성
• 단점 자녀의 소득원 발생 곤란 → 시설장 근무(?) (생전) 요양원 매각 불가 (사후) 사후관리 경과 후 매각시 양도소득세 추가 납부 미래 불투명(사업 전망과 **수명**) → 가업상속 여부 불분명

일반증여+창업자금증여특례
• 부와 모 각각 5억원씩 증여 증여세 : 0.5억원(딸 부담) • 토지 & 건물 일반 증여세 : 6억원
• 장점 증여로 상속인 분쟁 예방 딸의 소득원 발생 10년 후 매각 가능(개인 자산화)
• 단점 납부하는 세금 많다. (→ 요양원 운영 수익으로 상쇄?) 창업자금 5억원은 상속세 과세가액 가산 (→ 모친의 상속재산 적어 부담 크지 않다) 증여할 자금이 없다면 실행이 어렵다.

[가업상속공제 후 10년 뒤 양도 가정]

구 분	가업상속공제	일반증여
양도가액	50억원	50억원
취득가액	**10억원**	**20억원**
양도차익	40억원	30억원
장기보유특별공제	12억원	9억원
과세표준	28억원	21억원
산출세액	약 11.9억원	약 8.8억원
지방세	약 1.2억원	약 0.9억원
합계	약 13.1억원	약 9.7억원

➲ 20~30년 뒤 양도소득세 부담 차이가 현재 납부하는 증여세(6.5억원)보다 많지 않아 세부담 측면에서는 가업상속공제를 선택하는 의사결정이 타당해 보인다. 단, 미래가 불투명한 상태에서 10년간 다시 요양원을 경영해야 하고 사망 때까지 기다려야 되는(**개인사업자는 가업승계 증여특례 적용 불가**) 문제가 있다.
결국, 본인의 결단으로 선택할 수밖에 없는 상황으로 판단된다.

» 유치원에서 요양원 전환은 10년 이상 경영하여야 가업상속공제 받을 수 있으니 주의하여야 한다.

구분	의사결정 과정
1단계	사실관계 확인(재산 현황 · 목표 선정) • 당사자의 재무현황과 원하는 결과(계획서)를 결정 ☞ 사실관계 파악이 제대로 되어야 현명한 의사결정이 가능하다. (스스로 1~2 페이지로 요약해 보라)
2단계	관련 법률 검토 • 제1장(민법이 먼저다)에서 밝혔듯이 사업 관련 법률부터 먼저 검토해야 한다. 예 노인복지법 조항 검토를 선행해야 시행착오가 없다. ☞ 세법만 검토하면 큰 착오가 발생할 수 있다.
3단계	세금 계산 및 절세방안 검토 • 관련 조문을 최대한 연결하여 절세방안 찾기 ☞ 절세는 종합예술이다.
4단계	의사결정 • 모든 자료를 검토한 뒤 본인에게 가장 좋은 방안 선택 ☞ 명백하게 결론이 도출되는 경우는 드물다. 선택은 본인의 몫이다.
교훈	필자가 상담한 내용과 요즘 벌어지는 사회현상에 착안하여 각색한 것으로, 세무사가 세법만 알아서는 안 된다는 사실을 깨닫게 해준 사례다. 고객의 선택을 지켜보며 왜 그런 결정을 내렸는지 들어보면 많은 시사점과 깨달음을 준다. 절세는 납세자와 세무사 간의 공진화의 산물이다.

» 절세방안 도출방법을 잘 보여주고, 다른 업종의 경우 활용 가능한 내용이 많아 실었다. 아무쪼록 도움이 되기를 바란다.

07 세법 개정되면 가족법인은 이제 무용지물?

성실신고대상 법인의 법인세율을 19%로 인상하고, 세법이 개정되어[26] 자본거래에 대해 증여세가 과세되면, 이제 가족법인은 무용지물로 오해하는 경우가 있다. 가족법인이 왜 필요한지 근본적 질문을 가져야 한다.

법인이 왜 필요한가

> "실제로 기업의 역사는 손쉽게 파악할 수 있는 대상이 아니다. ~생략~
> 이런 와중에 기업이 위력을 발휘하게 된 배경을 결코 생산성이라고만 말할 수는 없다. 기업도 인간에게 부여된 온갖 법적 지위를 똑같이 향유할 수 있도록 의인화했다는 데서 찾아야 한다. 생리적인 수명이 없었기 때문에 대를 이어가면서 불멸이라는 특권을 누릴 수가 있어 사회의 다른 구성원들은 물론, **특히 정부의 시샘을 사는 경우가 많았다.**"
> -〈기업, 인류 최고의 발명품〉- 존 미클스웨이터 외1

필자가 절세의 원리는 분산이라고 했다. 그런데 사람을 나눌 수는 없지 않는가? (절세하겠다고 자식을 더 둘 수도 없는 노릇이고~)

그런데 사람과 똑같이 대우해 주고, 거기다가 불멸이라는 특권까지 가진 존재가 있다. 그게 **바로 법인**이다. 책 제목처럼 인류 최고의 발명품이 아닐 수 없다.

정부의 시샘

성실신고대상 법인은 대부분 가족만을 위한 법인으로 고용창출이나 사회적 기여도가 적으니 패널티를 준다고 보면 된다. 그럼에도 불구하고 현재 본인의 소득이 고소득이거나 고액의 자산이 있다면 여전히 가족법인을 통한 분산효과로 절세할 수 있다.

26) 탄핵사태로 세법 개정이 무산되었으나 조만간 개정될 것으로 예상된다.

법인 활용 사례

• 유류분 해결(제8장 · 01, 337P)

구분		내 용
매매[27]	⇨	저가 양수로 법인이 취득하면 유류분산정 재산에서 제외
증여	⇨	쌍방이 손해를 가할 것을 알고 한 증여가 아니면 1년 이후 제외

• 임대업 법인

소득분산 효과 & 자녀가 지분이 많은 법인 (제6장 · 01, 256P)

• 창업자금 법인 설립

유망한 사업 아이템이 있다면 법인설립[28] 통해 자녀 자금 지원가능

☞ 적절한 주주구성으로 법인에 무상대출 (제6장 · 01, 259P)

• 유증

법인에게 유증하여 상속세 절세 (제5장 · 05, 239P)

- 절세 금액이 적더라도 손자들 지분이 많은 경우 실익 있다.

• 초과배당

법인이 다른 법인의 주주로서 초과배당을 받을 수 있다.[29]

• 상속인별 별도 법인 설립

회사가 커지면 분할하는 경우도 있는데, 처음부터 상속인(아들, 딸)별로 별도 회사를 설립하는 방안으로 자연스럽게 지분을 정리할 수 있다.

• 자본거래 및 특수관계 법인간 거래를 통한 이익제공

절세원리는 분산이다. 법인을 통해 분산이 가능하다.

27) 상속인(개인)의 경우에도 자금원이 있다면 매매방식으로 유류분 해결 가능

28) 창업자금을 공동사업 또는 당해 거주자가 발기인이 되어 설립한 법인에 출자한 경우에는 창업자금에 대한 증여세 과세특례를 적용받을 수 있으며, 자금을 법인에 출자한 사실만으로 창업목적에 사용한 것으로 보지 않음. (서면4팀-1743, 2007.5.29.)

29) 법인이 다른 법인의 주주로서 초과배당을 받았다고 해서 초과배당을 받은 법인의 개인주주가 별도로 상속세 및 증여세법 §41의2의 초과배당에 따른 이익의 증여규정에 따라 증여세 과세대상에 해당하지 아니하는 것임. (서면법규재산 2022-3155, 2023.3.23.)

개정세법(안)

특정법인과의 거래를 통한 증여의제 범위 확대(상증법 §45의5 ①)

현 행	개정안
□ 특정법인*이 지배주주의 특수관계인과의 거래를 통해 이익을 얻은 경우 지배주주등이 증여받은 것으로 보아 증여세 과세 * 지배주주등(지배주주+친족)의 직·간접 주식보유 비율이 30% 이상인 법인	□ 증여의제 범위 추가
○ 과세대상 거래 – 재산·용역 무상 제공 또는 고·저가 거래 – 채무 면제·인수·변제 – 시가보다 낮은 가액으로 현물출자	○ (좌 동)
〈추 가〉	– 자본거래를 통한 이익 분여
○ 증여의제이익의 계산 – (계산식) [거래이익 – 법인세상당액] × 주주 등의 지분율 – (한도) [주주에게 직접 증여한 경우의 증여세 – 법인세상당액]	○ (좌 동)

➡ 개정이유 : 증여의제 범위 조정
➡ 적용시기 : 2025.1.1. 이후 거래하는 분부터 적용

상증법이 부결되었지만, 세법 개정(안)이 도입되면 가족법인이 무용지물이라는 표현이 나온 건 자본거래를 통한 부분이다. 자본거래를 통한 컨설팅이 성행하여 국세청에서 이 자본거래를 통한 이익의 무상이전에 대해 과세하겠다는 것이다.

자본거래란

자본거래는 법인의 사업활동으로 발생하는 자산(손익)거래와 달리 회사의 **자본인 자본금 또는 출자금, 잉여금 등을 변동시키는 거래(증자, 감자, 합병, 분할 등)**를 말하며, 넓게는 주주들 간 주식이 변동되는 내용까지 포괄한다. 국세청에서는 주식변동이라고 표현하기도 한다.

자본거래는 주식(또는 출자지분)과 관련이 있으며, 이 주식을 거래하는 과정에서 특정 주주에게 유리한 조건의 지분구조가 발생하기도 하고, 법인자산이 주주에게 이전되기도 한다.

⁘ 사 례

사전법규재산 2023-276, 2023.6.8.

특정법인(B)이 주주인 내국법인(A)이 유상감자를 실시하는 경우로서 내국법인(A)의 주주 중 개인 주주만 저가 유상감자에 참여하여 특정법인(B)이 이익을 분여 받은 경우, 특정법인(B)의 지배주주인 갑과 을에 대해서는 증여세를 과세할 수 없는 것임.

해설

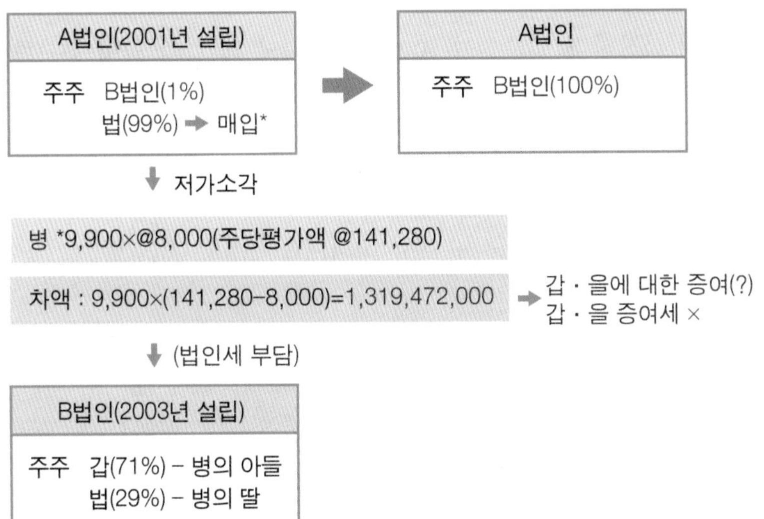

☞ 저가 감자로 13억원 가량의 이익을 B법인이 받았는데 그 이익의 궁극적 주체인 갑과 을에 대한 증여세는 과세하지 않는다는 것

구분	감자(자본)거래	구분	직접 증여	
			갑	을
거래이익	13억원[30]	증여가액	994백만원[31]	406백만원
산출세액	227백만원[32]	증여공제	50백만원	50백만원
지방세	22.7백만원	과세표준	944백만원	356백만원
합계	약 250백만원	산출세액	223백만원	61백만원

☞ 증여세 납부세액 자금조달까지 고려하면 직접 증여보다 저가감자가 유리함을 알 수 있다. 세법 개정(안)은 갑과 을에게 [직접 증여한 경우의 증여세-법인세 상당액]만큼 과세하겠다는 것이다.

30) 13억원으로 가정하여 약식 계산
31) 9,900주 × @141,280 ≒ 14억원 × 71%
32) 신설법인으로 소득이 없다고 가정하여 13억원에 대한 추가납부 세액

세법이 개정되면

앞으로 자본거래(증자, 감자, 합병, 분할)를 통한 절세는 힘들어진다. 필자가 강조하는 것은 절세원리는 분산이고, 법인을 활용하면 분산이 가능하다는 것이다. 법인은 다양하게 활용할 수 있으므로 가족법인으로 소득과 주주를 분산하여 절세를 도모하는 컨셉은 세법이 개정되더라도 여전히 유효하다.

가족법인

사례를 보니 복잡하다. 단순하게 A 법인이 처음부터 갑과 을이 주주로 있었다면 훨씬 적은 세금으로 지분 승계가 가능했을 것이다. 물론, 설립 당시 여의치 못한 사정(미성년자, 출자금 마련 등)으로 그럴 수도 있지만, 처음부터 가족법인을 설립하면 가장 큰 절세효과를 거둘 수 있다.[33)]

다음 사례를 통해 크게 생각해 보기 바란다.

» 천문학적 상속세로 골머리 앓는 재벌가 후계자들(24.2.6.) – 시사저널

박현주 미래에셋 회장과 서정진 셀트리온 회장 역시 승계를 하지 않겠다고 못 박은 상황이다. 주식 상속세가 급격히 늘면서 이를 마련하는 게 쉽지 않기 때문으로 풀이된다. 특히 서 회장은 지난해 3월 열린 주주총회에서 "저는 오직 제 이름으로 주식을 보유하고 있지, 부인과 자식 이름으로 보유한 주식이 없다"며 "주주들의 우려대로 최대주주로 경영권 행사 가능성이 없다. 상속세 때문에 내가 죽으면 국영기업이 될 것"이라고 언급한 바 있다. 이는 10조원에 달할 것으로 예상되는 상속세를 마련하기 위해 대대적인 지분 매각이 이뤄져야 하기 때문에 셀트리온은 국유화될 수밖에 없다는 이야기로 풀이된다.

» 헤럴드 경제(2023.11.11.)

"이렇게 회사가 성공할 줄 몰라서 상속 준비를 안 했다. 지금은 상속을 할 수 있는 환경이 아니다. (상속이 어려워) 건강관리를 잘하고 있다" 서정진 회장은 셀트리온 그룹 합병 발표 자리에서 상속 관련 "상속 · 증여세로 못해도 6~7조원은 내야 할 것이기에 승계할 방법이 없다"고 말했다. 서 회장의 건강에 문제가 생길 경우 셀트리온을 국가에 헌납해야 하는 상황에 몰릴 수 있다.

---

33) 현재 포괄주의 과세로 인해 증여세 문제는 사례별로 별도의 검토가 필요할 수 있다.

» THE ONE THING

"샘 월튼은 첫 번째 월마트를 열기 전에 이미 이 사업을 너무나도 크게 구상한 나머지 상속세를 줄이기 위해 미래의 부동산 계획까지 미리 세워야겠다고 생각했다. 그는 크게 되기도 전에 크게 생각함으로써 가족들이 부동산세로 내야 할 돈을 110~130억 달러나 줄여 놓았다. 세계에서 가장 큰 기업의 부를 **최소한의 세금으로 후손에게 물려주려면 처음부터 크게 생각해야** 할 필요가 있는 법이다."

무엇이 차이를 만드는가

생각 1		생각 2
이렇게 회사가 성공할 줄 몰라서 상속준비를 안 했다. 상속이 어려워 건강관리를 잘하고 있다.	⇔	사업을 너무나도 크게 구상한 나머지 상속세를 줄이기 위해 미래의 부동산계획까지 미리 세워야겠다고 생각했다.
⇩		⇩
행동 1		**행동 2**
배우자, 자녀 지분 전무		가족법인 설립[34]
⇩		⇩
결과 1		**결과 2**
상속세 때문에 내가 죽으면 국영기업이 될 것	⇔	가족들이 부동산세로 내야 할 돈을 110억~130억 달러(≒15조원)나 줄였다.

나이 들면 ⇨ 종합건강검진

재산 늘면 ⇨ 상속설계

34) 1953년 월튼 엔터프라이즈 가족법인 설립

참고 문헌

고윤기 · 김대호, 상속 한정승인과 상속포기의 모든 것, ㈜교유당, 2022.

오경수 · 현승진, 최신 사례로 보는 상속재산 분할심판청구, ㈜필통북스, 2023.

김종원, 민사신탁의 활용과 세무, ㈜영화조세통람, 2019.

정순섭, 신탁법, 지원출판사, 2021.

김은기, 신회사법 이론과 실무, ㈜영화조세통람, 2012.

최기원, 신회사법론, ㈜박영사, 2012.

고경희, 상속 · 증여세 핵심 절세 노하우, ㈜더존테크윌, 2023.

나철호, 2024 상속을 지금 준비하라, ㈜샘앤북스, 2023.

신방수, 절반으로 줄이는 상속 · 증여 절세법, ㈜두드림미디어, 2023.

신재열, 신재열 세무사가 알려주는 자산을 늘리는 상속 비법, 나비의 활주로, 2023.

김강년, 상속의 비밀 52, 한스미디어, 2009.

김선웅 · 양재영, 상속설계, 한국FPSB, 2022.

신재수 외 3, 위험관리와 보험설계, 한국FPSB, 2023.

주영훈 외 9, 보험절세모음.zip(개인편), 도서출판 맑은샘, 2023.

김관균, 상속세 · 증여세 절세전략, 티에스 세무법인, 2024.

안강현, 기업법, 박영사, 2024.

유철형, 유철형의 판세, 세정일보, 2019.

조정익 외 4, 금융영업 트렌드, 한월북스, 2024.

강진철, 지방세실무해설과 사례, ㈜씨에프오아카데미, 2024.

나가며

책을 읽는 것만큼 이기적인 행위는 없다고 하고[왜 책을 읽는가 – 샤를 단치]
책을 읽은 뒤 가장 좋은 서평은 액션이라고 한다.
이 책이 자신과 가족의 부(富)를 지키는 행동을 동반하는 책이 된다면 더없이 기쁠 것이다.

초판을 낼 때 부족한 부분을 보충해 더 좋은 책을 내겠다고 했는데 생각보다 일찍 개정판을 내게 되었다. 담고 싶은 내용은 많지만, 한정된 지면에 쓰려고 하니 쉽지 않았다. 아무리 도움 되는 내용이라도 독자들이 이해하고 실행하지 못한다면 의미가 퇴색된다는 생각에 최대한 이해되도록 풀어 썼지만, 여전히 부족함을 느낀다. 한 번 읽고 이해가 힘들다면 고민이 생겼을 때 펼쳐보면 조금이나마 도움이 되리라 믿는다.

법조문과 판례를 다루다 보니 딱딱한 내용이 없을 수 없으나
돈을 아끼고 가족을 위하는 일이므로 그 정도 노력은 들여야 한다고 생각하시라.
알아야 고민하고 좋은 아이디어도 나온다.
이나모리 가즈오는 <왜 일하는가>에서 전문가에 비해 지식도 경험도 없는 문외한이 유독 빛나는 이유는 '자유로운 발상' 때문이며 **창조라는 것은 문외한이 하는 것이지 전문가가 하는 것이 아니라고** 하였다.
세무사가 '세법이라는 틀' 속에서 갇혀 있을 때, 일반인은 '세법의 틀'이 없어 '자유로운 발상'으로 창의적 절세 아이디어를 낼 수 있다고 생각한다.
왜? **자기 재산을 지키기 위해 이기적인 독서를 하니까!**

절세는 세무사와 납세자 간의 공진화의 산물이다!

"책은 잠자는 숲속의 공주요, 독자는 백마 탄 왕자님"이라고 한다.
시중의 많은 책들이 있는데도 이 책을 내는 게 어떤 의미가 있을까? 고민해 보았다. 다른 책에서 잘 다루지 않는 내용이나, 피상적으로 다룬 부분을 나름의 **색다른 방식**으로 적어 보려고 노력했다. 기존의 '틀'에서 벗어난 책으로 단순한 '정보 제공자'가 아니라 **'지식 전달자'**가 되고 싶은 마음 간절하다.

- 세금의 끝 절세의 시작 -

'메멘토 모리(Memento Mori) – 죽음을 기억하라'
죽음을 생각해야 삶이 보인다.
죽음이 삶의 경계를 넘어 새로운 경계로 들어서는 거라면
죽음을 끝이 아닌 새로운 시작으로 볼 수도 있지 않을까?
나의 삶은 남은 가족의 삶을 통해 계속 이어진다.

부를 지키는 길은 상속과 증여에 달려있다.
상속을 생각해야 증여가 보인다.
상속세는 **세금의 끝이** 아니라 **절세의 시작**점이다.
지금 나의 선택에 남은 가족의 삶이 달라진다.

바쁜 와중에도 격려와 함께 추천사를 흔쾌히 써 주신 한국지방세학회 유철형 회장님과 많은 조언을 해 주신 연세대학교 법학전문대학원 박정우 교수님께 진심으로 감사드린다.

보험업계의 현황을 파악하는 데 많은 도움을 주신 최석인 팀장님, 꼼꼼히 내용을 검토해 주신 김래형 세무사님, 김녹현 감정평가사님, 독자의 시각으로 접근하는 데 큰 도움을 주신 오병호 대표님과 코어비트 류혜식 대표님께 감사드린다.

책이 나오는 과정에 많은 애를 써 주신 삼일피더블유씨솔루션의 이희태 대표이사님, 김동원 이사님, 편집자님께도 감사드린다.

내가 될 수 있는 것보다 더 많은 것을 하게 하는 힘을 주는
조수민, 성민재, 성혜원에게 사랑한다는 말과 함께 이 책을 바친다.

| 저 | 자 | 소 | 개 |

세무사 성 낙 현

자격

- 세무사(34회)
- CFP(국제공인재무설계사)
- 경영지도사
- 공인중개사

학력

- 국립세무대학 졸업(8회)
- 연세대학교법무대학원 조세법전공 석사과정

경력

- 마산, 남부산, 성남세무서 근무
- 경상남도 세입세출결산검사위원
- 경상남도 지방세심의위원
- 창원세무서 국세심사위원
- 창원세무서 납세자권익존중위원
- 모범세무대리인 지정(국세청장)
- 성낙현세무회계사무소(1999~2013)
- 세무법인다솔 경남지점 대표(2014~)
- 창원지역세무사회 회장

세무법인다솔 경남지점

- 경남 창원시 성산구 용지로 225
  롯데종합상가 406호

- Tel: 055-275-3041
- Fax: 055-275- 3043
- E-mail: snhcta@hanmail.net